职业教育智能制造领域高素质技术技能人才培养系列教材

机电设备故障诊断与维修

主　编	赵亚英	张志军
副主编	马书元	姜　鑫
参　编	何　淼	周　阳
主　审	李俊涛	张晨亮

机械工业出版社

本书主要介绍了机电设备故障诊断与维修基础及案例分析、机械零部件的故障诊断维修与装配、电气设备的故障诊断与维修、液压设备的故障诊断与维修、数控机床的故障诊断与维修、智能制造生产线的故障诊断与维护6个模块的内容。本书内容丰富、结构完整、先进实用，将传统的设备维修技术与现代智能制造实时监控运维系统相结合，重点介绍维修技术发展现状，通过任务驱动，剖析机电设备中机、电、液、智能制造生产线等系统中故障诊断与维护的基本方法、技术及工业维修案例。

本书可作为高等职业院校、高等专科学校机电一体化技术、机械制造及自动化等专业的专用教材，也可作为从事设备维修与管理的工程技术人员的参考用书。

为方便教学，本书植入二维码视频，配有电子课件、知识测试答案、模拟试卷及答案等，凡选用本书作为授课教材的教师可登录机械工业出版社教育服务网（www.cmpedu.com）注册后下载配套资源。本书咨询电话：010-88379564。

图书在版编目（CIP）数据

机电设备故障诊断与维修/赵亚英，张志军主编.—北京：机械工业出版社，2022.11（2025.7重印）

职业教育智能制造领域高素质技术技能人才培养系列教材

ISBN 978-7-111-71901-4

Ⅰ.①机… Ⅱ.①赵…②张… Ⅲ.①机电设备-故障诊断-高等职业教育-教材②机电设备-维修-高等职业教育-教材 Ⅳ.①TM07

中国版本图书馆 CIP 数据核字（2022）第 199828 号

机械工业出版社（北京市百万庄大街 22 号　邮政编码 100037）

策划编辑：冯睿娟　　　　　责任编辑：冯睿娟　戴　琳

责任校对：陈　越　李　杉　封面设计：鞠　杨

责任印制：单爱军

北京盛通印刷股份有限公司印刷

2025 年 7 月第 1 版第 8 次印刷

184mm×260mm·16.5 印张·406 千字

标准书号：ISBN 978-7-111-71901-4

定价：49.80 元

电话服务　　　　　　　　　网络服务

客服电话：010-88361066　　机　工　官　网：www.cmpbook.com

　　　　　010-88379833　　机　工　官　博：weibo.com/cmp1952

　　　　　010-68326294　　金　书　网：www.golden-book.com

封底无防伪标均为盗版　　机工教育服务网：www.cmpedu.com

前　　言

本书为国家双高专业建设教材，融入了先进的机电设备现代维修理论与工业维修应用维护系统的相关内容，阐释了先进设备和落后维修技术之间的矛盾及解决方案，展望了日趋综合化的机电设备故障诊断维修应用的发展。

本书机电设备维修结合岗位，采用任务式模块化编写形式，依托全国智能制造应用技术技能大赛的内容与平台，融入维修新技术、新工艺、新标准。本书聚焦课程三教改革，在学习通等线上教学平台建有与教材配套的网络版在线课程，在线平台资源包括微课教学视频、教案、课件、习题及测试等一系列同步线下教学的内容，供学生课前预习及课后复习。

全书共有6个模块，设置27个任务，每个任务涵盖任务分析、知识储备、任务实施、知识拓展、新技术、新工艺，并附有知识测试。本书采用任务驱动式的编写体例，将理论与实践紧密结合，符合高职教育项目化教学特色的要求。本书将液压设备维修、数控机床维修、电气设备维修、智能制造生产线维修等各个部分按独立模块分别进行介绍，体现了机、电、液故障维修的特点。本书注重内容的先进性，兼顾基础应用，包含现代企业智能制造系统和现代大数据远程故障实时监控运维应用系统，适应现代企业的实际需求。

本书由陕西国防工业职业技术学院赵亚英、张志军担任主编，陕西国防工业职业技术学院马书元、姜鑫担任副主编，参加编写的有陕西国防工业职业技术学院何淼、周阳。模块一和模块二（除知识测试外）由姜鑫编写，模块一的知识测试由周阳编写；模块三由马书元编写；模块二中知识测试和模块四中任务一、任务二由何淼编写；模块四中任务三～五及模块六由赵亚英编写；模块五由张志军编写。赵亚英负责全书的组织和统稿。

由于编者水平有限，书中难免存在不妥之处，恳请读者批评指正。

编　者

目　　录

模块一　机电设备故障诊断与维修基础及案例分析

知识目标

掌握机电设备故障诊断和维修的基本概念。

掌握机电设备故障诊断方法。

掌握机电设备修理前需提供的技术依据，如图册、修理计划或修理工作计划的技术准备。

了解机电设备维修的管理流程并熟悉维修工艺实施方案。

了解机电设备故障处理的先进方法。

能力目标

具有拟定维修工艺规程的技能、能合理选择修复技术。

具有根据设备损坏确定修理的能力，并达到维修质量高、费用低、维修时间短的要求。

具有合理安排拆卸前准备工作、正确制定拆卸工艺的能力。

具有通过检查已拆卸零件，识别零件失效形式，准确分析判断失效原因的能力。

具有编制设备检修计划和检修工艺的能力。

素质目标

具有良好的学习能力和可持续发展能力。

具有信息查询、资料收集整理的能力。

具有良好的专业表达能力和沟通能力。

具有积极进取的工作态度和良好的团队协作意识。

任务一　机电设备故障诊断基础及案例分析

任务分析

机电设备涉及机械技术、电子技术、计算机技术等多学科，具有集实用性技术及综合应用性技术于一体的特点。机电设备故障具有多学科介入的复杂特点，故障诊断技术通过查明故障模式，追寻故障机理，来探求减少故障发生的方法，以提高设备可靠性及寿命。采用故障诊断技术后，能减少75%以上的设备故障，降低25%~50%的维修费用。

CAK3635数控车床是典型的机电一体化设备，结构如图1-1所示。通过该数控车床的Z轴纵向进给系统故障分析，在明确机电设备故障的概念、类型及常用诊断方法的基础上对该机床进行故障诊断及操作实施。

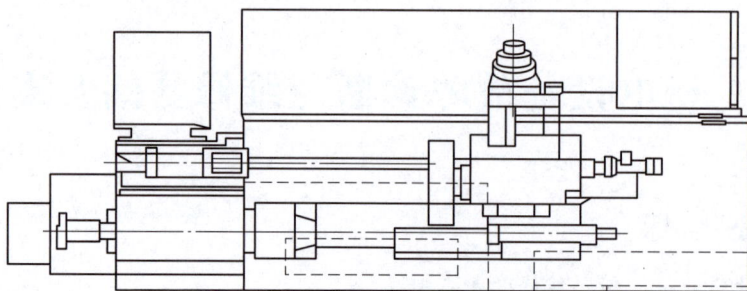

图 1-1　CAK3635 数控车床结构示意图

🔍 **知识储备**

一、机电设备故障概述

1. 故障的含义及类型

（1）故障的含义　故障一般定义为设备或零件丧失了规定功能的状态。故障一般包含以下两层含义：

1）机电设备偏离正常功能。其形成的主要原因是机电设备的工作条件不正常，这类故障通过参数调节或零部件修复即可消除，设备随之恢复正常功能。

2）机电设备功能失效。机电设备在正常工作条件下偏离正常功能，并且偏离程度不断加剧，使机电设备基本功能不能保证，这种情况称为失效。机电设备功能失效大部分是零件失效，一般零件失效可以通过更换来恢复正常功能。而关键零件失效往往会导致整机功能丧失。

（2）故障类型　从不同角度分析，对故障进行分类是为了估计故障造成影响的程度，分析故障产生原因，更好地针对不同的故障形式采取相应的对策。

1）按故障性质分类。

间歇性故障：设备短期内丧失某些功能，由机电设备外部原因如工人误操作、气候变化、环境设施不良等因素引起，当外部干扰消失或对设备稍加修理调试后，功能即可恢复。

永久性故障：必须经人工修理才能恢复功能，否则故障一直存在，此故障一般由某些零部件损坏引起。

2）按故障程度分类。

局部性故障：设备某部分存在故障，这部分功能不能实现而其他部分功能仍可实现，即局部功能失效。

整体性故障：整体功能失效的故障，可能是机电设备某一部分出现故障，也可能是机电设备的整体功能不能实现。

3）按故障形成速度分类。

突发性故障：具有偶然性和突发性，与使用时间无关，故障发生前无明显征兆，通过早期试验或测试很难预测，一般是工艺系统本身的不利因素和偶然的外界影响因素共同作用的结果。

缓变性故障：机电设备有效寿命的后期缓慢出现，其发生概率与使用时间有关，能够通过早期试验或测试进行预测。通常缓变故障由零部件的腐蚀、疲劳以及老化等发展形成。

4）按故障形成的原因分类。

操作管理失误形成的故障：未按原设计规定条件使用而形成的设备错用即属于此类故障。

机电设备内在原因形成的故障：设备在设计、制造中遗留下的缺陷或因材料内部潜在的缺陷造成的故障，无法预测，属于突发性故障。

自然故障：使用和保有期内，因受到外部或内部多种自然因素影响而产生的故障，如磨损、断裂、腐蚀、变性、蠕变、老化等。

5）按故障造成的后果分类。

致命故障：危及人身安全或导致人身伤亡，引起机电设备报废或造成重大经济损失的故障，如机架机体断离、车轮脱落、发动机总成报废等。

严重故障：严重影响机电设备正常使用，在较短时间内无法排除的故障，如发动机烧瓦、曲轴断裂、箱体裂纹、齿轮损坏等。

一般故障：影响机电设备正常使用，较短时间内可以排除的故障，如传动带断裂、操纵手柄损坏、钣金件开裂或开焊、电器开关损坏和一般紧固件松动等。

此外，故障按其表现形式分为功能故障和潜在故障；按其形成的时间分为早期故障、随时间变化的故障和随机故障；按其程度和形成快慢分为破坏性故障和渐衰失效性故障。

2. 故障的特性

（1）多样性　各种设备不仅结构不同，工艺参数各异，而且制造、安装过程的差异和使用环境不同，在运行期间可能会产生各种各样的故障。

（2）多层次性　设备一旦表现出某种故障现象，就需要追查引起故障的原因。但有些故障原因往往是深层次的，即上一层次故障源于下一层次故障，表现为多层次性。

（3）多因素和相关性　设备的各个零件之间、设备与设备之间是通过机械结构或物料传递来联系的，一个零件或一台设备发生故障，也会引发其他元件或设备故障，这就表现出故障的多因素和相关性。因此在查找故障原因时，要全面考虑一切与之有关的因素。

（4）延时性　设备在运行中，零部件不断受到冲击、应力、摩擦、磨损和腐蚀等因素作用，发生振动、位移、变形、疲劳和裂纹扩展，促使设备状态不断劣化，劣化状态发展到一定程度就会表现出机械功能失常或者完全丧失功能。所以故障的形式是一个缺陷不断累积、状态不断劣化、从量变到质变的过程。由于故障形成过程中的延时性，因此人们应尽早发现隐患，采取预防措施，减少故障严重时所带来的损失。

（5）不确定性（模糊性）　一种故障现象可能缘自多种故障原因，一种故障原因也会表现出多种故障现象。故障的发生、现象、定量描述和检测分析都具有不确定性，从而增加了故障诊断和维修的难度。

（6）修复性　多数故障是可以修复的。

3. 故障产生的主要因素

机电设备越复杂，引起故障的原因便越多样化。故障产生的因素主要有以下几个方面。

（1）设计规划　在设计规划中，对设备未来的工作条件应有准确估计，对可能出现的变异应有充分考虑。设计方案不完善、设计图样和技术文件的审查不严是产生故障的重要原因。

（2）材料选择　在设计、制造和维修中，要根据零件工作的性质和特点正确选择材料。材料选用不当，或材料性质不符合标准规定，或选用了不适当的代用品，是产生磨损、腐蚀、过度变形、疲劳、破裂、老化等现象的主要原因。此外，在制造和维修过程中，很多材料要经过铸、锻、焊和热处理等热加工工序；在工艺过程中材料的金相组织、力学物理性能等会经常发生变化，其中加热和冷却的影响尤为重要。

（3）制造质量　在制造工艺的每道工序中都存在误差。工艺条件和材质的离散性必然使零件在铸、锻、焊、热处理和切削加工过程中产生应力集中、局部和微观的金相组织缺陷、微观裂纹等。这些缺陷在工序检验时往往容易被疏忽。零件制造质量不能满足要求是机械设备寿命不长的重要原因。

（4）装配质量　首先要有正确的配合要求。配合间隙的极限值包括装配后经过磨合的初始间隙。初始间隙过大，有效寿命期就会缩短。装配中各零部件之间的相互位置精度也很重要，若达不到要求，会引起附加应力、偏磨等后果，加速失效。

（5）合理维修　应根据工艺合理、经济合算和生产可能的原则，合理进行维修，保证维修质量。这里最重要、最关键的是要合理选择和运用修复工艺，注重修复前的准备和修复后的处理工作，修复过程中按规程执行操作。

（6）正确使用　在正常使用条件下，机械设备有其自身的故障规律。但使用条件改变后，故障规律也随之变化。

二、机电设备故障诊断方法及步骤

机电设备出现故障后某些特性改变，会造成能量、力、热及摩擦等各种物理和化学参数的变化，发出各种不同的信息。捕捉这些变化的征兆，检测变化的信号及规律，可判定故障发生的部位、性质、大小，分析原因和异常情况，可预测未来，做出决策，消除故障隐患，防止事故的发生，这就是故障诊断。它是一门识别设备运行状态的方法。

1. 故障诊断的基本内容

1）机电设备运行状态的监测。其目的是尽早发现机电设备故障，以采取解决措施。

2）机电设备运行状态的趋势预报。

3）机电设备故障类型、程度、部位、原因的确定。

2. 故障诊断的方法

故障诊断的方法是应用现代化仪器设备和计算机技术来检查和识别机电设备及其零部件的实时技术状态，根据得到的信息分析判断设备是否"健康"。由于设备运行状态、环境条件各不相同，因而采用的故障诊断方法也不相同。

1）简易诊断法。简易诊断法是指采用便携式的简易诊断仪器，如测振仪、声级计、工业内窥镜、红外测温仪对设备进行人工巡回监测，根据设定的标准或经验分析，判断设备是否处于正常状态。

2）精密诊断法。精密诊断法是指对已产生异常状态的原因采用精密诊断仪器和各种分析手段（包括计算机辅助分析方法、诊断专家系统等）进行综合分析，了解故障类型、程度、发生部位和产生原因及故障发展的趋势等问题。精密诊断法主要解决的问题是分析故障的产生原因和较准确地确定故障的发展趋势。

3）无损检验法。无损检验法是一种从材料和产品的无损检验技术中发展起来的方法，是在不破坏材料表面及其内部结构的情况下检验机械零部件缺陷的方法。它使用的手段包括超声波、红外线、X射线、γ射线、声发射、渗透染色等。这套方法已发展成一个独立的分支，对检验由裂纹、砂眼、缩孔等缺陷所造成的设备故障比较有效。其局限性主要是某些方法如超声波、射线检验等有时不便在动态下进行。

4）磨损残余物测定法。机器的润滑系统或液压系统的循环油路中携带着大量的磨损残余物（磨粒）。它们的数量、大小、几何形状及成分反映了机器磨损的部位、程度和性质，根据这些信息可以有效地诊断设备的磨损状态。目前，磨损残余物测定法在工程机械及汽车、飞机发动机监测方面已取得了良好的效果。

5）机器性能参数测定法。显示机器主要功能的机器性能参数一般可以直接从机器的仪表上读出，由这些数据可以判定机器的运行状态是否属于正常范围。机器性能参数测定法主要用于状态监测或作为故障诊断的辅助手段。

3. 故障诊断的步骤

1）对故障现场进行调查。

2）对现场进行初步分析。

3）组织会诊，全面分析，对故障提出进一步的精细分析与处置的基本对策。

4）检测试验，查清故障原因。

根据故障的类型及其影响的基本因素，综合会诊意见、处置方法，并有针对性地对机械系统的某些分系统和零部件进行逐项检测试验，查清故障原因。

🔍 任务实施

CAK3635 数控车床 Z 轴故障诊断

该车床可进行多次重复循环加工，特别适合于汽车、石油机械、军工等多种行业的机械加工，主要用于轴类、盘类零件的精加工和半精加工，可以加工内外圆柱表面和锥面、车削螺纹、镗孔、铰孔以及加工各种曲线回转体。该系列数控车床采用模块化设计，可根据用户不同的需求，配备不同的装置及附件。结构特点：①X、Z轴全数字交流伺服闭环控制；②主轴可实现无级调速与恒速切削；③中文液晶显示及图形轨迹显示。

1. 现场调查

CAK3635 数控车床加工过程中，X轴横向进给正常，Z轴不能纵向进给，无其他异常情况。

2. 现场故障初步分析

机电设备的故障诊断遵循"先电后机"的原则。鉴于X轴和Z轴的电动机与控制器参数一致，X轴方向运行正常，因而将Z轴电动机控制器接入X轴进给系统，采取对接正确模式。如果X轴进给功能正常，说明Z轴电动机控制器正常。相反，将X轴电动机控制器接入Z轴进给系统，Z轴进给功能出现运行异常，因此，可以判断出Z轴进给系统发生了故障。

3. 检验 Z 轴系统，测试、查清故障原因

1）松开丝杠与电动机之间的联轴器，输入运行信号给进给电动机，观察其运转情况，

若其振动、温度、声音无异常，则排除动力源和电动机部分的故障。

2）松开床鞍与丝杠副之间的连接螺钉，手动操作床鞍移动，发现床鞍沿导轨无异常移动。

3）手动旋转滚珠丝杠，出现卡滞现象，可能是滚珠丝杠副的原因，也可能是滚珠丝杠支承部分的原因，进一步拆卸检查，查找故障。

🔍 **任务拓展**

机电设备常见故障表征

1. 机电设备动力系统故障表征

机电设备动力系统包括动力源、动力机和动力传输系统，常见故障类型有以下几种：

1）动力源部分故障。设备动力源包括电源、气源、热源及燃料供给源。

① 电源故障。一般指机器的运转核心元件电动机和电动机控制元件出现问题，当设备不能运转时，应首先检查电源，检查主电路的熔体是否完好，设备电控系统的保险是否完好，接触器继电器接线是否松动，接触器线圈是否因过电流而损毁，再检查设备主控板其他元件情况。

② 气源故障。有的设备由于有气动控制，系统就需要设置气源。当气源出现故障时，应检查供气管路是否因过量变形出现漏气，检查气阀是否能实现打开、关闭功能，是否因腐蚀、磨损而引起阀门失效。

③ 热源故障。热源零件一般在高温下工作，因此温度有冷热变化的情况时，应检查热源零件是否有蠕变松动和高温变形以及高温疲劳失效。

2）动力机故障。动力设备主要有电动机、汽油机、柴油机、汽轮机等。动力机常见故障包括电动机转子不平衡故障，汽、柴油机发动机曲轴连杆断裂失效故障，汽轮机承压件、管道系统、压力容器故障。

3）动力传输系统供气供热管道故障。

2. 机械紧固件故障表征

紧固件系统主要用于传递载荷。紧固件系统包括螺纹紧固件、铆钉、封闭式紧固件、销紧固件和特殊紧固件。紧固件常见故障部位是头杆的圆角处、螺纹紧固件上螺母内侧的第一个螺纹或杆身到螺纹的过渡处。

3. 机电设备传动系统故障表征

1）轴故障。轴零件失效形式主要是疲劳断裂，偶尔为脆性断裂，这些裂纹一般都发生在阶梯部位、沟槽处及配合部位等应力集中处。在交变载荷作用下裂纹导致轴断裂失效。

2）齿轮故障。齿轮是用于传递运动和动力的基础零件，是发生失效的常见部位。失效形式表征有轮齿折断、轮齿塑性变形、齿面磨损、齿面疲劳等损伤形式。

3）其他零件故障。如弹簧、轴承、卡簧、键、密封件等的故障。

4. 机电设备润滑系统故障表征

润滑可减少摩擦的损耗，避免滚动和滑动表面的过度磨损。所有润滑方式中，接触表面被润滑介质隔开，介质一般为固体、半固体或加压的液体或气体膜。常见润滑系统有液体动压润滑、流体静压润滑、弹性流体动压润滑、边界润滑和固体润滑等形式。

📖 **知识测试**

1. 什么是机电设备故障的含义？主要包含哪两层含义？
2. 机电设备故障按产生原因可分为哪几种故障？
3. 机电设备故障按表现形式可分为哪几种故障？
4. 机电设备故障有哪些主要特点？
5. 机电设备故障产生的主要因素有哪几个方面？
6. 机电设备故障诊断的方法有哪些？
7. 国际先进的故障诊断技术有哪些？发展趋势是什么？

任务二　机电设备维修基础及案例分析

🔍 **任务分析**

通过 CAK3635 车床 Z 轴出现进给故障的维修案例，熟悉机电设备的维修管理内容，有效运筹维修系统的人力、物力、资金、设备与技术，使维修工作得以合理安排并获得最佳的效益。有了良好的维修管理，就能确定维修前的相关资料和维修工艺。在故障类型和发生部位精准确定后，应保证维修时间短、维修费用低、维修质量有保障，最终确保机电设备维修顺利实施。通过本任务的学习，了解维修基础知识，准备相关技术文件，确定维修类别和维修方案，明确维修内容，确保维修计划可靠实施。

🔍 **知识储备**

一、机电设备维修管理

现代企业中，管理和技术并重，相互成就。机电设备的维修管理是对维修系统与维修过程中一切技术、工艺、维修质量进行科学的管理，维修管理对顺利完成设备维修工作起着非常重要的作用。维修管理包括维修技术管理、维修工艺管理、维修质量管理、维修备件管理等。

1. 机电设备维修技术管理

维修技术管理主要包含技术资料管理，编制设备维修技术资料，制定磨损零件修换标准，维修中推广新技术、新材料、新工艺，维修用量、检具管理等。

（1）设备维修技术资料（表 1-1）

（2）维修技术资料收集　维修技术资料主要来源于购置设备随机提供的资料，使用过程向制造厂、相关企业、科技书店购置的资料，企业自行设计和编制的资料。

应对技术资料进行分类编号，编号应便于计算机辅助管理。新购设备的技术资料应及时复制，进口设备的技术资料应及时翻译并妥善保存。严格执行图样、技术文件的设计、编制、审查、批准及修改程序。设备图册是设备维修的重要基础技术资料，其编制方法和技术要求应参阅机修手册相关内容严格实施。

表 1-1　设备维修技术资料

序号	名　称	主要内容	用　途
1	设备说明书	规格性能、机械传动系统图、液压系统图、电气系统图、基础布置图、润滑图表、维修安装操作说明、滚动轴承位置图、易损件明细表	指导设备安装、使用及维修
2	设备图册	外观示意图、机械传动系统图、液压系统图、电气系统图、组件装配图、备件图、滚动轴承和液压元件等各种类型外购件明细表	指导维修人员分析排除故障，制定维修方案，购买、制造备件
3	动力系统布置图、管线图	变配电所、空压机站等动力站房设备布置图，厂区车间供电系统、厂区电缆走向及坐标图、厂区车间管网图	提供检查、维修依据
4	备件加工工艺	工艺程序及所用设备专用工具和夹具图样	指导备件制造作业
5	设备维修工艺规程	拆卸程序及注意事项、零部件的检查维修工艺及技术要求、主要部件装配和总装配工艺及技术要求	指导维修作业
6	专用工、检具图	设备维修各种专用工、检、研具的加工图	定期检定
7	维修质量标准	各类设备磨损零件修换标准、各类设备维修装配通用技术条件、各类设备空运转及负荷试车标准、各类设备几何精度及工作精度检验标准	设备维修质量检查和验收依据
8	其他技术资料	相关设备国际标准、国家标准、工厂标准、国内外维修先进技术资料、各种技术手册、各种设备管理与维修期刊等	供维修技术工作参考

（3）维修技术资料编制　维修技术文件正确性和先进性是企业设备维修技术水平的标志之一，完成设备技术任务书是维修的核心工作。维修技术任务书由主修技术人员负责编制，编制前，应详细调查了解设备维修前的技术状况、存在的主要缺陷及产品工艺对设备的要求。针对设备磨损制定维修内容。对原设备应制定改进、改装内容，技术参数和相关图样。把任务书草案提供给设备使用单位征求意见并会签，然后送主任工程师审查，最后送主管技术领导审批。

2. 机电设备维修工艺管理

维修工艺即维修工艺规程，用于限定设备的维修程序、零部件维修方法、总装配试车方法及技术要求等，保证设备维修后达到规定的质量标准。维修工艺由维修单位技术人员负责编制，主修技术人员审查会签。

维修工艺管理主要包括整机的拆卸程序，拆卸过程中应检测的数据和注意事项，主要零件的检查维修装配工艺，总装配程序及装配工艺、关键部位工艺调整都应达到技术条件，检修后试车程序及技术条件，需要的工、检、研具和测量仪明细表，同时还有施工中的安全措施。设备解体检查后，发现维修工艺中不切实际的地方应及时修改，在维修过程中，注意观察维修工艺的结果，维修后做好分析，不断提高维修工艺管理水平。

3. 机电设备维修质量管理

维修质量管理主要有制定设备维修的质量标准和工艺，进行设备维修质量的检验和评定工作，加强维修过程中的质量管理，开展维修后用户服务和质量信息管理，加强技术培训工作，提高技术和管理能力。

4. 机电设备维修备件管理

备件通常是为缩短维修停歇时间事先准备的各种零部件。备件管理指备件计划、生产、订货、供应以及储备的组织和管理。备件管理是维修管理的重要环节，备件的管理与合理控制是在经济合理的前提下，建立备件库存的数量界限。备件范围需提前确定，明确备件的技术管理范围、备件的计划管理、备件的库存管理、备件的经济管理、备件的库房管理，最终从经济效益和准确程度方面完成维修管理备件考核。

二、机电设备维修基础知识

1. 机电设备的维修性

机电设备在规定的条件下，在规定的时间内，按规定的程序和方法进行维修时，保持或恢复到规定状态的能力称为维修性。

规定的条件是指选定了合理的维修方式，准备了维修用的测试仪器及装备和相应的备件、标准、技术资料，由具有一定技术水平和良好劳动情绪的维修人员进行操作。

规定的时间是指机械设备从寻找、识别故障开始，直至检查、拆卸、清洗、修理或更换、安装、调试、验收，最后达到完全恢复正常功能为止的全部时间。

2. 维修与维修性

维修是指维护或修理进行的一切活动，包括保养、修理、改装、翻修、检查等。而维修性是：机械设备在维修方面具有的特性或能力；反映发生故障后进行维修的难易程度；是维修需要付出的工作量大小、人员多少、费用高低以及维修设施先进或落后的综合体现；是由设计、制造等因素决定的一种固有属性，直接关系到机械设备的可靠性、经济性、安全性和有效性；是机械设备三项基本性能参数之一。

（1）影响维修性的主要因素　影响维修性的主要因素有机械设备维修性设计的优劣、维修保养方针及体制的合理性、维修装备设施的完善程度、维修保养人员的水平高低和劳动情绪等。

（2）提高维修性的主要途径　从上述影响维修性的主要因素中，不难找到提高维修性的主要途径。要注意以下几点：

1）简化结构，便于拆装。结构简单的机械设备不仅故障少，一旦发生故障，检查、判断、修复也容易。大量采用标准件、各种类型的机械设备零部件之间能够通用，均可减少停机维修时间。

2）提高可达性。故障发生后，维修人员在检查、拆卸和修理中，应能用眼睛直接看到，用手接触操作部位应有足够的操作空间，并符合工程心理学和人机工程规定的标准；取出零件时应有适当的通道。

3）保证维修操作安全。维修人员在操作时，没有被锐边、突起划伤及被重物砸伤的可能，也没有被电击的危险。

4）按规定使用和维修。按使用说明书规定的内容使用、润滑、调试、保养；按编制的维修技术指南和维修标准进行维修；按机械设备本身的特点采取最合理的维修工艺、材料和方法，以取得最好的维修效果。

5）部件和连接件易拆易装。采用整体式安装单元（模块化），设置定位装置和识别标志，配备适合的专用拆装工具等，有利于实现易拆易装。

6）零部件无维修设计。可靠性、维修性的理想极限是无维修设计，即不需要维修零部件的设计。目前主要包括：不需要润滑的固定关节、自润滑轴承、塑料轴承等；不需要调整的、利用弹簧张力或液压等自调制动闸等；将零部件设计为具有一定寿命，到时就予以报废处理。

三、维修方式与修理类别

1. 设备的维修方式

设备的维修方式具有维修策略的含义。现代设备管理强调对各类设备采用不同的维修方式，就是强调设备维修应遵循设备物质运动的客观规律，在保证生产的前提下，合理利用维修资源，达到寿命周期内最经济的目的。机电设备常用的维修方式包括事后维修、预防维修、状态监测维修、可靠性维修、改善维修和无维修设计。

（1）事后维修　事后维修又称故障维修、损坏维修或非计划性维修。事后维修是指机电设备发生故障后所进行的修理，即不坏不修、坏了再修。对一些主要设备，应当尽量避免事后维修。但那些对生产影响较小或有备机的设备，采取事后维修是比较经济合算的。一般适用范围有：①故障停机后再修理不会给生产造成损失的设备；②修理技术不复杂而又能及时提供配件的设备；③一些利用率低或有备用的设备。

（2）预防维修　在机电设备发生故障之前进行的修理称为预防维修。由于可以为这种预防维修制定计划，因此又把这种有计划的预防维修称为计划预修。它的优点主要是减少设备的意外事故，确保生产的连续性，将设备维护与修理工作纳入计划，清除生产组织的盲目性，提高设备的利用率，降低修理成本，延长设备的自然寿命。预防维修主要适用于已掌握设备磨损规律且生产稳定、连续的流程式生产设备或动力设备，大量生产的流水线设备或自动线上的主要设备。

（3）状态监测维修　这是一种以设备技术状态为基础，按实际需要进行修理的预防维修方式。它是在状态监测和技术诊断的基础上，掌握设备劣化发展情况。在高度预知的情况下，适时安排预防性修理，故又称预知维修。这种维修方式的基础是将各种检查、维护、使用和修理，尤其是诊断和监测提供的大量信息，通过统计分析，正确判断设备的劣化程度、发生（或将要发生）故障的部位、技术状态的发展趋势，从而采取正确的维修类别。这样能充分掌握维修活动的主动权，做好修前准备，并且可以和生产计划协调安排，既能提高设备的利用率，又能充分延长零件的最大寿命。缺点是费用高，且要求有一定的诊断条件。它主要适用于重大关键设备、生产线上的重点设备、不宜解体检查的设备（如高精度机床）以及故障发生后会引起公害的设备等。

（4）可靠性维修　以可靠性为中心的维修称为可靠性维修。它是以可靠性理论为基础，通过对影响可靠性的因素做具体分析和试验，应用逻辑分析决断法，科学地制定维修内容，优选维修方法，合理确定使用期限，控制设备的使用可靠性，以最低的费用来保持和恢复设备的固有可靠性。可靠性维修使设备维修工作进一步走向科学化和现代化，值得进一步重视和研究。

（5）改善维修　改善维修也称为改善性维修。改善维修是指为了防止故障重复发生而对机电设备的技术性能加以改进的一种维修。它结合修理进行技术改造，修理后可提高设备的部分精度、性能和效率。

改善维修的最大特点是修改结合。在实际生产中，常常结合机电设备的大修和项修进行。在进行改善维修时，应根据机件故障的检查和分析，有计划地改进机电设备机构和机件材质等方面的修理。

（6）无维修设计　无维修设计是设备维修的理想目标，是指针对机电设备维修过程中经常遇到的故障，在新设备的设计中采取改进措施予以解决，力求使维修工作量降低到最低限度或根本不需要进行维修。

2. 设备的修理类别

设备的修理类别是根据其修理内容和技术要求以及工作量大小划分的。预防维修的修理类别有大修、项修和小修三种类型。在工业企业的实际设备管理与维修工作中，小修已和二级维护保养合在一起进行；项修主要是针对性修理，很多企业通过加强维护保养和针对性修理、改善性修理等来保证设备的正常进行；但是动力设备、大型连续性生产设备、起重设备以及某些必须保证安全运转和经济效益显著的设备，有必要在适当的时间安排大修。各类设备所包含的工作内容和要求不一样，要根据每台设备的使用和磨损情况，确定不同的修理类别。

（1）小修　小修又称为日常维修，是指根据设备日常检查或其他状态检查中所发现的设备缺陷或劣化征兆，在故障发生之前及时进行排除的修理，属于预防修理范围，工作量不大。日常维修是车间维修组除项修和故障修理任务之外的一项极其重要的控制故障发生的日常性维修工作。

（2）项修　项修即项目修理，也称为针对性修理。项修是为了使设备处于良好的技术状态，对设备精度、性能、效率达不到工艺要求的某些项目或部件，按需要所进行的具有针对性的局部修理。进行项修时，只针对需检修部分进行拆卸分解、修复，更换主要零件，研制或磨削部分的导轨面，校正坐标，使修理部位及相关部位的精度、性能达到规定标准，以满足生产工艺的要求。项修时修理或更换部分主要零件与基准件的数量为 10%～30%，修理使用期限等于或小于修理间隔期的零件；对其中个别难以恢复精度的维修部件延长至下一次大修。项修的大部分修理项目由专职维修工人在生产车间现场进行操作，个别要求高的项目由机修车间承担。

（3）大修　大修即大修理，是指以全面恢复设备工作精度、性能为目标的一种计划修理。大修是针对长期使用的机电设备，为了恢复其原有的精度、性能和生产率而进行的全面修理。

在设备预防性计划修理类别中，设备大修是工作量最大、修理时间较长的一类修理。在进行设备大修时，应包括：将设备全部或大部分解体；修复基础件；更换或修复磨损件及丧失性能的零部件、电气零件；刮研或磨削；刨削全部导轨；调整修理电气系统；整机装配和调试，以达到全面清除大修前存在的缺陷，恢复规定的性能、精度、效率，使之达到出厂标准或规定的检验标准。

对设备大修，不但要达到预定的技术要求，而且要力求提高经济效益。因此，在修理前应切实掌握设备的技术状况，制定切实可行的修理方案，充分做好技术和生产准备工作，在修理中要积极采用新技术、新材料、新工艺和现代管理方法，做好技术、经济和组织管理工作，以保证修理质量、缩短停修时间、降低修理费用。

四、设备维修计划编制和实施

1. 设备维修计划的类别

1）年度修理计划，包括一年中企业全部大、中、小修计划和定期维护、更新设备安装计划，应在上年度末完成。

2）季度修理计划，由年度修理计划分解得来，将年度计划进一步细化，并根据实际情况对项目与进程安排做出适当的调整与补充，一般在上季度的最末一月制定。

3）月份修理计划，月份计划比季度计划更具体、更细致，是执行修理计划的作业计划。定期保养、定期检测及定期诊断等具体工作都要纳入月份修理计划。并根据上月定期检查发现的问题，在本月安排小修计划。

4）网络技术计划，网络技术计划是指应用网络理论和方法制定计划，并对计划进行评价和审定。大型、复杂、成套设备的大修或安装工程中广泛地应用这种技术规划。实践证明，网络技术规划对人力、物力、设备、资金等的合理使用，缩短维修或安装工期，提高经济效益等都有较显著的效果。

2. 设备维修计划的实施准备

设备修理计划一经确定，就应严格执行，保证实现，争取缩短修理停歇时间。对设备修理计划的执行情况，通过检查既要保证计划进度，又要保证修理质量。设备修理完工后，必须经过有关部门共同验收，按照规定的质量标准，逐项检查和鉴定完工后设备的精度、性能，只有全部达到修理质量标准，才能保证生产正常地进行。

为了缩短修理停歇时间，保证计划的实现，可根据不同的情况，采用合适的修理组织方法。组织方法主要有部件修理法、分部修理法、同步修理法三种。

随着生产专业化与协作的发展，设备维修也应按专业化原则组织起来。可以成立地区性的专业化设备维修厂和精密设备维修站，按照合同为地区各企业维修设备。

3. 设备修理计划的实施

（1）交付修理　设备使用单位应按修理计划规定日期将设备交给修理单位。移交时，应认真交接并填写"设备交修单"一式两份，交接双方各执一份。

（2）修理施工　在修理过程中，一般应抓好以下几个环节：

1）解体检查。设备解体后，由主修技术员与修理工人配合及时检查部件的磨损、失效情况，特别要注意有无在修前未发现或未预测到的问题，并尽快发出以下技术文件和图样：①按检查结果确定的修换件明细表；②修改、补充的材料明细表；③修理技术任务书的局部修改和补充；④临时制造的配件图样。

计划调度人员会同修理组长，根据实际情况修改、调整修理作业计划，并张贴在施工现场，以便维修人员了解施工进度。

2）生产调度。修理组长必须每日了解各部件修理作业实际进度，并在作业计划上用红线做出标志。若发现某项作业进度延迟，可根据网络计划上的时差，调配力量，把进度赶上。

计划调度人员每日应检查作业计划的完成情况，特别要注意关键线路上的作业速度，与技术人员、工人、组长一起解决施工中出现的问题。还应重视各工种作业的衔接，做到不待工、待料和延误进度的现象。

3）工序质量检查。修理人员完成每道工序且经自检合格后，须经质量检验员检验，确认合格后方可转入下道工序。重要工序检验合格应有标志。

4）临时配件制造进度。临时配件的制造进度往往是影响修理工作进度的主要原因。应对关键件逐件安排加工工序且作业计划，采取措施，不误使用。

（3）竣工验收　设备大修完毕经修理单位试运转合格，按程序竣工验收。验收由设备管理部门代表主持，与质检、使用部门代表一起确认已完成修理任务书规定的修理内容并达到质量标准及技术条件后，设备竣工验收，双方按"设备交修单"清点设备及随机移交的附件、专用工具，各方代表在"设备修理竣工报告单"上签字验收。如果验收中交接双方意见不一，应报请总机械师裁决。

（4）修后服务 设备维修竣工验收后，维修单位应定期回访用户，听取客户对维修的意见。对修后运转中发现的问题及时利用生产间隙解决。设备修后有保修期，保修期内出现故障，维修单位应积极负责维修，其费用应由维修单位承担，不得计入维修费用决算内。

🔍 **任务实施**

CAK3635 数控车床 Z 轴故障维修

观察设备运行异常现象，分析故障修理记录、定期维护和技术状态诊断记录，确定修理内容和编制修理技术文件。CAK3635 数控车床 Z 轴装配图如图 1-2 所示。对 Z 轴拆卸诊断、修理，查阅设备使用说明书，研读 Z 轴装配图，指定装配工艺流程，准备维修工、夹、量具和备件等。

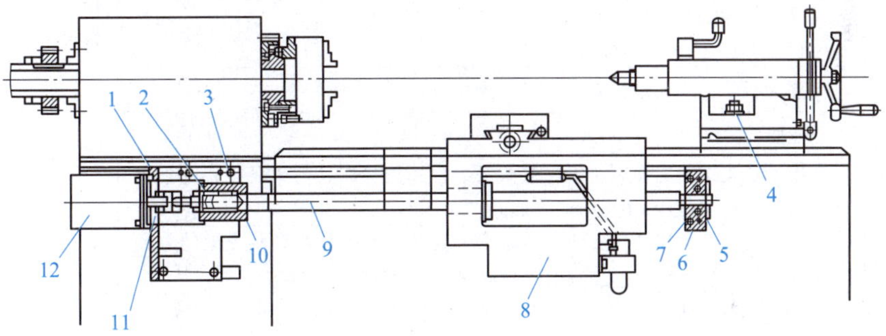

图 1-2 CAK3635 数控车床 Z 轴装配图
1—联轴器 2、3、6—轴承 4—锁紧螺母 5—轴承端盖 7—轴承座 8—溜板箱
9—滚珠丝杠 10—压盖 11—电动机座 12—伺服电动机

1. Z 轴滚珠丝杠副拆卸

1）拆卸防护罩。

2）拆卸伺服电动机电源线和控制线。

3）松开伺服电动机与滚珠丝杠副之间的联轴器，拆掉伺服电动机。

4）拆卸防尘盖，拔去定位销，松开螺钉，拆掉 Z 轴轴承支架。

5）松开锁紧螺母，拆去端盖。

6）松开六角螺母，移开压盖，放入垫圈，重新扣上压盖，防止下一步拆丝杠时拉坏轴承；用 50mm×50mm×300mm 木方抵住溜板箱与电动机座，旋转滚珠丝杠副，将丝杠副从电动机座内拉出。

7）松开溜板箱与滚珠丝杠的连接螺钉，取下丝杠副，垂直吊挂。

8）拆掉电动机座内的轴承和隔套。

9）拆卸溜板箱定位销。

10）将上述拆卸物分类放置，按装配工艺流程卡内工序进行清洗。

2. Z 轴装配工艺流程

装配工艺流程卡见表 1-2。

表 1-2 装配工艺流程卡

部件装配工艺流程卡		产品型号		部件图号		共　页	
		产品名称		部件名称		第　页	
序号		装配内容及技术要求				装配工具	
1		清洗零件				油盘、油刷、汽油、柴油	
		用柴油清洗轴承座、丝杠螺母座、电动机座，用汽油或柴油清洗滚动轴承					
		零件清洗后用棉布擦拭				棉布	
		清洗后的滚珠丝杠副、轴承等吊挂在立柱上，其他零件放在橡胶板上				立柱、橡胶板	
2		拆卸机床					
3		Z轴溜板箱安装在床鞍上				百分表、检套、检棒、磁性表座、扳手、桥尺	
		溜板箱的丝杠螺母座中装入检套和检棒，检查其与床身导轨的平行度，上、侧素线同轴度允许误差均≤0.01mm/200mm					
		检套和检棒装在支架上及溜板箱上。打表找正检棒，上、侧素线的同轴度允许误差均≤0.01mm/全长					
		紧固溜板箱，装入定位销					
4		Z轴轴承拨正				百分表、检套、检棒、磁性表座、桥尺	
		将电动机支架固定在床身上，装检套、检棒。检测其与床身导轨的平行度，素线允许误差均≤0.01mm/200mm					
		在电动机支架上和轴承支架上装检套和检棒。打表检测轴承支架与电动机支架检棒的同轴度，上、侧素线允许误差均≤0.01mm/全长					
5		装配电动机组件				内六角扳手、铝套、锤子、整形锉、手持抛光磨石、铜棒、木方	
		拆下床身支架					
		溜板箱上装滚珠丝杠副，滚珠丝杠上套压盖和密封圈					
		伸出电动机座，依次在丝杠上安装轴承支架、密封圈、锁紧螺母M24×1.5					
		用50mm×50mm×300mm木方抵住溜板箱与电动机座，旋转滚珠丝杠副，将丝杠副组件拉入电动机座，或者脱开丝杠螺母与溜板箱的连接，用配套铝套将丝杠副组件敲入电动机座					
		依次在电动机座上固定轴承、压盖					
6		装配轴承组件				内六角扳手、整形锉、锤子、手持抛光磨石、铜棒、铝套	
		滚珠丝杠副上套轴承支架套，并固定其在床身相应的位置，用铝套安装轴承到位，固定轴承压盖（注：轴承内涂润滑脂至滚道1/3，并做好防尘）					
7		安装Z轴丝杠				内六角扳手、铜棒	
		将溜板箱移至电动机座端，松开滚珠丝杠螺母螺钉，转动滚珠丝杠后，拧紧连接螺钉					
		左右移动溜板箱，要求溜板箱在滚珠丝杠全行程移动中松紧一致					
8		调整丝杠跳动				杠杆千分表、黄油、磁性表座、钢球、扳手	
		完成上述工作后在床身上架千分表，用润滑脂粘贴一钢球于丝杠副中心孔，用千分表表头接触其轴向顶面检测，通过调整锁紧螺钉使预紧力达到要求，轴窜动不大于0.008mm					
编制		检测丝杠径向跳动，其值不大于0.012mm				百分表、磁性表座	

（续）

部件装配工艺流程卡		产品型号		部件图号		共　页	
		产品名称		部件名称		第　页	
	序号	装配内容及技术要求				装配工具	
校核	9	安装伺服电动机					
		上述工作完成，且伺服电动机单独在机床外运行合格后依次装入联轴器、伺服电动机、旋转滚珠丝杠副，依次固定伺服电动机与联轴器，确保有效连接				内六角扳手	
	10	装入轴滚珠丝杠副防护板等其他零件				内六角扳手	
图号	11	安装机床防护门、尾座等其他零件				内六角扳手	
装订号	12	检测机床运动精度后安装机床主轴卡盘				内六角扳手	

🔍 任务拓展

维修网络计划工时分析

大修网络计划的编制以大修工艺过程为依据，下面通过镗床、车床大修案例具体分析网络计划工时。

1. 网络图的组成

网络图由箭线、结点、线路三部分组成。

1）箭线。在网络图中箭线表示一项作业、工序、活动等，箭线的箭尾表示作业的开始，箭头表示作业的结束，从箭尾到箭头表示一项作业的过程。在箭线上方写上作业名称或代号，下方写上完成该项作业所需的时间。作业分四类：紧前作业，紧排在某作业之前的作业；紧后作业，紧排在某作业之后的作业；平行作业，几项可以同时进行的作业；交叉作业，相互交叉进行的作业。

另外用虚箭线表示一种虚作业。虚作业是指不用人力、物力，也不需要时间的一种虚拟作业。引入虚作业是为了表示前后两种作业之间的逻辑关系，避免作业间含糊不清。

2）结点。在网络图上两条或两条以上箭线的交接点称为结点，结点表示某一项作业开始或完成，用圆圈表示。网络图中的第一个结点表示一项计划任务的开始；最后一个结点表示一项计划任务的完成；中间结点既表示前一项作业的结束，又表示后一项作业的开始。网络图中的结点要从左向右进行统一编号，以便于识别和计算。

3）线路。它是指从网络图始结点开始，顺着箭线方向，到网络终结点为止，中间一系列首尾相连的结点和箭线所组成的通道。一个网络图中有多条线路，线路中各项活动作业时间之和就是该线路所需要的时间。其中路长最长的线路称为关键线路，关键线路所需要的时间就是完成整个计划任务所需要的时间。

2. 镗床大修网络计划应用

（1）镗床大修工序分析　镗床大修有 10 道工序：拆卸、清洗、检查、床身与工作台研合、零件修理、零件加工、变速箱组装、电气检修和安装、部件组装、总装和试车。这些工序之间的相互关系如图 1-3 所示。

从图 1-3 可以看出：各工序之间有一定的先后顺序，如不拆卸就无法进行清洗，更无法进行以后的工序。在 10 道工序中，有些作业可以平行进行，如床身与工作台研合、零件修理与零件加工。大修进度的快慢，取决于工序连续时间的长短。有的工序稍有变化就会对进度产生很大的影响，称此工序为关键工序。有的工序变化对进度影响不大，称此工序为非关键工序。

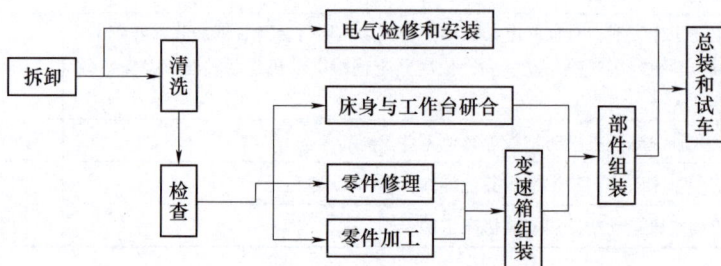

图 1-3 各工序间相互关系图

（2）网络图的编绘

1）先编制作业明细表。以镗床大修为例，按各工序间相互关系图编制作业明细表，见表 1-3。

表 1-3 镗床大修作业明细表

序号	代号	作业名称	紧前作业	作业时间/d
1	A	拆卸	—	2
2	B	清洗	A	2
3	C	检查	B	3
4	D	电气检修与安装	A	2
5	E	床身与工作台研合	C	5
6	F	零件修理	C	3
7	G	零件加工	C	8
8	H	变速箱组装	FG	3
9	I	部件组装	EH	4
10	J	总装和试车	DI	4

2）绘制网络图。根据作业明细表所列出的各项作业之间的先后顺序和相互关系，画出网络图。在绘制网络图时应注意以下几点：

① 网络图上的作业随时间推移向前推进，不能逆向来做。它是一种有向无回路的网络图。

② 网络图必须从起点到终点经各个中间结点连通，不应有中断的作业或前后无关联的孤立作业或孤立的结点。网络图是连续的。

③ 网络图只有一个始点、一个终点，当始点（或终点）不止一个时，应引入虚作业使其归一而封闭。网络图是封闭的。

镗床大修网络图如图 1-4 所示。通过网络图找出工时最长的路线为 1→2→3→4→5→6→

7→8→9。这是一条关键路线，镗床大修总工期由这条路线上的总工时确定，总工期为26 天。

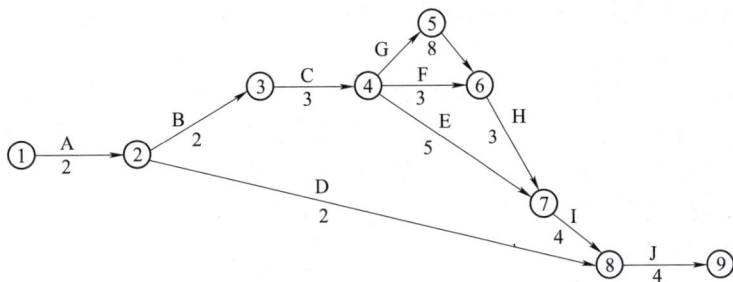

图 1-4 镗床大修网络图

3. CA6140 车床大修计划网络图时间参数计算

现以 CA6140 车床大修计划网络图为例介绍时间参数的计算。CA6140 车床大修工序明细见表 1-4。CA6140 大修计划网络图如图 1-5 所示。

表 1-4 CA6140 车床大修工序明细表

序号	工序内容	工序代码	紧前工序	工序时间/h
1	修前检查	A	—	4
2	车床拆卸	B	A	16
3	零件清洗	C_1	B	8
4	零件检测	D	C_1	12
5	加工传动零件	E_1	D	80
6	修理箱体类零件	E_2	D	48
7	刀架、尾座刮削	E_3	D	40
8	刀架、尾座装配	F_1	E_3	16
9	箱体类组装	F_2	$E_1 E_2$	40
10	修理车床导轨	C_2	B	32
11	电气修理	C_3	B	40
12	总装配	G	F_1 F_2 C_2 C_3	32
13	调整试车	H	G	4
14	验收交付	I	H	4

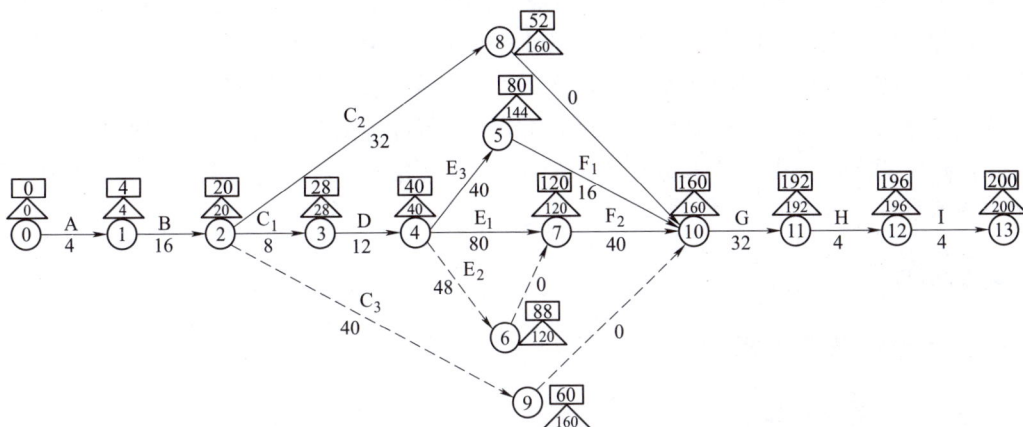

图 1-5 CA6140 大修计划网络图

1）结点的最早开始时间。结点最早开始时间也就是结点后面工序的最早开工时间，这个时间用矩形框标注在结点上。

2）结点最迟结束时间。结点的最迟结束时间是允许结点前一道工序最迟完工时间。用三角框标注在结点上。

3）确定关键路线。在图1-5中从起点到终点沿箭头方向可以走出5条路线。在这些路线中累计时间消耗最多的路线称为关键路线。关键路线的显著特点是该路线上所有结点的最早开始时间与最迟结束时间相等。因而在时间参数标注完以后，很容易在网络图上找出关键路线。CA6140大修计划网络图中的关键路线为0→1→2→3→4→7→10→11→12→13。

4. 网络维修计划的管理

关键路线是工程管理的重点，因为关键线路上任意一道工序如果不能按期完成都会拖延整个工程的工期。关键线路上耗时最多的几道工序称为关键工序，如图1-5中的 E_1、F_2、G 均为关键工序。通过网络分析可以进行以下几个方面的工作：

1）向关键工序要时间。在人力、物力、资金、技术上，向关键工序倾斜；应用新技术，改革维修手段；努力缩短工序时间。

2）在非关键工序上挖潜力。在图1-5中，C_2 工序最早可以在工程开工后52h完成，最迟允许到开工后的第160h完成，有大量空闲时间，可支援关键工序。

3）着眼于全局。充分调配、利用各项资源，协调多个工程网络。

📖 **知识测试**

1. 机械设备检修工艺流程的制定与实施分为几个方面进行？
2. 维修技术准备资料包括哪些内容？
3. 制定修理方案的内容是什么？如何制定修理方案？
4. 分析图1-4所示网络图的工时计算过程，并指出大修工序关键路线。

任务三　机电设备拆装基础及案例分析

🔍 **任务分析**

设备出现故障后，修理人员现场初步判断、检查与核实后，对零件进行拆卸，经清洗后再次检查和分析。机修工作中，拆装、清洗时间占30%～40%，因此拆卸操作是进行下一步修理方案制定的必备步骤。经过拆卸维修后，对设备做最后的零件装配与调试。机器修理后质量的优劣很大程度取决于装配质量，调试是机电设备修理最关键的程序。因此修理后的装配必须达到性能指标，要严肃认真按照规范实施。周密准备工作和遵从装配工艺是机修装配的两个基本要求。

🔍 **知识储备**

一、机电设备零件拆卸

1. 设备机械零件拆卸

（1）拆卸前的准备

1) 拆卸场地的选择与清理。拆卸工作地点要合适，不要选在有风沙、尘土、泥土的地方，避免闲杂人员频繁出入场所。

2) 备好拆卸设备、工具及保护措施。事先准备好拆卸设备及工具，如压力机、退卸器、拔轮器、扳手和锤头等；预先拆下电气元件，避免受潮损坏；易氧化、锈蚀的零件要采取相应的保护措施。

3) 拆卸前放油。

4) 了解机器的结构。

（2）拆卸的一般原则

1) 根据机器设备的结构特点，选择合理的拆卸顺序。设备拆卸顺序是先整体拆为总成，由总成拆成部件，由部件拆为零件；或由附件到主机，由外部到内部。熟读装配图，分析部件结构及装配顺序，标出拆卸顺序号。

2) 合理拆卸，坚持能不拆就不拆、该拆就拆的原则，主要是考虑配合关系。

3) 正确使用拆卸工具和设备，清楚拆卸机器零部件步骤后，合理选择和正确使用相应工具很重要。

（3）拆卸注意事项　拆是为了后期的装配，所以，拆卸要注意以下几点事项：

1) 做好记号，拆卸时按顺序号依次拆卸，若原记号不清楚，应按原样重新标记，安装对号入位。

2) 分类存放零件，应将同一总成或同一部件的零件放在一起；零件根据大小与精密度分别存放；不应互换的零件分组存放；怕脏、怕磁的精密部件单独拆洗存放；怕油橡胶件不应与带油的零件一起存放。

3) 保护拆卸零件加工表面，拆卸过程中不要损伤零件的加工表面，否则会给修复带来困难。

2. 设备机械零件清洗

清洗方法和清洗质量对鉴定零件故障性质的准确性、维修质量、维修成本和使用寿命等均产生重要影响。清洗主要是清除油污、水垢、积炭、锈层和旧漆层等。

拆卸前主要是外部的清洗，目的是除去机械设备外部积存的大量尘土、油污、泥沙等脏物。外部清洗采用自来水冲洗，用刮刀、刷子配合进行。

拆卸后的清洗主要根据油污和水垢等不同的污物采取不同的方法。与油污接触的零件解体后都要进行除油。常用的清洗液有有机溶剂，如煤油、轻柴油、汽油、丙酮、酒精和三氯乙烯，以溶解污物为基础，对金属无损伤，不需要加热，使用简单，效果好，但多数为易燃物，成本高。用于清除油污的还有碱性溶液和化学清洗液。碱性溶液需要加热到 $80 \sim 90℃$，除油后用热水清洗，去除碱液，防止被腐蚀。碱性溶液应用最广。化学清洗液具有无毒、无腐蚀、不燃烧、不爆炸、有一定的防锈能力、成本较低的优点，已逐步取代其他清洗液。清洗方式有人工式和机械自动式。清洗具体操作有擦洗、煮洗、喷洗、振动清洗、超声清洗等多种方法。

清除水垢是零件定期清洗的必要操作。水垢清除针对不同材质零件主要有磷酸盐清除、碱性溶液清除、酸性溶液清除等方法。

3. 检查已拆卸机械零件

检查已拆卸零件的目的是识别零件的状态，确认机械故障，结合工况分析零件失效的原因，制定合理的修理方案。设备机械零件失效形式主要有以下几种：

1) 过量变形失效。例如军工产品炮筒，为了确保每发炮弹在发射时弹道曲线（轨迹）一致，要求炮筒用钢在受到炮弹穿过时的应力和应变后必须保持严格的弹性变形状态，若炮弹的轨迹出现严重偏差，则尽管炮筒没有断裂的现象也可以认为炮筒已经产生了过量变形失效。

2）断裂失效。断裂是工程上长期存在的问题，即零件局部开裂或分成几部分的现象。

3）表面损伤失效，包括两种失效，即磨损失效和表面腐蚀失效。研究设备、结构及零部件产生失效的原因，防止事故重复发生、提高产品寿命是判断零件失效的主要目的。应针对不同的失效形式，制定对应的解决措施，降低失效的发生概率。

4. 设备机械零件修理方案

零件失效后，多数可采用焊、补、喷、镀、铆、镶、配、改、校、胀、缩、粘等方式修复后重复使用。修复工艺可减少新备件的消耗，降低成本。修理中合理地选用修复工艺，是提高修理质量、降低修理成本、缩短修理工时的有效措施。修理方案的编制应针对日常检修所发生的问题和故障，收集工人意见，结合检查，查出关键零部件磨损情况，通过对故障和磨损的分析研究，提出几种修理方案。分析优化后，确定可靠性大、节省工时和材料又切实可行的修理方案。

二、设备装配与调试

设备修理后的装配工艺是一项复杂的工作，即按技术要求将设备零件连接或固定起来，使设备的各个零件保持正确的相对位置和相对关系，保证设备各项工作性能指标。装配与调试有以下几种要求。

1. 装配前的准备

准备总成装配图和有关技术文件和技术资料，了解设备各个部分的结构及连接，根据结构及技术要求确定合适的装配工艺，准备必要的工量具及材料。按清单检查各个零件的质量，检查合格后方可装配使用。

2. 装配工艺要点

常规装配顺序与拆卸顺序相反，装配中采用合适的工具或设备，应严格仔细按序装配，确保主要零件之间的方位和配合精度。

1）装配前对有平衡要求的旋转零件按要求进行静平衡或动平衡试验，合格后才可装配。

2）过渡和过盈配合需要采用铜棒、铜套等专门工具和器件进行手工装配。过盈配合、摩擦表面等装配前应涂润滑油脂，减少装配磨损。对有装配要求的零件，安装过程中应及时检查、调整，避免返工。

3）每一部件装配完毕，必须严格仔细检查和清理，防止遗漏或错装零件。检查完毕后要进行手动或低速试运行，防止设备运转事故发生。

3. 装配后的调整

装配后的调整是设备修理的最终程序，特别关键。有些设备，若不经过严格仔细调试，就达不到预定的技术性能甚至不能正常运行。调整与调试是一项技术性、专业性及实践性很强的工作，操作者具有一定的专业基础和丰富的实践经验，才可以正确判断和处理调试中存在的问题。

三、试车验收

试车验收是设备维修完成后投入使用前系统进行全面的质量鉴定，保证设备维修交付动力性能、经济性能、安全可靠性能及操纵性能的重要环节。试车验收中应尽可能进行负荷试验，做出详细记录并办理验收手续。

任务实施

CAK3635 数控车床 Z 轴系统拆卸后检查及装配验收

一、系统拆卸检查

为了识别零件状态，确认故障，检查已拆卸零件是重要的步骤，针对零件使用工况条件，分析零件失效原因，从而指定合理的修理方案、维护保养方案。根据故障现象检查已拆卸零件，根据系统检查要求对 Z 轴滚珠丝杠副系统进行拆卸，清洗检查拆卸的零件，可以清楚地看到电动机座内靠近压盖处轴承架散落，电动机座内孔表面和丝杠轴颈处没有缺陷。

观察到轴承珠架有明显朝压盖方向的滑移变形和圆周方向的摩擦磨损，经维修人员组内讨论，以及现场工作人员确认，这是由于最初该轴承在拆卸时没有安装止推半环，才导致该轴承承受一次性过载载荷，轴承内圈和外圈产生轴向滑移，珠架产生不可恢复的残余变形。经过维修校正，做旋转试验，结果无误后装配使用。

初期使用中没有明显异常现象，设备运行一段时间后，曾经调紧过锁紧螺母后出现卡滞现象，将锁紧螺母调松也没有明显改善。很明显这是典型的因拆装不合适而导致的过量变形的例子。由此故障原因得出，检查已拆卸零件，不要只停留在故障现象表面，应该现场调查，查看运行记录，结合具体时间、位置和失效的基础，总结经验，确保圆满地完成检修任务。

二、修理后的验收

1. 试车验收准备内容

1）检查工作台面的安装水平，调整机床底部垫铁，保证台面纵、横向水平精度在 0.02mm/1000mm 以内。

2）对照机床说明书规定，将各个摩擦面进行润滑；检查导轨与丝杠润滑泵是否运转正常。

3）检查各个调整体是否正常，尾座调整是否正常。

2. 几何精度检查

对照说明书，按精度检验标准对各项几何精度逐项检查，不合格项目必须调整至合格。

3. 空运转试验

检查进给运动。在手动状态下操作机床，发出 +Z 和 -Z 指令，观察运动方向、运行速率是否正常，用百分表检测床鞍沿 Z 轴移动距离与指令位置是否一致，若不合格则逐一调整。

4. 机床运动精度检验

检测机床运动精度，要求定位精度和重复定位精度符合出厂要求。

5. 工作精度检验

根据机床工作精度试验的试加工零件的尺寸，检测各尺寸是否符合图样要求，是否在公差范围内。

机电设备维修备件应用

备件应用管理是保证维修正常的前提，备件是为缩短维修停歇时间而提前准备的各种零部件。备件应用是备件的计划、生产、订货、供应以及储备组织和管理。在经济合理的前提下，备件应用是建立备件库存的数量界限。

1. 确定备件范围

一台设备通常由许多零件组成。哪些零件能列为备件主要根据类型、拥有量、使用条件、加工能力和本地区供货情况而定，不同企业的备件范围可能不同。一般参照以下原则确定备件范围：

1）所有标准件和外购件，轴承、紧固件、密封件、传动带、键等。

2）消耗量大的易损零件。

3）消耗量不大、制造周期长、加工复杂的零件。

4）传动系统部分零件，变速箱齿轮、外花键、联轴器等。

5）维持设备功能的主要运动件。

设备种类繁多，型号复杂，需要经过不断摸索并积累设备维护资料，才能最终准确确定备件零件。

2. 备件管理内容

备件准备以技术需求为基础，应满足经济目标，具体内容如下：

1）备件技术管理。备件技术管理包括：备件图样收集、积累、测绘、整理、复制、核对和备件图册的编制；备件统计卡片和储备定额技术资料的编制。

2）备件计划管理。备件计划管理包括提出外购、外协和自制计划至入库阶段的工作内容。计划管理主要有：年度、季度、月度自制备件计划；外购备件年度及分批计划；铸、锻毛坯件需求量申请、制造计划；备件零星采购和加工计划；备件修复计划。

3）备件库存管理。备件库存管理是对备件进行计划控制、记录和分析，要求备件系统提供迅速有效的服务。备件库存工作包括库存量研究与控制，最小储备量、订货点以及最大储备量的确定等。

4）备件经济管理。备件经济管理包括库存资金核算，出入库账目管理，备件成本的审定，备件的耗用量、资金定额及周转率的统计分析，备件消耗统计及经济指标统计分析等。

5）备件库房管理。库房管理包括备件入库检查、清洗、涂油防锈、包装、登记入账及上架存放、备件质量信息收集等。

3. 备件储备定额计算

1）储备定额条件：备件储备数量界限即储备定额。储备定额要经济合理必须做到：满足维修工作需要，适应市场波动；有应付意外的能力；不超量储备，避免积压。

2）备件存储费用：存储量满足储备定额须存储费用最低。备件存储费有存储费、备件定购费用、缺货损失费。

3）备件订货：订货方式有定量订货方式、定期订货方式和维持库存订货方式。

① 定量订货方式。对于随时可以订货的零配件，每批订货量基本相同可以采用此种方式订货。经济订货批量 N（个/批）的计算公式为

$$N = \sqrt{\frac{24S\chi}{C}}$$

式中，S 为一次订货费用（元）；χ 为月平均消耗量（个），C 为单位物料年保管费用（元）。

定量订货方式库存量计算方式为

$$H_0 = k\chi T, H_1 = H_0 + \chi T, H_2 = H_0 + N$$

式中，T 为订货周期；H_0 为安全库存量；H_1 为订货值；H_2 为最大库存量；N 为经济订货批量，也可为经验订货量；k 为库存安全系数，一般大于 1.1。

当库存下降到 H_1 时应订第二批货。当第二批货入库时，库存已下降至安全库存量 H_0。当第二批货入库后，库存量达到最大量 H_2。

定量订货方式关键控制"三量一点"，"三量"即安全库存量、经济订货量、最大库存量；"一点"即订货值点，库存不积压、不紧张。备件消耗速度全年不均衡，最大库存与计算值 H_2 略有不同。

② 定期订货方式。此方式是指备件订货时间固定不变，订货数量可根据需要量和库存量变动。此方式适用于集中订货，一般维修企业按月或季度提出采购计划。

③ 维持库存订货方式。维持库存订货方式适用于使用量很少、需求随机性大、价格高的备件。适当地确定一个储备量，不计算，不要求定期订货和定量订货，随时补充，维持库存，防止缺货。

4. 维修备件计划编制及考核

（1）编制备件计划　编制年度备件计划是备件供应的重要环节，其依据是全年配件加工订货、审核采购和平衡资金来源。年度备件计划编制主要包括：完成年度使用及大修计划；将使用单位配件需求计划加上一定的安全储备量；计算求出各类备件储备定额；确定流动资金限额；确定现有实际库存量；编制好计划，通过资金流动限额平衡调整。

（2）备件库存控制考核方法　备件库存控制主要考虑经济效益和准确程度两方面。

1）备件库存控制水平由备件资金周转速度反映。周转期反映备件资金周转速度，周转期计算公式为

备件资金周转期(天) = 期末库存占用资金(元) / 日平均备件消耗金额(元)

备件资金周转期越短，周转速度越快，备件库存控制越有效。

2）备件占用资金合理性依据备件资金占有率，满足维修需要并减少停机损失，降低备件资金占有率。

备件资金占有率 = 备件储备资金总额(元) / 设备原购置总额(元) × 100%

3）备件储备准确性依据备件品种合格率。当年领用备件品种数与当年平均库存备件品种数之比，值越大，则合格率越高。

📖 知识测试

1. 设备修理前的准备工作内容包括哪些？
2. 机械设备检修的一般工艺过程是怎样的？
3. 机械设备拆卸过程中应遵循怎样的原则和具体要求？
4. 设备装配调试的工作内容包括哪些？
5. 备件及备件管理的含义是什么？备件管理的主要内容是什么？
6. 试车和验收的作用是什么？

模块二　机械零部件的故障诊断维修与装配

知识目标

掌握轴类零件的精度检查及轴磨损后故障解决方法。

掌握滑动轴承间隙选择与测量、故障诊断及解决方法。

掌握滚动轴承与轴的配合性质、装配间隙调整，故障诊断及解决方法。

掌握齿轮传动精度要求，间隙测量、故障诊断及解决方法。

能力目标

会测量轴磨损精度，会检查轴裂纹。

会进行滚动轴承与轴的配合精度、游隙调整。

会进行滑动轴承、间隙测量及调整。

会进行齿轮接触质量检查及间隙调整。

会查阅图样资料、搜集知识信息。

素质目标

具有踏踏实实的学习态度。

具有积极进取的工作态度和良好的团队协作意识。

具有独立分析问题、解决问题和技术创新的能力。

任务一　轴类零件的故障诊断维修与装配

任务分析

轴在动力传递中，主要承受交变的弯曲应力和扭转应力，经常受到冲击载荷的作用。轴是机电设备不可缺少的主要零件之一，设备长时间运行，不可避免地会出现磨损、弯曲、扭转、疲劳破坏、裂纹、断裂等多种失效形式，影响设备运行精度和寿命。因此，选材、设计、加工、修理和装配都会影响轴的工作性能和使用性能。本任务是掌握轴类零件失效后的故障现象及维修方法。

知识储备

一、轴类零件的结构及材料选择

1. 轴的结构

轴是传动系统支承回转零件及传递运动和动力的主要零件之一，可分为转轴（如车床主轴、带轮的轴）、心轴（如火车轴轮，自行车、汽车的前轴等）和传动轴（如车床上的光杠等）。不同的轴尺寸相差悬殊，如手表摆动轴最小处仅 $\phi0.085mm$，汽轮机转轴达到 $\phi1000mm$。图 2-1 所示轴由三部分组成。轴头是与传动零件或联轴器、离合器相配的部分；轴颈是与轴承相配的部分；轴身是连接轴头和轴颈之间的部分。

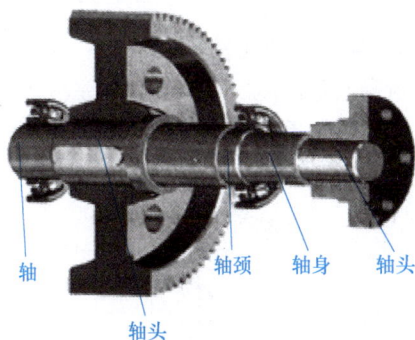

图 2-1　轴结构

2. 轴类零件选材

轴要承受一定的载荷且要传递动力，故轴磨损严重。轴类零件失效主要原因有因疲劳强度不足产生疲劳断裂、因静强度不足产生塑性变形或脆性断裂、磨损、超过允许范围的变形和振动等。轴类零件应有足够的抗拉强度和刚度，适当的冲击韧性和较高的疲劳强度，良好的可加工性和淬透性，轴颈处受磨损部位具有高硬度和耐磨性。制造材料一般选锻造或轧制的低碳钢、中碳钢或合金钢。碳钢相比合金钢价格低廉，对应力集中的敏感性较低，可用热处理的办法提高其耐磨性和疲劳强度，因而碳钢被广泛用于制造轴，其中常用的有 45 钢。中速中等载荷选用 45 钢，锻后正火、调质、局部淬火、回火。当轴用于传递大动力并要求减小尺寸与质量，要求轴颈的耐磨性好，工作于高温或低温条件下时，常采用合金钢。

选材的经济性涉及材料的成本高低，材料的供应是否充足，加工工艺过程是否复杂，成品率的高低，以及同一产品使用材料的种类、规格等。从经济性原则考虑，应尽可能选用价廉、货源充足、加工方便、成本低的材料，尽量减少所选材料的品种、规格。通常在满足零件使用性能的前提下，尽量优先考虑价廉的材料，能用非合金钢不用合金钢，能用硅锰钢不用铬镍钢。

二、新轴配制

1. 轴的加工工艺方法

1）常见阶梯轴的一般加工工艺程序：下料—锻造—正火—粗加工—调质—精加工—铣键槽。

2）齿轮轴的一般加工工艺程序：下料—锻造—退火—粗加工—调质—半精加工—齿形加工—表面淬火—粗加工—铣键槽。

2. 新配置轴的结构性能技术特点

1）为了方便轴上零件定位、装配、拆卸和节约材料，采用阶梯轴且轴端倒角的结构。

2）尽量减缓轴截面的变径尺寸，从而减小应力集中，提高轴的疲劳强度。不同直径的过渡处应采用圆角，其内圆角半径不宜过小。若轴上零件影响圆角或倒角大小，可采用凹切圆角（图 2-2）或肩环圆角（图 2-3），保证圆角尺寸大小。

3）若轴上有钻孔，即使孔径仅有 2~3mm，一般在孔的根部也易产生裂缝；若有键槽也会削弱轴的强度。因此，尽量少钻孔、开槽。

4）过盈配合产生的应力集中，会降低轴的疲劳强度，除选择合适的过盈量外，结构上应采取增大配合处的轴颈，同时在轴上或轮毂上开卸荷槽的办法减小应力集中（图 2-4）。

5）表面粗糙度对轴的疲劳强度影响也较大，疲劳裂纹常发生在表面最粗糙的位置。若设抛光轴的表面疲劳强度为 100%，则其他类轴的表面疲劳强度分别为：粗加工表面为 40%~60%，锈蚀表面为 45%~55%，热处理表面脱碳为 30%~50%。因此，提高加工质量，控制表面粗糙度，可采用表面强化处理，如滚压、喷火、渗氮、渗碳、高频或火焰淬火等，以提高轴的承载能力，延长轴的使用寿命。

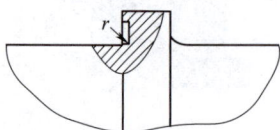

图 2-2　凹切圆角

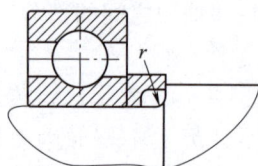

图 2-3　肩环圆角

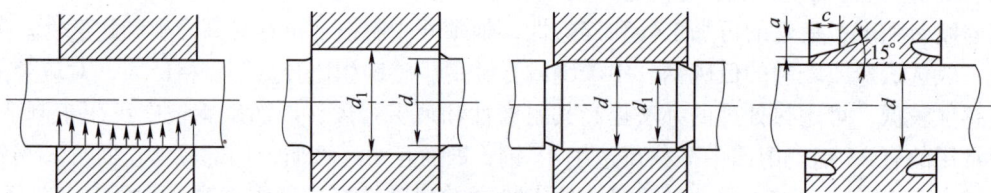

图 2-4　过盈配合减小应力集中的措施

三、轴类零件拆卸

轴类零件应根据结构特点，配合相应的方法拆卸。轴与包容件之间的装配根据不同的工作要求有不同的配合性质，不同的配合性质选用不同的拆卸方法和工具。常用的拆卸方法有击卸法、压力机法、千斤顶法、温差法和破坏法等。

1. 配合力不大的过盈配合件

对配合力不大的过盈配合件，可采用锤击的方法或用退卸器拉卸法等进行拆卸。锤击时，轴头处垫铜棒、铅块或硬质木块，切勿直接锤击轴头，以免轴头变形损坏。

2. 不旋转的心轴

一般轴端有轴向螺纹孔供拆卸用。拆卸前先松定位螺栓或挡板，拧入螺栓，通过螺栓将轴拉出来。

3. 配合力较大的过盈配合件

对过盈量较大的轴类零件，可以采用压力机法、温差法拆卸。拆卸前需要在轴的包容件上加热，可通过浇热油或喷火焰等方法。齿轮的加热可用煤或木材，尽量少用焦炭。加热过程中须将零件翻转，使包容件受热均匀。注意不要使轴也同时受热而膨胀，一般可将轴的两端部包湿布，并不断浇凉水。通常包容件加热温度不超过 700℃，否则，会使零件氧化、退火，在某种程度上降低零件的被加热件膨胀系数。当零件温度达到上限后，立即停止，开始拆卸轴件。

四、轴拆卸后的清洗及检查维修

1. 清洗

轴件拆卸后，使用煤油、金属清洗剂等清洗。清洗完后再用碱性溶液清洗冲刷，放置在干燥且干净的环境中，并用布遮盖。

2. 检查维修

轴磨损主要表现在轴颈表面擦伤、磨损、裂纹、圆度和圆柱度的变化等，可用游标卡尺、千分尺、千分表、磁粉探伤仪等检查工具具体检查磨损。

（1）圆度 α 检查　通常采用顶尖和千分表测量法、V 形块和千分表测量法、游标卡尺和千分表测量法，主要检查轴颈。

1）检查方法。顶尖和千分表检查：将轴放在车床上，轴支承在两个同轴顶尖之间，用千分表测量，如图 2-5 所示；用 V 形块和千分表检查：将轴放置在同标高的 V 形块上或将 V 形块倒置，用千分表测量，如图 2-6 所示；用游标卡尺和千分表测量：将轴放置在平台上，如图 2-7 所示。

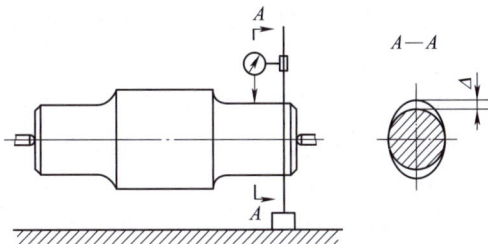

图 2-5　顶尖和千分表

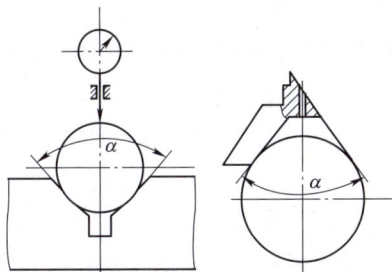

图 2-6　V 形块和千分表

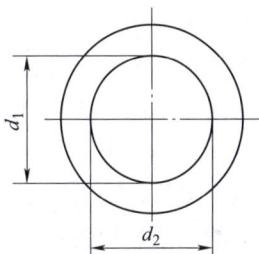

图 2-7　游标卡尺和千分表

2）检查步骤。将被测磨损轴段分成左、中、右三处截面，其中两处在距轴颈端部约 30mm 处，一处在中间。每个截面旋转一周，千分表的指针读数增大或减小两次，且正负读数大致相等，说明轴颈截面处磨损呈椭圆状。测量八个位置，即八个值，并记录，取该轴截面最大值与最小值的差的一半作为截面的圆度，三个截面就有三个值 α_1、α_2、α_3；取这三个值的最大值为这段轴的圆度。判断圆度是否合格可查阅相关手册。

（2）圆柱度检查　轴颈圆柱度的检查可参照圆度的方法，检查点不是在轴颈的同一截面处，选取点在相距一定轴向长度处，距离为约 100mm，至少应在轴颈的根部、中部和端部测量轴颈的磨损。轴颈的圆柱度不应超过圆度公差，配合处的圆柱度应在配合尺寸公差范围内。圆柱度的标准技术要求可以查阅手册获取。

（3）直线度的检查　轴的直线度可在车床上用千分表检查，也可在特制的滚动轴承托架上测量。当轴转动时，用千分表在轴的全长上测量三处，即轴的两端和中间。当轴转动时，千分表指针在表盘上的最大读数与最小读数之差即为轴直线度的 2 倍。千分表的测头应尽量放置在轴的未磨损位置，以免产生挠度与圆度或外形尺寸的相互混淆。检查直线度可参阅相关手册。

（4）裂纹的检查　轴出现裂纹会导致机械事故甚至伤害人的生命。因此，每次大修设备都要检查轴的裂纹故障。通常采用的工具有磁粉探伤仪和超声波探伤仪，磁粉探伤仪体积小，操作方便，现场应用广泛。

利用磁力线通过铁磁性材料时所表现出来的情况来判断零件内部有无裂纹、空洞、组织不均匀等缺陷，又称磁力探伤。这种方法的原理是用强大的直流电感应出磁场，将零件磁化，当磁场通过导磁物质时，磁力线将按最短的直线通过。如果零件内部组织均匀一致，则磁力线通过零件的方向是一致的；若零件的内部有缺陷时，在缺陷部分就会形成较大的磁阻，磁力线便会改变方向，绕过缺陷，聚集在缺陷周围，并露出零件表面形成与缺陷相似的漏磁场。在零件的表面，均匀地撒上铁粉时，铁粉即被吸附在缺陷的边缘，从而显露出缺陷的位置和大小，如图 2-8 所示。这种方法的特点是设备简单、检测可靠、操作方便，但是只适用于铁磁材料零件表面和近表面缺陷的检测。在进行检测前，应将表面清洗干

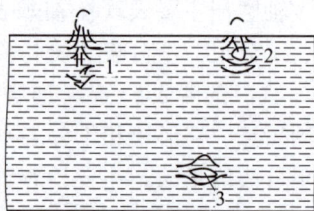

图 2-8　铁磁物质中
磁力线分布情况

净，将可能流入磁粉的地方堵住。检测时首先将零件磁化，必须注意磁化方法的选择，使磁力线方向尽可能垂直或以一定角度穿过缺陷，以获得最佳的检测效果。检测后应进行退磁处理，其目的是为消除零件中的剩磁，以免影响正常工作。

（5）轴的修理　在通常情况下，主轴的主要失效形式是因受外载而产生的弯曲变形，以及配合面的磨损。主轴如果发生弯曲变形，应根据变形的程度及主轴的精度要求确定修复方法。对于弯曲变形的普通精度轴，可用校直法修复；对于高精度轴校直后难以恢复其精度的，可采用更换新轴的方法。

主轴轴颈磨损后，通常需要恢复原来的尺寸，常用的方法是电刷镀、镀铬等。采用电刷镀方法修复轴的工艺过程为：电刷镀前在主轴两端孔中镶入堵头，钻堵头上的中心孔，在磨床上以轴两端轴颈未磨损部分为基准找正，将已磨损需要修复的轴颈磨小 0.05～0.15mm，在需要修磨的外圆表面电刷镀，单边镀层厚度不小于 0.1mm，研磨中心孔，磨削电刷镀后的各表面至要求。主轴的莫氏锥孔也容易磨损，在修理时常采用磨削的方法修复其表面精度，若已经过多次修磨，可用镶套的方法修复。

五、轴的装配

装配之前，对轴及包容件的配合尺寸进行校对，确认无误后方可进行装配。轴与其上零件装配前的准备工作要求如下：

1）应在配合表面涂一层清洁机油，减少配合表面的摩擦。

2）装配时配合件不要歪斜，装正后方可逐步施加压力，防止压入时因位置误差而刮伤轴或孔。

3）已装好的轴部件，均匀地支承在轴承上，并且用手转动时感到轻快。

4）装配完成的各装配件的平行度、垂直度、同轴度须符合技术要求。

🔍 **任务实施**

车床主轴部件拆卸维修

为了更清楚地了解设备拆卸过程，选取车床阶梯状主轴（图 2-9）为例做拆卸分析。此轴由右向左直径逐渐减小，拆卸主轴的方向应为从左向右。拆卸步骤如下：

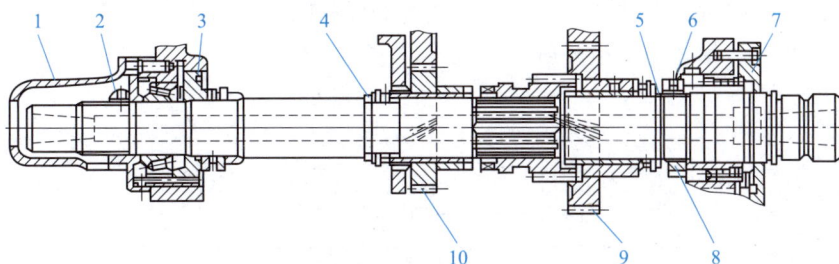

图 2-9　轴拆卸结构

1—后罩盖　2、8—圆螺母　3—轴承座　4—卡簧　5—垫圈　6—锁紧螺钉　7—端盖　9、10—齿轮

1. 拆卸

1）将端盖 7、后罩盖 1 与主轴箱间的连接螺钉松脱开，继而拆下端盖 7 及后罩盖 1。

2）松开锁紧螺钉 6 后，接着松开主轴上的圆螺母 8 和 2，由于推力轴承的作用，圆螺母 8 只能松开到垫圈 5 处。

3）用相应尺寸的装拆钳，将轴向定位用的卡簧 4 撑开后向左移出沟槽，并置于轴的外表面上。

4）当主轴向右移动而完全没有零件障碍时，在主轴的尾部左端垫铜或铝等较软的金属圆棒后，才用大木槌敲击主轴。同时向右移动主轴，向左移动相关零件，当轴上全部零件可脱落时，从主轴箱后端插入铁棒，让轴上零件落在铁棒上，以免落入主轴箱内，从主轴箱前端抽出主轴。

5）对于轴承座 3，在松开其固定螺钉后，垫铜棒向左敲击。

6）主轴上的前轴承垫了铜套后，向左敲击取下内圈，向右敲击取出外圈。

2. 清洗、检查方法及步骤

（1）清洗　拆卸后清洗是修理的重要环节，零件清洗包括清除油污、水垢、积炭、锈层等。简单清洗步骤：先把轴取下来；将轴放入清洗剂中浸泡和洗刷，泡出残渣；用吹风机吹干；抹上防尘、防水的润滑油；盖上侧盖后可安装。

（2）常规检查方法

1）轴间平行度的检查。平行度检查方法根据具体情况选择确定，主要有用弯针和挂线配合和内径千分尺检查两种检查方法。

2）轴的垂直度检查。用直角尺或弯针检查。

3）同轴度检查。用塞规量得的间隙不变，说明两轴同轴。

（3）实施检查　主轴损坏形式主要是轴颈磨损，外部拉伤，产生圆度误差、同轴度误差和弯曲变形，锥孔碰伤，键槽破裂，螺纹损坏等。常见主轴同轴度检查方法如图 2-10 所示。主轴放置于检验板 6 的两个 V 形架 5 上，主轴后端装入堵头 2，堵头 2 中心孔顶一钢球 3，紧靠支承板 4，在主轴各轴颈处用千分表测头和轴颈表面接触，转动主轴，千分表指针的摆动差即同轴度误差。轴肩端面的轴向圆跳动误差也可从端面处的千分表读出。一般应将同轴度误差控制在 0.015mm 之内，轴向圆跳动误差应小于 0.01mm。

为测量主轴中心线对其轴颈的径向圆跳动误差，可在放置好的主轴锥孔内放入锥柄检验棒。然后将千分表测头分别触及锥柄检验棒靠近主轴端及相距 300mm 的两点，回转主轴，观察千分表指针，即可测得轴中心线对主轴轴颈的径向圆跳动误差。主轴的圆度误差可用千分尺和圆度仪测量。其他损坏检测可目测观察。

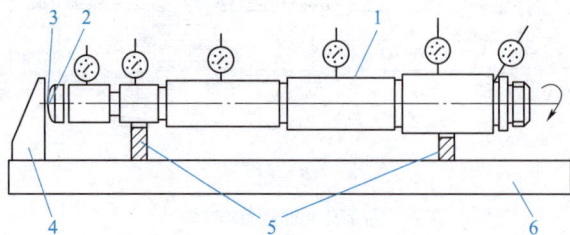

图 2-10　同轴度检查

1—主轴　2—堵头　3—钢球　4—支承板　5—V 形架　6—检验板

🔍 任务拓展

过盈配合连接件的装配

过盈配合也称为静配合，过盈配合的装配是将具有较大尺寸的被包容件（轴）装入具有较小尺寸的包容件（孔）中。这种连接能承受较大的轴向力、转矩及冲击载荷，精度高，应用广泛。例如，齿轮、联轴器、飞轮、带轮、链轮等与轴的连接，轴承与轴承套的连接等都属于过盈配合。过盈配合是一种固定连接，除应保证零件间有正确的定位和紧固性外，还要求装配时不损伤零部件，不降低其强度及精度。

过盈配合在机械设备中应用很广，如气缸套与气缸的配合、连杆衬套与连杆座孔的配合、大型齿轮的轮缘与轮芯的配合、青铜齿轮轮缘与钢轮芯的配合、减速器的轴与蜗轮的配合等。本任务通过学习过盈配合连接件的装配方法掌握热压装配法的装配工艺。

一、过盈配合连接件的装配要求

为了保证过盈配合连接件在装配后能正常工作，必须满足如下要求：

1）装配后最小的实际过盈量应保证两个零件具有一定的紧密度。在传递轴向力、较大的转矩或冲击载荷时，配合表面之间不会发生松动。

2）装配后最大的实际过盈量所引起的应力不应使装配零件损坏。

二、过盈配合连接件装配方法的选择

过盈配合常用装配方法有冷压装配法、热压装配法和冷却轴件装配法三种方法。

1. 冷压装配法

冷压装配法适用于配合压力较小的过盈配合，如 s5、r5 等，为使装配迅速方便，装配前应在配合表面涂抹润滑油。对键做辅助固定时，装配键后可压装。过长的轴不能压装，可以采用热孔、冷轴方法装配。

2. 热压装配法

热压装配法俗称为红装法，其基本原理是加热包容件，使其直径膨胀到一定数值后，将被包容件自由装入孔中并定位，待零件冷却后产生非常大的应力，达到过盈装配的要求。在

具有一定经验的情况下，这种方法比较简单，易操作且质量可靠。与冷压装配法相比较，热压装配法可以避免粗糙的接触表面因轴向移动而被压平，因此具有较大的紧固力。装配工艺如下：

1）加热温度。加热温度一般为80~400℃，不能超过600℃，以避免金相组织发生变化，影响零件的力学性能。

2）加热方法。热压装配时孔件常用的加热方法有热浸加热法、炉内加热法和电感应加热法等。热浸加热法适用于体积和过盈都较小的零件，如轴承、小型齿轮；炉内加热适用于加热精度要求高、尺寸较小的零件；电感应加热法加热均匀，温度容易控制，适用于有精密要求的零件和需要防火的场所。

3）装入。当孔件温度达到所需要的加热温度时开始装配，装配前除去孔件表面的灰尘、污物，装配时必须一次装到预定位置，不能在中途停留，装配后避免人为强迫冷却，以免引起内应力。一般热压配合件的轴都由轴肩来定位，如果轴上没有轴肩，应在轴上预先装一个定位圈。

3. 冷却轴件装配法

冷却轴件装配法是将轴件放在装有冷却剂的冷却箱中，使轴径缩小，并在与孔件构成间隙后立即把孔件和轴件装配在一起，一次到位。现场常用的冷却剂有固体二氧化碳（冷却温度可达-75℃）、液体空气（冷却温度可达-180℃）、液氨（冷却温度可达-120℃）等。冷却时必须注意操作安全，以防冻伤。

知识测试

一、填空题

1. 轴的主要功用是_____、_____。
2. 弯曲轴的校直方法有_____和_____。
3. 过盈配合连接件的常用装配方法有_____、_____和_____三种方法。
4. 热压装配时孔件常用的加热方法有_____、_____和_____等。

二、简答题

1. 配制新轴时需要考虑哪些因素？
2. 轴拆卸后一般应做哪些检查？
3. 简述磁粉探伤的原理。
4. 什么是过盈配合连接？

任务二　滑动轴承的故障诊断与维修

任务分析

滑动轴承应用于负荷大、有冲击负荷、工作转速较高或回转精度特别高的机械设备中。滑动轴承装配不当或间隙不合适，可能导致轴承烧瓦，造成设备严重损坏。滑动轴承装配质量和维修质量严重影响设备的正常运转，影响设备的使用寿命。滑动轴承构造简单，成本低，便于维修。掌握滑动轴承的维修基础及安装维修技术很有必要，本任务通过滑动轴承装配、滑动轴承间隙的调整掌握滑动轴承故障维修技术。

知识储备

一、滑动轴承油膜的形成

滑动轴承中轴旋转时，如果没有润滑油润滑就会导致轴与轴瓦之间产生干摩擦，造成轴承的迅速磨损，使轴承急剧发热而导致轴承合金熔化与轴胶结，增大电动机负荷而发生严重事故。因此，在重要场合滑动轴承必须在完全液体摩擦条件下工作。

轴承的良好润滑状况就是要保证轴颈与轴承之间建立起液体润滑，形成动压油膜，其过程可分为以下三个阶段。

1. 静止阶段

如图 2-11a 所示，此时轴颈和轴承在 A 点接触，因轴颈还未旋转，故不发生摩擦。

2. 起动阶段

如图 2-11b 所示，此时轴颈开始旋转，并沿轴承内壁向上移，在 B 点产生边界摩擦。

3. 稳定阶段

如图 2-11c 所示，此时由于有一定流速的润滑油的充足供应，加上轴颈具有足够高的转速，使黏附在轴颈表面上的润滑油被旋转的轴不断地带入轴承内壁与轴颈外圆之间的楔形间隙里，油从楔形间隙的大口流入，从小口排出。油在楔形间隙中的流动阻力随着间隙的逐渐减小而不断增大，使油液产生一定的压力，将轴颈向旋转方向推动，以便形成能承受压力的油膜，当油膜的总压力大于负荷 P 时，将轴颈抬起来，使这里的摩擦变成了完全的液体摩擦。此时，在轴颈与轴承间形成一层油膜，即滑动轴承动压油膜，油膜厚度为 h。油压呈抛物线分布，中间最大，两端为零。

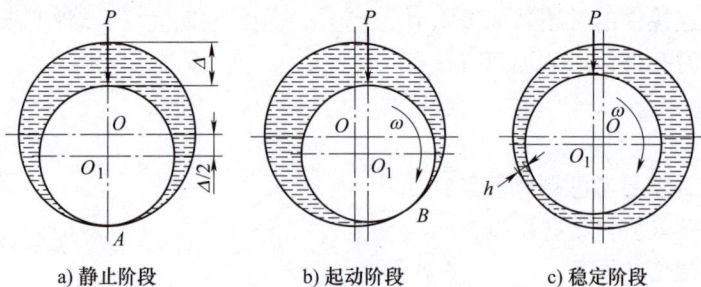

图 2-11 滑动轴承动压油膜

二、滑动轴承失效形式

滑动轴承有整体式轴承、剖分式轴承等多种结构。滑动轴承主要失效形式有以下几种：

1）硬质颗粒研磨轴和轴承表面造成磨粒磨损。

2）轴表面硬轮廓峰顶刮削轴承造成刮伤。

3）温度升高、压力增大或油膜破裂时造成胶合。

4）载荷反复作用使疲劳裂纹扩展，造成疲劳剥落。

5）润滑剂氧化产生酸性物质，造成腐蚀。

三、滑动轴承间隙的留有原因与选择

1. 滑动轴承留有间隙的原因

滑动轴承的间隙是轴颈和轴瓦之间的空隙，分为径向间隙和轴向间隙两种，径向间隙又分为顶间隙 A 和侧间隙 b，如图 2-12 所示：留有径向间隙的目的：一是使润滑油能流到轴颈和轴瓦之间形成油膜从而达到完全的液体润滑；二是为了控制机械设备零部件在运转中的精度。径向间隙小能提高运转精度，但如果径向间隙太小，就不能使轴承中的润滑油形成油膜，会使运转时轴颈与轴承的金属产生相互摩擦发热，甚至烧坏轴承。径向间隙太大，轴颈运转时产生冲击和跳动，冲击负荷会破坏润滑油形成的油膜，使机械设备零部件在运转中产生较大振动和噪声。因此，轴承在装配时应具有适当的径向间隙。

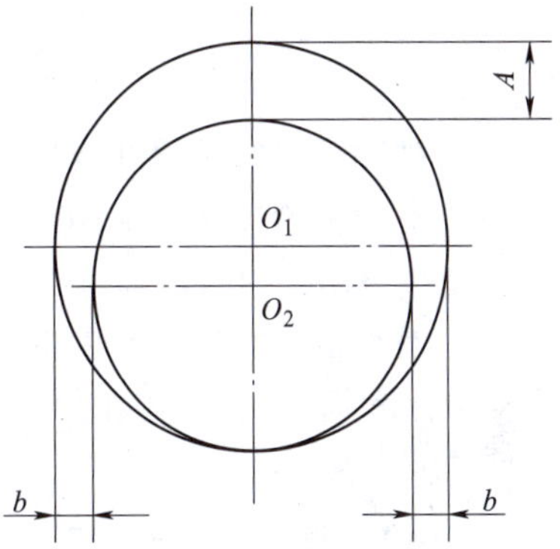

图 2-12　滑动轴承径向间隙

滑动轴承的侧间隙主要起散热作用，同时在侧间隙处开油沟，将润滑油连续引到轴承的承载部分。侧间隙还可防止因运转中发热使轴承膨胀而将轴颈抱死。滑动轴承的轴向间隙是为了确保轴运转导致温度升高而发生长度方向变化时有自由伸缩的余地。

2. 滑动轴承间隙的选择

（1）滑动轴承径向间隙的选择　滑动轴承径向间隙的选择有以下几种方法：

1）滑动轴承顶间隙的选择。

① 按图样上标的配合偏差和精度等级查得轴与孔的上下极限偏差值，计算出最大和最小间隙值。滑动轴承顶间隙的表达式为

$$A = \frac{1}{2}\left[\frac{1}{2}(X_{max} + X_{min}) + X_{max} \right]$$

式中，A 为滑动轴承的顶间隙（mm）；X_{max} 为轴颈与轴瓦配合的最大间隙（mm）；X_{min} 为轴颈与轴瓦配合的最小间隙（mm）。

② 在缺乏图样资料的情况下，可按以下经验公式计算滑动轴承的顶间隙。

$$A = Kd$$

式中，d 为轴颈直径（mm）；K 为顶间隙系数，见表 2-1。

表 2-1　滑动轴承顶间隙系数表

序号	类　　别	K
1	精密机床轴承或一级配合精度轴承	>0.0005
2	二级配合精度轴承	0.001
3	冶金设备轴承	0.002~0.003
4	粗糙机械	0.0035
5	透平机类轴承	0.002

2）滑动轴承侧间隙的选择。顶间隙一般值，$b=A$；顶间隙较大值，$b=A/2$；顶间隙较小值，$b=2A$。

（2）滑动轴承轴向间隙的选择　滑动轴承轴向间隙值应按轴的结构特点进行选择，其大小应符合设备技术文件的规定值，如无规定时，应考虑轴的热膨胀伸长量。

🔍 **任务实施**

滑动轴承的故障维修与安装

1. 滑动轴承的故障诊断维修

（1）滑动轴承损伤　滑动轴承的损伤类型可分为轴颈和轴瓦结合面的刮伤、颗粒磨损、咬伤、疲劳损伤、轴承衬剥离、润滑剂对轴承材料的腐蚀、侵蚀、微动磨损等。

（2）滑动轴承的故障产生机理及对策　滑动轴承的故障主要集中在两点：一是轴颈与轴瓦接触面磨损，造成间隙增大，通常采用刮研修理；二是润滑通道被破坏，通常采用修整润滑通道的方法。

1）刮研修理：刮研轴瓦是一项细致而又费时的工作。轴瓦的刮研要使轴颈与轴瓦接触细密、均匀，使轴承具有一定的间隙，使轴瓦的接触角在要求的范围内，轴瓦的接触点数及分布达到要求。

2）开设油槽：为保证轴承内有足够的润滑油，需要在滑动轴承轴衬上开凿油槽。油槽的形状有直线形、十字形或王字形。

（3）滑动轴承诊断修理

1）滑动轴承轴瓦的接触角不符合要求。轴瓦与轴颈间接触角达不到标准要求，其主要原因是没有按操作要求挂瓦，施工作业马虎，工艺基本功差。接触角过大，润滑油膜不易形成，得不到良好润滑效果，加快磨损。接触角过小，会增加轴瓦压强，导致轴瓦快速磨损。因此，轴瓦轴颈接触角须适宜，一般控制在60°~90°。刮研包括轴瓦背面与轴承体接触面的刮研和轴瓦与轴颈接触面刮研两部分。

2）轴颈与轴瓦接触点过少。轴瓦与轴颈接触点不符合施工及验收通用规范的规定。其产生的原因是刮瓦的程序和方法不妥当，操作不细致，忽视质量。这将在设备运转过程中导致轴瓦发热，运转不正常。解决方案就是按工艺程序进行刮瓦，轴颈在轴瓦内正反转动一圈后，将黑斑点均匀刮掉，每刮一次换一次方向，刮痕呈60°~90°交错角，接触与非接触面界限不明显，使轴瓦表面非常光滑。

3）轴承发热。设备运转中轴承温度超过规定值，轴承内润滑油量不合适，润滑不洁净，或者轴承装配不良都会引起此故障。当轴承合金过热时，会引起轴承磨损，甚至熔化合金，导致运转失常。具体改善措施为清洗好润滑系统，按设计要求的牌号、用量，添加符合要求的润滑油，重新调整轴承，满足设计规范。

4）轴发热。传动轴发热主要原因在于挡油毡垫或胶皮圈太紧而产生摩擦，也有可能是轴承盖与轴四周间隙不一致，摩擦增引起发热。轴发热会降低轴硬度，加快磨损，引起轴连接件损坏。调松胶皮圈弹簧及轴承盖螺钉，检查轴承盖与轴间隙是否满足设备文件规定，调整至符合技术要求。

5）轴承漏油。设备运转中轴承压盖处泄漏，会损耗润滑油，不能保证轴承正常工作。

维修过程中应调整好润滑系统的供油量，油量要适宜；增大回油管管径；修好油封槽，装好油封及轴承盖。

2. 滑动轴承装配

（1）基本要求

1）滑动轴承在安装前应修去零件的毛刺锐边，接触表面必须光滑清洁。

2）安装轴承座时，应将轴承或轴瓦装在轴承座上并按轴瓦或轴套中心位置校正。同一传动轴上的各轴承中心应在一条轴线上，其同轴度误差应在规定的范围内。轴承座底面与机件的接触面应均匀紧密地接触，固定连接应可靠，设备运转时，不得有任何松动移位现象。

3）轴承与轴的接触表面接触情况可用着色法进行检查，研点数应符合要求。

4）轴转动时，不允许轴瓦或轴套有任何转动。

5）上下瓦合并不允许有漏隙，防止润滑油泄漏，结合面装配定位销防止轴瓦错位或被轴带入轴承内。

6）安装时，必须保证润滑油能畅通无阻地流入轴承中，并保证轴承中有充足的润滑油存留，以形成油膜。要确保密封装置的质量，不得让润滑油漏到轴承外，并避免灰尘进入轴承。

（2）滑动轴承的安装

1）轴瓦与轴承座、盖的装配。上下轴瓦与轴承座、盖装配时，应使瓦背与座孔接触良好，以便于摩擦热量的传导散发和均匀承载。若不符合要求时，对于厚壁轴瓦，应以座孔为基准修刮轴瓦背部，薄壁轴瓦不便修刮时，可进行选配。

2）轴瓦与轴颈的配刮。用与轴瓦配合的轴来做校准样棒，在上下轴瓦工作面涂上显示剂，装好轴瓦及轴承盖，压紧并转动轴，对轴瓦进行配刮。直至螺栓紧固后，轴能轻松转动且无过大间隙，显点达到接触精度要求，即为刮削合格。轴瓦与轴应保证实现正常的润滑，同时要有合理的接触。

3）清洗零件，重新装合。

任务拓展

滑动轴承间隙测量

滑动轴承径向间隙常用塞尺法或压铅丝法等方法测量，轴向间隙可用塞尺和百分表测量。滑动轴承装配的配合间隙须满足要求。塞尺法测量最快，压铅丝法较准确。

1. 塞尺法测量

塞尺法用于顶间隙、侧间隙和轴向间隙的测量，测量过程注意塞入间隙的长度，不能小于轴瓦长度的 2/3，如图 2-13 所示。

2. 压铅丝法测量

压铅丝法测量（图 2-14）选用铅丝直径是规定间隙的 1.5 倍，长度为 30～100mm。测量过程如下：

1）先打开轴承盖，取一小段铅丝并涂抹一点润滑脂，放在轴承上端及两侧上、下瓦结合处。

2）盖上轴承盖，拧紧螺栓。然后松开螺栓，取下轴承盖。

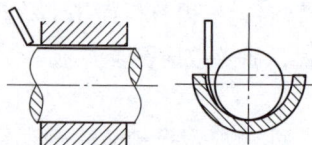

图 2-13　塞尺法测量间隙

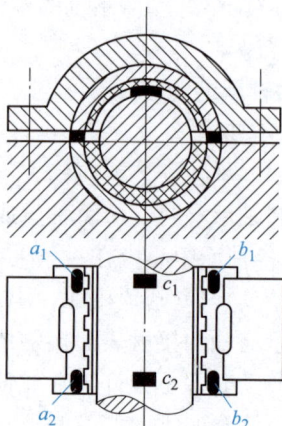

图 2-14　压铅丝法测量间隙

3）用游标卡尺测量各节铅块厚度，用下面公式求出轴承顶间隙：

$$A = \frac{(c_2 - A_2) - (c_1 - A_1)}{2}$$

式中，$A_1 = (a_1 + b_1)/2$；$A_2 = (a_2 + b_2)/2$。

知识测试

1. 简述热压装配法的基本原理。
2. 滑动轴承的故障主要有哪些？如何维修？
3. 轴瓦与轴的装配要满足哪些要求？

任务三　滚动轴承的故障诊断与维修

任务分析

　　滚动轴承可以提高机器的运行效率，相比滑动轴承，滚动轴承具有较多的优点，如摩擦系数小、效率高、轴向尺寸小、装拆方便等，广泛地应用于各类设备。滚动轴承大部分已经标准化，由专业的工厂制造。要保证轴承正常工作必须正确选择轴承的类型，了解滚动轴承的结构、安装和调整方法。本任务是掌握滚动轴承结构、装配工艺及调整方法，学会在维修过程中拆装滚动轴承，维修装配后预紧及调整滚动轴承。

知识储备

一、滚动轴承的作用

　　滚动轴承应用在中小载荷的机器中，是机器中的精密标准件，各个尺寸都已标准化，可使机械零件高效运行。正确安装滚动轴承，可以减少滚动轴承的磨损，延长使用寿命，提高机器的工作效率，反之，滚动轴承磨损加大，甚至高温咬死，将导致机器停机。

二、滚动轴承的类型

滚动轴承是由内圈、外圈、滚动体和保持架组成的，使相对运动的轴和轴承座处于滚动摩擦的轴承部件。

1. 按轴承承受载荷方向分类（图 2-15）

1）深沟球轴承，仅承受径向载荷。

2）推力调心滚子轴承，既能承受径向载荷，又能承受轴向载荷。

3）推力轴承，只承受轴向载荷。

2. 按结构类型分类（图 2-16）

1）深沟球轴承（0000 型），间隙不可调整。

2）调心球轴承（1000 型），间隙不可调整，应用于轴承不能精确对中的场合。

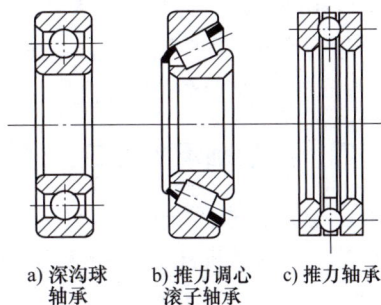

a) 深沟球
轴承　　b) 推力调心
滚子轴承　　c) 推力轴承

图 2-15　滚动轴承类型（一）

3）圆柱滚子轴承（2000 型），间隙不可调整。

4）调心滚子轴承（3000 型），间隙不可调整。

5）滚针轴承（4000 型），间隙不可调整。

6）推力球轴承（8000 型），该轴承有两个套圈，内径与孔径配合要求不同，一紧一松，松环比紧环的内径大 0.2mm 以上。

7）圆锥滚子轴承（7000 型），内外圈可分离，安装时易于调整间隙。

8）角接触球轴承（6000 型），间隙可调整，一般成对使用。

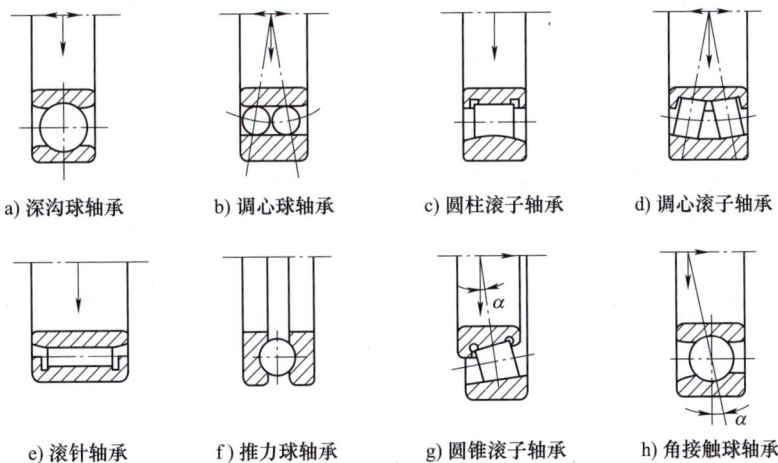

a) 深沟球轴承　　b) 调心球轴承　　c) 圆柱滚子轴承　　d) 调心滚子轴承

e) 滚针轴承　　f) 推力球轴承　　g) 圆锥滚子轴承　　h) 角接触球轴承

图 2-16　滚动轴承类型（二）

三、滚动轴承的安装

1. 滚动轴承配合选择

滚动轴承是由专业厂大量生产的标准部件，其内径、外径和轴向宽度在出厂时已确定，因此，滚动轴承的内圈是基准孔，外圈是基准轴。

2. 滚动轴承安装前注意事项

滚动轴承是一种精密部件，应十分重视安装前的准备工作和安装过程的工作质量，并应注意以下几点：

1）安装前应准备好所需工具和量具，对与轴承相配合的各零件表面尺寸应认真检查是否符合图样要求，并用汽油或煤油清洗后擦净，涂上系统机油。

2）检查轴承的型号是否与图样一致。

3）滚动轴承的安装方法应根据轴承的结构、尺寸大小及轴承部件的配合性质来确定。

四、滚动轴承的拆卸、清洗及检查

1. 滚动轴承的拆卸

常用手锤或拆卸器等专用器具拆卸滚动轴承，禁止直接击打轴承。必须保证在拆卸时不损伤轴承和座体。拆卸力要均匀地加在压紧的套圈上，不能直接或间接地作用在滚动体上。从轴承箱上拆卸轴承时，力要加在轴承外圈上。当遇到与轴颈锈死或配合较紧的情况时，可预先用煤油浸渍配合处，之后用拆卸器拆卸，必要时可用120℃的热机油浇轴承，使其内圈受热膨胀以便拆卸。

2. 滚动轴承的清洗和检查

拆卸下来的轴承一般用煤油清洗，也可用化学清洗剂清洗。清洗时一手拿住内圈，另一手慢慢反复转动外圈，将滚道内和保持架上的污物除掉，必要时应放在木板上敲打震击掉。清洗干净后擦干，若轴承能复用，应涂抹上机油用纸包好待用。对新轴承，使用前应将防护油脂清洗干净，再加入规定的润滑油。

对于清洗后的滚动轴承，主要通过如下几方面检查轴承的损坏情况：

1）正常破坏形式有滚动体或内圈滚道上的点蚀，以及由于润滑不足造成的烧伤；滚动体和滚道间的磨损造成的间隙增大；装配不当造成的轴承卡死、胀破内圈、敲碎内外圈和保持架变形等。

2）发现轴承旋转时声音太大或有卡紧现象，说明质量不好。当发现存在轴承间隙因磨损超过规定值、滚动体和内外圈有裂纹、滚道有明显斑点、变色疲劳脱皮、保持架变形等现象时，轴承就不能继续使用。

3）滚动轴承间隙的检查要根据不同的结构进行。间隙可调整类轴承拆卸后不需要检查，而是在装配时进行调整；间隙不可调整类滚动轴承在清洗后，用塞尺测量法或经验检查法进行径向间隙的检查，以定取舍。

🔍 任务实施

滚动轴承装配调整及预紧

1. 典型滚动轴承的装配

（1）滚动轴承装配时的注意事项

1）装配前，按设备技术文件的要求仔细检查轴承及与轴承相配合零件的尺寸精度、几何公差和表面粗糙度。

2）装配时，应在轴承及与轴承相配合的零件表面涂一层机械油，以利于装配。

3）装配轴承时，无论采用什么方法，压力只能施加在过盈配合的套圈上，不允许通过滚动体传递压力，否则，会引起滚道损伤，从而影响轴承的正常运转。

4）装配轴承时，一般应将轴承上带有标记的一端朝外，以便观察轴承型号。

（2）圆柱孔滚动轴承的装配　圆柱孔滚动轴承是指内孔为圆柱形的深沟球轴承、圆柱滚子轴承、调心轴承和角接触轴承等。这些轴承在实际应用中占绝大多数，具有一般滚动轴承的装配共性，其装配方法主要取决于轴承与轴及座孔的配合情况。轴承内圈与轴为较紧配合，外圈与轴承座孔为较松配合，这种轴承的装配是先将轴承压装在轴上，然后将轴连同轴承一起装入轴承座孔中。

装配时注意导正，防止轴承歪斜，否则，不仅装配困难，而且会产生压痕，导致轴和轴承过早地损坏。对于不可分离轴承，应根据配合松紧程度来决定其安装顺序。现就深沟球轴承的安装顺序加以说明，见表2-2。

表2-2　深沟球轴承内外圈安装顺序

配合性质	安装顺序	简　　图
内圈与轴配合较紧，外圈与座孔配合较松时	先装内圈	
外圈与座孔配合较紧，内圈与轴配合较松时	先装外圈	
外圈与座孔、内圈与轴配合均较松时	同时安装	

外圈与轴承座孔为较紧配合，内圈与轴为较松配合，对于这种轴承的装配是采用外径略小于轴承座孔直径的套管将轴承先压入轴承座孔，然后再装轴。

当轴承内圈与轴、外圈与座孔都是较紧配合时，可用专门套管将轴承同时压入轴颈和座孔中。对于配合过盈量较大的轴承或大型轴承，可采用温差法装配。采用温差法安装时，轴承的加热温度为80~100℃，冷却温度不得低于-80℃。对于内部充满润滑脂的带防尘盖或密封圈的轴承，不得采用温差法安装。热装轴承的方法最为普遍。

（3）圆锥孔滚动轴承的安装　圆锥孔滚动轴承可直接装在有锥度的轴颈上，或装在直轴带紧定套和退卸套的锥面上。这类轴承一般要求有较紧密的配合，配合公差由轴承相对于轴颈配合面的距离来决定。轴承压进有锥度的轴颈，由于内圈膨胀使轴承径向游隙减小。轴承在装配前须测量径向游隙，装配过程也要经常用塞尺测量，直到达到所允许的游隙量为止。当径向游隙不能用塞尺测量时，可测量轴承在锥度轴颈上的移动距离，计算出径向游隙减小量。对于锥度为 1：12 的实心轴，轴向压入距离约为径向游隙减小量的 15 倍。分离型轴承可直接用外径千分尺来测量内围的膨胀量。

（4）推力轴承装配　保证松环紧环位置正确，安装如图 2-17 所示。紧环端面与旋转零件端面接触，两者中心重合；松环端面与固定零件的端面接触，径向位置靠紧环确定，保证松紧环和滚动体轴线一致。轴承外圈与座孔留间隙，安装如图 2-18 所示。

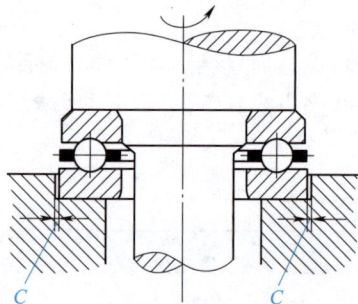

图 2-17　推力轴承安装

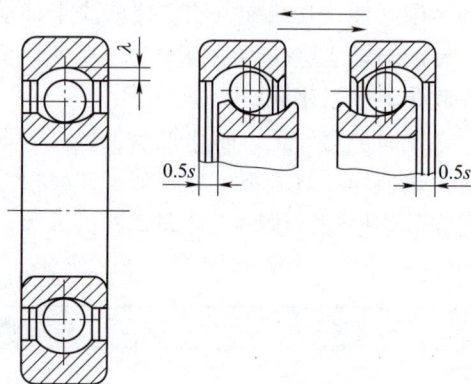

图 2-18　滚动轴承安装

s—轴向间隙　λ—径向间隙

（5）滚动轴承安装方法　滚动轴承内、外圈，当配合过盈量较小时，可用铜棒、套筒手工敲击的方法压入轴承，如图 2-19 所示；当配合过盈量较大时，可用压力机压入轴承，如图 2-20 所示；也可采用温差法进行安装。

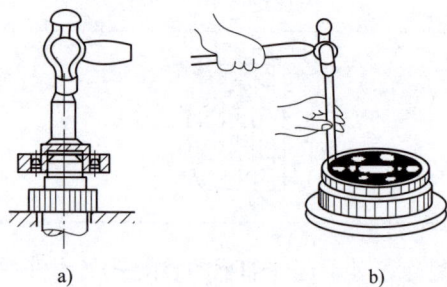

a)　　　　　　　　　　b)

图 2-19　用铜棒、套筒压入轴承

图 2-20　用压力机压入轴承

2. 滚动轴承装配间隙的调整

（1）游隙　滚动轴承的滚动体与滚道之间的工作间隙称为游隙。滚动轴承的游隙对轴承的旋转性能、润滑、温升和噪声等都有很大影响，如果选择和调整不当会造成轴承过早地损坏。

轴承的游隙分为径向游隙和轴向游隙。径向游隙是指轴承的一个套圈固定不动，另一个套圈在垂直于轴承轴线方向由一个极端位置移动到另一个极端位置的移动量。轴向游隙是指在轴线方向的移动量，就是轴的轴向窜动量。径向游隙和轴向游隙间有密切的关系，一般径向游隙越大，则轴向游隙越大。

根据滚动轴承在装配前后和运转时所处的状态不同，轴承的径向游隙又可分为原始游隙、配合游隙和工作游隙。原始游隙是指轴承在未安装前自由状态下的游隙，是出厂时具有的游隙。配合游隙是指轴承被装配到机械部件的轴或轴承箱孔内的游隙。由于过盈配合的影响，配合游隙永远小于原始游隙。工作游隙是指轴承在工作时的游隙，它随工作温度的升高而减小，又因工作负荷的作用，使滚动体与套圈产生弹性变形而增大，一般情况下工作游隙大于配合游隙。

（2）游隙不可调整的滚动轴承的装配　深沟球轴承、调心球轴承、圆柱滚子轴承、调心滚子轴承的游隙在制造时已按标准规定调好，安装时一般不再调。这类轴承装配后主要是检查游隙变动后是否符合要求。

对单列向心滚子轴承可用手沿轴向晃动轴承外圈，检查有无配合游隙，此种方法精度可达 0.01mm。径向配合游隙也可用塞尺或千分表测量。

当装配游隙不可调整的滚动轴承时，有些轴承要留有一定的轴向间隙，以免工作时温度升高、轴伸长使轴承的内外圈发生相对位移，从而使径向游隙减小，甚至滚动体被卡死。间隙大小根据实际情况取 0.2~0.5mm。

（3）游隙可调整的滚动轴承的装配　游隙可调整的轴承有角接触球轴承、单列向心推力圆锥滚子轴承、推力球轴承、双向推力球轴承、单向推力圆柱滚子轴承和单向推力圆锥滚子轴承等。这些滚动轴承的游隙一般都在安装时调整。

各种游隙可调整的滚动轴承的轴向游隙可查阅相关手册或技术文件。对于游隙可调整的滚动轴承，游隙的调整主要有箱体与轴承盖间加调整垫片、轴上螺母定位、箱体上的螺纹定位等方法。

3. 滚动轴承装配的预紧

滚动轴承的预紧是指在安装时使轴承内部滚动体与套圈间保持一定的初始压力和弹性变形，以减小在工作负荷下轴承的实际变形量，改善轴承的支承刚度，提高旋转精度。轴承预紧量应适当，预紧量过小则达不到预紧的目的，预紧量过大又会使轴承中接触应力和摩擦阻力增大，从而导致轴承寿命降低。轴承的预紧常用定位预紧、定压预紧和径向预紧。

（1）定位预紧　装配时将一对轴承的外圈或内圈磨去一定厚度或在其间加装垫片，以使轴承在一定的轴向负荷作用下产生变形，达到预紧的目的，如图 2-21 所示。

（2）定压预紧　装配时利用套圈上的弹簧力使轴承受轴向负荷而产生预变形，达到预紧的目的，如图 2-22 所示。

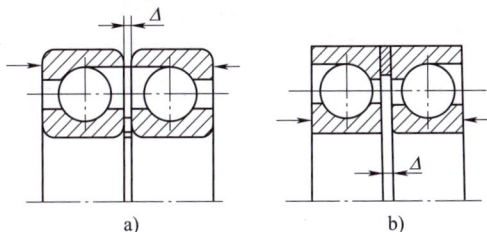

图 2-21 定位预紧

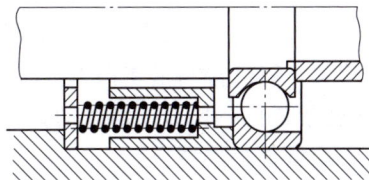

图 2-22 定压预紧

（3）径向预紧　装配时，利用轴承和轴颈的过盈配合，使轴承内圈膨胀（如锥孔轴承），消除径向游隙，减小预变形，达到预紧的目的。

🔍 **任务拓展**

可调型滚动轴承的间隙调整

可调型滚动轴承的间隙都是通过调整轴承套圈之间的相互位置而达到要求的，轴承的径向间隙主要由外圈的相对移动所得到的轴向间隙来确定。下面以圆锥滚子轴承（图2-23）为例加以说明。

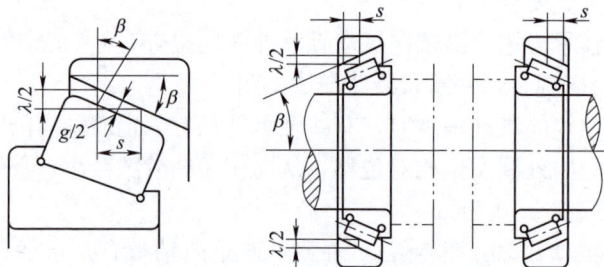

图 2-23　圆锥滚子轴承间隙集合关系

轴承径向间隙 λ 主要由外圈相对移动所得到的轴向间隙 s 确定。调整方法有螺纹调整法、调整环调整法、垫片调整法等。

1. 利用双螺母或圆螺母的螺纹调整

如图2-24所示，用螺母调整轴承内圈，压紧直至轴转动困难，根据技术要求的轴向间隙，调整螺母逆时针方向旋转角度 α，利用锁紧螺母锁紧。

$$\alpha = \frac{s}{t} \times 360°$$

式中，s 为轴承要求的间隙；t 为调整螺母的螺距。

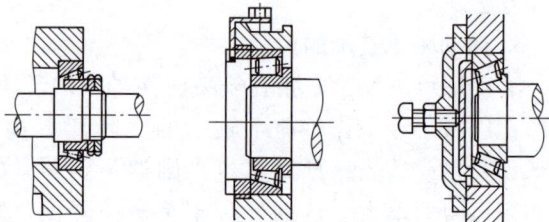

图 2-24　利用螺纹调整间隙

2. 利用调整环调整

此方法在装配前调整使用，装配便利，利用精密仪器测量，精度高。调整环调整须将轴承从轴上取下进行测量，之后改变内外调整环宽度，获得技术要求的间隙。调整环调整如图2-25所示，δ_1、δ_2、δ_3、δ_4 为轴承间隙等于零时内外套错开的尺寸，H 为外环宽度，B 为内环宽度。为测量 $\delta_2 + \delta_3$ 的值，对轴承进行专用工具测量，如图2-25b所示。工具的底座和上盖间隔120°开缺口，测量 A 与 C，取平均值，减小误差。用千分尺测 A、C 尺寸，$A - C = \delta_1 - \delta_2$。当结构仅做内调整或外调整时，可以认为 B 或 H 等于零。

3. 利用调整垫片调整

可利用在箱体与侧盖之间加调整垫片的方法来调整轴承外圈，以得到适当的轴向间隙，如图2-26所示。调整方法有压铅丝法、千分表法、塞尺法。

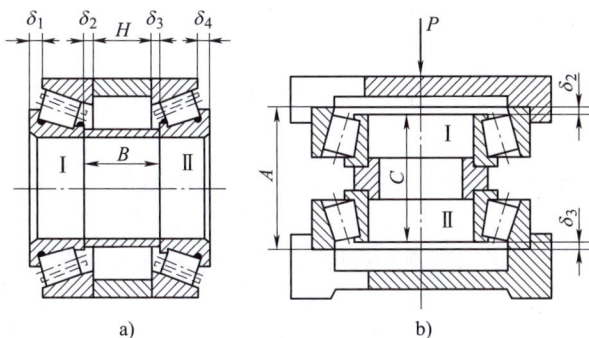

图 2-25　利用调整环调整间隙

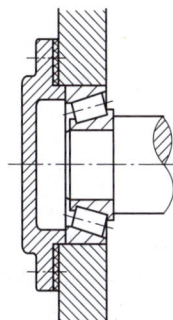

图 2-26　利用调整垫
片调整间隙

知识测试

一、填空题

1. 轴承预紧常用方法有_____、_____和_____。
2. 滚动轴承内圈与轴一般采用_____制过盈配合；滚动轴承外圈与座孔一般采用_____制过渡配合。
3. 滚动轴承的游隙分为_____和_____。

二、简答题

1. 滚动轴承与滑动轴承各有哪些优点？
2. 滚动轴承的失效形式有哪些？
3. 什么是滚动轴承的预紧？
4. 什么是滚动轴承的游隙？它对轴承的工作有什么影响？
5. 游隙可调整的滚动轴承的游隙调整方法有哪些？

任务四　齿轮传动的故障诊断与维修

任务分析

　　齿轮传动是机械设备中应用较多的传动装置。齿轮传动具有效率高、结构紧凑、工作可靠、寿命长及传动比稳定等优点，但加工装配精度要求高，成本较高。本任务主要介绍齿轮传动的失效形式和故障诊断方法，掌握如何对轮齿的失效进行维修。齿轮传动的失效主要是轮齿的失效，轮齿的失效主要是齿面磨损、轮齿折断、齿轮轮缘或轮毂裂纹。

知识储备

一、齿轮传动的特点

　　要保证齿轮传动平稳、准确，冲击与振动小，噪声低，除控制齿轮本身的精度以外，还必须严格控制轴、轴承及箱体等有关零件的制造精度和装配精度。齿轮传动的基本要求如下：

1）传递运动的准确性：要求齿轮在一转范围内传动比的变化限制在一定范围内，保证传递运动准确。

2）传动的平稳性：要求齿轮在一定范围内传动比变化小，因瞬时传动比的变动是引起齿轮噪声和振动的主要原因。

3）承受载荷的均匀性：要求齿轮在传动中工作齿面接触良好，承载均匀，避免载荷集中于局部区域而影响使用寿命。

4）齿轮副侧隙的合理性：要求齿轮副的非工作面间有合理的间隙，以储存润滑油，补偿制造、安装误差和热变形。

齿轮传动可做成开式齿轮传动、半开式齿轮传动及闭式齿轮传动。有一些齿轮传动没有防尘罩或机壳，齿轮完全暴露在外，称这种齿轮传动为开式齿轮传动。开式齿轮传动不但外界杂物极易侵入，而且润滑不良，因此工作条件不好，轮齿也容易磨损，故只宜用于低速传动。齿轮传动装有简单的防护罩，有时还把大齿轮部分地浸入油池中，称其为半开式齿轮传动。半开式齿轮传动的工作条件虽有改善，但仍不能做到严密防止外界杂物侵入，润滑条件也不算太好。闭式齿轮传动与开式齿轮传动或半开式齿轮传动相比，润滑及防护等条件最好，所以闭式齿轮传动多用于重要的场合。

二、齿轮传动的类型

齿轮传动是最常用的传动方式之一，依靠轮齿间的啮合传递运动和动力。其特点是：能保证准确的传动比，传递功率和速度范围大，传动效率高，结构紧凑，使用寿命长，但对制造和装配要求较高。

齿轮传动的类型较多，有直齿轮、斜齿轮、人字齿轮传动，有圆柱齿轮、锥齿轮以及齿轮齿条传动等，见表2-3。

表 2-3　齿轮传动类型

外啮合圆柱齿轮传动	内啮合圆柱齿轮传动	直齿轮齿条传动	外啮合斜齿轮传动	人字齿轮传动
双曲面齿轮传动	直齿锥齿轮传动	曲线齿锥齿轮传动	交错轴斜齿轮传动	蜗杆传动

三、齿轮传动的失效形式和预防措施

一般来说，齿轮传动的失效主要是轮齿的失效，而轮齿的失效形式是多种多样的，这里仅介绍几种常见的失效形式。其余的轮齿失效形式请参看有关标准。至于齿轮的其他部分（如齿圈、轮辐、轮毂等），除严格限制质量外，通常只按经验设计，所定的尺寸对强度及刚度来说均有富余，实践中也极少失效。

1. 轮齿折断

轮齿折断有多种形式，在正常工况下，主要是齿根弯曲疲劳折断，因为在轮齿受载时，齿根处产生的弯曲应力最大，再加上齿根过渡部分的截面突变及加工刀痕等引起的应力集中作用，当轮齿重复受载时，齿根处就会产生疲劳裂纹，并逐步扩展，致使轮齿疲劳折断。

此外，在轮齿受到突然过载时，可能出现过载折断或剪断；在轮齿经过严重磨损后齿厚过分减薄时，也会在正常载荷作用下发生折断。

为了提高轮齿的抗折断能力，可采取下列措施：

1）用增大齿根过渡圆角半径及消除加工刀痕的方法来减小齿根应力集中。

2）增大轴及支承的刚度，使轮齿接触线上受载较为均匀。

3）采用合适的热处理方法使齿芯材料具有足够的韧性。

4）采用喷丸、滚压等工艺措施对齿根表层进行强化处理。

2. 齿面磨损

在齿轮传动中，齿面随着工作条件的不同会出现多种不同的磨损形式。例如，当啮合齿面间落入磨料性物质（如砂粒、铁屑等）时，齿面即被逐渐磨损而致报废，这种磨损称为磨粒磨损。它是开式齿轮传动的主要失效形式之一。改用闭式齿轮传动是避免齿面磨粒磨损最有效的办法。

3. 齿面点蚀

点蚀是齿面疲劳损伤的现象之一。在润滑良好的闭式齿轮传动中，常见的齿面失效形式多为点蚀。所谓点蚀就是齿面材料在变化着的接触应力作用下，由于疲劳而产生的麻点状损伤现象。齿面上最初出现的点蚀仅为针尖大小的麻点，如果工作条件未改善，麻点就会逐渐扩大，甚至数点连成一片，最后形成了明显的齿面损伤。

轮齿在啮合过程中，齿面间的相对滑动起着形成润滑油膜的作用，而且相对滑动速度越快，越易在齿面间形成油膜，润滑也就越好。当轮齿在靠近节线处啮合时，由于相对滑动速度低，形成油膜的条件差，润滑不良，摩擦力较大，特别是直齿轮传动，通常这时只有一对齿啮合，轮齿受力也最大。因此，点蚀就首先出现在靠近节线的齿根面上，然后再向其他部位扩展。从相对意义上说，也就是靠近节线处的齿根面抵抗点蚀的能力最差（即接触疲劳强度最低）。

开式齿轮传动由于齿面磨损较快，很少出现点蚀。

4. 齿面胶合

对于高速重载的齿轮传动（如航空发动机减速器的主传动齿轮），齿面间的压力大，瞬时温度高，润滑效果差。当瞬时温度过高时，相啮合的两齿面就会发生黏在一起的现象，由于此时两齿面又在做相对滑动，相黏结的部位即被撕破，于是会在齿面上沿相对滑动的方向形成伤痕，称为胶合。传动时齿面瞬时温度越高、相对滑动速度越大的地方，越易发生胶合。

有些低速重载的重型齿轮传动，由于齿面间的油膜遭到破坏，也会产生胶合失效。此时，齿面的瞬时温度并无明显升高，故称为冷胶合。

加强润滑措施、采用抗胶合能力强的润滑油（如硫化油）、在润滑油中加入极压添加剂等，均可防止或减轻齿面的胶合。

5. 塑性变形

塑性变形是由于在过大的应力作用下，轮齿材料处于屈服状态而产生的齿面或齿体塑性流动形成的。塑性变形一般发生在硬度低的齿轮上，但在重载作用下，硬度高的齿轮上也会出现。

塑性变形又分为滚压塑变和锤击塑变。滚压塑变是由啮合轮齿的相互滚压与滑动而引起的材料塑性流动。由于材料的塑性流动方向和齿面上所受的摩擦力方向一致，所以在主动轮的轮齿上沿相对滑动速度为零的节线处将被碾出沟槽，而在从动轮的轮齿上则在节线处被挤出脊棱，这种现象称为滚压塑变。锤击塑变是伴有过大的冲击而产生的塑性变形，它的特征是在齿面上出现浅的沟槽，且沟槽的取向与啮合轮齿的接触线相一致。提高轮齿齿面硬度、采用高黏度的或加有极压添加剂的润滑油均有助于减缓或防止轮齿产生塑性变形。

四、齿轮传动的故障诊断

齿轮传动中，最常使用耳听法和齿轮接触面观察法来判断齿轮传动的质量，从而决定设备是否该检修。

1. 耳听法

当设备出现异常声音时，应及时停车检查。可用一根空心铝棒，一端放在耳旁，另一端接触机械设备某部位来判断齿轮异常的位置。

2. 齿轮接触面观察法

通过观察齿轮接触面的情况，判断齿轮故障的原因，并及时采取处理措施。通过大齿轮上的着色情况判断齿轮的装配质量。

（1）圆柱齿轮、锥齿轮、蜗轮与蜗杆接触检查　可用着色法检查，检查步骤如下：

1）在小齿轮上涂上显示剂。

2）旋转小齿轮，驱动大齿轮转 3~4 圈。

3）检查大齿轮上的接触色迹。

（2）圆柱齿轮接触痕迹分析　圆柱齿轮接触痕迹如图 2-27 所示。齿轮啮合接触精度包含接触面积的大小和接触位置，它是表明齿轮制造和装配质量的重要标志，可用着色法检查。

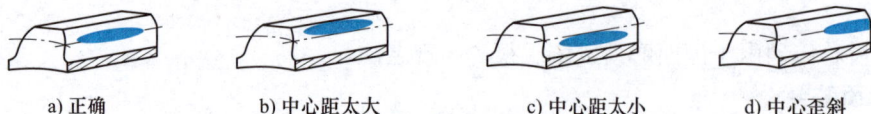

| a) 正确 | b) 中心距太大 | c) 中心距太小 | d) 中心歪斜 |

图 2-27　圆柱齿轮接触痕迹

（3）锥齿轮接触痕迹分析　锥齿轮接触痕迹如图 2-28 所示，通过观察大齿轮的着色情况来判断齿轮接触质量。图 2-28a 所示的两齿轮装配过紧，应按箭头方向调整，主动齿轮退；从动齿轮进；图 2-28b 所示的两齿轮装配过松，应按箭头方向调整，主动齿轮进，从动齿轮退；图 2-28c 所示的两齿轮接触不良，应按箭头方向调整，主动齿轮进，从动齿轮进；图 2-28d 所示的两齿轮装配稍紧，应按箭头方向调整，主动齿轮退，从动齿轮退；图 2-28e

所示的两齿轮装配正确，齿轮啮合情况良好，运转时磨损均匀，噪声小。

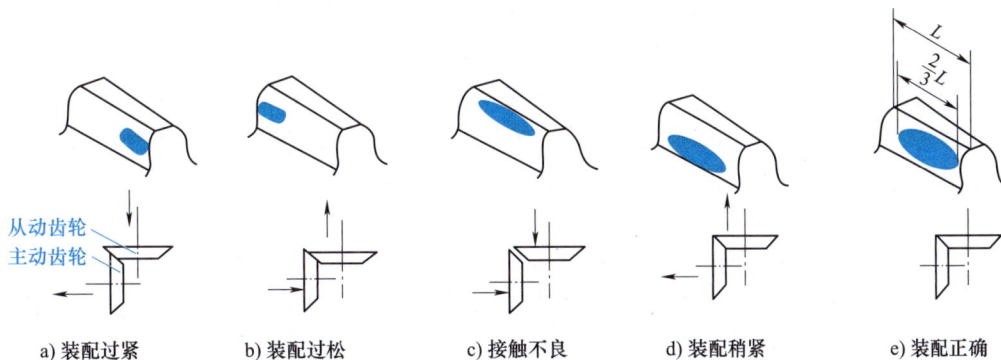

a) 装配过紧　　　 b) 装配过松　　　 c) 接触不良　　　 d) 装配稍紧　　　 e) 装配正确

图 2-28　锥齿轮接触痕迹

（4）蜗轮与蜗杆接触痕迹分析　蜗轮与蜗杆接触痕迹如图 2-29 所示，通过观察蜗轮的着色情况来判断蜗杆与蜗轮的接触质量。正确的接触位置应在中部稍偏于蜗杆旋转方向，如图 2-29c 所示。图 2-29a、b 所示为偏离较大的情况，应调整蜗轮的轴向位置。在常用的 7 级精度传动中，接触斑点痕迹的长度和高度应分别不小于蜗轮齿长的 2/3 和齿高的 3/4；在 8 级精度传动中，应分别不小于蜗轮齿长的 1/2 和齿高的 2/3。

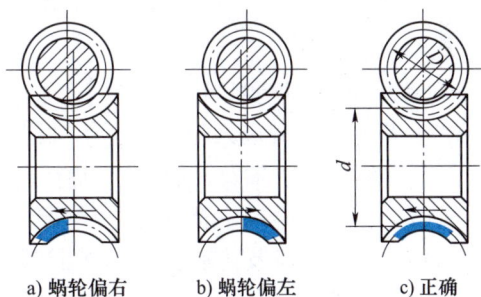

a) 蜗轮偏右　　 b) 蜗轮偏左　　 c) 正确

图 2-29　蜗轮与蜗杆接触痕迹

五、齿轮传动的装配

齿轮传动正确装配的基本要求：齿轮正确地装配在轴上，精确保证齿轮的位置，使齿间具有合适的间隙，保持正确的中心距，保证齿的表面接触良好。

1. 圆柱齿轮的装配

对于冶金和矿山机械的齿轮传动，由于传动力大，圆周速度不高，所以对齿面接触精度和齿侧间隙要求较高，而对运动精度和工作平稳性精度要求不高。齿面接触精度与适当的齿侧间隙和齿轮与轴、齿轮轴组件与箱体的正确装配有直接关系。

圆柱齿轮传动的装配过程，一般是先把齿轮装在轴上，再把齿轮轴组件装入齿轮箱。

（1）齿轮与轴的装配　齿轮与轴的连接形式有空套连接、滑移连接和固定连接三种。

1）空套连接。齿轮与轴的配合性质为间隙配合，其装配精度主要取决于零件本身的加工精度，因此在装配前应仔细检查轴、孔的尺寸是否符合要求，以保证装配后的间隙适当。装配中还可将齿轮内孔与轴进行配研，通过对齿轮内孔的修刮使空套表面的研点均匀，从而保证齿轮与轴接触的均匀度。

2）滑移连接。齿轮与轴之间仍为间隙配合，一般多采用花键联结，其装配精度也取决于零件本身的加工精度。装配前应检查轴和齿轮相关表面、尺寸是否合乎要求。对于内孔有花键的齿轮，其花键孔会因热处理而使直径缩小，可在装配前用花键拉刀修整花键孔，也可用着色法修整其配合面，以达到技术要求。装配完成后应注意检查滑移齿轮移动的灵活程度，不允许有阻滞，同时用手扳动齿轮时应无歪斜、晃动等现象发生。

3）固定连接。齿轮与轴的配合多为过渡配合（有少量的过盈）。过盈量不大的齿轮和轴在装配时，可用锤子敲击装入；当过盈量较大时，可用热装或用专用工具进行压装；对过盈量很大的齿轮，则可采用液压无键连接等装配方法将齿轮装在轴上。在进行装配时，要尽量避免出现齿轮偏心、齿轮歪斜和齿轮端面未贴紧轴肩等情况。

（2）齿轮装配时应注意的几点技术要求

1）保证齿轮与轴的同轴度，严格控制齿轮的径向和轴向圆跳动。

2）齿侧间隙要正确。间隙过小，齿轮转动不灵活，甚至卡死，加剧齿轮的磨损；间隙过大，换向空行程大，产生冲击和噪声。

3）相互啮合的两齿轮要有足够的接触面积和正确的接触部位。

4）对转速高的大齿轮装配前要进行平衡检查。

5）封闭箱体式齿轮传动机构，应密封严密，不得有漏油现象，箱体结合面的间隙不得大于 0.1mm，或涂以密封胶密封。

6）齿轮传动机构组装完毕后，通常要进行磨合试车。

（3）齿轮轴组件装入箱体　齿轮轴组件装入箱体是保证齿轮啮合质量的关键工序。在装配前，除对齿轮、轴及其他零件的精度进行认真检查外，对箱体的相关表面和尺寸也必须进行检查。检查的内容一般包括孔中心距、各孔轴线的平行度、轴线与基面的平行度、孔轴线与端面的垂直度以及孔轴线间的同轴度等。检查无误后，再将齿轮轴组件按图样要求装入齿轮箱内。

（4）装配质量检查　对于精度要求较高的齿轮传动机构，齿轮装到轴上后，应进行径向圆跳动和轴向圆跳动的检查。通过径向圆跳动和轴向圆跳动的测量还可以判断出齿轮和轴的同轴度与垂直度的偏差情况。齿轮的径向圆跳动和轴向圆跳动可使用量规和千分表测量，如图 2-30 所示。测量时，将量规放置在齿间，两个千分表分别置于齿轮的径向和端面位置，缓慢旋转轴，应沿圆周测 6~8 个点，测 2~3 次，取平均值作为测量结果。

当同轴度偏差过大时，齿轮会产生径向摆动，导致周期性的冲击或不正常声音，严重时还会有偶然咬死现象。当垂直度偏差过大时，会引起齿面局部磨损过快、振动和噪声。

齿轮轴组件装入箱体后其啮合质量主要通过齿轮副中心距偏差、齿侧间隙、两轴中心线的平行度和直线度等进行检查。齿轮轴组件装入箱体后，必须检验其装配质量，以保证各齿轮之间有良好的啮合精度。装配质量的检验包括侧隙的检验和接触精度的检验。

1）两轴中心线的平行度和直线度检查。两轴中心线平行度和直线度的测量与中心距的测量方法相同，如图 2-31 所示。检查前，先将齿轮轴或检验心轴放置在齿轮箱的轴承孔内，然后用内径千分尺来测量轴中心线平行度，再用水平仪来测量轴中心线的直线度。

2）齿侧间隙检查。齿轮在正常啮合传动时，齿间必须保持一定的齿顶和齿侧间隙。若顶隙和侧隙过小，运转时将产生很大的相互挤压应力，润滑油被挤出，引起齿间缺油，导致齿面磨损加剧，附加负荷相应加大，严重时会损坏轴承，使传动轴弯曲、轮齿折断。若侧隙过大，则可能会在传动中产生齿间冲击、齿面磨损加快、噪声和振动加大、轮齿折断等。装配时主要保证齿侧间隙，而齿顶的间隙有时只作为参考，一般图样和技术文件都明确规定了侧隙的范围值，见表 2-4。

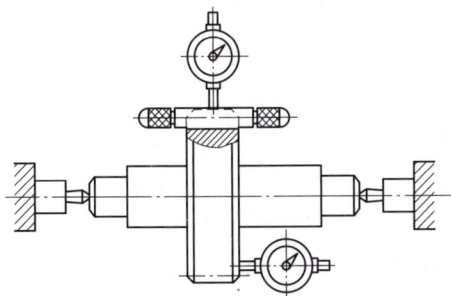

图 2-30 齿轮径向与轴向圆跳动测量图

图 2-31 内径千分尺测量示意图

表 2-4 侧隙范围 （单位：μm）

侧隙	形式	中心距/mm										
		≤50	>50~80	>80~120	>120~200	>200~320	>320~500	>500~800	>800~1250	>1250~2000	>2000~3150	>3150~5000
C_n	无间隙	0	0	0	0	0	0	0	0	0	0	0
	平均	42	52	65	85	105	130	170	210	260	360	420
	小值	85	105	130	170	210	260	340	420	530	710	850
	大值	170	210	260	340	420	530	670	850	1060	1400	1700

3）接触精度的检验。接触精度的主要技术指标是齿轮副的接触斑点。检验时将红丹粉涂于大齿轮齿面上，使两啮合齿轮进行空运转，检查其接触斑点情况。对于双向工作的齿轮，正反两个方向都应检查。齿轮正常啮合工作表面接触斑点，按精度不同，其面积大小见表 2-5。

表 2-5 齿轮副接触斑点的大小

接触斑点	精度等级											
	1	2	3	4	5	6	7	8	9	10	11	12
按高度不小于（%）	65	65	65	60	55	50	45	40	30	25	20	15
按长度不小于（%）	95	95	95	90	80	70	60	50	40	30	30	30

2. 锥齿轮的装配

锥齿轮传动机构的装配与圆柱齿轮传动机构的装配基本类似，不同处是锥齿轮两轴线在锥顶相交，且有规定的角度。锥齿轮轴线的几何位置，一般由箱体加工精度来决定，轴线的轴向定位，以锥齿轮的背锥作为基准，装配时使背锥面平齐，以保证两齿轮的正确位置。应根据接触斑点偏向齿顶或齿根，沿轴线调节和移动齿轮的位置。轴向定位一般由轴承座与箱体间的垫片来调整。

图 2-32a 所示为检验垂直度的方法。将百分表装在检验棒 1 上，再固定检验棒 1 的轴向位置，旋转检验棒 1，百分表在检验棒 2 上 L 长度内的两点读数差，即为两孔在 L 长度内的垂直度误差。图 2-32b 所示为两孔的对称度检查。检验棒 1 的测量端做成叉形槽，检验棒 2 的测量端做成两个阶梯形，即通端和止端。检验时，若通端能通过叉形槽而止端不能通过，

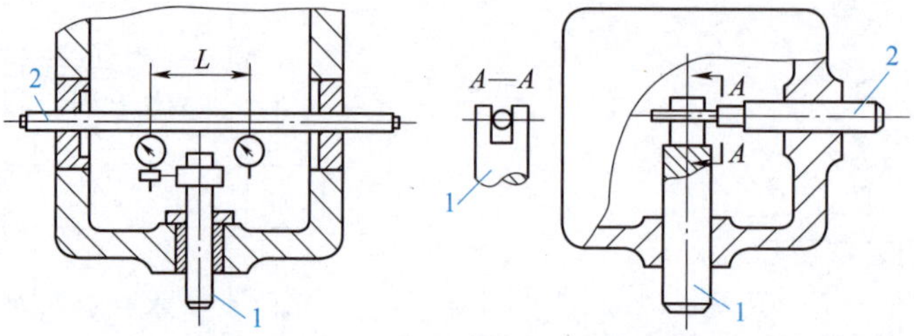

a) 垂直度   b) 对称度

图 2-32 两孔位置精度检查

1、2—检验棒

则对称度合格，否则为超差。载荷增大，斑点位置向齿轮的大端方向延伸，在齿高方向也有扩大。如果装配不符合要求，应进行调整。

3. 蜗轮和蜗杆的装配

装配蜗轮和蜗杆传动装置时必须符合以下要求：

1）蜗轮和蜗杆的轴线具有一定的中心距精度和直线度。

2）蜗杆螺旋侧面与蜗轮齿侧面之间应有一定的间隙和接触精度。

3）传动轻便灵活。

🔍 **任务实施**

齿轮的维修

1. 齿轮齿面磨损的维修

对于载荷方向不变的齿轮，当原工作齿面出现损伤时，只要齿轮端面的安装尺寸对称，可采取翻转齿轮调换其工作齿面的方法。机械传动中，当齿轮磨损和损坏达到一定程度时，如点蚀区宽占齿高 30%、长度为齿长的 10%，齿面发生严重的黏着，硬齿面齿轮磨损达到 40%，软齿面齿轮磨损达到 5%，开式齿轮磨损达到 10%，则齿轮不能继续使用，应当更换。

2. 齿轮轮齿的维修

齿轮轮齿的维修方法有堆焊加工法、燕尾式镶齿法和变位切削法三种。

（1）堆焊加工法 当多个轮齿折断后，常采用手工堆焊和机械堆焊的方法进行维修。堆焊前，必须了解齿轮的材质，选择合适的焊条，尽量选择低碳焊条，严格注意焊后增炭问题，堆焊时预先检查齿形的样板，准备好防焊接火花飞溅的挡板。堆焊时，应尽量采用较小的焊接电流，用分段、对称等操作方法堆焊。

齿轮断齿的堆焊加工法如图 2-33 所示，其工艺如下：

1）清洗断齿周围的杂物。

2）选择合适的焊条。

3）在断齿残根的适当位置装上螺钉桩。

4）沿螺钉桩堆焊，并注意齿形。

5）进行齿形调整。

6）对堆焊齿轮进行机械加工。

7）对加工完的齿轮进行热处理。

（2）燕尾式镶齿法　当齿轮出现单个断齿后，可采用燕尾式镶齿法维修，如图 2-34 所示。镶齿工艺如下：

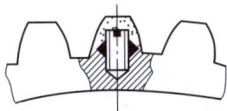

图 2-33　齿轮断齿堆焊加工法

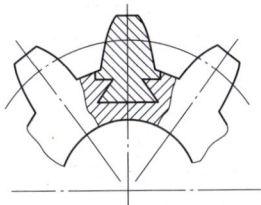

图 2-34　燕尾式镶齿法

1）在断齿的根部铣出合适的燕尾槽。

2）铸造或堆焊一个与原齿相同的齿形，并带有镶块。

3）将铸造或堆焊齿轮镶嵌在燕尾槽中。

4）焊接镶嵌齿轮。

5）修整齿槽宽度及其他技术参数。

6）对齿轮进行机械加工。

7）对齿轮进行热处理。

（3）变位切削法　对已磨损的大齿轮重新进行变位切削加工处理，重新配制相应小齿轮来恢复传动性能。

3. 齿轮轮缘、轮毂的维修

当负载较小时，齿轮轮缘、轮毂上的裂纹可直接用固定夹板连接的方法维修，如图 2-35 所示。当负载较大时，齿轮轮缘、轮毂上的裂纹应采用焊接维修。对不易拆卸的齿轮，先整体或局部预热（300~700℃），再进行焊接，焊后必须进行热处理，以消除内应力。

图 2-35　固定夹板修理法

任务拓展

齿轮制造的常用材料和齿侧间隙的检查方法

1. 齿轮制造的常用材料

重要的齿轮采用锻钢，大型齿轮采用铸钢，不重要的齿轮可采用普通轧钢、球墨铸铁、灰铸铁等制造。蜗轮一般由铸铁轮芯和青铜轮缘组成，蜗杆则用钢制成。

2. 齿侧间隙的检查方法

（1）压铅法　压铅法是测量齿侧间隙常用和可靠的方法。它无需专门的装置即可进行测量。其测量方法如图 2-36 所示，在窄的齿轮上放置 1~3 条纯铅丝，铅丝的直径根据间隙大小来选定。铅丝的长度要以压上三个齿为好，为了防止铅丝落下，可用甘油把它粘在齿轮上。压铅时应均匀转动啮合的齿轮，铅丝脱出后，可以看出被压铅条上分成大小交替、厚度不同的各段。对一个齿来说，很明显地分为三部分：第一部分厚度小，是工作侧间隙；第二部分最厚，为齿顶间隙；第三部分为非工作侧间隙。齿的工作侧和非工作侧的压铅厚度之和即为齿侧间隙。铅丝厚度应用千分尺来测量，图 2-36 中，侧间隙 a 为非工作侧间隙，侧间隙 b 为工作侧间隙，侧间隙 $a+b$ 为齿侧间隙。

（2）千分表法　千分表法是最精确的测量方法。千分表测量圆柱齿轮的齿侧间隙如图 2-37 所示。测量时，使下齿轮固定不动，朝正反两个方向微微转动固定在上齿轮轴上的拨杆，千分表上的指针便在正反两方向摆动，可以得到读数 A，按下式计算出实际的齿侧间隙。

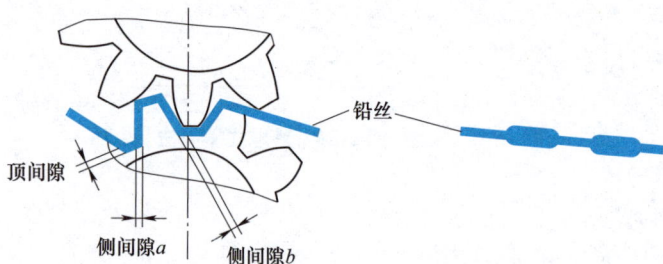

图 2-36　压铅法

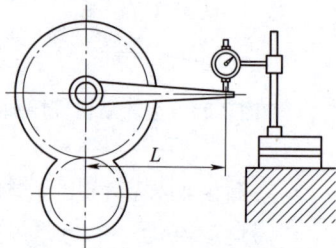

图 2-37　千分表法

$$c = AR/L$$

式中，c 为齿侧间隙（mm）；R 为上齿轮的节圆半径（mm）；L 为拨杆的长度（mm）。

📖 **知识测试**

一、填空题

1. 齿轮与轴的连接形式有_____、_____和_____。
2. 齿轮轮齿的维修方法有_____、_____和_____。
3. 齿轮传动的啮合质量主要通过_____和_____等进行检查。

二、简答题

1. 齿轮传动有哪几种失效形式？
2. 防止齿轮失效的措施有哪些？
3. 圆柱齿轮传动装置的装配有哪些注意事项？
4. 检查齿轮故障常用的方法有哪些？
5. 齿侧间隙对齿轮传动有哪些影响？

任务五　车床的故障诊断与维修

🔍 **任务分析**

　　机床维修的目的是使机床维持规定的工作能力，机床在一定时间保持规定精度和性能运转。任何部分的故障与失效，都可能会使机床停机，从而造成生产停顿。对机床进行故障诊断与维修很有必要。本任务以卧式车床使用与维修为例，分析机床的常见机械故障以及维修过程中如何正确地实施故障点判断与排除。

🔍 **知识储备**

一、车床结构

1. 传动机构

传动机构包括定比传动机构和变速机构两部分，主要包括以下结构：

（1）传动齿轮　主轴箱中的传动齿轮大多数为直齿，为使传动平稳有时采用斜齿。齿轮和传动轴连接的情况有固定、空套和滑移三种。

（2）传动轴的支承结构　主轴箱中的传动轴由于转速较高，一般采用深沟球轴承或圆锥滚子轴承支承。主轴前端可装卡盘，用于夹持工件，由其带动旋转。主轴的旋转精度、刚度和抗振性等对工件的加工精度和表面粗糙度有直接影响，因此要求较高。卧式车床主轴支承多采用滚动轴承，一般为前后两点支承，对于尺寸较大的车床主轴，可采用三点支承。卧式车床主轴是空心阶梯轴。内孔用于通过长棒料以及气动、液压等夹紧驱动装置的传动杆，也用于穿入钢棒卸下顶尖。主轴前端有精密的莫氏锥孔，供安装顶尖或心轴用。

（3）开停和换向装置　开停装置用于控制主轴的起动和停止。换向装置用于改变主轴的旋转方向。如果主轴的开停由电动机直接控制，则主轴换向通常采用改变电动机转向来实现；如果主轴的开停由摩擦离合器控制，则换向装置由同一离合器和圆柱齿轮组成。

（4）制动装置　制动装置的功用是在机床停车过程中克服主轴箱中各运动部件的惯性，使主轴迅速停止转动，以缩短辅助时间。常用的有闸带式制动器和片式制动器。

（5）操纵机构　操纵机构用于控制主轴起动、停止、制动、变速、换向以及变换左右螺纹等。

（6）润滑装置　润滑装置可保证机床正常工作和减少零件磨损，主轴箱中的轴承、齿轮等必须有良好润滑。

2. 进给箱

进给箱变速机构包括基本组 1 和倍增组 2、变换螺纹种类的移换机构 4、光杠和丝杠的转换机构 3 以及操纵机构，如图 2-38 所示。

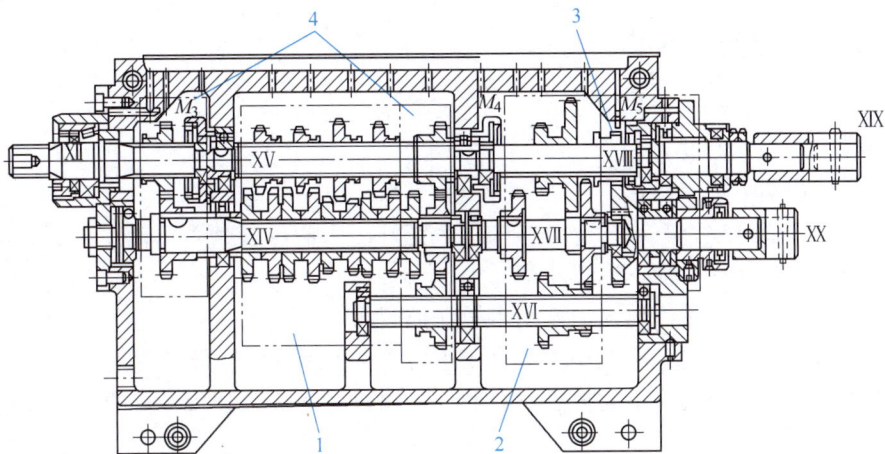

图 2-38　车床进给箱

1—基本组　2—倍增组　3—光杠和丝杠的转换机构　4—变换螺纹种类的移换机构

3. 溜板箱

（1）纵向、横向机动进给及快速移动的操纵机构　纵向、横向机动进给及快速移动由一个手柄集中控制，如图2-39所示。左右扳动手柄，操纵轴上的牙嵌式双向离合器向相应方向啮合，刀架做纵向机动进给，如按下手柄1上端的快速移动按钮，快速移动电动机起动，刀架快速纵向移动，直到松开按钮。

前后扳动手柄，轴14使鼓形凸轮13转动，凸轮13上的曲线槽迫使杠杆12摆动，杠杆12通过拨叉11拨动轴上的牙嵌式双向离合器向相应方向啮合。

（2）开合螺母机构　该机构用于接通或断开从丝杠传来的运动。车螺纹时，将开合螺母扣于丝杠上，丝杠通过开合螺母带动溜板箱及刀架。

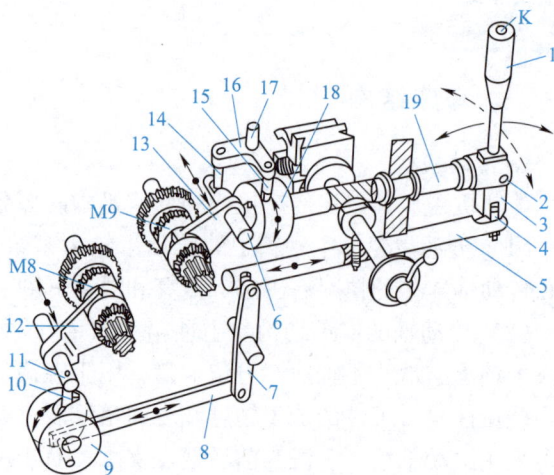

图2-39　操纵机构
1—手柄　2—槽　3、14、15、19—轴
5、6、8—推杆　7、12、16—杠杆
9、13、18—凸轮　4、10、11、17—拨叉

开合螺母由下半螺母和上半螺母组成，两半螺母可沿溜板箱中竖直的燕尾形导轨上下移动。每个半螺母上装有一个圆柱销，它们分别插入固定在手柄轴上槽盘的两条曲线槽中。

（3）互锁机构　为了避免损坏机床，在接通机动进给和快速移动时，开合螺母不应闭合。反之，合上开合螺母时，就不许接通机动进给和快速移动。

（4）过载保险装置　它是防止过载和发生偶然事故时损坏机床的机构。进给过程中，当进给力过大或刀架移动受到阻碍时，为了避免损坏传动机构，在溜板箱中设置有安全离合器，使刀架在过载时能自动停止进给，所以也称为进给的过载保险装置。

4. 刀架

刀架用于安装车刀，并由溜板带动其做纵向、横向和斜向进给运动。

二、车床的使用与维护

1. 车床的使用方法

1）遵守安全操作制度。

2）按车床说明书规定操作。

3）车床开机前应检查车床各部分结构是否完好，手柄位置是否正确；车床起动后，使主轴低速空转1~2min；主轴变速应停车。

4）装卸卡盘或较重工件时，应该用木板保护床面。

5）校正卡盘或工件时，不能用榔头直接用力敲击，用木槌轻敲可避免影响主轴精度。

6）工件必须装夹牢固，卡盘扳手及时取下，偏置工件应合理安装配重，复杂工件要注意防止碰撞。

7）需要挂轮时应切断电源。

8）车床开动时，不可用手触摸工件表面，不能测量工件。

2. 机床的维护

1）操作设备前，清洁导轨，观察游标，给各注油点注油。操作结束后，清除铁屑及切削液，擦净后加润滑油保养，床鞍摇至车尾，关闭电源。

2）加工铸件和焊接件前，应去除工件上的砂粒和焊锡；切削铸铁工件时，擦去部分床身导轨的润滑油，安装护轨罩；用砂纸、砂轮加工工件时，保护好床身导轨。

3）工具和车刀不要放在床面上，避免损伤导轨。

4）使用切削液时在车床导轨上涂润滑油，清除导轨上的切屑和切削液盘中的杂物，冷却泵中的切削液应定期更换。

5）车床外观的日常保养要做到无锈蚀、无油污、油漆清洁光亮。

6）车床运转 500h 后，需要进行一级保养。保养前首先切断电源，然后分别对主轴箱、床鞍及刀架、尾座、挂轮箱、冷却润滑系统、电气部分以及外观做清洗、检查并调整间隙，紧固螺钉和注油。

🔍 **任务实施**

车床的故障检修

机床通过一段时间的工作后，各种各样的故障会不断出现。造成这些故障的原因很多，如零件的自然磨损、零件的材质不良、部件组装不当、操作不按规程等都会引发故障的产生。由于引发故障的原因错综复杂，所以应根据机床的构造原理，系统地学习基础知识，结合典型故障的分析处理模式，用推理和综合分析的方法来解决各类故障。下面以 CA6140 型车床为例了解故障的产生原因及常见故障分析及排除方法。

一、影响工件表面加工精度的故障

1. 车削外圆尺寸精度达不到要求

（1）故障原因分析

1）操作者看错图样或刻度盘使用不当。

2）车削时盲目吃刀，没有进行试切削。

3）量具本身有误差或测量不正确。

4）由于切削热的影响，工件尺寸发生变化。

（2）故障排除与检修

1）车削时必须看清图样尺寸要求，正确使用刻度盘，看清刻度数值。

2）根据加工余量算出背吃刀量，进行试切削，然后修正背吃刀量。

3）量具使用前，必须仔细检查和调整零位，正确掌握测量方法，实施首件检查制度，避免批量报废。

4）不能在工件温度较高时测量，如果测量，应先掌握工件的收缩情况。也可在车削时浇注切削液，降低工件的温度。

2. 车削外圆工件表面粗糙度达不到要求

（1）故障原因分析

1）车床刚性不足，如滑板的镶条过松，传动件不平衡或主轴太松引起振动。

2）车刀刚性不足引起松动。

3）工件刚性不足引起松动。

4）车刀几何形状不正确，如选用过小的前角、主偏角和后角。

5）低速切削时，没有加切削液。

6）切削用量选择不合适。

7）切屑拉毛已加工的表面。

（2）故障排除与检修

1）消除或防止由于车床刚性不足引起的不平衡或松动，正确调整车床各部分的间隙。

2）增加车刀的刚性和正确安装车刀。

3）增加工件的安装刚性。

4）选择合理的车刀角度（如适当增加前角，选择合理的后角，用油石研磨切削刃），降低切削刃表面粗糙度值。

5）低速切削时，应加切削液。

6）进给量不宜太大，精车余量和切削速度要选择适当。

7）控制切屑的形状和排出的方向。

3. 车削工件时出现椭圆或棱圆（即多棱形）

（1）故障原因分析

1）主轴的轴承间隙过大。

2）主轴轴承磨损。

3）滑动轴承的主轴轴颈磨损或圆度超差。

4）主轴轴承套的外径或主轴箱体的轴孔呈椭圆，或相互配合间隙过大。

5）卡盘后面的连接盘的内孔、螺纹配合松动。

6）毛坯余量不均匀，在切削过程中吃刀量发生变化。

7）工件用两顶尖安装时，中心孔接触不良，或后顶尖顶得不紧，以及可使用的回转顶尖产生扭动。

8）前顶尖锥圆跳动。

（2）故障排除与检修

1）调整轴承的间隙。主轴轴承间隙过大会直接影响加工精度，主轴的旋转精度有径向圆跳动及轴向圆跳动两种，径向圆跳动由主轴的前后调心圆柱滚子轴承保证。在一般情况下调整前轴承即可。如果径向圆跳动仍达不到要求，就要对后轴承进行同样的调整。调整后应进行 1h 的高速空转运转试验，主轴轴承温度不得超过 70℃，否则，应稍松开一点螺母。

2）更换滚动轴承。

3）修磨轴颈或重新刮研轴承。

4）可更换轴承外套或修正主轴箱的轴孔。

5）重新修配卡盘后面的连接盘。

6）在此道工序前增加一道或两道粗车工序，使毛坯余量均匀，以减小误差。

7）工件在两顶尖间安装必须松紧适当。当回转顶尖产生扭动时，必须及时修理或更换。

8）检查、更换前顶尖，或把前顶尖锥面车一刀，然后再安装工件。

4. 车削时工件出现锥度

（1）故障原因分析

1）用卡盘安装工件纵进给车削时产生锥度，是由于主轴轴线在水平面和垂直面上相对溜板移动时与导轨的平行度超差。

2）车床安装时使床身扭曲，或调整垫铁松动，引起导轨精度发生变化。

3）床身导轨面严重磨损，主要的三项精度均已超差：导轨在水平面内的直线度超差；由于棱形导轨和平导轨磨损量不等，使溜板移动时产生倾斜误差；导轨在垂直面内的直线度超差。

4）用一夹一顶或两顶尖安装工件时，后顶尖不在主轴的轴线上，或前、后顶尖不等高及前后偏移。

5）用小滑板车外圆时产生锥度，是由于小滑板的位置不正，即小滑板的刻线没有与中滑板的零线对准。

6）工件安装时悬臂较长，车削时因径向切削力影响使前端让开，产生锥度。

7）由于主轴箱温升过高，引起机床热变形。

8）切削刃不耐磨，中途逐渐磨损，引起工件呈锥形。刀具的影响虽不属于车床本身的原因，但这个因素绝不可忽视。

（2）故障排除与检修

1）必须重新检查并调整主轴箱安装位置和刮研修正导轨。

① 检查主轴锥孔中心线和尾座顶尖套锥孔中心线对溜板移动的等高度。对于 CA6140 型卧式车床公差为 0.06mm，并且只可尾座高。如图 2-40 所示，用百分表及磁性表架、检验棒、6 号和 5 号莫氏锥柄顶尖各一件，移动溜板，在检验棒两端处的上素线上检测。

② 检查溜板移动对主轴中心线的平行度，如图 2-41 所示。在 300mm 的测量长度上，在 a 素线上测量公差为 0.03mm，只允许伸出的一端向上翘，在 b 素线上测量公差为 0.015mm，只允许伸出端向操作方向偏。

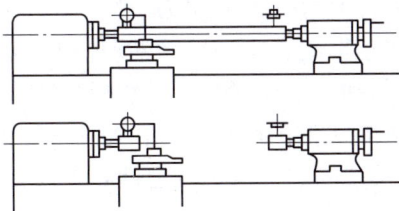

图 2-40　主轴等高度检测

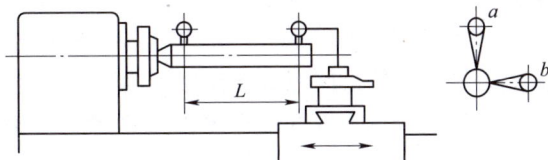

图 2-41　溜板移动对主轴中心线的平行度

若上述两项检查测得的数值超过公差值，即可考虑进行修复。修复方法如图 2-42 所示，利用刮刀和刮研平板来修刮主轴箱的安装面，以尾座顶尖套锥孔中心线为基础，通过修刮和调整，使这两项精度均达到要求。

2）检查并调整床身导轨的倾斜值。

① 检查溜板移动时的倾斜值，按规定在溜板每 1000mm 行程上公差为 0.03mm。

② 若上述检查测得的倾斜值超差，则可通过调整垫块和紧固地脚螺栓来使倾斜值符合

要求。如果地脚螺栓与车床基础间发生松动，就须清理基础，重新预埋地脚螺栓。

3）刮研导轨甚至用导轨磨床磨削导轨以恢复这三项主要精度，使之达到标准。这已属于大修或项修的范畴了。

4）可调整尾座偏移量，使顶尖对准主轴中心线，调整尾座两侧的横向螺钉以及调整尾座底座的高度，用垫片来补偿尾座底座的磨损或刮研底座来使前、后顶尖等高。

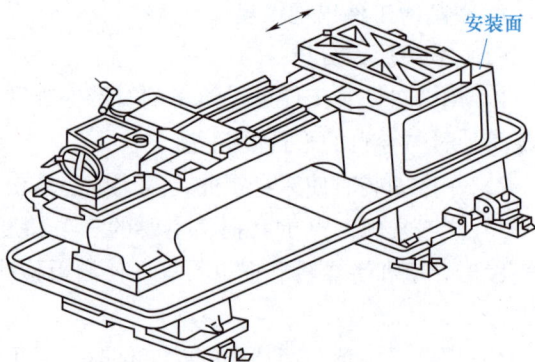

图 2-42　刮削主轴箱安装面

5）使用小滑板车外圆，必须事先检查小滑板上的刻线是否与中滑板的零线对准。

6）尽量减小工件的伸出长度，或另一端用尾座顶尖支顶，增加工件的安装刚性。

7）检查并解决引起主轴箱温升的各种情况。

① 检查所用润滑油是否合适，应选用 L-AN46 全损耗系统用润滑油，应按要求定期换油，各箱的油面不低于油标中心线。

② 检查主轴前轴承润滑油的供油量，供油量过多时，不但不能冷却润滑轴承，反而会因严重的搅拌现象而使轴承发热。当然，供油量过少时，温度也会上升。

③ 按规定要求调整主轴。

8）及时修正刀具，正确选择刀具材料、主轴转速和进给量。

二、产生运动机械障碍的故障

1. 发生闷车现象

（1）故障原因分析　主轴在切削负荷较大时，出现了转速明显低于铭牌转速或者自动停车现象。故障产生的常见原因是主轴箱中的摩擦式离合器的摩擦片间隙调整过大，或者摩擦片、摆杆、集电环等零件磨损严重。如果电动机的传动带调节过松也会出现这种情况。

（2）故障排除与检修　首先应检查并调整电动机传动带的松紧程度，然后再调整摩擦式离合器的摩擦片间隙。如果还不能解决问题，应检查相关件的磨损情况，如内外摩擦片、摆杆、集电环等零件的工作表面是否产生严重磨损。发现问题，应及时进行修理或更换相关件。

2. 发生切削自振现象

（1）故障原因分析　用切槽刀切槽时，或者加工工件外圆切削负荷较大时，在切削过程中可能会发生刀具相对工件的振动。切削自振现象的产生及其振动的强弱与设备切削系统的动刚度、工件的切削刚度及切削条件有关。当切削条件改变以后，切削自振现象仍然不能排除，应主要检查设备切削系统动刚度的下降情况。尤其主轴前轴承的径向间隙过大，溜板与床身导轨之间的接触面积过小等原因都容易产生这种现象。

（2）故障排除与检修　首先要将主轴前轴承安装正确、间隙调整合适，使主轴锥孔中心线的径向圆跳动值符合要求。在此基础上，再对溜板和床身导轨进行检查和刮修，提高其接触刚度。若还不能解决问题，应对切削系统相关零件的配合关系逐个进行检查，发现影响动刚度的因素，务必进行排除。

3. 切削时主轴转速低于铭牌上的转速，甚至发生停机现象

（1）故障原因分析

1）主轴箱内的摩擦式离合器调整过松；或者是调整好的摩擦片，因机床切削超负荷，摩擦片之间产生相对滑动，甚至表面被研出较深的沟道；如果表面渗碳硬层被全部磨掉时，摩擦式离合器就失去效能。

2）摩擦式离合器操纵机构接头与垂直杆的连接松动。

3）摩擦式离合器轴上的元宝销、滑套和拉杆严重磨损（图2-43）。

4）摩擦式离合器轴上的弹簧销或调整压力的螺母松动。

5）主轴箱内集中操纵手柄的销子或滑块磨损，手柄定位弹簧过松而使齿轮脱开。

6）主电动机传动V带调节过松。

（2）故障排除与检修

1）调整摩擦式离合器，修磨或更换摩擦片。调整时先将手柄扳到需要调整到的正转或反转的准确位置上，然后把弹簧定位销2（图2-44）用螺钉旋具按到轴1内，同时拨动调整螺母3，直到螺母压紧离合器的摩擦片为止，再将手柄扳到停车的中间位置，此时两边的摩擦片均应放松，再将螺母3向压紧方向拨动4~7个圆口，并使定位销2重新卡入螺母3的圆口中，防止螺母在转动时松动。

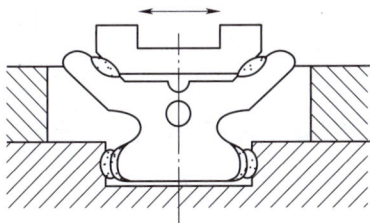

图2-43　拉杆磨损

图2-44　双向摩擦式离合器的调整
1—轴　2—定位销　3—螺母

2）打开配电箱盖，轴之间不发生松动。

3）修焊或更换元宝销、滑套和拉杆。

4）检查定位销中的弹簧是否失效，如果缺少弹性就要换新的弹簧。调整好螺母后，把弹簧定位销卡入螺母的圆口中，防止螺母在转动时松动。

5）更换销子、滑块，选择弹力较强的弹簧，使手柄定位灵活可靠，确保齿轮啮合传动正常。

6）主电动机装在前床腿内，打开前床腿上的盖板，旋转电动机底板上的螺母来调整电动机的位置，可使两V带轮的距离缩小或增大。图2-45所示实例中应使两带轮距离增大，使V

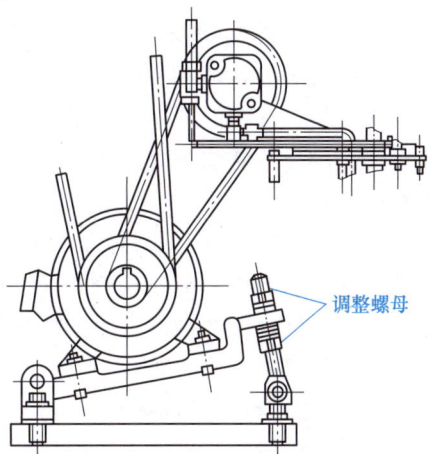

调整螺母

图2-45　V带调整装置

带张紧。

4. 停机后主轴有自转现象或制动时间太长

（1）故障原因分析

1）摩擦式离合器调整过紧，停机后摩擦片仍未完全脱开。

2）主轴制动机构制动力不够。

（2）故障排除与检修

1）调整好摩擦式离合器，同上所述。

2）调整主轴制动机构，制动轮装在轴Ⅳ上，制动轮的外面包有制动带。CA6140 型车床制动机构如图 2-46 所示。调整螺钉 2 和螺母 1 来拉紧制动带 3，调整后，当离合器压紧时制动带必须完全松开，否则，应把调节螺钉稍微松开一些。控制主轴转速为 320r/min 时，2~3 转制动。

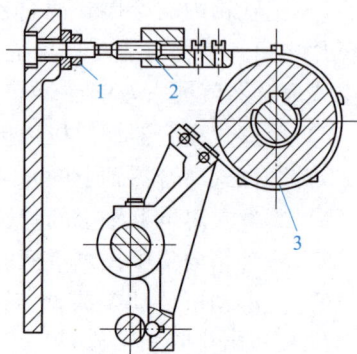

图 2-46　制动机构
1—螺母　2—螺钉　3—制动带

三、润滑系统产生的故障

1. 主轴箱油窗不滴油

（1）故障原因分析

1）油箱内缺油或滤油器、油管堵塞。

2）油泵磨损，压力过小或油量过小。

3）进油管漏压。

（2）故障排除与检修

1）检查油箱里是否有润滑油；清洗滤油器（包括粗滤油器和精滤油器），疏通油管。

2）检查修理或更换油泵。

3）检查漏压点，拧紧管接头。

2. 车床的润滑不良

（1）故障原因分析　没有按规定对各摩擦面和润滑系统加油。车床零件的所有摩擦面，应全面按期进行润滑，以保证车床工作的可靠性，并减少零件磨损及功率的损失。

（2）故障排除与检修　车床使用者根据车床的润滑系统遵守以下规定：

1）车床采用 L-AN46 号全损耗系统用润滑油，油箱和溜板箱的润滑油在两班制的车间50~60 天更换一次，但第一次和第二次应为 10 天或 20 天更换以便排出试车时未能洗净的污物。废油放净后，储油箱和油线要用干净煤油彻底洗净，注入的油应用网过滤。油面不得低于油标中心线。

2）油泵由主电机拖动，把润滑油注入主轴箱和进给箱内。开机后应检查主轴箱油窗是否出油。起动主电机 1min 后主轴箱内应出现油雾，各部件可得到润滑，主轴方可起动。进给箱上有储油槽，使油泵输出的油润滑各点。最后润滑油流回油箱。主轴箱后端三角形滤油器，每周应用煤油清洗一次。

3）溜板箱下部是储油槽，应把油注到油标的中心线上。床鞍和床身导轨的润滑是由床鞍内油盒供给润滑油实现的。每班加一次油，加油时旋转床鞍手柄将滑板移至床鞍后方或前方，在床鞍中部的油盒中加油，溜板箱上有储油槽，由羊毛线引油润滑各轴承。蜗杆和部分齿轮浸在油中，当转动时，油雾润滑各齿轮。当油位低于油标时，应打开加油孔向溜板箱内注油。

4）刀架和横向丝杠用油枪加油。床鞍防护油毡，每周用煤油清洗一次，并及时更换已磨损的油毡。

5）交换齿轮轴头有一塞子，每班拧动一次，使轴内的 2 号钙基润滑脂供应轴与套之间的润滑。

6）床尾套筒和丝杠、螺母的润滑，可用油枪每班加油一次。

7）丝杠、光杠及变向杠轴颈的润滑，由后托架的储油槽内的羊毛线引油，每班注油一次。

8）变向机构的立轴每周应注油一次（在电气箱内）。

🔍 任务拓展

<h2 style="text-align:center">车床的安装及验收</h2>

1. 车床的安装

车床的安装有两种常用方法：一种是用地脚螺栓固定在基础上；另一种方法是不用地脚螺栓，直接将车床放在混凝土地坪基础上，并在车床与基础间垫调整铁或减振铁。垫铁数量一般是每个地脚螺栓孔处放置一块，垫铁的间距一般不超过 600mm。对于重量不均匀的车床，在较重的部位适当增加垫铁；对于分段连接的床身，应在各接缝处放置垫铁。

车床调整水平时，先将滑板置于导轨行程中间位置，再在车床导轨两端放置水平仪调整安装水平。车床调整水平一般应在车床处于自然状态下进行。在调整导轨精度时，除车床自重外，不应使用地脚螺栓、压板等加压的方法使车床强制变形。车床自然调平后，再拧紧地脚螺栓。地脚螺栓拧紧前后，车床导轨精度均应在公差范围之内。

车床床身纵向安装水平度是指导轨两端点连线相对水平面的倾斜度，通常用水平仪测量。水平仪读数时的基准必须从零位开始，零位误差必须消除。

2. 车床的验收

车床的验收过程包含空转试验、负荷试验和精度检验三个环节。

（1）空转试验　试验前应对机床清洗并注入润滑油；检查各连接部分是否紧固；重要结合面用 0.04mm 塞尺检验，不得插入；导轨面用 0.04mm 的塞尺检验，插入深度不得超过 20mm。安装并调整好车床，使车床处于安装水平位置。进行空转试验的具体操作过程及要求如下：

1）车床的主运动机构应从最低转速到最高转速依次运转。每级转速的运转时间不得少于 2min，最高转速不少于 30min。使主轴承达到稳定温度，此时检查主轴承的温度及温升。滑动轴承不得超过 60℃，滚动轴承不得超过 70℃。

2）车床的进给机构应做低、中、高进给速度的空转试验。对于快移运动车床，应做快移空转试验。

3）在各级运行速度下，检验：机床起动、停止、制动及自动等动作的灵活性及可靠性；变速转换动作可靠性和准确性；重复定位、分度、转位的准确性；自动循环可靠性；夹紧装置、快移机构及其他附属装置的可靠性；有刻度手轮反向空行程量；手轮、手柄的操纵力等。

4）检验车床电气、液压、气动、润滑、冷却系统、自动装置等是否运行良好检验是否漏油、漏水及漏气。

5）检验安全防护装置和保险装置的可靠性。

6）在各级运行速度下，检查车床的振动和噪声。

7）检验车床主运动空转功率。

（2）车床的负荷试验

1）车床主传动系统最大转矩的试验。

2）车床主传动系统短时间超过最大转矩 25% 试验。

3）车床最大主切削力试验和短时间超过最大主切削力 25% 试验。

4）车床传动系统达到最大功率的试验。

CA6140 车床负荷试验操作过程：将 ϕ120mm×150mm 的中碳钢试件，一端用卡盘夹紧，一端用顶尖顶住；用硬质合金 YT15 的 45°标准右偏刀，在主轴转速为 50r/min、背吃刀量为 12mm、进给量为 0.6mm/r 时，强力切削外圆。要求在负荷试验时，车床所有机构工作均正常，主轴转速不得比空转时的转速低 5% 以上。在试验时允许将摩擦式离合器适当调紧，切削完毕后再调松到正常状态。

（3）车床精度检验　车床精度检验包括车床的工作精度检验和几何精度检验。工作精度检验应在车床负荷试验之后，车床处在热平衡状态下进行；几何精度检验在工作精度检验之后进行。

知识测试

1. 车床常见故障有哪些？

2. 车床负荷试验主要有哪些环节？

3. 车床几何精度检验主要针对哪些零件？

4. 机床几何精度检验如何实施？

模块三 电气设备的故障诊断与维修

知识目标

熟悉三相异步电动机、低压电器、PLC、变频器等电气设备的常见故障。

掌握电气设备故障排除和维修方法。

了解电气设备故障诊断技术的新发展。

能力目标

能根据故障现象使用有效的诊断方法，选择恰当的诊断工具。

能根据项目要求实现电气设备的正确维修。

掌握电气设备的日常维护及故障检修。

素质目标

具有团队协作意识，能自主学习新知识、新技术。

具有良好的安全用电习惯。

具有文明操作的良好习惯，能严格执行行业标准和规范。

任务一 电气控制系统的故障诊断基础

任务分析

CA6140 型车床电气控制系统由主轴电动机控制电路、冷却电动机控制电路和快移电动机控制电路以及照明、信号灯电路组成。主轴电动机带动主轴旋转，主轴卡盘或顶尖带动工件旋转，提供切削功率实现车削加工。本任务针对 CA6140 型车床分析电气设备元件及系统故障的检修步骤和故障诊断实施操作。

知识储备

一、电气设备的故障类型

电气设备的故障有以下两种类型。

1. 机械故障

机械故障主要是指由设备材质、安装、维护、生产条件变化等因素引起油膜振荡、轴不对中、安装尺寸误差、轴承缺陷、能源介质不足等，最终导致轴承振动、机体振动、轴承烧坏、电机部件损坏等形成机械性故障。

2. 电气故障

电气故障产生原因有电气设备的内在质量及安装质量，人为因素引起电流、电压参数的变化，直接或间接引发放电击穿、短路事故和电气控制电路故障，有电源故障、电路故障和元器件故障。其中20%左右的故障是因为电源参数变化。电路故障的产生是由于导线故障（绝缘层老化破损、导线折断）和导线连接部分故障（松脱、氧化、发霉等）。元器件故障大部分是元器件损坏和元器件的性能变差。

二、电气设备故障检修前工作

电气设备运行过程中会产生各种各样的故障，电气设备故障有的是由电器元件的自然老化导致的，有的是由于对电气设备的日常维护和保养不当造成的，还有些则是因为电气维修人员在处理电气故障时的操作方法不当，或误判断、误测量而扩大了事故范围。为了保证设备正常运行，必须十分重视对电气设备的维护和保养。另外，根据各厂设备和生产的具体情况，应储备部分必要的电器元件和易损配件等。

1）了解电气设备的主要结构和运动形式、电力拖动和控制的要求、电气控制电路的基本工作原理以及工艺生产过程或操作方法。

2）熟悉故障诊断测试工具，如验电笔、试灯、电池灯（又称对号灯）、电路板测试仪、万用表等。

3）熟悉和掌握设备电气控制系统的故障诊断方法。

4）读懂设备电气控制原理图，能看懂电路中各电气元件之间的连接顺序及控制关系，能正确分析电路控制动作，并确定检查电路的步骤与方法。

5）看懂安装接线图。根据原理图查阅对应安装接线图，在检修前做好记录，减少后期维修操作失误。

三、电气设备的故障检修步骤

1. 现场调查

1）问设备操作人员故障发生前后设备的异常情况，了解如下情况：设备运行中发生故障的表现；因为故障运行是否自动停车，或者发现异常操作时如何停止；发生故障时设备工作在什么工序、按什么按钮或扳动了哪个开关；故障发生前后，设备有无异常现象（如响声、气味、冒烟或冒火、监测仪表的异常情况等）；以前是否发生过类似的故障现象，是怎样处理的等。

2）看熔断器内熔丝是否熔断，其他电气元件有无烧坏、发热、断线，导线连接螺钉是否松动，电动机的转速是否正常。

3）听电动机、变压器及其他电气元件故障时的声音，与正常声音进行对比，可以帮助寻找故障部位。

4）摸电动机、变压器和电气元件的线圈，可切断电源后用手去靠近，感受温度变化。由于温度过高，应注意操作安全，防止烫伤。

2. 外观检查

（1）检查电气元件

1）电气元件外观是否整洁，外壳有无破裂，零部件是否齐全，各接线端子及紧固件有无缺损、锈蚀等现象。

2）电气元件的触头有无熔焊粘连变形、严重氧化锈蚀等现象；触头闭合分断动作是否灵活；触头开距是否符合要求；压力弹簧是否正常。

3）电气元件的电磁机构和传动部件的运动是否灵活；衔铁有无卡住，吸合位置是否正常等，使用前应清除铁心端面的防锈油。

4）用万用表检查所有电磁线圈的通断情况。

5）检查延时性电气元件功能，如时间继电器的延时动作、延时范围及整定机构的作用；检查热继电器的热元件和触头的动作情况。

6）核对各电气元件的规格与要求是否一致。

（2）核对电线

1）选择合适的导线截面，按接线图规定的方位在固定好的电气元件之间测量所需要的长度，截取长短适当的导线，剥去导线两端绝缘皮，其长度应满足连接需要。为保证导线与端子接触良好，压接时将芯线表面的氧化物去掉，使用多股导线时，应将线头绞紧搪锡。

2）走线时应尽量避免导线交叉，先将导线校直，把同一走向的导线汇成一束，依次弯向所需要的方向。走线应横平竖直，做线时要用手将拐角做成90°的慢弯，导线弯曲半径为导线直径的3～4倍，不要用钳子将导线做成死弯，以免损伤导线绝缘层及芯线。做好的导线应绑扎成束，用非金属线卡好。

3）将成形的导线套上线号管，根据接线端子的情况，将芯线弯成圆环或直接压进接线端子。

4）接线端子应紧固好，必要时装设弹簧垫圈，防止电气元件动作时因受振动而松脱。

5）同一接线端子内压接两根以上导线时，可套一只线号管。导线截面不同时，应将截面大的放在下层，截面小的放在上层，所有线号要用不易褪色的墨水并用印刷体书写清楚。

（3）检查测试电路

1）核对接线。对照原理图、接线图，从电源端开始逐段核对端子接线线号，排除错误和漏接线现象，重点检查控制电路中容易错接的线号，还应核对同一导线两端线号是否一致。

2）用万用表测试。在控制电路不通电时，用手动来模拟电器的操作动作，用万用表测量电路的通断情况。应根据控制电路的动作来确定检修步骤和内容，根据原理图和接线图选择测量点。先断开控制电路检查主电路，再断开主电路检查控制电路。主要检查以下内容：

① 主电路不带负载（即电动机）时相间绝缘情况；主触头接触的可靠性；正反转控制电路的电源换相电路和热继电器、热元件运行是否良好，动作是否正常等。

② 控制电路的各个环节及自保、联锁装置的动作情况及可靠性，设备的运动部件、联动元器件动作的正确性及可靠性，保护电器动作的准确性等。

（4）试车核验

1）空操作试车。装好控制电路中的熔断器熔体，不接主电路负载。试验控制电路的动作是否可靠，接触器动作是否正常；检查接触器自保、联锁控制是否可靠；用绝缘棒操作行程开关，检查其行程及限位控制是否可靠；观察各电器动作的灵活性，注意有无卡住现象；细听各电器动作时有无过大的噪声，检查线圈有无过热及异常气味。

2）带负载试车。控制电路经过数次空载试验动作无误后，即可断开电源，接通主电路带负载试车。电动机起动前应先做好停车准备，起动后要注意电动机运行是否正常。若发现起动困难、发出噪声、电动机过热、电流表指示不正常等故障，应立即停车断开电源，查找故障原因。

有些电路的控制动作需要调试，如定时运转电路的运行和间隔时间、Y-△起动控制电路的转换时间、反接制动控制电路的终止速度、行程控制电路的行程距离等。试车正常后，才能投入运行。

四、系统故障诊断的常用方法

1. 利用仪表测量确定控制电路故障

（1）断路故障的诊断

1）试电笔诊断法。试电笔诊断断路故障的方法如图 3-1 所示，诊断时按下 SB2，用试电笔依次测试 1、2、3、4、5、6 各点，测到试电笔不亮的点即断路处。

2）校灯诊断法。校灯诊断断路故障的方法如图 3-2 所示，诊断时将校灯一端接到 0 上，另一端依次测试 1~6 各点，并按下 SB2，如接至 2 点上校灯亮，而接至 3 点校灯不亮，则说明 SB1（2-3）断路。

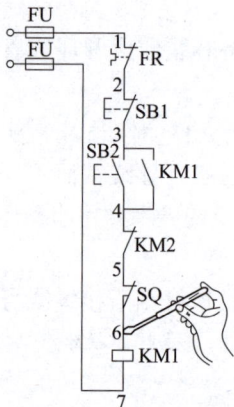

图 3-1　试电笔诊断断路故障

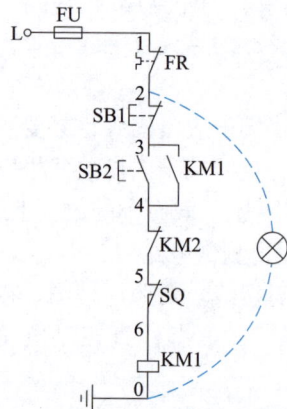

图 3-2　校灯诊断断路故障

3）万用表诊断法。

① 电压测量法。电压测量法即根据电压值来判断电气元件和电路的故障所在，检查时把万用电表设置到交流电压 500V 档位上。电压测量法有分阶测量、分段测量、对地测量三种方法。

a. 分阶测量法。如图 3-3 所示，若按下起动按钮 SB2，接触器 KM1 不吸合，说明电路有故障。检修时，首先用多用电表测量 1、7 两点电压，如果电路正常，应为 380V 左右。然后按下起动按钮 SB2 不放，同时将黑色表棒接到 7 点，红色表棒依次接 6、5、4、3、2 点，分别测 7-6、7-5、7-4、7-3、7-2 各点间的电压。电路正常时，各阶电压应为 380V 左右。如果测到 7-6 之间无电压，说明为断路

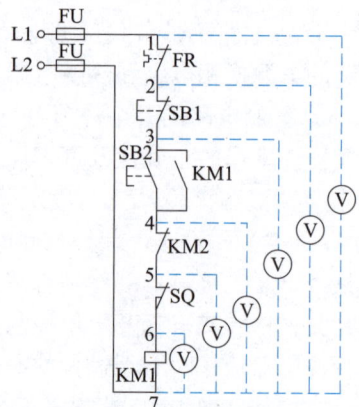

图 3-3　电压的分阶测量法

故障，可将红色表棒前移，当移到某点（如 2 点）电压正常时，说明该点前的触点或接线断路，一般是该点后第一个触点（即刚跨过的停止按钮 SB1 的触点）或连线断路。根据各阶电压值来检查故障的方法见表 3-1。这种测量方法像上台阶一样，所以称为分阶测量法。

表 3-1　分阶测量法判别故障原因

故障现象	测试状态	7-6	7-5	7-4	7-3	7-2	7-1	故障原因
按下 SB2，KM1 不吸合	按下 SB2 不放松	0	380V	380V	380V	380V	380V	SQ 常闭触点接触不良
		0	0	380V	380V	380V	380V	KM2 常闭触点接触不良
		0	0	0	380V	380V	380V	SB2 常开触点接触不良
		0	0	0	0	380V	380V	SB1 常闭触点接触不良
		0	0	0	0	0	380V	FR 常闭触点接触不良

b. 分段测量法。电压的分段测量法如图 3-4 所示，即先用万用表测量 1-7 两点电压，电压值为 380V 左右，说明电源电压正常；然后逐段测量相邻两点 1-2、2-3、3-4、4-5、5-6、6-7 各点间的电压。如果电路正常，按下 SB2 后，除 6-7 两点间电压为 380V 左右外，其他任意相邻两点间的电压值均为零。如果按下起动按钮 SB2，接触器 KM1 不吸合，说明电路有故障。此时，可用多用电表逐段测量直到某相邻两点间的电压为 380V，说明两点所包括的触点及其连接导线接触不良或有断路故障。

根据各段电压值来检查故障的方法见表 3-2。

c. 对地测量法。电气控制电路接 220V 电压且中性线直接接设备外壳时，可采用对地测量法来检查电路的故障。如图 3-5 所示，用多用电表的黑色表棒逐点测试 1~6 各点，根据各点对地电压来检查电路的电气故障。

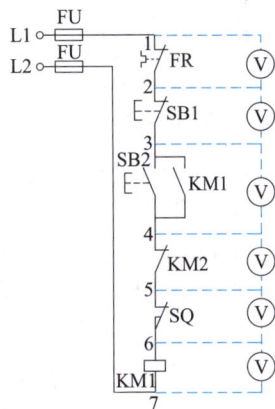

图 3-4　电压的分段测量法

表 3-2　分段测量法判别故障原因

故障现象	测试状态	1-2	2-3	3-4	4-5	5-6	故障原因
按下 SB2，KM1 不吸合	按下 SB2 不放松	380V	0	0	0	0	FR 常闭触点接触不良
		0	380V	0	0	0	SB1 常闭触点接触不良
		0	0	380V	0	0	SB2 常开触点接触不良
		0	0	0	380V	0	KM2 常闭触点接触不良
		0	0	0	0	380V	SQ 常闭触点接触不良

② 电阻测量法。电阻测量法有分阶测量法和分段测量法两种。

a. 分阶测量法。电阻的分阶测量法如图 3-6 所示，按下起动按钮 SB2，若接触器 KM1 不吸合，说明电气回路有故障。用万用表的电阻档检测前应先断开电源，然后按下 SB2 不放，用万用表电阻档测量 1-7 两点间电阻，如果电阻为无穷大，说明连接不良或断路。分阶逐段测量 1-2、1-3、1-4、1-5、1-6 各点间的电阻值。若电路正常，则电阻值为 0；当电阻为无穷大时，说明连接不良或断路。

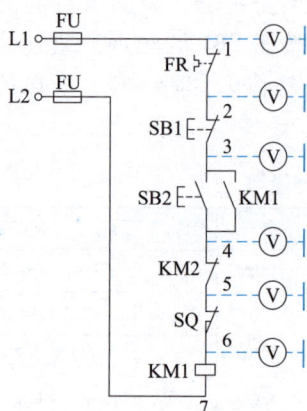

图 3-5　电压的对地测量法

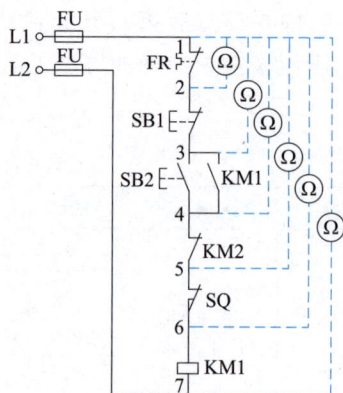

图 3-6　电阻的分阶测量法

b. 分段测量法。电阻的分段测量法如图 3-7 所示，检查时切断电源，按下 SB2，逐段测量相邻两标号点 1-2、2-3、3-4、4-5、5-6 各点间的电阻。如果某两点间电阻为无穷大，说明连接不良或断路。

③ 短接法。短接法即用一根绝缘良好的导线将怀疑断路的部位短接，有局部短接法和长短接法两种。

a. 局部短接法。局部短接法如图 3-8 所示。检查前先用万用表测量 1-7 两点间的电压值，若电压正常，可按下起动按钮 SB2 不放松，然后用一绝缘导线分别短接 1-2、2-3、3-4、4-5、5-6 间各点，当短接到某两点时，若接触器 KM1 吸合，则断路故障就在这里。具体短接部位及故障原因见表 3-3。

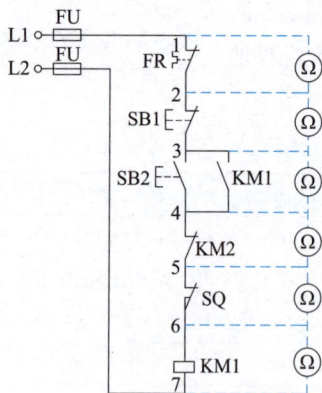

图 3-7　电阻的分段测量法

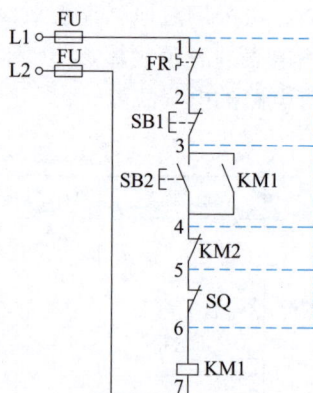

图 3-8　局部短接法

b. 长短接法。长短接法检查断路故障如图 3-9 所示。它一次短接两个或多个触点，与局部短接法配合使用，可缩小故障范围，迅速排除故障。

（2）短路故障的诊断

1）电源间短路故障的诊断。这种故障一般是通过电气的触点或连接导线将电源短路，如图 3-10 所示。行程开关 SQ 中的 3 号线与 0 号线因某种原因连接使电源短路，电源合上，

表 3-3 局部短接法短接部位及故障原因

故障现象	短接点标号	KM1 动作	故障原因
按下起动按钮 SB2，接触器 KM1 不吸合	1-2	KM1 吸合	FR 常闭触点接触不良
	2-3	KM1 吸合	SB1 常闭触点接触不良
	3-4	KM1 吸合	SB2 常开触点接触不良
	4-5	KM1 吸合	KM2 常闭触点接触不良
	5-6	KM1 吸合	SQ 常闭触点接触不良

图 3-9 长短接法

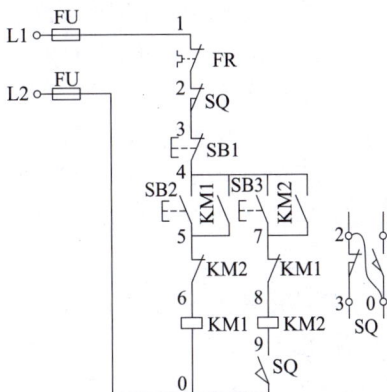

图 3-10 电源间的短路故障

熔断器 FU 就熔断。采用电池灯进行检查的方法如下：

① 取下熔断器 FU 的熔芯，将电池灯的两根线分别接到 1 号线和 0 号线上，若灯亮说明电源间短路。

② 将行程开关 SQ 常开触点上的 0 号线拆下，若灯暗，说明电源在这个环节短路。

③ 再将电池灯的一根线从 0 号线移到 9 号线上，若灯灭，说明短路在 0 号线上。

④ 将电池灯的两根线仍分别接到 1 号线和 0 号线上，然后依次断开 4、3、2 号线，当断开 2 号线时，若灯灭，说明 2 号线和 0 号线间短路。

上述短路故障也可用万用表的电阻档检修。

2）电气触点本身短路故障的诊断。如果图 3-10 中停止按钮 SB1 的常闭触点短路，则接触器 KM1 和 KM2 工作后就不能释放。如果接触器 KM1 的自锁触点短路，一合上电源，KM2 就吸合，这类故障较明显，只要通过分析即可确定故障点。

3）电气触点之间的短路故障检修。如果图 3-11 中接触器 KM1 的两副辅助触点 3 号和 8 号因某种原因而短路，当合上电源时，接触器 KM2 吸合。

① 通电诊断。通电检修时可按下 SB1，如果接触器 KM2 释放，则可确定一端短路故障在 3 号线；然后将 SQ2 断开，KM2 也释放，则说明短路故障可

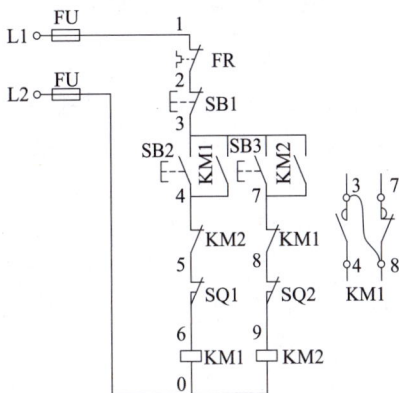

图 3-11 电气触点间的短路故障

能在 3 号线和 8 号线之间。若拆下 7 号线，KM2 仍吸合，则可确定 3 号线和 8 号线为短路故障点。

②断电诊断。将熔断器 FU 拔下，用万用表的电阻档（或电池灯）测 2-9，若电阻为 0（或电池灯亮），表示 2-9 之间有短路故障；然后按下 SB1，若电阻为无穷大（或电池灯不亮），说明短路不在 2 号线；再将 SQ2 断开，若电阻为无穷大（或电池灯不亮），则说明短路也不在 9 号线；然后将 7 号线断开，若电阻为无穷大（或电池灯不亮），则可确定短路点为 3 号线和 8 号线。

（3）检修后通电调试的一般要求

1）各电源开关通电应按一定程序进行，与待调试无关的电路开关不应合闸。

2）测量电源电压，其波动范围不应超过±7%。

3）各机构动作程序的检验调试应根据电路图及在调试前编制的程序进行。

4）在确定控制电路正确无误后，才可接通主电路电源。

5）主电路初次送电应为点动起动。

6）操作主令控制器时应由低速档向高速档逐档操作，档位与运行速度对应，方向与运行方向相一致。

7）对调速系统的各档速度应进行必要的调整，使其符合调整比；对非调速系统各档速度不需要调整。

8）起升机构为非调速系统时，下降方向的操作应快速过渡，以避免电动机超速运行。

9）保护电路的检验调试应首先手动模拟各保护联锁环节触点的动作，检验动作的正确性和可靠性。

10）限位开关的实际调整应在机构低速运行的条件下进行，在有惯性越位时，应反复调试。

2. 利用仪表确定电器元件故障

1）电阻元件故障的查找。对怀疑有故障的元件可通过测量其本身电阻加以判定。

2）电容元件故障的查找。测量电容器容量和极板漏电阻。电容器容量可用电阻表简单测算。

五、电气设备故障维修过程

1. 故障诊断

在确定故障点以后，无论是修复还是更换，排除故障相对电气维修人员来说，一般都比查找故障要简单得多。但在排除故障中一般不可能用单一的方法，往往要综合运用多种方法。

1）在排除故障的过程中，应先动脑、后动手，正确分析可以起到事半功倍的效果。具体应遵循先外部后内部、先机械后电气、先静后动、先共用后专用、先简单后复杂、先一般后特殊的原则。需要注意的是，不要遇到故障就拿起表测，拿起工具拆。要养成良好的分析、判断习惯，做到每次测量均有明确的目的。在找出有故障点的组件后，应该进一步确定引起故障的根本原因。

2）一般情况下，以设备的动作顺序为排除时分析、检测的次序。以此为前提，先检查电源，再检查线路和负载；先检查公共回路，再检查各分支回路；先检查主电路，再检查控制电路；先检查容易检测的部分（如各控制柜），再检查不易检测的部分（如某一设备的控制器件）。在电气保护电路中，如果检查发现热继电器动作，不但要使热继电器触头复位，而且要查出过载的原因。对于熔体熔断，不但要换新的熔体，而且要查明熔体熔断的原因并处理，以及向有关人员说明应注意的问题。

3）观察电气设备表面，对于导线或电气元件绝缘不良或老化故障，应清洁、更换新线或电器元件。对导线连接故障，凡存在连接点不实、丝扣脱扣、绝缘保护层破损等现象的，应检查过渡板、垫圈、锡焊接等连接件。清除过渡板上的氧化物，检测其接触电阻是否合格，若不合格，应更换。对弹性垫圈应检查其是否老化，弹力是否下降至不能允许的程度，若不合格，应更换。对锡焊接点应检查是否虚焊，若虚焊，应清除原来的焊点，重新焊接。

2. 故障排除后修复

故障排除后，维修人员在送电前还应做进一步检查，通过检查证实故障确实已经排除，然后由操作人员来试运行操作，以确认设备是否已正常运转，同时还应向有关人员说明应注意的问题。值得注意的是，修复后再做检查时，要尽量使电气控制系统或电气设备恢复原样，并清理现场，保持设备干净卫生。另外，维修人员所使用的工具、电缆等一定不要忘记放在所修设备的电气柜内，以免造成短路或触电事故的发生。

🔍 **任务实施**

CA6140 型车床电气控制电路常见故障的诊断分析

CA6140 型车床电气控制原理图如图 3-12 所示。

1. 故障现象

车床运行时按下起动按钮 SB2 后，电动机 M1 控制主轴不能起动。

2. 故障分析

根据电气原理图及车床运动综合分析，引起电动机不能起动的原因主要有以下几个方面：①电动机本体故障；②控制电路故障；③负载过重或有机械卡阻；④电源电压太低；⑤导线截面选择不当，阻抗大，起动时电动机的端电压太低，使起动转矩不足。

现场外观检查无误后，测量低压配电盘上的电源电压，电源电压在 370V 左右，而且三相电压基本平衡。因此，排除了电源电压偏低的因素。在过去长期的生产过程中，运行情况正常，未发现任何过载的情况。为防止有机械卡阻，检查了传动带的松紧，认为传动带的松紧是适中的，并进行了手动盘车，未发现任何机械卡阻的现象，因此也排除机械卡阻故障。卸掉传动带单独起动电动机，主轴电动机 M1 仍无法起动，可以初步认定可能是电动机或控制电路的故障。

控制电路通电后，为了进一步确定故障原因，按下起动按钮 SB2，接触器 KM1 未吸合，故障的原因必定在控制电路中，依次检查熔断器 FU2、热继电器 FR1 和 FR2 的常闭触点、停止按钮 SB1、起动按钮 SB2 和接触器 KM1 的线圈是否断路。经检查是热继电器 FR1 的常闭触点，没有恢复闭合。对热继电器 FR1 手动复位，控制电路恢复正常。

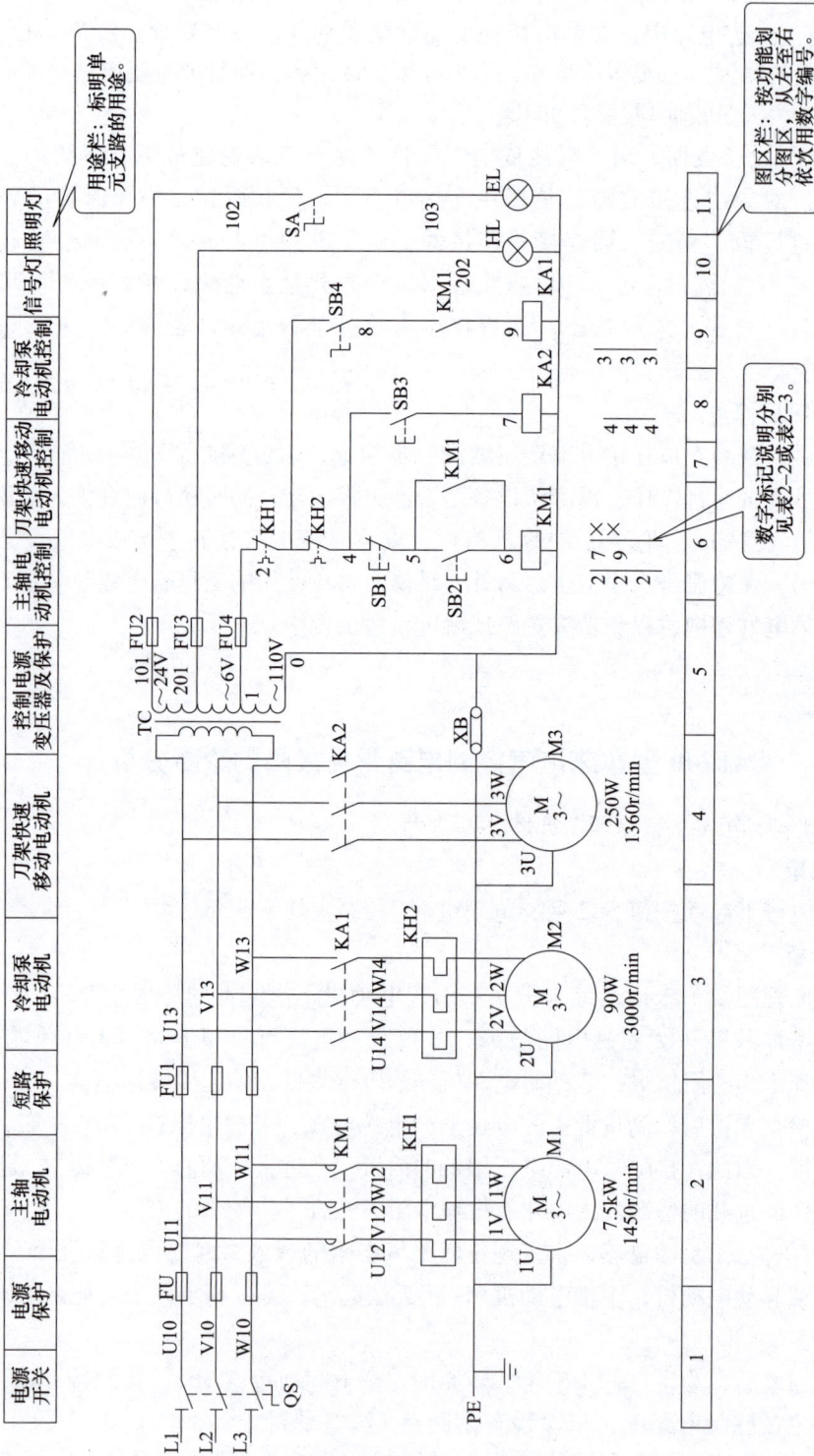

图 3-12　CA6140 型车床电气控制原理图

🔍 任务拓展

现代电气设备故障诊断技术应用发展

电气设备的诊断技术是指通过对其电气绝缘的试验和各种特性的测量，了解及评估它们在运行过程中的状态，从而能在早期发现故障的技术。

一、电气设备常用的故障诊断试验技术

1. 电气设备的绝缘预防性测试

电气设备绝缘性能测试方法是在通电后一定时间测量绝缘电阻的变化和介质损失，进行局部放电、交流工频耐压测试，以及直流耐压和泄漏电流的测量等。测试前了解设备的绝缘强度，及早发现隐藏的缺陷，采取对应的措施处理，避免发生停电或设备损坏事故。不推荐使用绝缘故障直接的破坏性测试，因为会使设备彻底破坏，间接的非破坏性测试才是实用的方法。

2. 交流电动机试验

交流电动机分为同步电动机和异步电动机两大类。交流异步电动机的试验分为检查试验和型式试验。

3. 低压电器试验

低压电器试验分为检查试验和型式试验两种。检查试验通常包括一般检查、动作性检查、绝缘耐电压试验、发热试验（不是全部产品）和制造与装配质量检查等。低压电器试验是判别低压电器产品质量好坏的一个重要手段。大修中做解体检修的存放已久未用过的低压电器，在重新使用前应做检查试验。

4. 老化试验

绝缘材料受热、电和机械应力等因素影响性能逐渐变化，导致损坏的现象称为老化。把各种老化因素组合起来进行多因素老化试验。利用局部放电的测量来诊断绝缘劣化，即测量工频电压下局部放电可以诊断电气设备绝缘劣化的情况。可以用放电量、放电重复率、平均放电功率等来反映局部放电的强弱。常用的测量方法为脉冲电流法。监测股线断裂或端部电晕引起的电弧，称为 RF 监测；监测绝缘内部放电、槽放电、端部电晕，称为 PD 监测。PD监测则是根据分析放电发展的趋势，估计绝缘可能发生故障的概率。RF 监测事先预设放电水平阈值，当实际放电超过此值时，认为已经临近故障状态，发出报警。

二、电气设备诊断技术的发展

电气设备故障诊断检测的参数很多，有的关键参数设置不当能够直接造成设备故障，有的故障由多种不当参数综合后造成，有的参数设置不当能间接造成故障发生，事故的发生极为复杂。故障诊断技术大体经历了以下 3 个阶段。

1. 停电试验阶段

停电试验阶段始于 20 世纪 50 年代初期，采用常规的预防性试验方法测量绝缘电阻、泄漏电流，并进行交流耐电压试验。进行这些试验对保证电气设备安全运行起到了积极作用，有些诊断技术一直延续至今。

2. 带电测量阶段

带电测量阶段始于 20 世纪 70 年代前后，当时人们仅仅是为了不停电而对电气设备的某

些绝缘参数进行直接测量。其项目主要是测量设备泄漏电流和介质损耗因数。其测量项目少，应用范围小，因而没有得到广泛应用。

3. 在线监测阶段

在线监测阶段始于 20 世纪 90 年代，我国在借鉴国外诊断技术的基础上，对局部放电、振动监测等方面进行了不少研究。随着先进的传感器、计算机和数字波形采集与处理等高新技术的应用，高压电器的在线监测技术向更高阶段发展，实现全自动在线监测系统与专家诊断系统的完美结合，从而构成智能化高压电器绝缘及特性的在线监测与诊断系统，并可纳入整个电网的自动化系统。

随着科学技术的不断发展，诊断技术也必然会不断发展，其发展方向如下：

1）随着先进检测技术、手段、设备的研制开发，广泛采用高可靠性监测设备。

2）由单纯的监测诊断向监测、诊断、管理、管理系统化、集成化发展，直接服务于设备状态检修。

3）集中式诊断系统向集中分散诊断系统发展。

4）人工智能诊断系统开发（如专家系统、神经网络、模糊集等）。

5）预测技术（如剩余寿命评价等）的开发及应用。

6）设备诊断理论和诊断方法的研究、故障机理的研究、诊断数据的形成和完善。

📖 知识测试

一、填空题

1. 电气控制电路故障主要有_____故障和_____故障。

2. 电路断路故障常用的诊断方法有_____诊断法、_____诊断法和_____诊断法。

3. 电容元件的故障查找主要测量_____和_____。

二、选择题

1. 电源电压正常波动范围不应超过±（   ）。

A. 5%　　　　　B. 7%　　　　　C. 10%　　　　　D. 15%

2. 用电池灯测试两点之间的故障，若该两点之间存在断路故障，则电池灯（   ）。

A. 不亮　　　　B. 灯丝微亮　　　C. 发红光　　　　D. 常亮

3. 对于阻值较小且需要精确测量的电阻，采用（   ）测量。

A. 电桥法　　　B. 电压法　　　C. 万用表法　　　D. 电流法

4. （   ）的工频电流通过人体时，就会有生命危险。

A. 0.1mA　　　B. 1mA　　　　C. 15mA　　　　D. 50mA

任务二　常用低压电器元件的故障诊断与维修

🔍 任务分析

常用的低压电器大部分属于电磁式电器，从结构上看，电磁式电器一般都具有感受部分和执行部分。感受部分接收外界输入的信号，并通过转换、放大与判断做出有规律的反应，使执行部分动作，输出相应的指令，实现控制的目的。元件经过长期使用或使用不当，可能会发生故障而影响电器的正常工作。交流接触器是常用的一种低压电器。本任务主要介绍常用低压电器的常见故障的诊断与维修。

🔍 知识储备

一、触头的故障诊断与维修

触头是有触点低压元件的主要部件，它担负着接通和分断电路的作用，也是电器中比较容易损坏的部件。触头的常见故障有触头磨损、过热和熔焊等。

1. 触头磨损

触头磨损有两种：一种是电气磨损，由于触头间电弧或电火花的高温，使触头金属汽化和蒸发而造成；另一种是机械磨损，由触头闭合时的撞击、触头表面的相对滑动摩擦等造成。

解决方法：当触头磨损至原有厚度的 2/3（铜触头）或 3/4（银或银合金触头）时，应更换新触头。另外，超行程指从动、静触头刚接触的位置算起，假如此时移去静触头，动触头所能继续移动的距离不符合规定时，也应更换新触头。若发现磨损过快，应查明原因。

2. 触头过热

造成触头发热的主要原因有触头接触压力不足、触头表面接触不良、触头表面被电弧灼伤烧毛等。以上原因都会使触头接触动电阻增大，使触头过热。

解决方法：对于由弹簧失去弹性而引起的触头压力不足的问题，可通过重新调换弹簧或更新弹簧解决。触头表面的油污、积垢或烧毛可用小刀刮去或锉去。

3. 触头熔焊

动、静触头接触面熔化后被焊在一起而不断开的现象，称为触头的熔焊。当触头闭合时，由于撞击和产生振动，在动、静触头间的小间隙中产生短电弧，电弧的高温使触头表面被灼伤甚至烧熔，熔化的金属液便将动、静触头焊在一起。

发生触头熔焊的常见原因有：触头选用不当，触头容量太小；负载电流太大；操作频率过高；触头弹簧损坏，初压力减小。

解决方法：更换新接触器。

二、电磁机构故障诊断与维修

电磁机构是低压电器的重要组成部分，具有能量转换和操作运动的作用，常见的故障有衔铁吸不上或吸力不足、噪声较大、衔铁不释放或释放缓慢、线圈过热或烧损等。

1. 衔铁吸不上或吸力不足

电源接通后，出现衔铁吸不上或吸力不足现象的原因及维修办法如下：

1）操作回路电源电压过低，或发生断线、线圈进出线脱落以及接线错误等。要提高电源电压，整理线路。

2）电源电压过低或波动过大，或可动部分有卡阻、转轴生锈、歪斜等。要调整电源电压，清除可动部件的故障。

3）触头压力过大或超程过大。要调整压力机构或更换。

2. 噪声较大

造成噪声较大的原因及维修办法如下：

1）电源电压低。要提高电源电压。

2）衔铁与铁心接触而粘有油污、灰尘或铁心生锈。要清理接触面。

3）铁心接触面磨损过度不平。要更换铁心。

4）零件歪斜或发生机械卡阻。要调整或重新整理安排有关零件。

5）触点压力过大。要调整触点弹簧压力机构。

6）短路环损坏。要更换短路环或铁心。

3. 线圈过热或烧损

运行过程中出现线圈过热或烧损的原因及维修办法如下：

1）线圈电压过高或过低。要调整电源电压或线圈电压。

2）操作频率过高或线圈参数不符合要求。需更换线圈或按使用条件选用设备。

3）铁心端面不平造成衔铁和铁心吸合时有间隙。要修理或更换铁心。

4）线圈绝缘老化出现匝间短路或局部对地短路。要更换新的线圈。

4. 衔铁不释放或释放缓慢

当电源断开后，出现衔铁不释放或释放缓慢的原因及维修办法如下：

1）触头弹簧失效。要调整压力机构或更换。

2）触头被熔焊。要查找熔焊原因并更换触头。

3）可动部件被卡阻或转轴生锈、歪斜。要调整有关部件或更换转轴。

4）铁心端面有油污或端面之间的气隙消失。要清洗端面或更换修理铁心。

5）反力弹簧损坏。要更换弹簧或整个反力机构。

三、交流接触器的故障诊断与维修

交流接触器是常见的电磁式电器的代表之一，这里以交流接触器故障的诊断与维修为例分析低压电器的日常维护与维修。

交流接触器的常见故障及维修方法见表 3-4。

表 3-4　交流接触器的常见故障及维修方法

故障现象	故障原因	维修方法
触头熔焊	（1）操作频率过高或型号选用不当 （2）负载侧短路 （3）触头弹簧压力过小 （4）触头表面有金属颗粒突起或异物 （5）吸合过程中触头停滞在似接触非接触的位置上	（1）降低操作频率或更换合适的型号 （2）排除短路故障，更换触头 （3）调整触头弹簧压力 （4）清理触头表面 （5）消除停滞因素
触头断相	（1）触头烧缺 （2）压力弹簧失效 （3）连接螺钉松脱	（1）更换触头 （2）更换压力弹簧片 （3）拧紧松脱的螺钉

（续）

故障现象	故障原因	维修方法
相间短路	（1）可逆转换接触器联锁失灵或误动作致使两台接触器投入运行而造成相间短路 （2）接触器正反转转换时间短，换接过程中发生弧光短路 （3）尘埃堆积、潮湿、过热使绝缘损坏 （4）绝缘件或灭弧室损坏或破碎	（1）检查联锁保护 （2）在控制电器中加中间环节或更换动作时间长的接触器 （3）缩短维护周期 （4）更换损坏件
线圈损坏	（1）空气潮湿，含有腐蚀性气体 （2）机械方面碰坏 （3）严重振动	（1）换用特种绝缘线圈 （2）对碰坏处进行修复 （3）消除或减小振动
起动动作缓慢	（1）极面间间隙过大 （2）电器的底板不平 （3）机械可动部分稍有卡阻	（1）减小间隙 （2）装直电器 （3）检查机械可动部分
短路环断裂	由于电压过高、线圈用错、弹簧断裂，以致磁铁动作时撞击过猛	检查并调换零件

任务实施

电动机单向连续控制 CJ20-40 型接触器检修

1. 故障现象

电动机单向连续运行控制电路如图 3-13 所示。电动机运行正常，但不能停车。断开电源开关 QS 后，电动机停止。

2. 故障分析

这类故障的原因有停止按钮 SB1 触点短路，接触器 KM 主触点熔焊或动铁心（衔铁）不能释放。

首先断电检查，用电阻分阶测量法测控制电路各点的电阻，未按下 SB1，电阻为 0，按下 SB1，其两端电阻为无穷大，说明按钮 SB1 触头正常；再次通电检查，合上电源开关 QS，电动机直接起动运行，由此判断接触器主触头熔焊粘连。

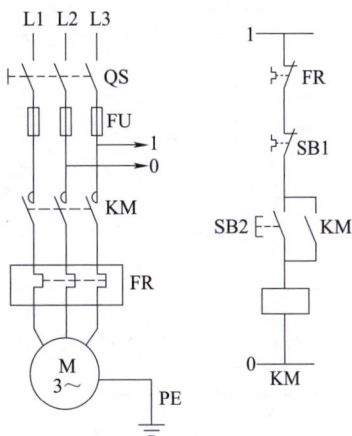

图 3-13　电动机单向连续运行控制电路

3. 故障检修，接触器触头的检修步骤

1）外观检查。看接触器外观是否完整无损，固定处是否松动。

2）灭弧罩检查。取下灭弧罩仔细查看有无破裂或严重烧损；灭弧罩内的栅片有无变形或松脱，栅孔或缝隙是否堵塞；清除灭弧室内的金属飞溅物和颗粒。

3）触点检查。清除触点表面上烧毛的颗粒；检查触点磨损的程度，严重时应更换。

4）铁心检查。铁心端面定期擦拭，清除油垢，保持清洁；检查有无变形。

5）线圈检查。观察线圈外表是否过热变色，接线是否松脱，线圈骨架是否有裂痕。

6）活动部件检查。检查可动部件是否卡阻，紧固体是否松脱，缓冲件是否完整等。

任务拓展

热继电器的故障诊断与维修

热继电器在电气控制电路中对电动机或其他设备起过载保护和断相保护作用。热继电器属于保护电器，应定期检验其动作是否正确可靠。热继电器的检查与维修内容如下：

1）检查负载电流是否和热元件的额定值相配合。

2）检查热继电器与外部连接点有无过热现象。

3）检查与热继电器连接的导线截面是否满足要求，有无因发热而影响热元件正常工作的现象。

4）检查热继电器的运行环境温度有无变化，温度有无超过允许范围（-30~40℃）。

5）检查热继电器动作是否正确。

6）检查热继电器周围环境温度与被保护设备周围环境温度差值：超过±15℃或±25℃范围时，应调换大一号的热元件（或小一号的热元件）。

热继电器的常见故障有热元件烧坏、误动作、动作太快和不动作。热继电器的常见故障与维修方法见表3-5。

表 3-5　热继电器的常见故障与维修方法

故障现象	故障原因	维修方法
误动作或动作太快	（1）整定值偏小 （2）电动机起动时间过长 （3）反复短时工作，操作次数过高 （4）强烈的冲击振动 （5）连接导线太细	（1）合理调定整定值 （2）选择合适型号的热继电器 （3）调换合适的热继电器 （4）选择带防冲击装置的热继电器 （5）调换导线
不动作	（1）整定值偏大 （2）触点接触不良 （3）热元件烧断或脱掉 （4）运动部分卡阻 （5）导板脱出	（1）调整整定值 （2）清理触点表面 （3）更换热元件或补焊 （4）排除卡阻，但不随意调整 （5）检查导板
热元件烧断	（1）负载侧短路，电流过大 （2）反复短时工作，操作次数过高 （3）机械故障	（1）排除短路故障及更换热元件 （2）调换热继电器 （3）排除机械故障及更换热元件

知识测试

一、填空题

1. 引起接触器线圈发热的原因有_____、_____和_____。

2. 时间继电器的特点是：继电器接收信号后，它的触点能够动作_____，主要用在需要按照时间顺序进行控制的电路中。

3. 自动空气断路器因发生短路故障而跳闸或遇有喷弧现象时，除将故障排除外，还应安排开关_____检修，重点是_____系统和_____。

4. 维修交流接触器时，应检查触头和调整触头的开距、超程、触点压力和_____的同步性等。触头开距是指触头完全分开时，动、静触头之间的_____距离。

二、选择题

1. 额定电压为 220V 的交流接触器线圈误接入 380V 的交流电源会发生的问题是(　　)。

　　A. 接触器正常工作　　B. 接触器产生强烈振动　　C. 烧毁线圈　　　　D. 烧毁触点

2. 接触器的额定电流应不小于被控电路的 (　　)。

　　A. 额定电流　　　　　B. 负载电流　　　　　　C. 最大电流　　　　D. 峰值电流

3. 断路器中过电流脱扣器的额定电流应该大于或等于电路的 (　　)。

　　A. 最大允许电流　　　B. 最大过载电流　　　　C. 最大负载电流　　D. 最大短路电流

4. 用于指示电动机正处在旋转状态的指示灯颜色应选用 (　　)。

　　A. 紫色　　　　　　　B. 蓝色　　　　　　　　C. 红色　　　　　　D. 绿色

5. 熔断器的额定电压应 (　　) 电路的工作电压。

　　A. 远高于　　　　　　B. 不等于　　　　　　　C. 低于或等于　　　D. 高于或等于

任务三　三相异步电动机的故障诊断与维修

🔍 任务分析

三相异步电动机会出现各种各样的故障，可分为电气故障和机械故障。电气故障主要有定子绕组、转子绕组、定转子铁心、开关及起动设备的故障等；机械故障主要有轴承、转轴、风扇、机座、端盖等的故障。应判断故障原因并进行及时处理，防止故障扩大，保证设备正常运行。本任务主要介绍三相异步电动机的结构以及定子、转子绕组故障和机械故障。

🔍 知识储备

一、三相异步电动机的结构和铭牌参数

三相异步电动机分为笼型异步电动机和绕线式转子异步电动机两种。Y 系列（IP44）三相异步电动机为一般用途的笼型自扇风冷式电动机，是应用最广泛的电动机，其结构如图3-14 所示。电动机铭牌是使用和维修电动机的依据，必须按照铭牌上给出的额定值和要求使用和维修。绕线转子三相异步电动机铭牌如图 3-15 所示。

二、三相异步电动机的拆卸与装配

修理或维护保养电动机时，有时需要把电动机拆开，如果拆得不好，就可能拆坏或使修理质量得不到保证。因此，必须掌握正确拆卸和装配电动机的技术。

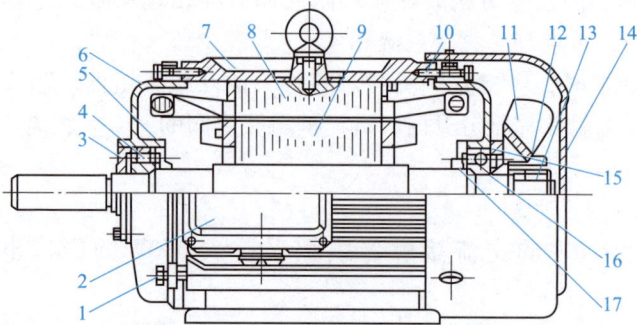

图3-14 Y系列（IP44）三相异步电动机结构图

1—前端盖固定螺栓 2—接线盒 3—前轴承外盖 4—前轴承 5—前轴承内盖 6—前端盖
7—机座 8—定子铁心 9—转子 10—后端盖固定螺栓 11—外风扇 12—键 13—风扇挡圈
14—外风扇罩 15—后轴承外盖 16—后轴承 17—后轴承内盖

图3-15 绕线转子三相异步电动机铭牌

1. 电动机的拆卸

拆卸前应将工具和检修记录准备好，在线头、端盖、刷握等处做好标记，以便于装配；在拆卸过程中，应同时进行检查和测试。小型三相笼型异步电动机的解体结构如图3-16所示。

（1）拆卸联轴器或带轮 取下联轴器或带轮的螺钉或定位销，装上拉具，将拉具丝杠尖端顶入电动机转轴中心孔中，转动丝杠，慢慢将联轴器或带轮拉出，如图3-17所示。

（2）拆除风扇罩及风扇叶轮 将固定风扇罩的螺钉拧下来，用木槌在与轴平行的方向上从不同的位置向外敲打风扇罩。风扇罩外移，最后和电动机脱开。取下风

图3-16 小型三相笼型异步电动机解体结构

1—定子铁心 2—轴承 3—风扇 4—风扇罩
5—内端盖 6—底座 7—笼型转子 8—定子
绕组 9—前端盖 10—带轮 11—机座散热片

扇挡圈，松开风扇叶轮的紧定螺钉，小心地将风扇叶轮向外撬出，直至脱离电动机轴。

（3）拆卸轴承盖　卸下轴承盖的螺栓，将旋具放在轴承盖和端盖的间隙中，将轴承盖撬下来。

（4）拆卸端盖　端盖的拆卸如图 3-18 所示，首先在端盖与机座接缝处做好复位标记。把两端端盖的螺栓拧下来，用木槌均匀向外敲打端盖四周，用扁铲对准端盖与机座之间的缝隙，使端盖渐渐外移，直到与机座脱离为止。在拆卸端盖的过程中，要采取垫木板或托架扶持等措施，以免端盖掉下来碰撞轴颈，使精度受损或碰伤操作者。

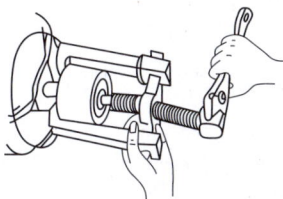

图 3-17　带轮的拆卸

图 3-18　电动机端盖的拆卸

（5）抽出转子　为防止转子碰伤，可在转子下面和端部垫上厚纸板，用手将转子从电动机中直接抽出如图 3-19 所示。

（6）拆卸轴承　选用大小合适的拉具，其丝杠尖端顶入电动机的转轴中心孔中，将轴承慢慢拉出，如图 3-20 所示。

图 3-19　抽出电动机的转子

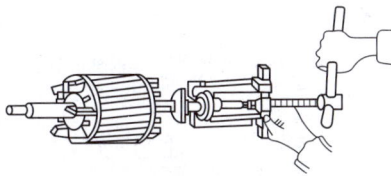

图 3-20　电动机轴承的拆卸

2. 电动机的装配

（1）轴承安装　用煤油清洗干净轴承及轴承盖，检查轴承有无裂纹、是否灵活、间隙是否过大等，如有问题则需更换。轴承的清洗如图 3-21 所示。擦干净轴颈、内轴承盖并加好润滑脂，轴和轴承盖配合部位涂上润滑油，将轴承套到轴上放正，加好润滑

图 3-21　轴承的清洗

脂。轴承滚珠间隙及轴承盖里填充充足的润滑脂，过程如图 3-22 所示。

过盈量不大时，将铁管顶在轴承的内圈上，用锤子敲打铁管的另一端，将轴承逐渐敲打到位。注意管子的端面要平，以免损坏轴承。过盈量较大时，采用热套法，将轴承加热后套装在轴上。

（2）安装后端盖及后轴承盖　将轴伸端朝下垂直放置，在端面上垫上木块，将后端盖

图 3-22　电动机轴承盖、轴承加润滑脂

套在后轴承上，用木槌敲打到位。然后在轴承外盖的槽内加上润滑脂，用螺栓连接轴承内外盖并紧固。

（3）安装转子　转子对准定子中心，沿着定子圆周的中心线将转子缓缓地向定子里送进，送进过程中不得碰擦定子绕组。同样，可以在线圈端部垫纸板保护线圈，并在合拢之前将所垫纸板抽出。当端盖与机座合拢时，应将拆卸时所做的标记对齐，然后装上端盖螺栓并拧紧。

（4）安装前端盖及前轴承盖　前端盖及前轴承盖的安装如图 3-23 所示。

将前端盖与机座的标记对齐后，用锤子均匀敲打端盖四周，直至与机座合拢。然后装上螺栓，按对角线顺序逐步拧螺栓，使端盖与机座完全贴合后将螺栓拧紧。

（5）检查转动情况　用手转动转轴，检查转子转动是否灵活、均匀，有无停滞或偏重现象。转动情况的检查如图 3-24 所示。

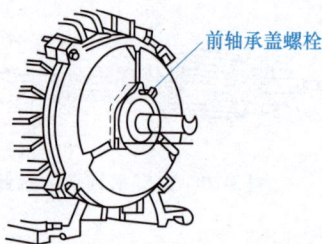

图 3-23　电动机前端盖的安装

图 3-24　电动机转动情况的检查

（6）安装联轴器或带轮　先将轴和联轴器或带轮的内孔擦干净，再将键槽和定位螺钉对准，然后在端面上垫上木块，用锤子轻轻打入。联轴器或带轮的安装如图 3-25 所示。为避免损伤零件表面，可以采用温差装配法。

三、三相异步电动机常见故障的诊断与维修

1. 定子绕组绝缘电阻偏低

（1）故障诊断　正常情况下，对于 1000V 以下电动机常温下用 500V 绝缘电阻表测量电动机绕组绝缘电阻（对地及相间）应不小于 5MΩ；对于 1000V 以上电动机，在常温下测量应不小于 50MΩ。造成电动机绝缘电阻下降的主要原因有以下方面：

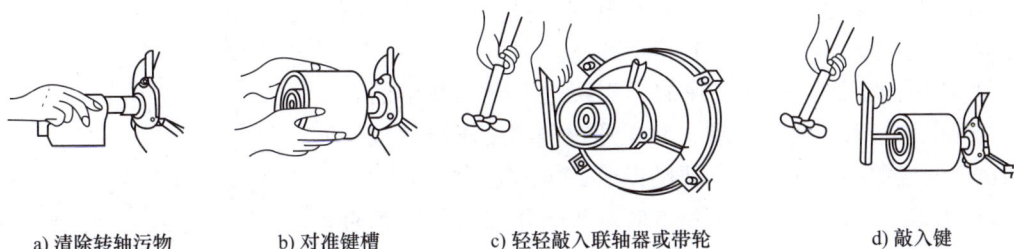

| a) 清除转轴污物 | b) 对准键槽 | c) 轻轻敲入联轴器或带轮 | d) 敲入键 |

图 3-25　联轴器或带轮安装

1）电动机长期停用或储存，受周围潮湿空气、雨水、烟雾、油污、粉尘、腐蚀性气体的侵入，绕组表面吸附一层导电物质，造成绝缘电阻下降。

2）绝缘老化。长期使用的电动机，特别是环境温度较高或经常过载、超温使用的电动机，在电气、机械振动等内外因素作用下，绝缘层材料出现龟裂、分层及少量的脱落，导致绝缘电阻下降。

3）电动机原来的绝缘材料或绝缘层存在薄弱环节，如绝缘材料质量差，部分地方绝缘层厚度未达标或在嵌线时因失误造成电磁线等局部绝缘层损伤，随着电动机使用时间的延长，绝缘电阻下降。

（2）故障维修　对于绝缘电阻下降的电动机应分析原因，区别对待。若是受潮、淋雨等原因，应在做好清洁工作后进行干燥处理；若是老化等原因，则通过浸漆法来处理；对于局部损伤，可以局部包覆绝缘材料层。

2. 定子绕组接地

（1）故障诊断　可采用以下方法诊断定子绕组接地故障：

1）直接观察。电动机绕组接地故障一般发生在铁心槽口附近，接地处常有绝缘材料破裂、烧焦等痕迹，因此，易于观察发现。

2）试灯法。当接地点损伤不严重，直接观察不容易发现时，可用试灯法来检查，如图 3-26 所示。用一只功率较大的灯泡将两根校验棒通过导线分别接到绕组和外壳上，向校验灯供以低压 24V 交流电，如果灯泡暗红或不亮，说明该相绕组绝缘良好；若灯泡发亮，说明该相绝缘已接地。

3）绝缘电阻表法。将绝缘电阻表的 L 接线柱用导线与某相绕组的一端相连，E 接线柱与机壳裸露部分相连，用

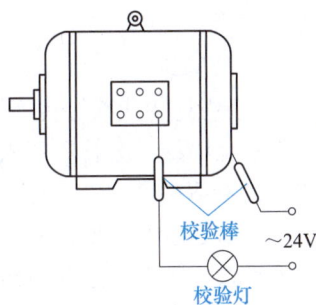

图 3-26　试灯法

120r/min 的转速摇动手柄，逐相检查对地绝缘电阻。若某相绕组绝缘电阻为零或接近 $0M\Omega$，表明该相绕组有接地故障。为进一步找到故障点，可将绝缘电阻表与被测电动机的接线加长，以在电动机旁听不到绝缘电阻表工作时的"嗡嗡"声为宜。一人操作，一人静听放电声，根据发声部位寻找接地点。若在黑暗处或夜间，用绝缘电阻表遥测的同时，有放电火花的地方即为接地点。

4）电流烧穿法。如图 3-27 所示，在绕组与铁心（机壳）间加上低压电源，使电流为额定电流的 20%～2 倍（大功率电动机为 20%～50%，小功率电动机为 2 倍），一般通电时间不

超过30s，直至接地点冒烟，即切断电源。使用此方法时应拆开电动机取出转子，以便看到冒烟部位。

5）电压测定法。在有故障的一相绕组上施加适中的直流或交流电压，若用交流电源，必须通过隔离变压器使接到电动机上的电源不接地，且电动机转子必须从定子中拉出。

6）电流定向法。把有故障的绕组两端并在一起接到直流电源的一端，而直流电源的另一端接到电动机的铁心上，电流由绕组的两端流向接地点。此时将一枚磁针放在槽口上，逐槽推移，由磁针改变指向的位置就可以确定接地的槽号。再将磁针顺槽方向在故障槽号上来回移动，就可以大致确定接地点的位置。

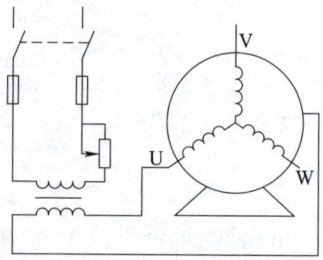

图3-27　电流烧穿法

（2）故障维修　定子绕组出现接地故障时，认真观察绕组的损坏情况。若是由于绝缘老化、机械强度降低造成的绕组接地故障，则需要整机更换。

3. 定子绕组短路

（1）故障诊断　绕组短路有相间短路和匝间短路两种。诊断电动机短路故障时，首先了解电动机的异常情况。用万用表或绝缘电阻表测量绕组相间绝缘电阻，测量前应拆除三相绕组之间的连片（线）。如果相间绝缘电阻为零或接近零，说明是相间短路，否则，有可能是匝间短路。

1）相间短路诊断的方法。拆开电动机后，首先检查绕组有无明显的损坏。若看不出有明显的损坏之处，可用调压器在短路的两相之间施加低电压通以额定电流，短时间后可用手摸、眼看、鼻闻的方法进行查找，两线圈发热的交叉处就是短路位置。

2）匝间短路诊断的方法。常用方法为匝间冲击耐电压仪法，简称"匝间仪"法。此方法采用脉冲波形比较法，以高压脉冲对电动机的线圈绕组进行等效过电压模拟试验。通过仪器显示波形的观察、对比与分析，能迅速正确地测定绕组匝间故障的性能鉴别。

（2）故障维修

1）绕组连接线或过桥绝缘损坏引起绕组短路。可解开绑线，用划线板轻轻撬开连接线处，在清除旧绝缘套管后套入新绝缘套管，或用绝缘带包扎好，再重新绑扎。此方法对散嵌绕组电机不适用。

2）双层绕组层间短路。可先将绕组加热到约130℃，使绝缘层老化。打开短路故障所在槽的槽楔，把上层边起出槽口，检查短路点情况，清理层间绝缘物并检查损坏情况。绝缘层损坏部位用薄的绝缘带包好，垫好层间绝缘，再将上层边重新嵌入槽内并绝缘处理。若绝缘损坏较多，考虑更换新的电动机。

4. 定子绕组接线错误

电动机定子绕组接错或嵌反后，将造成电动机起动困难，转速低，振动大，响声大，三相电流严重不平衡，严重时会将三相绕组烧毁。所以进行定子绕组嵌线时，应做好首尾标记，避免接错。

5. 笼型转子故障

笼型绕组分为铜条和铸铝条两种。笼型转子的主要故障是断条，故障原因是个别铜条有先天性缺陷或嵌装铜条在槽内松动，运行中受离心力作用导致断裂或铜条与端环脱焊。铸铝条断条的主要原因是浇注不良、存在气孔夹渣等铸造缺陷，当电流通过时产生局部高温或受力过大造成断条。

（1）故障诊断

1）电流表法。将定子绕组接成星形联结，每相串联接入一只电流表，然后用调压器将定子380V电压做调整，以免定子电流引起定子绕组温度过高。此时用手缓慢地转动转子，观察电流表指针的摆动情况。若电流表只有均匀的微弱摆动，说明笼型转子完好；若出现电流突然下降的现象，说明笼型转子有断条。

2）表面检查法。将电动机拆开，抽出转子，仔细观察铁心表面，特别是在转子绕组（端环）与转子绕组直线部分（导条）交接处，有裂纹或过热、变色处即是断条的地方。断条常在槽口附近。

3）铁粉显示法。铁粉显示法检查转子断条如图3-28所示。将电压加在转子两端，将铸铁粉撒在转子上，逐渐升高电压使转子铁心磁场增强至能吸附铁粉为止。若笼型转子没有断条，转子表面就均匀吸附铁粉；若转子某槽不吸附铁粉或吸附较少，说明有断条。

4）短路侦察器检查法。如图3-29所示，用短路侦察器串联一电流表，将侦察器在转子上逐条检查，使侦察器铁心开口跨在转子槽上。若检测到某槽时，电流减小较多，即表明该槽内有断路。也可将一块薄的铁片或锯条放在转子上，当转子无断路时，铁片被吸住并发出响声；若有断条，则不能吸附。

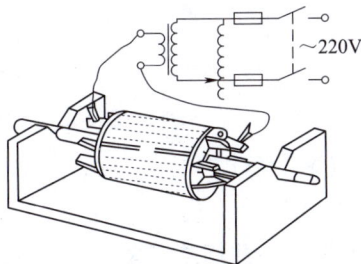

图3-28　铁粉显示法

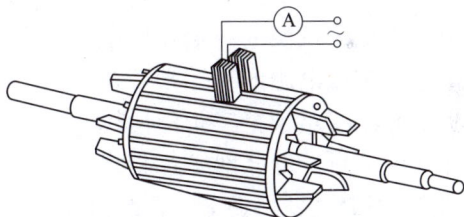

图3-29　短路侦察器检查法

（2）故障维修　常用方法有更换转子、局部补焊、冷接法和换笼。

6. 绕线式转子故障

由于绕线式转子与外部连接依靠集电环和电刷装置，这部分故障率较高，常见故障诊断与维修方法如下：

（1）转子单相运行　这种故障多数是由电动机电刷机构失灵、电刷太短、接触不良所致，应更换电刷及电刷压簧。集电环过度磨损等也应进行更换。

（2）绕线式转子端部铜套脱焊　焊接质量不好，运行温度高会造成脱焊。起动条件恶劣或起动频繁及经常过载造成转子电流大，若热量散发不畅就容易脱焊，并引起导电体与铜套间接触不良而放电烧坏。脱焊的铜套应重新焊接，烧坏的铜套应更换，工作在粉尘环境的可在铜套表面涂刷绝缘漆或用绝缘带包扎，以防止铜套之间短路事故的发生。

（3）集电环故障　绕线式转子常用集电环有整体式、组装式及固定式三种，材料有青铜、黄铜、低碳钢、合金钢等。集电环损坏，电动机即不能正常使用。引起集电环损坏的主要原因有电刷冒火、集电环引线接触不良、集电环对地短路。

7. 机械故障

三相异步电动机结构简单耐用，机械故障发生率不高。最常见的机械故障有轴承故障，转子裂纹、弯曲、轴颈磨损，机座或端盖破损、裂纹，风扇断叶，铁心片与片之间短路等。机械故障修复主要是针对轴承、机座、端盖、转轴和铁心的故障及修复。

🔍 任务实施

电动机的故障诊断与维修

1. 定子绕组断路

（1）故障诊断

1）万用表法。把万用表调到低阻档，用两支表笔分别校验各相是否是通路，如果某相不通（示值为无穷大），说明该相是断路。对于绕组星形联结可将万用表（电阻档）表笔的一支接到中性点，另一支依次与三相的三根引线相接，此时万用表示值为无穷大的一相就是断线相；如果绕组是多路并联，也应把并联线拆开，再进行分别测试。

2）试灯法。测量方法与万用表法类似，灯亮即表示绕组正常，如图 3-30 所示。

3）三相电流平衡法。对于星形联结绕组，把三相串入电流表后并联接到低压交流电源的一端，把中性点接低压交流电源的另一端。若是三角形联结绕组须把三角形接线处拆开一个端口，再分别将各相绕组两端接到低压交流电源上。若两相电流相同，而一相电流偏小，并相差较大，说明电流小的一相有部分绕组断线。

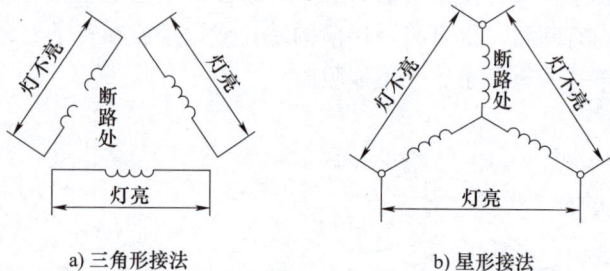

a）三角形接法　　　　b）星形接法

图 3-30　试灯法

4）电阻法。利用电桥分别测量三相绕组的电阻值，若两相电阻值相同，而一相绕组电阻值偏大，并相差较大，说明电阻大的一相有部分断线。

5）校验灯法。找出断线的一相后，还应测定开路的极相组，把校验灯接断线相的始端，另一端依次与该相各级相组的末端相接。灯不亮的一个极相组就是断线的极相组。用同样的方法查找断线线圈。

（2）故障维修

1）引线和过桥线开焊。若断线点是引出线或线圈过桥线的焊接部分脱焊，可把脱焊处清理干净，在待焊处附近的线圈上铺垫一层绝缘纸，以防止焊锡流入使线圈绝缘层损伤。此时即可进行补焊，并做好包扎绝缘处理。

2）线圈端部烧断。在线圈端部烧断一根或多根导线时，须把线圈加热到约 130℃，待绝缘层软化后，把烧坏的线圈撬起，找出每根导线的端头，用相同规格的导线连接在烧断的导线端点上，并进行焊接、包扎绝缘、涂漆烘干等处理。

槽内导线烧断，线圈断线较多等故障进行局部修理无法根除，需要更换新电动机。定子绕组绝缘要求高，因此，为了保证绕组的绝缘质量，局部修理后应按有关标准做耐电压试验。

2. 定子绕组断路的故障诊断与维修应用案例

（1）故障现象　某厂电工对电动机进行检修保养，通电检修试运转时发现一台 18kW、4 极交流电动机的空载电流三相不平衡度达到 1/5 以上，振动剧烈，但无"嗡嗡"声，无过热冒烟，电源电压三相不平衡度不足 1%。

（2）故障诊断　根据电动机空载电流不平衡，三相不平衡度超过 ±10%，可判断影响电动机空载电流不平衡的原因有电源电压不平衡，定子、转子磁路不平均，定子绕组短路，定子绕组接线错误，定子绕组断路。

经现场观察分析，电源三相电压之间相差尚不足 1%，因此，不会因电压不平衡引起三相空载电流不平衡度达到 1/5 以上。另外，仅定子与转子磁路不平衡度过大不会使三相空载电流不平衡度达到 1/5 以上。定子绕组短路会同时发生电动机过热或冒烟等现象，可是该电动机并未发生过热、冒烟等现象，断定定子绕组无短路故障。关于绕组接线错误，平时使用正常，只进行一般维护保养而未重绕定子绕组，不存在定子绕组连线错误。经过以上分析，完全排除了前四种原因。

当定子绕组为三角形联结（图 3-31）时，分析判定故障原因为定子绕组断路。若定子绕组接线正确，定子绕组每相所有磁极位置是对称的，一相整个断电，转子所受其他两相的转矩仍然是平衡的，电动机不会产生剧烈振动，但该电动机振动比平常剧烈，电动机振动剧烈是由转子所受转矩不平衡所致。由以上分析可以确定，这台电动机的故障是定子两路并联绕组中有一路断路，引起三相空载电流不平衡，并使电动机发生剧烈振动。

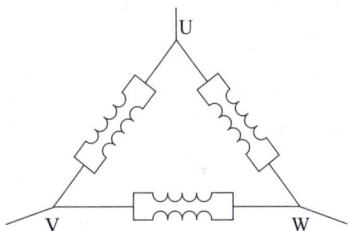

图 3-31　定子绕组连接线图

（3）故障原因及防止措施

1）电动机定子绕组断路大致有以下几种原因：

① 制造时焊接不良，电动机使用中发生绕组线圈接头松脱。

② 机械损坏，如绕组受到碰撞或受其他外力拉断。

③ 电动机绕组短路没有及时发现，在长期运行中导线局部过热而熔断。

④ 并绕导线中有一根或几根导线断线，另几根导线由于电流密度增加，引起过度发热而最后烧断整个绕组。

2）要避免类似故障的发生，应注意以下事项：

① 要提高电动机的制造和绕组重绕大修的质量，焊接要杜绝虚焊，制作线圈时要防止线圈断股，嵌放线圈时要十分注意绝缘的处理，防止绕组短路或断路。

② 电动机检修解体或组装时，要防止机械损伤绕组。

③ 若发现三相电流严重不平衡，应立即停机、查找原因，防止事故扩大。

🔍 **任务拓展**

电动机过热故障的诊断

电动机如果温升过高，或与在同样工作条件下的同类电动机相比，温度明显偏高，就应视为故障了。电动机过热往往是电动机故障的综合表现，也是造成电动机损坏的主要原因。电动机过热时，可以寻找热源，判断是哪一部件造成发热，进而找出引起这些部件过热的原因。

1. 定子绕组过热

定子绕组存在电阻，通入电流后就会发热。对某一确定的电动机来说，绕组的电阻是基本不变的，所以绕组发热量的多少主要取决于电流的大小。定子绕组过热的原因有以下几个方面。

（1）电源电压低　电源电压降低，电动机的转矩将下降。在负载不变的情况下，转速降低，电流增加，导致绕组过热。

（2）负载过大　由于各种原因使电动机负载增加，电动机转速降低，转子、定子绕组中的电流增加，使电动机较长时间超载运行，绕组将过热。

（3）断相起动和运行　三相电动机缺一相电源，无论是起动前断相，还是运行中断相，都将使电动机定子、转子的绕组电流大大增加，时间稍长，电动机就会因过热而烧毁。

1）起动前断相。起动前断相（含内部断相）时，电动机一般不能起动，转子不动，定子、转子绕组相当于一台静止的变压器的一次、二次绕组，而电动机转子绕组（如笼型绕组）是相互短接的，这样，未转动的电动机处于二次侧短路的变压器运行状态，定子、转子绕组中流过很大的电流，电动机将严重过热。

2）运行中断相。运行中断相（含内部断相）时，虽然电动机还可以运转，但这时的电动机变成了单相或两相运行，电动机的输出功率将大大下降。

（4）匝间短路或绕组绝缘受潮　绕组内存在匝间短路，在短路线匝内流过很大的短路电流，使绕组过热。同时，短路线匝会加重其他绕组的负担，使整个绕组过热。绝缘受潮后，定子绕组表面、绕组之间的泄漏电流增加，也会使电动机过热。

（5）接线错误　如果将三角形联结的电动机接成了星形联结，将使电动机转矩下降到三角形联结时的 1/3，当负载不变时，电流会大大增加；如果将星形联结改成三角形联结，每相绕组电压升高了 $\sqrt{3}$ 倍，铁心磁通严重饱和，还可能击穿匝间绝缘；如果三相绕组有一相首尾接反，电流也大大增加，这些都会使电动机绕组过热。

（6）起动频繁及转矩的影响　电动机频繁起动，或者起动时负载阻力过大，或电动机起动转矩偏小，使电动机起动时间延长，大的起动电流会使电动机绕组过热。

2. 铁心过热

当绕组接上交流电源后，在铁心内产生交变的磁通。这个交变的磁通使铁心交替磁化，需要消耗一部分能量，称为磁滞损耗，使铁心发热。同时，铁心也是导体，在交变磁通作用下产生的感应电流造成能量损耗，称为涡流损耗，同样使铁心发热。但是，硅钢片磁导率很高，各片互相绝缘，因而使损耗限制在一定的范围内。如果铁心损耗增加，铁心将会过热，从这一点出发，可以找到铁心过热的原因。

（1）电压过高　铁心中的磁通与电压成正比，电压升高，磁通增加，铁心损耗增加，电动机发热严重。

（2）三相电压不平衡　三相电压不平衡使电动机产生振动，运行不平稳。

（3）铁心短路　铁心的硅钢片之间短路以后，涡流大大增加，这是使铁心过热的主要原因。造成铁心短路的原因有：拉紧螺栓与铁心间的绝缘损坏，形成短路；绕组故障产生的高温电弧，使铁心槽齿烧坏或熔化，形成短路；硅钢片表面存在毛刺、凹陷等引起短路。铁心短路以后，空载电流大大增加，这也是判断其故障的主要依据之一。如果发现铁心短路，首先应把铁心表面清扫干净，对于表面存在的毛刺、凹陷，可用细钢锉轻轻锉平，然后用毛刷蘸上汽油清刷干净，再涂一层绝缘漆。铁片如有松动，应拧紧穿心螺栓，也可在铁心片间插入硬质绝缘材料，如胶纸、云母片等。

3. 轴承过热

中小型电动机的轴承多采用滚动轴承。滚动轴承的发热是由滚子（滚珠或滚柱等）与内外圈的摩擦产生的。引起轴承过热的原因有：缺油；加油过多或油质过稠；油中混入了小颗粒杂质；轴弯曲；转动装置校正不正确，如偏心、传动带过紧等，使轴承受到的压力增大，摩擦力增加；端盖或轴承安装不好，配合得太紧或太松；由于电动机制造的原因，磁路不对称，在轴上感应了轴电流而引起涡流发热。

4. 散热不良

造成电动机散热不良的主要原因如下：

1）环境温度偏高。

2）电动机内部与外壳灰尘过多，影响了散热。

3）风扇损坏或风扇装反了，冷却风量减少。

4）电动机排出的热风不能散开、冷却，又立即被电动机风扇吸入内部，造成热循环，使电动机过热。

知识测试

一、填空题

1. 三相异步电动机主要由_____和_____两部分组成。

2. 三相异步电动机的故障有_____、_____和_____故障。

3. 交流电动机定子绕组的短路主要是匝间短路和_____短路。

4. 测量电动机的对地绝缘电阻和相间绝缘电阻，常使用_____表。

5. 某三相异步电动机额定电压为 380/220V，当电源电压为 220V 时，定子绕组应接成_____接法；当电源电压为 380V 时，定子绕组应接成_____接法。

二、选择题

1. 三相异步电动机要检查定子、转子绕组匝间绝缘的介电强度，应进行（　　）试验。

A. 匝间绝缘　　　　B. 耐电压　　　　C. 短路　　　　D. 空载

2. 要测量额定电压为 380V 的交流电动机的绝缘电阻，应选额定电压为（　　）的绝缘电阻表。

A. 250V　　　　B. 500V　　　　C. 1000V　　　　D. 1500V

3. 三相异步电动机温升过高或冒烟，造成故障的可能原因是（　　）。

A. 断相运行　　　B. 转子不平衡　　　C. 定子、转子相擦　　D. 绕组受潮

4. 绕线转子式异步电动机修理装配后，必须对电刷进行（　　）。

A. 更换　　　　B. 研磨　　　　C. 调试　　　　D. 热处理

任务四 PLC 的故障诊断与维修

任务分析

PLC 在工业上的应用越来越广泛，但工业现场的电磁干扰、电源波动、机械振动、温度和湿度的变化都可能使 PLC 控制系统发生故障，导致整个控制系统处于异常状态。PLC 控制系统故障分为硬件故障和软件故障。PLC 的硬件故障较为直观，维修的基本方法就是更换模块。软件故障要根据控制对象的特点分析，修改软件。本任务通过 PLC 故障案例的分析，掌握 PLC 常见故障的诊断与维修方法。

知识储备

一、PLC 故障诊断的基本方法

PLC 故障诊断的首要任务是在发生故障时了解故障现象和有关机械部件的运动状态，然后再分析产生故障的原因，找出相应的处理方法。

发生故障时，为了迅速查出故障原因并予以及时处理，在切断电源和复位之前，必须了解下述问题：

1）机械动作状态。向运行人员了解机械部件的运行情况，若是运行过程中突然停止或失控，则只是某些特定动作运转不良；若是开始运转时就完全不能动作，肯定是有几种特定的动作运转不良。

2）PLC 显示内容。观察电源、运行、输入输出指示灯，检查 PLC 自诊断结果的显示内容。这里要特别注意，如果出现了异常，切断电源或进行复位操作，PLC 上的异常显示就会消失，便无法了解 PLC 的故障状态。

为了识别异常状态如何变化，可以将开关从"RUN"位置切换至"STOP"位置，经短暂复位再切换至"RUN"位置或保持在"RUN"位置不变，切断 PLC 电源后再投入运行。

经过上述操作后，如果 PLC 返回初始状态并能正常运转，就可判定并不是 PLC 硬件故障或软件异常，而是外部原因所致，如噪声干扰、电源异常等。

1. 判断是否为硬件故障

PLC 硬件故障具有持续性和重复性。其判断方法是切断电源后再接通电源或进行复位操作。通过几次重复试验都发生了相同的故障，则可判定是 PLC 本身的硬件故障。经过上述操作后，如果故障不再出现，就说明是由外部环境干扰或突然断电所致。

确定是硬件故障后，除考虑硬件本身问题外，还要考虑环境温度是否偏高或偏低、元器件安装是否牢固、开关的设置有无错误、外部配线是否良好等因素。

2. 判断是否为程序错误

程序错误引起的故障具有再现性。例如，控制内容进行到某步后，对后面无控制作用，或在某阶段出现异常输出，或是应该输出的反而无输出等，这种故障在初期反复试车中就可发现。但是，特定的输出设备运行不良或配线有问题时，也会发生同样的故障现象。所以，在试车时就要全面细致地进行检查。

3. 判断是否为外部原因

PLC 控制系统发生异常时，一般容易怀疑 PLC 本身出了问题。实际上，由于外部因素引起的异常往往占有相当大的比例。外部干扰、瞬时停电等引起的故障属于偶发性或是随机性的故障，是在一些特定条件下才会出现的故障，应属外部原因。主要检查的项目如下：

1）检查输入输出设备状态。安装不当、调整不良、行程开关等的触点接触不良，在运行初期很难发现，运行一段时间后才能暴露出问题。

2）检查配线。输入输出配线有可能断路、短路、接地，也可能与其他导线相碰等。

3）噪声、浪涌。在特定机械运转或与其他设备同步运转过程中出现的故障，采取抗干扰措施。

4）电源异常。电源电压过高或过低、临时停电、突然断电、供电系统上的噪声源影响等。

二、整体式 PLC 的故障诊断方法

整体式 PLC 的 CPU 单元外观如图 3-32 所示。一般整体式 PLC 的 CPU 单元面板上都有指示发光二极管，利用它的亮灭可提示用户设备故障的类型。西门子 S7-200SMART 型 PLC 就是利用基本单元上的发光二极管判断其故障。

1. 以太网通信指示灯（LINK、Rx/Tx）

两个以太网状态指示灯用来指示以太网通信状态以及运行状态。

图 3-32　整体式 PLC 的 CPU
单元外观

2. CPU 状态指示灯（RUN、STOP、ERROR）

CPU 状态指示灯提供 CPU 模块的状态信息，其中 RUN 和 STOP 指示灯指示 CPU 当前的工作模式，ERROR 指示灯显示红色表示系统错误。

3. I/O 状态指示灯

I/O 状态指示灯用来指示各个数字量输入输出点的状态。

三、组合式 PLC 的故障诊断与维修

组合式 PLC 的组成示意图如图 3-33 所示。

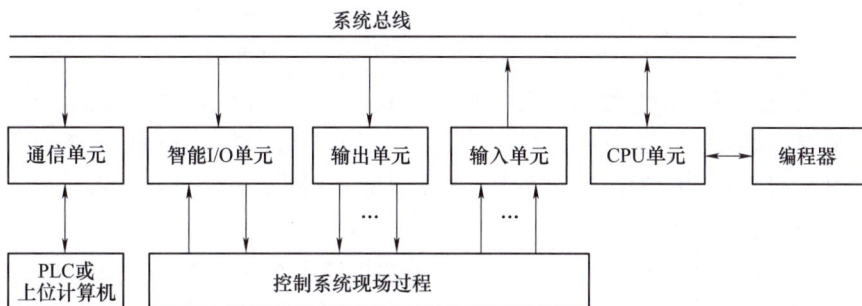

图 3-33　组合式 PLC 的组成示意图

1. PLC 的硬件故障诊断与维修

PLC 的硬件故障与所选用机型及工作环境关系很大，当系统发生故障时，正确区分是硬件还是软件故障是很重要的。所以要能够根据现场的现象，正确判断故障类型，为进一步维修做好准备。

（1）CPU 单元的故障诊断与维修　CPU 单元的故障原因分为外部原因和内部原因。外部原因有电源电压波动，电源瞬时停电，电源长时间停电，环境湿度变化，环境温度变化，振动、噪声冲击，程序设计错误，使用操作错误等。CPU 单元的故障原因和维修方法见表3-6。

表 3-6　CPU 单元的故障原因和维修方法

故障现象	故障原因	维修方法
CPU 故障	（1）CPU 异常报警；微处理器故障；接于内部总线上的器件故障（指对内部总线有影响的器件）；总线断路、短路；微处理器的外部回路故障，如振荡回路、复位回路等故障 （2）程序变化	更换故障单元
运算部分故障	（1）指令执行错误 （2）指令不执行	更换运算部分
存储器故障	（1）程序存储器和内部继电器故障 （2）存储器芯片耗电异常增大时，电源不能支持造成程序消失	更换存储器或整个 CPU 单元
电池故障	电压降至一定值或无电压	更换
程序写入接口故障	（1）程序不能写入 （2）不能监视	影响到内部总线信号时，会引起 CPU 故障，更换程序写入单元
I/O 接口故障	（1）输入信号不能输入 （2）输出信号不能输出	更换 I/O 单元
扩展接口故障	（1）输入信号不能输入 （2）输出信号不能输出	更换基本单元上的接口或扩展单元上的接口
电源部分故障	（1）5V 系统本身故障，则 PLC 整机停止工作 （2）5V 以外系统故障，则输入或输出不动作 （3）停电检测回路故障，则在电源断开时会引起程序存储器损坏	更换

（2）存储器的故障诊断与维修　为了便于分析，下面以转塔式组合机床为例进行具体说明。加工箱体的转塔式组合机床具有左、中、右三个滑台，左、右滑台上各有一个四动力头的转塔。机床各工位主要的动作顺序为：转塔升起—回转—压下—离合器结合—快进—转一或二工进—终点停止—快退。

对照 PLC 的结构框图进行检查分析可知，故障可能出在存储器内，在停电后拔下 EEPROM 盒检查，发现其表面温度很高，摸上去烫手，因此，更加确认为 EEPROM 的故障。后用一新的 EEPROM 经编程后装上使用就一切正常。

存储器的一般工作环境温度较高，工作时间长时易引起损坏。另外，ROM 块插反或将电源接错也会造成其内部损坏，对 EEPROM 用不正确的方法擦除和多次改写，经常带电插拔都会引起损坏。

实际运行若发现 PLC 出现错误，进行常规检查又找不出原因时，应考虑对存储器进行检查或更换。

（3）电源的故障诊断与维修　电源引起 PLC 系统故障，既可能由 PLC 自身开关电源的故障引起，也可能是由 PLC 控制的主电路电源故障引起。

（4）I/O 单元的故障诊断与维修

1）输入单元故障诊断与维修。引起输入单元故障的主要原因有物理环境的影响，半导体器件的时效变化，噪声源、感应源的影响，输入单元电气规格选择不当等。输入单元的常见故障及维修方法见表 3-7。

表 3-7　输入单元的常见故障及维修方法

故障现象	故障原因	维修方法
输入均不接通	（1）未加外部输入电源 （2）外部输入电压低 （3）端子螺钉松动 （4）端子板接触不良	（1）供电 （2）调整合适 （3）拧紧 （4）处理后重接
输入随机性动作	（1）输入信号电压过低 （2）输入噪声过大 （3）端子螺钉松动 （4）端子连接器接触不良	（1）查电源及输入器件 （2）加屏蔽或滤噪器件 （3）拧紧 （4）处理后重接
异常动作的继电器都以 8 个为一组	（1）公共端螺钉松动 （2）端子板连接器接触不良 （3）CPU 总线故障	（1）拧紧 （2）处理后重接 （3）更换 CPU 单元
动作正确，指示灯不亮	LED 损坏	更换 LED
输入全部不关断	输入单元电路故障	更换 I/O 板
特定继电器不接通	（1）输入器件故障 （2）输入配线断线 （3）输入端子松动 （4）输入端接触不良 （5）输入接通时间过短 （6）输入回路故障	（1）更换输入器件 （2）检查输入配线 （3）拧紧 （4）处理后重接 （5）调整有关参数 （6）更换单元
特定继电器不关断	输入回路故障	更换单元
输入全部断开（动作指示灯灭）	输入回路故障	更换单元

2）输出单元的故障诊断与维修。输出单元的常见故障及维修方法见表 3-8。

表 3-8　输出单元的常见故障及维修方法

故障现象	故障原因	维修方法
特定输出继电器不关断（指示灯灭）	（1）输出继电器损坏 （2）输出驱动管不良	（1）更换继电器 （2）更换驱动管
特定输出继电器不关断（指示灯亮）	（1）输出驱动电路故障 （2）输出指令中的接口地址重复	（1）更换 I/O 单元 （2）修改程序
输出随机性动作	（1）PLC 供电电压过低 （2）接触不良 （3）输出噪声过大	（1）调整电源 （2）检查端子接线 （3）加防噪措施
异常动作的继电器都以 8 个为一组	（1）公共端螺钉松动 （2）熔丝熔断 （3）CPU 总线故障 （4）输出端子接触不良	（1）拧紧 （2）更换熔丝 （3）更换 CPU 单元 （4）处理后重接
动作正确，指示灯不亮	LED 损坏	更换 LED
输出均不能接通	（1）未加负载电源 （2）负载电源坏或过低 （3）端子接触不良 （4）熔丝熔断 （5）输出回路故障 （6）I/O 总线插座脱落	（1）接通电源 （2）调整或修理 （3）处理后重接 （4）更换熔丝 （5）更换 I/O 单元 （6）重接
输出均不能关断	输出回路故障	更换 I/O 板
特定继电器不接通（指示灯灭）	（1）输出接通时间过短 （2）输出回路故障	（1）修改程序 （2）更换 I/O 单元
特定继电器不接通（指示灯亮）	（1）输出继电器损坏 （2）输出配线断线 （3）输出端子接触不良 （4）输出回路故障	（1）更换继电器 （2）检查输出配线 （3）处理后重接 （4）更换 I/O 单元

2. PLC 的软件故障诊断

在 PLC 系统中，软件故障的自动检测与跟踪方法一般有直接检测法、判断检测法和跟踪检测法。

（1）直接检测法　故障的直接检测法就是根据设备或检测元件信号之间自相矛盾的逻辑关系来检测判断出其是否处于故障状态。如开关元件的常开触点与常闭触点、运行指令的发出与反馈信号等，一对相互联系或相互矛盾的信号，根据双方的逻辑就可以判断出设备是否处于故障状态。

（2）判断检测法　故障的判断检测法是根据设备的状态与控制过程之间的逻辑关系来判断该设备的运行状况是否正常的一种方法。如某设备在控制过程的某一时刻应该到达相应的位置，而实际上它并没有到位，则说明它处于故障状态。这种方法要先设计一个"虚拟传感器"，使实际检测元件的状态能与之进行比较，然后根据情况判断有无故障。

（3）跟踪检测法　故障的跟踪检测法是把整个系统的控制过程分成若干个控制步骤，

再根据每个步骤的联锁条件满足与否来发现系统中是否有故障存在的一种方法。

这三种方法中，直接检测法较多用于一些单体设备的故障检测，方法简单，易于实现；判断检测法适用于较为复杂的条件控制系统中一些重要设备的故障检测；跟踪检测法适用于某些步骤清晰、控制过程可以暂停的顺序控制系统。在程序设计中，可根据系统的具体情况采用不同的方法。

3. PLC 的噪声故障

工业现场控制设备的 PLC 所处的环境恶劣，除电磁场和静电等电气环境外，更为严重的是噪声干扰问题。为了提高控制设备的可靠性，制造厂家在硬件和软件方面都采取了很多抗噪声措施，使 PLC 控制系统的故障率大幅度降低。所以在一般使用环境下，只要按照使用说明书指定的方法使用和操作，不需要采取特殊措施系统即可正常运行。在强噪声的恶劣环境下，应在控制系统设计阶段就考虑一定的抗噪声措施，以提高控制设备的可靠性。

（1）PLC 发生噪声故障时的状态

1）功能停止。PLC 的全部功能停止时，如果通过复位操作又可恢复正常工作，则这种现象大多数是由电源瞬时停电所致。其他原因还有高频设备的电波干扰等。

2）误运算。CPU 的误运算故障大多数是由噪声干扰引起的，可通过自诊断显示判断，具体方法是保持误运算状态，使 PLC 处于"RUN"进行程序检查、误输入检查和输入/输出检查，以确定故障范围。

3）程序变化。噪声过强会引起 CPU 误动作或程序变化；连着外部设备时，外部设备也会产生误动作而使程序变化。最好的办法是使程序固化在 ROM 内。

4）误输入、误输出。误输出故障多由误输入引起，而误输入的故障原因中，感应电动势的影响比噪声干扰更为严重。感应电动势是发生在交流输入上，断开输入，测量输入电压就可判断。

（2）PLC 的噪声处理

1）远离振动、冲击源和强干扰。安装 PLC 的控制柜时，应当远离有强烈振动和冲击的场所，尤其是连续、频繁的振动。必要时可以采取相应措施来减少振动和冲击的影响，以免造成接线或插件的松动。

PLC 应远离强干扰源，如大功率晶闸管装置、高频设备和大型动力设备等，同时 PLC 还应远离强电磁场和强放射源，以及易产生强静电的地方。

2）注意电源安装。PLC 系统的电源包括外部电源和内部电源。外部电源是用来驱动 PLC 输出设备（负载）和提供输入信号的，又称为用户电源，同一台 PLC 的外部电源可能有多种规格。PLC 的 I/O 电路都具有滤波、隔离功能，所以外部电源对 PLC 的性能影响不大。因此，对外部电源的要求不高。

内部电源是 PLC 的工作电源，即 PLC 内部电路的工作电源。它的性能好坏直接影响到 PLC 的可靠性。因此，对内部电源要求较高。一般 PLC 的内部电源都采用开关式稳压电源或一次侧带低通滤波器的稳压电源。

在干扰较强或可靠性要求较高的场合，应该用带屏蔽层的隔离变压器对 PLC 系统供电。还可以在隔离变压器二次侧串接 LC 滤波电路。同时，在安装时还应注意以下问题：

① 隔离变压器与 PLC 和 I/O 电源之间最好采用双绞线连接，以控制串模干扰。

② 系统的动力线应足够粗，以降低大容量设备起动时引起的线路压降。

③ PLC 输入电路用外接直流电源时，最好采用稳压电源，以保证正确的输入信号。否则可能使 PLC 接收到错误的信号。

3）远离高压。PLC 不能在高压电器和高压电源线附近安装，更不能与高压电器安装在同一个控制柜内。在柜内 PLC 应远离高压电源线，两者间距离应大于 200mm。

4）合理布线。合理布线的一般原则如下：

① I/O 线、动力线及其他控制线应分开走线，尽量不要在同一线槽中布线。

② 交流线与直流线、输入线与输出线最好分开走线。

③ 开关量与模拟量的 I/O 线最好分开走线，对于传送模拟量信号的 I/O 线最好用屏蔽线，且屏蔽线的屏蔽层应一端接地。

④ PLC 的基本单元与扩展单元之间电缆传送的信号小、频率高，很容易受干扰，不能与其他的线敷埋在同一线槽内。

⑤ PLC 的 I/O 回路配线，必须使用压接端子或单股线，不宜用多股绞合线直接与 PLC 的接线端子连接，否则容易出现火花。

⑥ 与 PLC 安装在同一控制柜内，虽不是由 PLC 控制的感性元件，也应并联 RC 或二极管消弧电路。

5）正确接地。良好的接地是 PLC 安全可靠运行的重要条件。为了抑制干扰，PLC 一般最好单独接地，与其他设备分别使用各自的接地装置，如图 3-34a 所示；

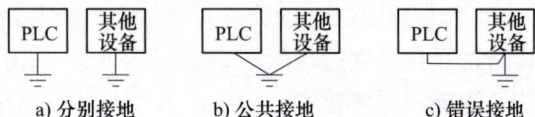

a) 分别接地   b) 公共接地   c) 错误接地

图 3-34　PLC 接地

也可以采用公共接地，如图 3-34b 所示；但禁止使用如图 3-34c 所示的接地方式，因为这种接地方式会产生 PLC 与设备之间的电位差。

🔍 任务实施

机床的 PLC 应用故障诊断

数控系统一般具有 PLC 输入、输出状态显示功能，如 FANUC 0 系统 DGNOS PARAM 软件菜单下的 PLC 状态显示功能等。这些功能可以直接在线观察 PLC 输入和输出的瞬时状态，对诊断机床故障非常有用。

1. 故障现象

一台数控车床 FANUC 0-T 系统，当脚踏尾座开关使套筒顶尖顶紧工件时，系统产生报警。

2. 故障分析

分析尾座套筒液压系统，如图 3-35 所示。当电磁阀 YV4.1 通电后，液压油经溢流阀、流量控制阀和单向阀进入尾座套筒液压缸，使其向前顶紧工件。松开脚踏开关后，电磁换向阀处于中间位置，油路停止供油。由于单向阀的作用，尾座套筒向前时的油压得到保持，该油压使压力继电器动合触点接通，在系统 PMC 输入信号中 I0.2 为 1。但检查后发现 PMC 输入信号中 I0.2 为 0，说明压力继电器有问题，检查证明压力继电器触

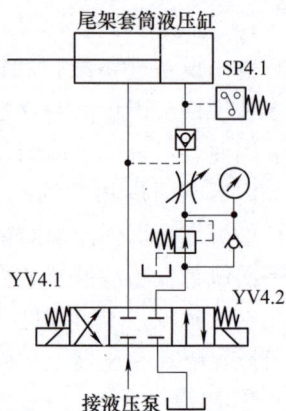

图 3-35　尾座套筒液压系统

点开关损坏。故障原因是压力继电器 SP4.1 触点开关损坏，油压信号无法接通，从而造成 PMC 输入信号 I0.2 为 0，故系统认为尾座套筒未顶紧而产生报警。

🔍 **任务拓展**

PLC 梯形图跟踪法诊断故障

1. 故障现象

配备 SINUMERIK810 数控系统的双工位、双主轴数控机床如图 3-36 所示。机床在 AUTOMATIC 方式下运行，工件在 1 工位加工完，2 工位主轴还没有退到位且旋转工作台正要旋转时，2 工位主轴停转，自动循环中断，并出现报警，且报警内容表示 2 工位主轴速度不正常。

2. 故障分析

根据 PLC 的梯形图来分析和诊断故障是解决数控机床外围故障的基本方法。用这种方法诊断机床故障，首先应该搞清机床的工作原理、动作顺序和联锁关系，然后利用 CNC 系统的自诊断功能或通过机外编程器，根据 PLC 梯形图查看相关的输入/输出及标志位的状态，从而确认故障的原因。

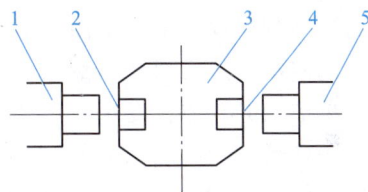

图 3-36　双工位、双主轴数控机床
1、5—主轴　2、4—加工工位　3—工件

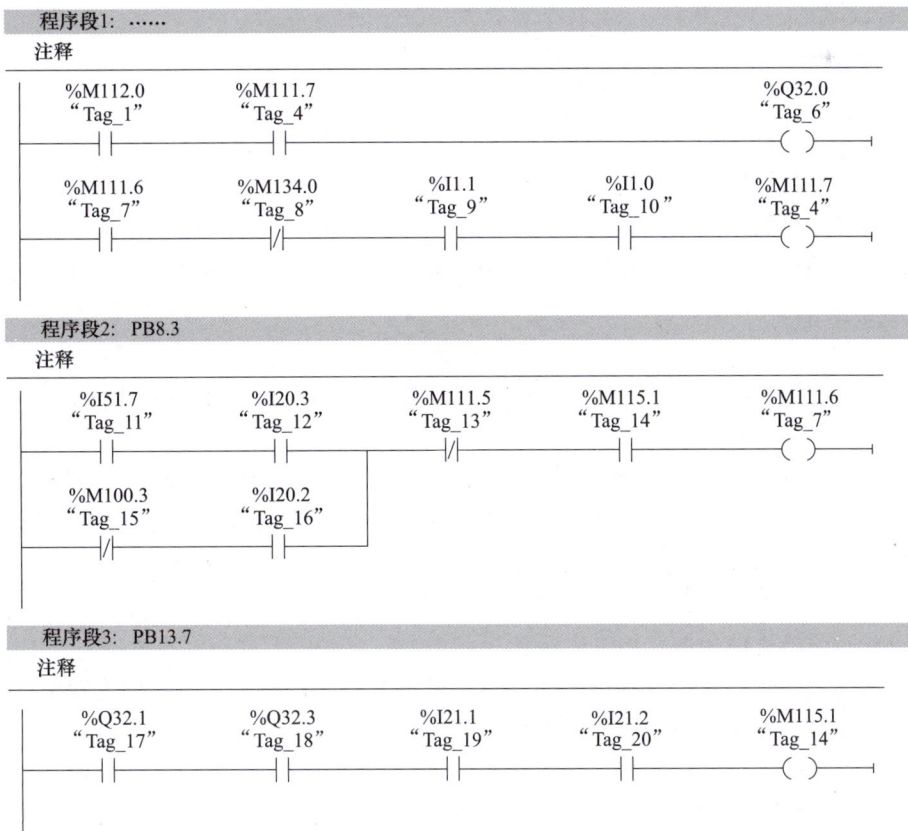

图 3-37　用机外编码器观察的梯形图状态

1）检查转速传感器。两个主轴分别由 B1 和 B2 传感器来检测转速。检查主轴传动系统，没发现问题。

2）用编程软件在线监控梯形图的状态。所观察的梯形图的状态如图 3-37 所示。

M112.0 为 2 工位主轴起动标志位，M111.7 为 2 工位主轴起动条件，Q32.0 为 2 工位主轴起动输出，I21.1 为 2 工位主轴刀具夹紧检测输入，M115.1 为 2 工位刀具夹紧标志位。出现故障时，M112.0 和 Q32.0 状态都为 "0"，因此，主轴停转，而 M112.0 为 "0" 是由于 B1、B2 检测主轴速度不正常所致。动态观察 Q32.0 的变化，发现没有出现故障时，M112.0 和 M111.7 都闭合，而当出现故障时，M111.7 瞬间断开，之后又马上闭合，Q32.0 随 M111.7 瞬间断开其状态变为 "0"，在 M111.7 闭合的同时，M112.0 的状态也变成了 "0"，这样 Q32.0 的状态保持为 "0"，主轴停转。B1、B2 由于 Q32.0 随 M111.7 瞬间断开测得速度不正常而使 M112.0 状态变为 "0"。主轴起动的条件 M111.7 受多方面因素的制约，从梯形图上观察，发现 M111.6 的瞬间变 "0" 引起 M111.7 的变化。向下检查梯形图 PB8.3，发现刀具夹紧标志 M115.1 瞬间变 "0"，促使 M111.6 发生变化。继续跟踪梯形图 PB13.7，观察发现，在出现故障时，I21.1 瞬间断开，使 M115.1 瞬间变 "0"，最后使主轴停转。I21.1 是刀具液压夹紧压力检测开关信号，它的断开指示刀具夹紧力不够。

诊断故障的根本原因是刀具液压夹紧力波动，调整液压夹紧力使之正常，故障排除。

知识测试

一、填空题

1. PLC 系统软件故障诊断方法有_____法、_____法、_____法。
2. PLC 的软件系统可分为_____和_____两大部分。
3. PLC 的输出有三种形式：_____输出、_____输出、_____输出。
4. PLC 一般_____（能、不能）为外部传感器提供 24V 直流电源。

二、选择题

1. PLC 运行时每个输出端口对应的指示灯应随着端口有无输出而亮或灭，否则就是有故障。其原因可能是（　　）。

A. 输出元件短路　　B. 输出元件开路　　C. 输出元件烧毁　　D. 以上都是

2. 为避免（　　）和数据丢失，可编程序控制器装有锂电池，当锂电池电压降至相应的信号灯亮时，要及时更换电池。

A. 地址　　　　　　B. 指令　　　　　　C. 程序　　　　　　D. 序号

3. PLC 总体检查时，首先检查电源指示灯是否亮。如果不亮，则检查（　　）。

A. 电源电路　　　　B. 有何异常情况发生　C. 熔丝是否完好　　D. 输入输出是否正常

4. 下列选项（　　）不是可编程序控制器的抗干扰措施。

A. 可靠接地　　　　B. 电源滤波　　　　C. 晶体管输出　　　D. 光电耦合器

5. 在 PLC 应用中，若强弱电信号相距太近会引起的后果是（　　）。

A. 有电磁干扰　　　B. 导致接线困难　　C. 不安全　　　　　D. 维修困难

任务五　变频器的故障诊断与维修

任务分析

随着 SPWM 变频调速系统的发展，部分数控机床主轴驱动采用通用变频器控制。所谓"通用"包含两方面的含义，一是可以和通用的笼型异步电动机配套使用，二是具有多种可供选择的功能，可以应用于各种不同的负载。变频器故障是常见的数控机床主轴系统故障之一。用于数控机床主轴驱动的常用变频器有 SIEMENS、MIT-SUBISHI、安川变频器。

变频器在调速时转差功率不变，只要平滑调节频率，就可实现转速的平滑调节。由于变频器调速时，电动机运行在固有特性上，所以在各种电动机调速系统中效率最高，同时性能也最好。其调速范围相当宽，根据不同的变频电源，调速范围可达 100∶1，甚至可从零频率开始运行，并保持其指标，是交流调速的主要发展方向，在现代工业中已广泛使用。

变频器由于原理、结构复杂，其故障的排除有一定程度的复杂性。变频器在运行中发生的故障，有属于硬件方面的品质问题，也有使用维护不得法方面的问题。对于前者，要通过检测找到故障硬件进行修复或更换，但查找重点一般放在控制中心。

对于使用维护方面的问题，应以变频器自诊断及保护功能动作时显示的信息为线索进行分析，同时采用适当的检测手段找到故障点并修复。本任务主要以西门子 G120 变频器为例，掌握变频器的故障诊断与维修方法。

知识储备

一、变频器常见故障类型及产生原因

1. 故障类型

当变频器不能正常工作时，就可能发生了故障。对于常见故障，按所在部位不同有以下几种。

（1）电源故障　指变频器所接电网存在的故障，如电网本身过电压、欠电压、三相电压不平衡、主开关接触不良或损坏及熔断器熔断造成的断相等。

（2）内部故障　指变频器本身的故障，可能发生在直流环节，如短路、直流过电压、欠电压等，或逆变环节，如输出过电压、欠电压、不平衡和过电流等，以及控制环节，发生的故障较多。

（3）负载故障　指电动机故障，如断相、过载、短路等，变频器将拒绝某些操作，其他的保护环节起作用。

2. 故障原因

变频器在使用过程中会出现各种故障现象。产生故障的原因也很多，概括起来有两种原因。

（1）外部原因　由变频器外部因素引起，如操作错误、参数设定不正确、负载过重、外部冷却风扇损坏、温度过高、外界干扰、电网本身有问题等。

（2）内部原因　由变频器内部因素引起，如短路、接地元件损坏、绝缘破损、接插件

接触不良、模块损坏等。

在处理故障时，针对不同的原因采取对应的解决办法。

二、变频器常见故障诊断的过程和方法

故障诊断的任务是确定故障的性质，查出产生故障的原因和部位，以便迅速处理排除故障，恢复其功能，及时投入运行。在诊断过程中应借助一些仪器仪表和变频器自诊断系统综合分析。

1. 故障诊断的过程

1）询问用户变频器的故障现象和查看变频器指示等情况，包括故障发生前后外部环境的变化，例如，电源的异常波动、负载的变化等。

2）根据用户的故障描述，分析可能造成此类故障的原因。

3）打开被维修的设备，确认被损坏的部位，分析维修恢复的可行性。

4）根据被损坏器件的工作位置，通过阅读电路，分析电路工作原理，从中找出损坏器件的原因。

5）寻找相关的器件进行替换。

6）在确定所有可能造成故障的原因都排除的情况下，通电进行试验。在做这一步检查时，一般要求所有的外部条件都具备，并且不会引起故障的进一步扩大。

7）在检修设备工作正常的情况下，就可以进入系统测试。

2. 故障诊断的方法

（1）故障树诊断法　故障树诊断法要求先列出系统或设备可能出现的故障，再将引起每个故障发生的直接原因，包括硬件、环境、人为因素等，用适当的逻辑与故障连接起来，构成一棵故障诊断树。诊断时按树由下而上逐级检查，直到把故障找出为止。在故障较多时，此法诊断方便快捷。从每个枝的基部开始检查，直到找出故障的性质、原因、部位为止。当找到的一个故障排除后，若故障现象仍存在，则说明还有另外的故障存在，必须再检查试验，直到故障全部查清。

（2）人工与自诊断结合法　变频器自动诊断只能查出故障的性质与部位，而原因不易找出，有时自诊断还有误导之嫌，就得人工诊断。此时须根据自动诊断信息，把可能产生此信息的故障列举出来，再逐个检查疑点，缩小范围，最终查出原因和部位。

（3）对比诊断法　对比诊断主要指现象的对比。如切断某一部分电路，更换某一元件，比较切断与不切断、更换与不更换的现象是否一样。如果现象相同，说明故障仍然存在，故障原因与原电路、元件无关；如果故障消失，则说明故障根源在此电路或元件。此法常用在有同型号的变频器中。

🔍 任务实施

变频器常见故障分析及维修

1. 变频器无输出电压

1）主回路不通。重点检查主回路通道中所有开关、断路器、接触器及电力电子器件是否完好，导线接头有无接触不良或松脱。

2）控制回路接线错误。以说明书为依据，认真核对控制回路接线，找出错误处并加以纠正。

2. 电动机不能升速

1）交流电源或变频器输出断相。电源断相使变频器输出电压降低，变频器输出断相造成三相电压不对称而产生负序转矩，都使电动机电磁转矩变小，不能驱动负载加速。应检查熔丝有无熔断，导线接头有无松脱断路。

2）频率或电流设定值偏小。频率设定在低值点上，使频率受到限制无法升高而不能加速。电流值设定偏小，则产生最大转矩的能力被限制，使电动机剩余转矩过小而不能加速。因此，应检查频率和电流设定值是否适当。若电流设定值已达变频器的最大值，说明变频器容量偏小，应换较大容量变频器。

3）调速电位器接触不良或相关元件损坏，使频率给定值不能升高。

3. 转速不稳或不能平滑调节

这种故障一般受外界条件变化的影响，故障出现无规律性且多为短暂性。其主要影响源为：电源电压不稳定、负载有较大波动、外界噪声干扰使设定频率产生变化。可通过检测找到故障点和采取相应的解决措施。

4. 过电流故障

这是较常见的故障，可从电源负载变频器振荡干扰等方面找原因。

1）电源电压过高或过低，按说明书规定的范围进行调整。

2）负载过重或负载侧短路，重点检查机组有无异声、振动和卡滞现象，是否因工艺条件或操作方法改变而造成超载。

3）变频器设定值不适当。

4）振荡过电流一般只在某转速（频率）下运行时发生。主要找出发生振荡的频率范围，可利用跳跃频率功能回避该共振频率。

5）电流互感器损坏，其现象表现为：变频器主回路送电，当变频器未起动时，有电流显示且电流在变化。

6）主电路接口板电流、电压检测通道被损坏，也会出现过电流电路板损坏，其原因可能是：①环境太差，导电性固体颗粒附着在电路板上，造成静电损坏，或者有腐蚀性气体，使电路被腐蚀；②电路板的零电位与机壳连在一起，由于柜体与地脚焊接时有强大的电弧产生，因此会影响电路板的性能；③接地不良，电路板的零伏受干扰，也会造成电路板损坏。

7）当连接插件不紧、不牢时，例如电流或电压反馈信号线接触不良，会出现过电流故障时有时无的现象。

8）当负载不稳定时，建议使用 DTC 模式，因为 DTC 控制速度非常快，每隔 $25\mu s$ 产生一组精确的转矩和磁通的实际值，再经过电动机转矩比较器和磁通比较器的输出，优化脉冲选择器，从而决定逆变器的最佳开关位置，这样有利于抑制过电流。另外，速度环的自适应（AUTOTUNE）会自动调整 PID 参数，从而使变频器输出的电动机电流平稳。

如果以上几个方面都正常，则可能是选择的变频器容量偏小所致，应考虑换大。

5. 过电压故障

此故障常发生在机组减速制动时，过电压原因大都与中间回路及制动环节有关，主要是：

1）电源电压过高，一般超过额定值的 10%。

2）制动电阻值过大或损坏，无法及时释放回馈的能量而造成过电压。

3）中间回路滤波电容失效（电容较小）或检测电路故障。应认真检查电容器有无异味、变色，安全阀是否胀出，箱体有无变形及漏液。此电容器一般应 5 年更换一次。

4）减速时间设定过短。

6. 低电压故障

低电压故障主要问题在电源方面。

1）交流电源电压过低或断相。

2）供电变压器容量减小，电路阻抗过大，带载后变压器及电路压降过大而造成变频器输入电压偏低。

3）变频器整流桥二极管损坏使整流电压降低。

7. 电动机运行正常，但温度过高

此故障的主要原因是：设定的 V/f 特性和电动机特性不适配，连续低速，负载过大，变频器输出三相电压不平衡。

8. 环境温度过高

此故障的主要原因是：内部冷却风扇损坏或运转不正常，通风口被杂物堵塞，负载过重。

对上述各种故障，通过检测分析，一般均可较快找到故障点。

任务拓展

西门子 G120 变频器的常见报警和故障诊断

1. G120 变频器的状态显示

G120 变频器的故障显示一般有以下两个途径。

1）LED 灯。变频器正面的 LED 灯能指示变频器的运行状态。

2）控制面板或者安装了 STARTER 软件的 PC。变频器通过现场总线、输入/输出端子把报警或者故障信息传送到控制面板或者 STARTER 软件中。

先介绍 LED 灯的运行状态。在电源接通后，RDY（准备）灯暂时变为橙色，一旦 RDY 灯变为红色或者绿色，它显示的状态就是变频器的状态。

LED 灯除了常亮和熄灭外，还有两种不同频率的闪烁状态，其中 1Hz 频率闪烁是快速闪烁，0.5Hz 频率闪烁是缓慢闪烁，代表了不同的含义。

G120 变频器 LED 灯的状态信息见表 3-9~表 3-12。

表 3-9　G120 变频器的诊断

LED 指示灯		说　　明
RDY 指示灯	BF 指示灯	
绿色，常亮	—	当前无故障
绿色，缓慢闪烁	—	正在调试或恢复出厂设置
红色，快速闪烁	—	当前存在一个故障
红色，快速闪烁	红色，快速闪烁	错误的存储卡

表 3-10 G120 变频器 PROFINET 通信诊断

LINK 指示灯	说　明
绿色，常亮	PROFINET 通信成功建立
红色，缓慢闪烁	PROFINET 通信建立中（没有过程数据）
红色，快速闪烁	无 PROFINET 通信

表 3-11 G120 变频器 RS-485 通信诊断

BF 指示灯	说　明
绿色，常亮	接收过程数据
红色，缓慢闪烁	总线活动中（没有过程数据）
红色，快速闪烁	没有总线活动

表 3-12 G120 变频器 PROFIBUS 通信诊断

BF 指示灯	说　明
绿色，常亮	周期性数据交换（或不使用 PROFIBUS，p2030＝0）
红色，缓慢闪烁	总线故障（配置错误）
红色，快速闪烁	总线故障（没有数据交换，搜索波特率，没有连接）

2. G120 变频器的报警

变频器报警的特点如下：

1）报警的原因排除后，报警自动消失。

2）无须应答。

3）报警有三种方式：方式 1 为状态字 1（0052）中的第 7 位为 1；方式 2 为在操作面板上显示 Axxxxx 报警；方式 3 为 STARTER 软件中显示报警信息。

（1）报警缓冲器　变频器把报警信息保存在报警缓冲器中，报警缓冲器的结构如图 3-38 所示。r2124 和 r2134 中包含了对诊断非常有用的报警值。r2123 和 r2145 中保存的是报警出现的时间。r2125 和 r2146 中保存的是报警排除的时间。

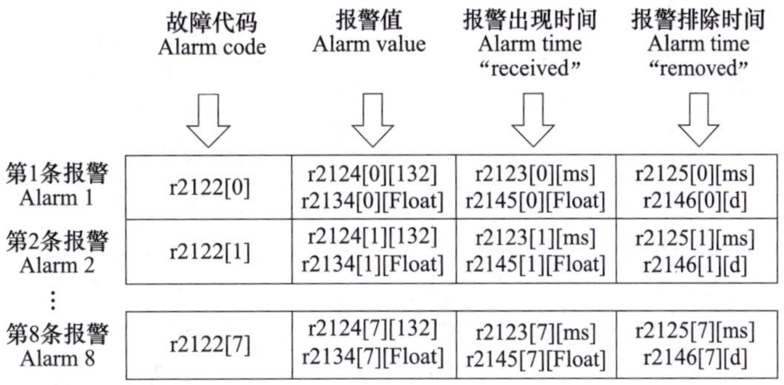

	故障代码 Alarm code	报警值 Alarm value	报警出现时间 Alarm time "received"	报警排除时间 Alarm time "removed"
第1条报警 Alarm 1	r2122[0]	r2124[0][132] r2134[0][Float]	r2123[0][ms] r2145[0][Float]	r2125[0][ms] r2146[0][d]
第2条报警 Alarm 2	r2122[1]	r2124[1][132] r2134[1][Float]	r2123[1][ms] r2145[1][Float]	r2125[1][ms] r2146[1][d]
第8条报警 Alarm 8	r2122[7]	r2124[7][132] r2134[7][Float]	r2123[7][ms] r2145[7][Float]	r2125[7][ms] r2146[7][d]

图 3-38 报警缓冲器的结构

报警缓冲器中最多可以保存 8 条信息。注意，第 8 条报警是最新的一条报警。当第 9 条报警到来时，一般第 1 条报警被覆盖，如果第 1 条报警未排除，则覆盖第 2 条报警。

（2）常见的报警

1）报警和故障的区别。报警的代码是以 A 开头的，通常不会在变频器内产生直接影响，在排除原因后自动消失无须应答。故障的代码是以 F 开头的，通常指变频器工作时出现的严重异常现象。故障发生后，必须首先解除故障原因，然后应答故障。

2）G120 变频器常见的报警代码、原因及解决办法见表 3-13。

表 3-13　G120 变频器常见的报警代码、原因及解决办法

代　码	原　因	解决办法
A01028	配置错误	所读入的参数设置是通过其他类型（订货号、MLFB）的模块生成的。应检查模块的参数，必要时重新配置
A01900	PROFIBUS 配置报文出错	PROFIBUS 主站尝试用错误的配置报文来建立连接，应检查主站和从站的配置
A01920	PROFIBUS 循环连接中断	与 PROFIBUS 主站的循环连接中断，应建立 PROFIBUS 连接，并激活可以循环运行的 PROFIBUS 主站
A05000 A05001 A05002 A05004 A05006	功率模块过热	进行以下检测： ①环境温度是否在定义的限值内 ②负载条件和工作周期配置是否相符 ③冷却是否有故障
A07012	电动机温度模型过热	进行以下检测： ①检查电动机负载，如有必要，降低负载 ②检查电动机的环境温度 ③检查热时间常数（p0611） ④检查过热故障阈值（p0605）
A07015	电动机温度传感器的报警	检查传感器是否正确连接 检查参数设置（p0600，p0601）
A07321	自动重启激活	如有需要，可禁止（p1210=0），自动重新起动（WEA） 撤销接通指令（BI：p0840），也可以直接中断，重新起动过程
A07409	V/f 控制电流限值控制器生效	采取以下措施后，报警自动消失： ①提高电流限值（p0640） ②降低负载 ③延长设定转速的加速斜坡
A07805	功率单元过载	减小连续负载 调整工作周期 检查电动机和功率单元的额定电流分配
A07910	电动机超温	检查电动机负载 检查电动机的环境温度和通风情况 检查 PTC 或者双金属常闭触点 检查监控限值（p0604，p0605） 检查电动机温度模型的激活情况（p0612） 检查电动机温度模型的参数（p0626 以及后续参数）
A30049	内部风扇损坏	检查内部风扇，必要时更换风扇
A30920	温度传感器异常	检查传感器是否正确连接

表 3-14 所列是 TIA Portal 监控的 G120 变频器参数记录表，请判断有无报警和故障。

表 3-14　变频器参数记录表

编　号	参数文本	值
▼r52	状态字 1	EBC0H
r52.0	接通就绪	0＝否
r52.1	运行就绪	0＝否
r52.2	运行使能	0＝否
r52.3	存在故障	0＝否
r52.4	缓慢停转当前有效（OFF2）	0＝是
r52.5	快速停止当前有效（OFF3）	0＝是
r52.6	接通禁止当前有效	1＝是
r52.7	存在报警	1＝是
r52.8	设定/实际转速偏差	1＝否
r52.9	控制请求	1＝是
r52.10	达到最大转速	0＝否
r52.11	达到 I，M，P 极限	1＝是
r52.12	电动机抱闸打开	0＝否
r52.13	电动机超温报警	1＝否
r52.14	电动机正向旋转	1＝是
r52.15	变频器过载报警	1＝否

　　状态字 r52 是 EBC0H，要确定是否有故障和报警只要监控此参数即可。r52.3＝0 表示没有故障，r52.7＝1 表示有报警。进一步查看报警代码 r2122，可以看到如表 3-15 所示的报警代码。"30016"表示没有连接输入交流电源，"8526"表示没有循环连接。经检查，变频器的确没有接入交流电源。

表 3-15　报警代码

编　号	参数文本	值	单　位
▼r2122	状态字 1		
r2122［0］	接通就绪	30016	
r2122［1］	运行就绪	8526	
r2122［2］	运行使能	0	
r2122［3］	存在故障	0	

3. G120 变频器的故障

　　变频器故障报告的方式有：在操作面板上显示 Fxxxxx，变频器上的 RDY 灯显示为红色，状态字（r0052）的位 3 为 1，在 STARTER 软件的状态输出窗口显示报警信息。

　　（1）故障缓冲器　变频器把故障信息保存在故障缓冲器中，故障缓冲器的结构如图 3-39 所示。每个故障都有唯一的故障代码，还有一个故障值，这些信息可以供故障诊断时查询。**注意：必须先排除故障，然后应答故障，才能消除变频器上显示的故障。**表 3-16 所示为 TIA Portal 监控的 G120 变频器的参数记录表，请判断有无报警和故障。

状态字 r52 是 EBC8H，要确定是否有故障和报警只要监控此参数即可。r52.3＝1 表示有故障，r52.7＝1 表示有报警。

	故障代码 Fault code	故障值 Fault value	故障出现时间 Fault time "received"	故障排除时间 Fault time "removed"
故障1 Fault 1	r0947[0]	r0949[0][132] r2133[0][Float]	r0948[0][ms] r2130[0][d]	r2109[0][ms] r2136[0][d]
故障2 Fault 2	r0947[1]	r0949[1][132] r2133[1][Float]	r0948[1][ms] r2130[1][d]	r2109[1][ms] r2136[1][d]
⋮			⋮	
故障8 Fault 8	r0947[7]	r0949[7][132] r2133[7][Float]	r0948[7][ms] r2130[7][d]	r2109[7][ms] r2136[7][d]

图 3-39　故障缓冲器的结构

表 3-16　变频器参数表

编　号	参数文本	值
▼r52	状态字 1	EBC8H
r52.0	接通就绪	0＝否
r52.1	运行就绪	0＝否
r52.2	运行使能	0＝否
r52.3	存在故障	1＝是
r52.4	缓慢停转当前有效（OFF2）	0＝是
r52.5	快速停止当前有效（OFF3）	0＝是
r52.6	接通禁止当前有效	1＝是
r52.7	存在报警	1＝是
r52.8	设定/实际转速偏差	1＝否
r52.9	控制请求	1＝是
r52.10	达到最大转速	0＝否
r52.11	达到 I、M、P 极限	1＝是
r52.12	电动机抱闸打开	0＝否
r52.13	电动机超温报警	1＝否
r52.14	电动机正向旋转	1＝是
r52.15	变频器过载报警	1＝否

（2）常见的故障　常见的故障代码、原因和解决方法见表 3-17、表 3-18。

表 3-17　故障代码

编　　号	参数文本	值
▼r947	故障编号	
r947〔0〕	故障编号	7802
r947〔1〕	故障编号	0
r947〔2〕	故障编号	0
r947〔3〕	故障编号	0
r947〔4〕	故障编号	0
r947〔5〕	故障编号	0
r947〔6〕	故障编号	0
r947〔7〕	故障编号	0
r947〔8〕	故障编号	8501

表 3-18　G120 变频器常见的故障代码、原因和解决方法

代　　码	原　　因	解决方法
F07801	电动机过电流	检查电流限值（p0640） 矢量控制：检查电流环（p1715，p1717） V/f 控制：检查限流控制器（p1340～p1346） 延长斜坡上升时间（p1120）或者减小负载 检查电动机和电动机电缆的短路和接地 检查电动机的星形/三角形联结和铭牌参数设置 检查功率单元和电动机的组合 如果变频器是在电动机旋转时起动，选择捕捉起动
F30001	功率单元过电流	检查输出电缆和电动机的绝缘性，查看是否有接地故障 检查 V/f 控制电动机和功率模块的额定电流之间的配套性 检查电源电压是否有大的波动 检查功率电缆的连接 检查功率电缆是否短路或有接地故障 检查功率电缆的长度 更换功率模块
F30002	直流母线过电压	提高减速时间（p1121） 设置圆弧时间（p1130、p1136） 激活 VDC 电压控制器（p1240、p1280） 检查主电源电压 检查电源相位
F30003	直流母线欠电压	检查主电源电压 激活动态缓冲（p1240、p1280）
F30004	变频器过热	检查变频器风扇是否工作 检查环境温度是否在规定范围内 检查电动机是否过载 降低脉冲频率

（续）

代　码	原　因	解决方法
F30005	变频器过载	检查电动机功率模块的额定电流 检查电动机数据输入是否和实际匹配 降低电流极限 p0640 V/f 特性曲线，降低 p1341
F30011	主电源断相	检查变频器的进线熔断器 检查电动机电源线
F30015	电动机电源线断相	检查电动机电源线 提高加速时间、减速时间
F30021	接地	检查功率线路连接 检查电动机 检查电流互感器 检查抱闸电缆和接地情况
F30027	直流母线预充电时间 监控响应	检查输入端子上的主输入电压 检查主电源电压的设置
F30035	进风温度过高	检查风扇是否运行 检查滤网 检查环境温度是否在允许的范围内 检查电动机重量输入是否准确
F30036	内部过热	检查风扇是否运行 检查风扇板 检查环境温度是否在允许的范围内
F30037	整流器温度过高	参见 F30035 的解决办法，另外还有： 检查电动机负载 检查电源相位
F30059	内部风扇损坏	检查内部风扇，必要时更换风扇

4. 用 TIA Portal 软件诊断 G120 变频器的故障

用 TIA Portal 软件诊断 G120 变频器的故障可以获得比较详细的报警和故障信息，以下将简单介绍此诊断故障的方法。

1）当前故障：在项目树中，双击"更新可访问的设备"，搜索到变频器，选中变频器并单击"在线并诊断"→"当前信息"，就可以看到当前故障和报警信息。

2）历史故障：在项目树中，双击"更新可访问的设备"，搜索到变频器，选中变频器并单击"在线并诊断"→"历史信息"，就可以看到历史故障和报警信息。

📖 知识测试

一、填空题

1. 变频器安装要求_____，其正上方和正下方要避免可能阻挡进风、出风的大部件，四周距控制柜顶部、底部、隔板或其他部件的距离不应小于_____ mm。

2. 变频器安装场所周围振动加速度应小于_____ m/s²。

3. 变频器的输出侧不能接_____或噪声滤波器、浪涌吸收器，以免变频器不能正常工作。

4. 直流电抗器主要作用是改善变频器的_____，防止电源对变频器的影响，保护变频器及抑制_____。

5. 频率控制功能是变频器的基本控制功能。变频器输出频率的控制有以下几种方法：_____、_____、_____、_____。

二、选择题

1. 变频器的干扰有：电源干扰、地线干扰、串扰、公共阻抗干扰等。尽量缩短电源线和地线避免（　　）。

A. 电源干扰　　　B. 地线干扰　　　C. 串扰　　　D. 公共阻抗干扰

2. 变频器的控制电缆布线应尽可能远离供电电源线，（　　）。

A. 用平行电缆且单独走线槽　　　B. 用屏蔽电缆且汇入走线槽

C. 用屏蔽电缆且单独走线槽　　　D. 用双绞线且汇入走线槽

3. 变频器是通过改变交流电动机定子电压、频率等参数来（　　）的装置。

A. 调节电动机转速　　　B. 调节电动机转矩

C. 调节电动机功率　　　D. 调节电动机性能

4. 变频器停车过程中出现过电压故障，原因可能是（　　）。

A. 谐波时间设置过短　　　B. 转矩提升功能设置不当

C. 散热不良　　　D. 电源电压不稳

模块四　液压设备的故障诊断与维修

知识目标

熟悉液压系统常见的故障现象、故障诊断方法和维修的步骤。
掌握液压元件常见的故障现象、故障诊断和维修方法。

能力目标

能分析液压元件常见故障产生的原因，并找出排除的方法。
能正确分析、准确判断液压传动设备的故障部位及发生故障的具体元件。
能合理、正确地给出设备的维修方案，正确选择和使用工具及仪器。

素质目标

具有良好的行业规范操作习惯。
具有良好的专业团队合作学习能力。

任务一　液压设备故障诊断的基本知识

任务分析

液压系统出现故障，例如动作失灵、爬行、振动、噪声、泄漏等，会造成系统无法正常工作或降低生产率。液压系统元件多，因素复杂，故障点隐蔽，故障生成发展的因果关系具有多样性、时变性、交错与相关性等特点。要求技术工人能够在查阅技术资料后，熟知液压系统的传动原理、结构特点，利用检测仪器设备与故障诊断方法，根据故障现象快速准确地查找出故障的部位、原因以及异常程度并采取行之有效的措施给予排除。因此，液压设备故障诊断与维修是一门实践性较强的综合性技术。本任务以顶升台架液压系统故障诊断与维修为例，介绍液压故障诊断与维修的方法。

知识储备

一、液压系统故障概述

1. 液压系统故障定义

液压系统故障是指在规定时间内、规定条件下，液压系统丧失或降低规定的功能，也称为失效。液压系统一旦出现故障，则会造成某项或某几项技术及经济指标偏离正常值或正常状态，严重时还会造成设备损坏乃至操作者人身伤亡。

2. 液压系统故障分类

液压系统故障主要是因泄漏、安装误差、污染、冲击及气蚀等原因，造成液压系统或其回路中的元件不能正常工作。图 4-1 所示是液压系统故障的常见分类方式。

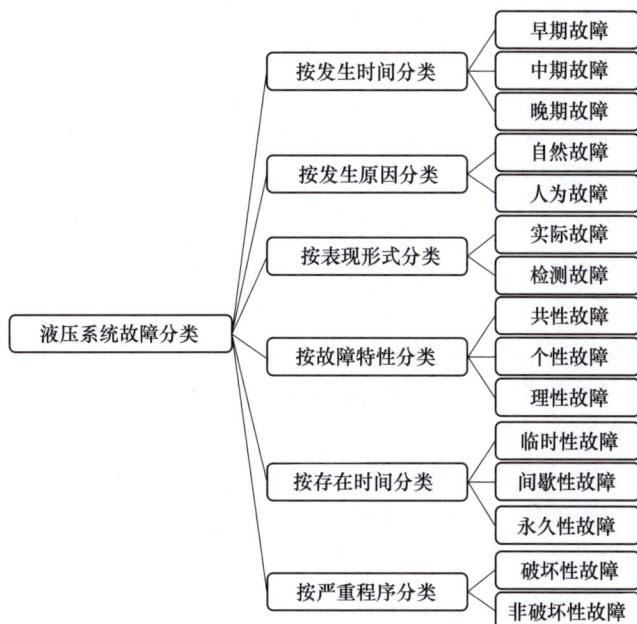

图 4-1　液压系统故障分类

3. 液压系统故障特点

液压系统故障因其特点、表现形式的多样性，很难快速准确地诊断与排除。

（1）故障的隐蔽性　液压部件和油液都密封在壳体或管道内，故障发生后，不如机械传动故障能够容易、直观地注意到，也不像电气故障能直接测量，所以确定液压系统故障的部位和原因是比较困难的。

（2）故障的多样性和复杂性　液压设备出现的故障是多种多样的，而且很多情况下是几个故障同时出现的，这就增加了液压系统故障的复杂性。例如：液压系统的压力不稳定经常和泄漏、振动及噪声故障同时出现；系统压力不足经常和动作失灵、磨损、堵塞等故障联系在一起；甚至机械、电气的故障也会与液压系统的故障交织在一起，使故障变得多样和复杂。

（3）故障的难判断性　影响液压系统正常工作的故障有些是渐发的，如因零件磨损引起配合间隙逐渐增大，以及密封件的材质逐渐恶化等渐发性故障。有些故障是突发的，如元件因异物突然卡死造成动作失灵所引起的突发性故障。有些故障是系统中各液压元件综合性因素所致，如元件规格选择、配置不合理等，很难实现设计要求。有时还会因机械、电气以及外界因素影响而引起故障。以上这些因素给确定液压系统故障的部位以及分析故障的原因增加了难度。所以当系统出现故障后，必须综合考虑各种因素，对故障进行认真检查、分析、判断，才能找出故障的部位及其产生原因。一旦找出故障原因后，往往处理和排除比较容易，一般只需更换元件，有时甚至只需经过清洗即可。

（4）同一故障原因的多样性和同一原因引起故障的多样性　引起液压系统同一故障的原因可能有多个，而且这些原因常常是交织在一起互相影响的。例如，系统压力达不到要求，其原因可能是液压泵引起的，可能是溢流阀引起的，可能是两者同时作用的结果，也可能是液压油的黏度不合适，或者是系统泄漏等所造成的。另外，液压系统中同一原因，由于液压系统结构的不同以及相配合的机械结构的不同，所引起的故障现象也可以是多种多样的。例如，同样是系统吸入空气，可能出现不同的故障现象；特别严重时能使液压泵吸油困难；较轻时会引起流量、压力的波动，同时产生轻重不同的噪声；有时还会引起机械部件运动过程中的爬行。所以，液压系统故障现象与故障原因并不是一一对应的。

（5）故障的偶然性与必然性 液压系统中的故障有时是偶然发生的，有时是必然发生的。偶然性的故障，如：工作介质中的污物偶然卡死溢流阀或换向阀的阀芯，使系统偶然失压或不能换向；电网电压的偶然变化，使电磁铁吸合不正常而引起电磁阀不能正常工作等。这些故障不是经常发生的，也没有一定的规律。必然性的故障是指那些持续不断经常发生，并具有一定规律的故障，如工作介质黏度低引起的系统泄漏、液压泵内部间隙大使得内泄漏增加导致泵的容积效率下降等。因此，在分析液压系统故障的原因时，既要考虑故障产生的必然性，也要考虑故障产生的偶然性。

（6）故障的产生与使用条件的相关性 同一系统往往随着使用条件的不同，而产生不同的故障。例如：环境温度低，使油液黏度增大引起液压泵吸油困难；环境温度高又无冷却时，油液黏度下降引起系统泄漏和压力不足等故障。设备在不清洁的环境工作时，会引起工作介质的严重污染，并导致系统出现故障。

（7）故障的可变性 由于液压系统中各个液压元件动作是相互影响的，所以，排除了一个故障，往往又会出现另一个故障。这就是液压系统故障表现出了可变性。因此，在检查分析、排除故障时，必须特别注意液压系统的严密性和整体性。

4. 液压系统常见的故障

液压系统常见的故障有系统噪声与冲击振动过大、系统温度过高过热、系统泄漏大、系统压力不正常、系统流量不正常和系统动作不正常等。

（1）系统噪声与冲击振动过大 表4-1所列是液压系统噪声与冲击振动过大的故障诊断与排除方法。

表4-1 液压系统噪声与冲击振动过大的故障诊断与排除方法

故障现象	故障原因	排除方法
泵噪声过大	泵吸空或吸入气体	检查油温和液位是否太低、过滤器和空气过滤器是否堵塞、法兰连接是否拧紧、驱动装置转数是否正确
	联轴器没对中	调整对中精度达到相关要求
	泵磨损或损坏	维修或更换
泵站产生共振	设计配置不合理	调整配管和连接固定
电动机噪声过大	联轴器没对中	调整对中精度达到相关要求
	电动机磨损或损坏	维修或更换
溢流阀噪声过大	弹簧共振	调整设定值或更换弹簧
	阀芯损坏	维修或更换阀芯
换向阀噪声过大	换向时振动冲击过大	延长换向时间或降低控制压力
液压缸振动大	空气进入液压缸	排出空气
管路系统振动冲击大	配管或固定不合理	调整不合理的配管或增加管夹数量

（2）系统温度过高过热　表4-2所列是液压系统温度过高过热的故障诊断与排除方法。

表4-2　液压系统温度过高过热的故障诊断与排除方法

故障现象	故障原因	排除方法
泵过热	泵变量机构或压力阀设定不正确	重新调整变量机构或压力阀
	泵磨损或损坏	维修或更换
	泵吸空或吸入气体	检查油温和液位是否太低、过滤器和空气过滤器是否堵塞、法兰连接是否拧紧
电动机过热	变量机构或压力阀设定不正确	重新调整变量机构或压力阀
	吸入油温高	查出系统油温升高原因并消除
	磨损或损坏	维修或更换
溢流阀过热	吸入油温高	查找
	设定不正确	重新设置
	磨损或损坏	维修或更换
油道油温过高	油箱内油量不足	补充油液
	冷却器工作不正常	维修或更换元件
	元件磨损成内泄漏过大	维修或更换元件
	压力调定不正确	重新调整设定值
	辐射热大，环境温度过高	采用隔热材料遮挡；设置通风、冷却装置等

（3）系统泄漏大　表4-3所列是液压系统泄漏大的故障诊断与排除方法。

表4-3　液压系统泄漏大的故障诊断与排除方法

故障现象	故障原因	排除方法
系统内部泄漏过大	元件磨损严重或损坏	维修或更换
	密封老化	更换密封
	集成通道设计问题	修改或更换
外部泄漏大	元件连接板表面粗糙度和平面度没达到要求	重新加工修理达到要求或用密封胶密封
	过大的冲击振动引起连接松动和密封损坏	更换密封元件，重新拧紧
	连接螺栓和螺钉孔不直或位置公差太大	维修或更换
	管接头密封选取不正确	更换

（4）系统压力不正常　表4-4所列是液压系统压力不正常的故障诊断与排除方法。

表 4-4　液压系统压力不正常的故障诊断与排除方法

故障现象	故障原因	排除方法
压力不足	溢流阀旁通阀损坏	修理或更换
	减压阀设定值太低	重新设定
	集成通道块设计有误	修理或更换
	减压阀损坏	修理或更换
	泵、电动机或缸损坏	修理或更换
压力不稳定	油中混有空气	堵漏、加油、排气
	溢流阀磨损、弹簧刚性差	修理或更换
	油液污染、堵塞阀阻尼孔	清洗、换油
	蓄能器或充气阀失效	修理或更换
	泵、电动机或缸磨损	修理或更换
压力过高	减压阀、溢流阀或卸荷阀定值不对	重新设定
	变量机构不工作	修理或更换
	减压阀、溢流阀或卸荷阀堵塞或损坏	清洗或更换

（5）系统流量不正常　表 4-5 所列是液压系统流量不正常的故障诊断与排除方法。

表 4-5　液压系统流量不正常的故障诊断与排除方法

故障现象	故障原因	排除方法
没有流量	泵未吸入流量	检查油箱油位是否偏低，吸入口阀门是否打开，吸油过滤器是否堵塞等
	泵驱动转向不正确	调整转向
	阀调定压力不正确	调整设定压力阀
	流体全部由其他通路流回油箱	查找泄油通路
流量偏低	泵变量机构设定不正确	重新设定调整
	溢流阀或卸荷阀设定压力偏低	重新设定压力
	流体通过其他没关闭的阀流回油箱	找到没关闭的元件进行修复关闭
	元件磨损或损坏造成系统内泄过大	维修或更换元件
流量过高	流量控制阀设定太高	重新进行设定
	泵变量机构调整不正确	重新进行调整
	泵驱动装置转数不正确	更换调整正确的设备

（6）系统动作不正常　表 4-6 所列是液压系统动作不正常的故障诊断与排除方法。

表4-6　液压系统动作不正常的故障诊断与排除方法

故障现象	故障原因	排除方法
系统压力正常执行元件无动作	电磁阀中电磁铁有故障	排除或更换
	放大器不工作或调得不对	调整、修复或更换
	阀不工作	调整、修复或更换
	限位或顺序装置不工作或调得不对	调整、修复或更换
	缸或电动机损坏	修复或更换
执行元件动作太慢	泵输出流量不足或系统泄漏太大	检查、修复或更换
	油液黏度太高或太低	检查、调整或更换
	阀的控制压力不够或内阻尼孔堵塞	清洗、调整
	外负载过大	检查、调整
	放大器失灵或调得不对	调整、修复或更换
	阀芯卡塞	清洗、过滤或换油
	缸或电动机磨损严重	修理或更换
动作不规则	压力不正常	调节、消除
	油中混有空气	加油、排气
	放大器失灵或调得不对	调整、修复或更换
	传感器反馈失效	修理或更换
	阀芯卡塞	清洗、滤油
	缸或电动机磨损或损坏	修理或更换
超速运动	流量调节阀失灵	调整、修理或更换
	反馈传感器失灵	调整、修理或更换
	伺服放大器调整不正确或失灵	调整、修理或更换
	平衡阀失灵	调整、修理或更换

二、液压系统故障诊断方法

液压系统一旦发生故障，需要工程技术人员选用恰当的诊断方法和途径，快速准确地查找出故障原因、部位，并予以排除。下面介绍几种简单、常见的液压系统故障诊断方法。

1. 感官诊断法

感官诊断法是在缺少仪器的情况下，检查者凭借个人技术素质和实际经验，通过问、阅、看、听、摸、闻，准确地诊断出液压系统故障的一种方法。

（1）问　问就是检查者询问设备操作者液压系统平时的工作状态，了解故障发生的过程，弄清故障发生的时间节点。一般需要询问以下问题：问液压系统工作或液压元件有无异常现象；问液压油的更换日期、过滤器的清理或更换情况等；问变量泵、调压阀或流量阀在故障发生前有无调节或异常现象；问液压元件或密封件在故障发生前有无更换；问液压系统在故障发生前后的工作差别；问液压系统以前经常发生哪类故障、如何排除和排除人员。

（2）阅　阅就是检查者查阅设备的使用说明书、技术标准与规程、运行记录、维修与保养记录。

（3）看　看就是检查者依靠眼睛观察液压系统的工作状态。一般需要查看以下问题：看速度，即观察液压缸或电动机等执行元件的运动有无变化或异常现象；看压力，即观察液压系统各测压点的压力值大小或有无波动现象；看油液，即观察油箱内液压油量、黏度是否满足要求，油液是否有气泡、变色（白浊、变黑等）、杂质等现象；看泄漏，即观察密封件、管接头、液压元件的安装结合面等处是否有滴漏、渗漏和油垢等现象；看振动，即观察活塞杆或工作台等运动部件在工作时有无抖动、爬行、冲击和运行不均匀等异常现象；看产品质量，即观察被加工件的质量状况，判断设备的工作状态以及系统压力和流量的稳定性。

（4）听　一般正常设备的运转声响是有一定的节奏和音律的，并具有持续性和稳定性。听就是检查者依靠听觉判断设备运行时的节奏、音律变化情况和异常声音，判断液压系统的工作状态。一般需要听以下问题：听噪声，即听液压泵和系统的噪声是否过大，液压阀等元件是否有尖叫声；听冲击声，即听执行部件换向时冲击声是否过大；听泄漏声，即听油路板内部有无细微而连续不断的声响；听敲打声，即听液压泵和管路中是否有敲打撞击声。

（5）摸　摸就是检查者用手摸允许摸的元件或部位，从而判断液压系统的工作状态。一般需要摸以下问题：摸温升，即用手触摸泵、油箱或阀体等温度是否异常，查找是否存在油液黏度选择不合适、系统散热差等原因导致故障发生；摸振动，即用手触摸运动部件和管子等有无高频振动，查找是否存在安装不平衡、紧固件松动、系统内侵入气体等原因导致故障发生；摸爬行，即用手摸运动机构工作时是否有一跳一停的爬行现象，查找是否存在密封胶损坏、刚体或阀芯堵塞等原因导致故障发生；摸松紧度，即用手拧一拧螺钉、挡铁、行程开关等的松紧程度。

（6）闻　闻就是检查者依靠嗅觉辨别液压系统有无异常气味，从而判断液压系统的工作状态。如液压油变质会发出臭味，电磁线圈因过热会发出烧焦味，电气元件的绝缘层因氧化或燃烧会发出油烟味或焦糊味。

2. 元件替换法

元件替换法就是对怀疑有故障的元件进行替换的方法。即可以将同类型、同结构、同原理的正常元件替换在故障设备的同一位置上或将被怀疑有故障的元件安装在另一正常运行的设备上。若故障消失，则说明该元件就是故障件；否则，需要再对下一个嫌疑件进行替换，直至找到故障部位。例如，电磁换向阀在换向时发出噪声，可能是电磁铁有问题，也可能是阀内其他原因引起电磁铁工作不正常。这时，可用一个好的电磁铁将被怀疑的电磁铁换下来，再观察其换向时的声响，以此判断电磁铁是否损坏。这种方法的优点在于对维修人员的技术水平要求不高，但是此法有很大的局限性和一定的盲目性。

3. 试探反证法

试探反证法就是试探性地改变液压系统中部分工作条件，观察对故障症状的影响。例如，液压缸不动作时，除去液压缸的外负载，观察液压缸能否正常动作，便可反证是否是由于负载过大造成液压缸不动作。

4. 调整法

调整法就是调整液压系统与故障可能相关的压力、流量、元件行程等可调部位，观察故障现象有无变化、变化的大小、变化的好坏。例如，液压泵因磨损导致流量下降问题，可改变液压系统的调整压力，测量在不同负载压力下泵的输出流量，并将其与正常情况下的压力流量曲线做对比，由此判断泵的磨损情况。表 4-7 所列是某叶片泵在不同情况下的压力-流量关系数据，其中 p 为系统调定压力，Q_1 是正常状态下的输出流量，Q_2 是泵在磨损后的输出流量。

表 4-7 某叶片泵压力-流量关系数据

p/MPa	0.15	1.00	2.00	3.00	4.00	5.00
Q_1/(L/min)	25.9	25.4	24.8	24.0	23.1	22.1
Q_2/(L/min)	25.9	25.2	24.2	23.0	21.7	20.1

表中数据表明，随着系统压力的升高，磨损后的泵流量下降比正常泵更显著。因此，调整法在使用时要注意变量的调整数值和幅度：一是每次调整的变量应只有一个，以免受到其他变量的干扰使故障判断复杂化，若调整后故障无变化，复位，然后再进行另一个变量的调整；二是整个调整幅度要控制在一定的范围内，防止过大、过小而导致新的故障；三是调整后的操作要小心谨慎，在没有确定调整是否得当前，不要长时间使用同一动作。

5. 逻辑分析法

逻辑分析法是根据液压系统工作原理图，按一定的思考方法，合乎逻辑地分析、查找、排除故障部位和故障因素。因此，在简单的液压系统中，可根据故障现象和液压系统的基本原理进行逻辑分析，按照动力元件—控制元件—执行元件的顺序，逐项检查，逐步逼近，缩小范围，最终找出故障部位、故障原因并予以排除。在复杂的液压系统中，可根据故障现象按主油路和控制油路两大部分进行分析，逐项逐步排除故障。

逻辑分析法常分为列表法、因果图法、逻辑流程图法、故障树分析法及精密诊断法。

（1）列表法 列表法就是利用表格分析系统出现的故障现象、故障原因、故障部位及故障排除方法。表 4-8 所列为齿轮泵的常见故障诊断与维修方法。

表 4-8 齿轮泵的常见故障诊断与维修方法

故障现象	故障原因	维修方法
不吸油或排油流量与压力不足	（1）电动机转向接反 （2）泵传动键脱落或泵盖连接螺钉松动 （3）进出油口关闭或接反 （4）油箱内液面过低，吸入管口露出液面 （5）转速太低，吸力不足 （6）油液黏度过高造成吸油困难，或油温过高油液黏度过低造成泄漏 （7）吸入管道或过滤装置堵塞造成吸油不畅 （8）吸入口过滤器过滤精度过高造成吸油不畅 （9）吸入管道漏气	（1）调换接头，改变电动机转向 （2）重新安装传动键，适当拧紧螺钉 （3）检查进出油口 （4）补充油液 （5）提高转速 （6）选择黏度适宜的油液 （7）清洗管道或过滤装置，过滤油箱内油液的杂质 （8）选择精度适宜的过滤器 （9）检查管道各处连接的密封性和紧固性

（续）

故障现象	故障原因	维修方法
严重发热	（1）液压泵磨损严重，间隙过大，泄漏增大 （2）装配质量差，传动部分同轴度未达到技术要求，运转不畅 （3）液压油在管道中压力损失过大，流速过快 （4）油液变质、吸油阻力变大 （5）液压油黏度过高或过低 （6）油箱体积小或外界热源高	（1）修复磨损件，使其配合重新达到规定间隙 （2）拆开清洗，重新装配，达到技术要求 （3）加粗油管，调整布局 （4）选择或更换油液 （5）更换合适的液压油 （6）加大油箱容积或增设隔热冷却措施

（2）因果图法　因果图又称鱼刺图，它是利用因果分析的方法，找出导致故障发生的主次因素，编制鱼刺图，分析出故障原因。一般情况下，因果图的右端为故障现象，与之相连的为主干线（鱼脊骨），在主干线两侧分别为具有一定逻辑关系的且引起故障大、中、小的可能原因。图4-2所示为液压缸外泄漏鱼刺图，利用该图可以很方便地寻找液压缸外泄漏的原因。编制鱼刺图时，除依据现有的知识和经验外，还应借鉴他人的经验和查阅有关资料。

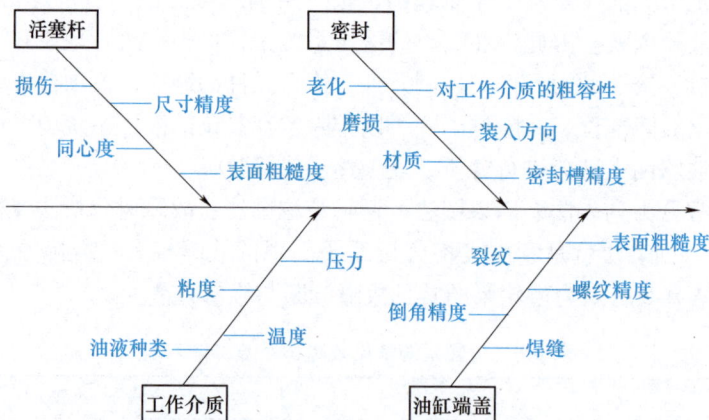

图 4-2　液压缸外泄漏鱼刺图

（3）逻辑流程图法　逻辑流程图就是根据液压系统的基本原理进行逻辑分析，减少怀疑对象，最终找出故障发生的部位。应用逻辑流程图可以判定较复杂液压系统的故障部位。首先由专家设计逻辑流程图，并把故障逻辑流程经过程序设计输入计算机中储存。当某个部位出现不正常技术状态时，计算机可帮助人们快速找到产生故障的部位和原因，使故障得到及时处理。图4-3所示为液压缸无动作故障的逻辑流程图，该故障可以从逻辑流程图中一步步查找下去，最后找到产生故障的真正原因。

（4）故障树分析法　故障树分析法（Fault Tree Analysis，FTA）是系统可靠性研究中常用的一种重要方法，是对复杂动态系统失效形式进行可靠性分析的有效工具。故障树分析法就是以故障树为工具，分析系统发生故障的各种原因、途径，提出重点监视、有效维修和改进措施。图4-4所示为以阀门开启时液压缸活塞杆不动作为顶事件的故障树。

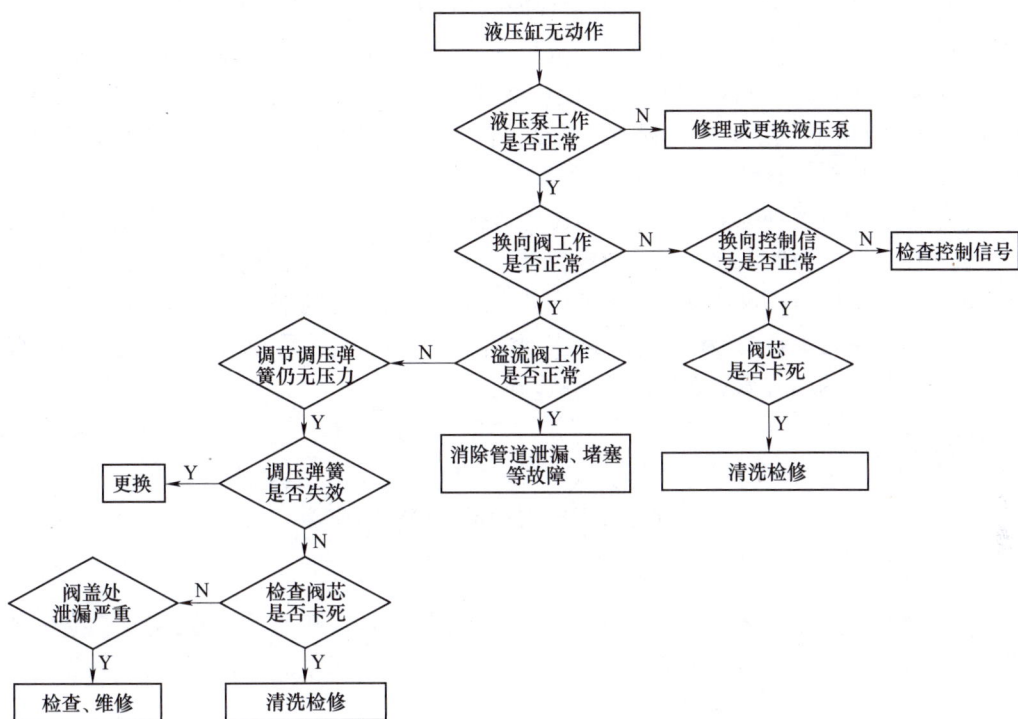

图 4-3　液压缸无动作故障的逻辑流程图

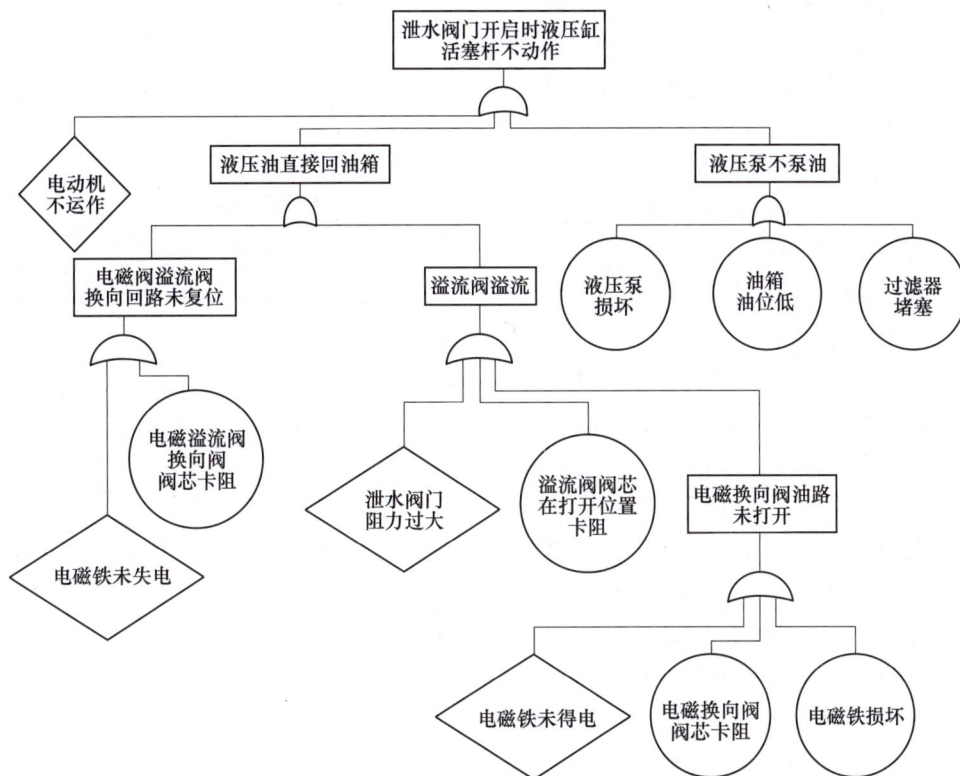

图 4-4　以阀门开启时液压缸活塞杆不动作为顶事件的故障树

（5）精密诊断法　精密诊断法属于客观诊断法，它是在简易诊断法的基础上对有疑问的异常现象，采用各种监测仪器进行定量分析，从而找出故障原因。对自动线之类的液压设备，可以在有关部位和各执行机构中装设监测仪器（如压力、流量、位置、速度、液位、温度等传感器），在自动线运行过程中，某个部位产生异常现象时，监测仪器均可检测到其技术状况，并在屏幕上自动显示出来。

状态监测用的仪器种类很多，通常有压力传感器、流量传感器、速度传感器、油温监测仪、位置传感器、液位监测仪、振动监测仪等。把监测仪器测量到的数据输入计算机系统，计算机根据输入的信号提供各种信息和各项技术参数，由此可判别出某个执行机构的工作情况，并可在显示屏幕上自动显示出来，在出现危险之前可自动报警或自动停机等。精密诊断法可解决只依靠人的感官无法解决的疑难故障问题。

🔍 任务实施

液压顶升台架的故障诊断与排除

1. 系统原理

液压顶升台架是自动生产线上纸箱抬升单元的关键设备，其主要功能是抬升打包完成的纸箱，等待推料缸将其推到传送带上。图 4-5 所示为顶升台架的液压系统原理，其工作过程包括上升、停止、下降三个过程。

液压顶升台架的工作过程如下，当台架上升时，三位四通电磁换向阀 3 的电磁线圈 1YA 得电，液压油进入液压缸 6 的无杆腔，同时，液压缸 6 有杆腔中的油液，经换向阀 3 左位流回至油箱 T，液压缸 6 的活塞杆推动纸箱上升。然后，电磁线圈 1YA 失电，电磁换向阀 3 复位至中位，此时液控单向阀 4 对液压缸 6 的无杆腔进行保压。当纸箱被推到传送带后，三位四通电磁换向阀 3 的电磁线圈 2YA 得电，换向阀 3 右位工作，液压油从液压泵 P 流出，流经单向阀 1、换向阀 3 右位，进入液压缸 6 的有杆腔；同时，液压油进入液控单向阀的控制油口使其反向开启，因此，液压缸 6 下腔的回油便能经过单向节流阀 5 中的节流阀、液控单向阀回油箱，台架下降。此时，单向节流阀 5 起平衡作用，当台架下降到位后，电磁换向阀 3 的电磁铁 2YA 失电，换向阀 3 自动切换到中位。

2. 故障现象

顶升台架液压系统近期工作异常，造成台架不能满足正常生产需求，故障现象

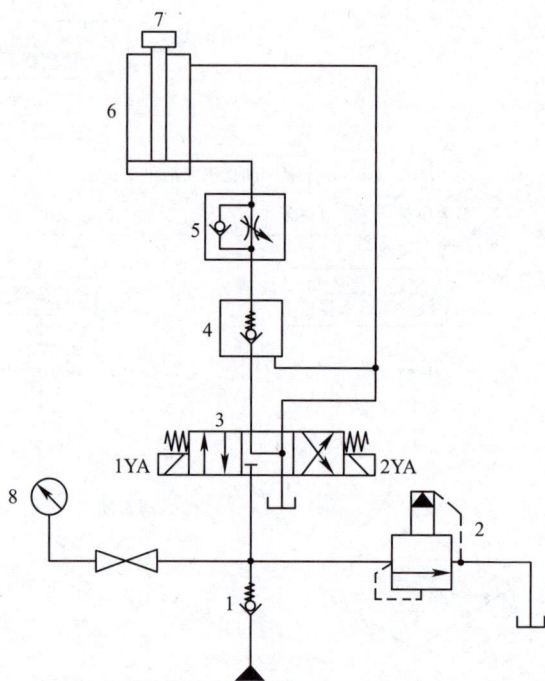

图 4-5　顶升台架液压系统原理

1—单向阀　2—先导式溢流阀　3—三位四通
电磁换向阀　4—液控单向阀　5—单向节流阀
6—液压缸　7—工作平台　8—压力表

则表现为：①电磁换向阀 3 电磁铁 2YA 通电时，液压缸 6 动作缓慢，不时有爬行现象出现，压力表显示压力急速下降；②液压缸 6 上升到位后电磁换向阀 3 断电进行保压时，液压缸锁死不牢，导致台架下滑无法定位。

3. 故障分析

采用故障树分析法对顶升台架液压系统故障进行了分析，故障树如图 4-6 所示。这种方法是将系统故障形成的原因，从总体到局部，按树状形式进行逐级细化的一种分析方法。它把故障事件作为顶事件，将故障的常见原因作为底事件，构成金字塔状的树状因果关系图，直观地展示出层次关联和因果关系不清的故障事件，以便快速查找出故障。

根据此故障的表现分析，顶升台架上升时动作缓慢，产生爬行及压力下降现象，保压时，产生下滑现象，无法定位，可能的分支原因主要有以下六点：

1）液压缸故障。液压缸 6 的缸体与活塞因磨损导致间隙过大，产生卡死现象；或者密封损坏；或者活塞和缸筒表面拉毛或划伤，导致液压缸摩擦力增大、内泄漏增加，造成液压缸动作缓慢且不连续。

2）单向节流阀故障。单向节流阀 5 的节流部件失效或节流口有油垢、杂质，导致该阀流量调节异常，造成系统出现动作缓慢且不连续的现象。

3）液控单向阀故障。液控单向阀 4 主阀芯的复位弹簧弯曲变形或折断，导致主阀芯复位失常，从而造成定位锁紧精度下降。

4）电磁换向阀故障。换向阀 3 的阀芯卡死、复位弹簧弯曲变形或折断均可能导致阀换向失灵，造成液压缸不能按要求动作。

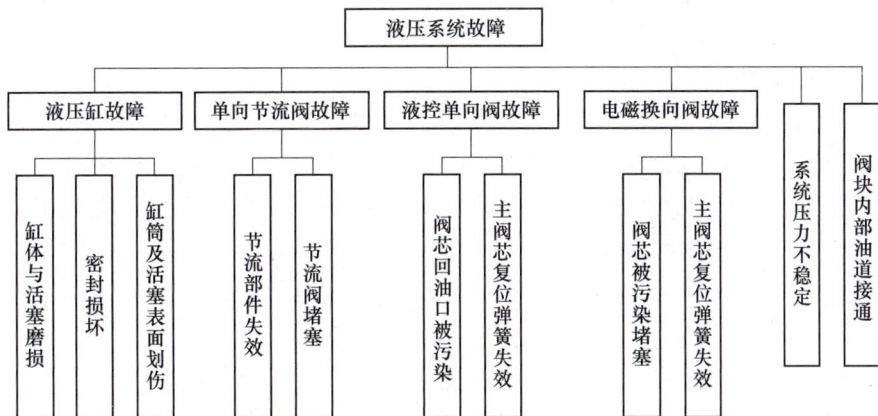

图 4-6 顶升台架液压系统的故障树

5）系统压力不稳定。换向阀阀芯不正常复位会导致中位回油口压力过高或波动过大，这一压力直接冲击液控单向阀控制阀芯，使液控单向阀不能连续正常开启，从而导致液压缸下滑，定位锁紧精度下降。

6）阀块内部油道接通。阀块内部压力油路若与回油路或泄漏油路接通，也将使系统压力异常下降，导致液压缸动作不连续、上升速度慢、无法定位锁死等故障。

4. 故障诊断与排除

根据故障树，可以排除那些概率较小的故障点，找出概率较大的故障点，其步骤如下：

1）感官观测法。检查发现液压缸活塞杆表面无大的划痕和沟槽，排除活塞杆表面损伤的可能性；检查发现油液无杂质未变质，排除油液污染的可能性。

2）简单仪表测量法。通过在回油路上加上一块精密压力表，检测系统回油压力。经检测，回油压力在许可范围内，排除系统压力波动过大的可能。

3）拆卸元件法。在各故障原因可能性大小并不清楚的情况下，应先检查易于拆卸的元件，再检查较难拆卸的元件，即按"先易后难"的原则进行。

通过以上分析，对不能确定是否存在故障的元件进行逐个拆卸更换，对故障原因进行逐一排除，最后发现是阀块问题。由于阀块设计加工不合理，致使液控单向阀的泄漏油路与液控单向阀的出口油路之间的距离过小，运行一段时间后，造成两油路被压力油击穿形成了小孔，从而出现压力不足、有效流量降低的现象，表现为顶升台架动作不连续、升降速度慢、无法定位锁死。找出故障点后，重新对系统的阀块进行设计、加工，将各元件复原安装，系统运行正常。

🔍 任务拓展

智 能 阀 门

智能控制器与液压元件集成系统是现代液压智能控制的发展方向之一，它能够实现液压设备控制、故障诊断、运行状态监控、参数设定等多项功能，具有广泛的工程应用价值。近年来，智能控制器与阀门结合相继出现了一些智能阀门。这种智能阀门是在传感器、计算机控制技术的基础上，充分融合机、电、液，从而实现阀门智能化、数字化和集成化的控制。新型智能阀门由液压驱动装置、硬件、软件、系统抗干扰措施四个部分组成。

1. 液压驱动装置

图4-7为驱动装置的液压原理图，液压阀门2是由数字阀9控制的单叶片摆动缸1的摆动实现其开合的，单叶片摆动缸1的输出力和力矩大，速度快且稳定。这种阀门前后安装有差压式传感器4、5，可以把差压信号处理后输送给单片机控制器10，同时控制阀上的角位

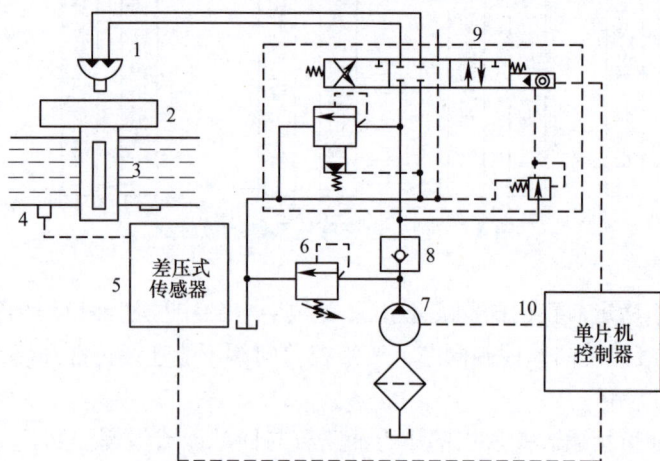

图4-7　智能阀门的液压驱动装置

1—单叶片摆动缸　2—液压阀门　3—角位移传感器　4、5—差压式传感器　6—溢流阀
7—液压泵　8—单向阀　9—数字阀　10—单片机控制器

移传感器 3 把角位移信号处理后也传给单片机控制器 10，经计算就能得到管道中的实际流量，并与设定值进行比较。如果超过设定值，单片机控制器 10 发出脉冲信号控制数字阀 9 来控制单叶片摆动缸 1，从而控制阀门的开合度，最终调节管道中的流量。

2. 硬件

图 4-8 为智能阀门的控制原理框图。在键盘上设定系统的参考值，当系统工作时，角位

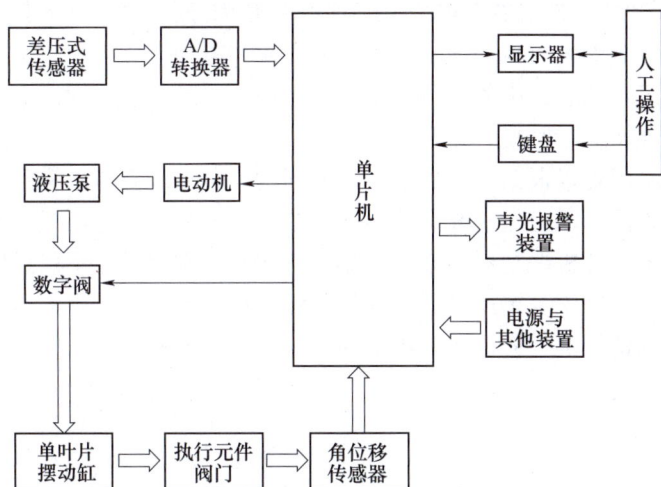

图 4-8　智能阀门的控制原理框图

移传感器把阀门的转角信号、差压式传感器把压差信号都转化后传送给单片机控制器。单片机把这两种信号经过计算并与设定值进行比较后，给数字阀的步进电动机发出信号，控制单叶片摆动缸实现阀门的精确开合。同时，工作人员可通过显示器来监视系统的工作情况，当系统出现压力远远大于系统可调范围时，声光报警装置进行报警。

3. 软件

（1）液压阀门控制系统的软件　图 4-9 为单片机控制流程图。当系统工作时，传感器采集的信号经过单片机处理后与设定数据进行比较判断，如果在设定值范围内，则按照现在情况继续运行；如果远远大于设定值，则系统自动打开声光报警装置。当传感器检测到的值在可调范围内，则再次与设定值进行比较判断；当检测值小于设定值时，通过单片机设定程序计算，使单叶片摆动缸正转，增大开口面

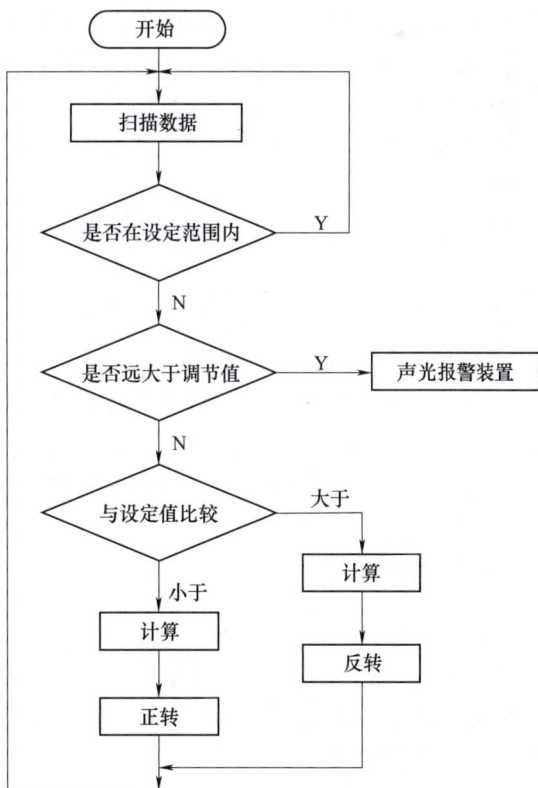

图 4-9　单片机控制流程图

积，控制流量在设定的范围内；当检测值大于设定值时，通过单片机设定程序计算，使单叶片摆动缸反转，减小开口面积，控制流量在设定的范围内。

（2）系统的故障报警　当差压传感器检测到的信号远远大于单片机控制器的可调范围时，调出报警子程序进行报警。报警信号为声音报警、屏幕报警（LCD）和"输入信号故障"文字显示报警。当系统报警时，单片机控制器调用中断子程序，结合角位移传感器的反馈信号发出脉冲信号，控制数字阀驱动单叶片摆动缸的液压阀门全部打开。当液压阀门全部打开后，单片机控制器发出脉冲信号，停止液压泵和电动机。同时，单片机控制器也可通过差压式传感器随时检测管道中的压力变化，并把检测到的信息反馈回来，使系统处于安全的运行状态，以方便操作者监视和处理。

智能阀门系统不仅可以根据压力控制阀门的开度，以适用于流量恒定的场合，还可以实现快速控制，并可以用于压力随时改变的场合。这种系统采用了差压式传感器和角位移传感器同时把信号输送给单片机控制器的方式，能快速达到控制要求，不仅可以保证系统的反应速度快，更能使整个控制系统更加稳定。这种系统若只考虑用管道中的压力来控制流量，还可以在改变传感器的情况下，通过测试流量和开口面积来控制压力。

📖 知识测试

一、填空题

1. 液压系统故障是指在规定时间内、规定条件下，液压系统丧失或降低_____。

2. 液压系统故障按发生原因可分为自然故障和_____。

3. 液压系统常见的故障有_____、系统温度过高过热、系统泄漏大、系统压力不正常、系统流量不正常和系统动作不正常等。

4. 感官诊断法是在缺少仪器的情况下，根据实际经验，通过_____准确判断液压故障的方法。

二、简答题

1. 液压系统故障的含义及特点是什么？

2. 液压系统常见的故障诊断方法有哪些？

3. 如何采用故障树分析法对顶升台架液压系统故障进行分析？

任务二　液压元件的故障诊断与维修

🔍 任务分析

液压系统由动力元件、执行元件、控制元件、辅助元件四个部分组成。系统发生故障时，故障生成发展的因果关系具有时变性、随机性、交错性与重叠性等特点。本任务以矫直校平压力机液压系统故障诊断与维修为例，学习在液压系统元件发生故障时如何进行故障诊断与维修。

🔍 **知识储备**

一、液压动力元件的拆装与故障诊断

液压泵是液压传动系统的动力元件，其作用是将原动机（电动机或内燃机）输出的机械能转换成液体的压力能，为液压传动系统提供一定流量的压力油。液压泵的类型繁多，使用的条件各异，产生的故障和导致故障的原因也不尽相同。因此，只有掌握了液压泵的故障诊断与维修的基本技能，才能在维修过程中做到诊断快速准确，维修措施适宜。

1. 液压泵拆装要点及注意事项

1）液压泵拆装要点：拆装工具和测量仪器的选取要正确；拆卸程序要正确合理；零件的外部检查要正确规范；测量数据的分析和结论要正确；维修方法的选用要符合技术规范要求；拆装结束后，工具的整理要符合规范要求。

2）液压泵拆装的注意事项：预先准备好拆卸工具和测量仪器；拆卸过程中应注意做好标记；螺钉在拆卸时要对称进行拆卸；避免零件和轴承件的碰伤或损坏；紧固件应利用专用工具进行拆卸，不得随意或猛力敲打。

2. 液压泵的拆装

以图 4-10 所示的 VQ 型定量叶片泵为例介绍液压泵的拆装，其拆装步骤和方法如下：

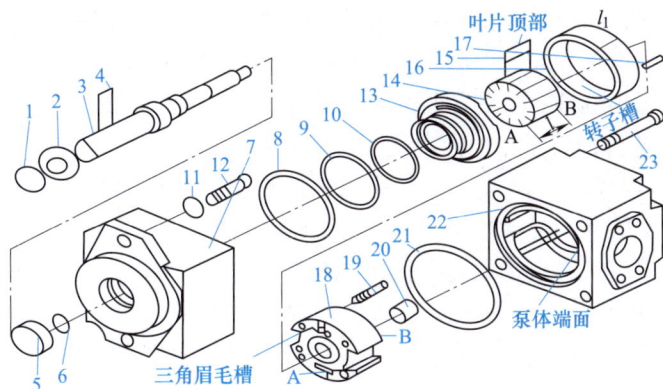

图 4-10　VQ 型定量叶片泵立体分解图

1、6—卡簧　2—油封　3—泵轴　4—键　5—轴承　7—左泵体　8~10、21—O 形密封圈
11—弹簧垫圈　12—安装螺钉　13—左配油盘　14—转子　15—叶片　16—定子
17—定位销　18—右配油盘　19、23—螺钉　20—自润滑轴承　22—右泵体

1）准备一套内六角扳手、一个铜锤、一块耐油橡胶板、一个油盘及若干棉纱等。

2）观察泵铭牌标记内容，注意转向，用记号笔在泵体与泵盖的结合处做上标记。

3）用内六角扳手对称松开、卸下右泵体 22 上的螺钉 23。

4）依次取出右泵体 22、自润滑轴承 20、O 形密封圈 21。

5）用一字螺钉旋具拧下右配油盘 18 上的螺钉 19。

6）依次取出右配油盘 18、定子 16、叶片 15、转子 14、左配油盘 13。

7）用手转动主动轴，根据进出油口的位置，确定输入轴齿轮工作的旋转方向；观察密封容积的大小变化情况、困油密封容积和大小变化情况，找到困油卸荷槽的位置，明确其

作用。

8）取出左配油盘 13 上的 O 形密封圈 10（左配油盘 13 和左泵体）。

9）依次取出密封圈 8（左右泵体）、O 形密封圈 9（左配油盘和左泵体）。

10）用内六角扳手对称松开、卸下左泵体 7 上的螺钉 12。

11）依次把盖板、未标出的密封圈（盖板与轴）和密封圈（左泵体与盖板）取出。

12）用铜棒轻轻敲击泵轴 3 并取出。

13）用内卡钳取出卡簧 1。

14）用外卡钳取出卡簧 6。

15）把轴承 5 从轴上取出，完成拆卸。

16）拆下的所有零部件用轻柴油或煤油清洗后顺序摆放于油盘内妥善保管，以备测量和检查。

17）按拆卸的反向顺序重新装配叶片泵。装配前，清洗、润滑各零部件；装配中，卡簧须用卡簧钳卡到槽内限位防止轴承轴向窜动，泵轴的转向与泵的吸压油口要吻合，卡簧安装方向要正确；安装结束后，用手转动检查，泵转动应灵活轻便无卡死、阻滞现象。

3. 液压泵常见故障

在生产实践中，液压泵常见的故障有不吸油、流量小、压力不足、噪声大、过热、油液泄漏、齿轮泵运转不灵活或咬死等现象。但因液压泵类型、使用条件各异，产生的故障现象、故障原因及排除方法也各有差异。当液压泵发生故障时，要求工程技术人员能够快速准确地分析判断出故障部位和故障原因，找出与故障相关的部件，提出故障排除的方法与具体方案。下面以叶片泵为例分析泵的常见故障。

（1）泵不吸油或排油流量与压力不足

1）产生原因：电动机转向接反；电动机转速不够；液压油黏度过大；吸油高度太大，油箱液面太低；吸油管路或过滤器堵塞；叶片运动不灵活或卡死；叶片与定子内表面接触不良；溢流阀失灵；泵盖螺钉松动致使高低压油腔互通。

2）维修方法：换接头，改变电动机转向；提高电动机转速；更换黏度合适的液压油；降低吸油高度，补油至油标线；疏通管路，清洗过滤器；修磨或更换叶片；调整或拆检溢流阀；检查并拧紧螺钉。

（2）噪声严重，伴有振动

1）产生原因：液压油黏度过大；吸油高度太高，油箱液面太低；吸油管路或过滤器堵塞；吸油管连接处密封不严；个别叶片运动不灵活或装反；定子内曲面有伤痕或磨损；泵盖螺钉松动或轴承损坏；泵与联轴器不同轴或松动，导致机械噪声；电动机转速过快。

2）维修方法：更换黏度合适的液压油；降低吸油高度，补油至油标线；疏通管路，清洗过滤器；紧固连接件或更换密封件；研磨或重装叶片；修复抛光定子内曲面；检查并拧紧螺钉，更换已损件；调整泵与联轴器之间的同轴度，或者更换联轴器；降低电动机转速。

（3）液压泵严重发热

1）产生原因：配油盘断面磨损严重；叶片与定子内表面过度磨损；电动机与泵轴不同轴；油液变质，吸油阻力变大；液压油黏度过高或过低；油箱体积小或外界热源高。

2）维修方法：修复或更换配油盘；抛光定子内表面；重装电动机与泵轴；按泵要求选择或更换油液；更换黏度合适的液压油；加大油箱容积或增设隔热冷却装置。

（4）液压泵外泄漏

1）产生原因：泵盖螺钉松动；泵盖与密封圈配合不紧密；密封圈失效或装配不当；泵内零件磨损严重，间隙过大。

2）维修方法：检查并拧紧螺钉；调整配合间隙；更换密封圈；更换或重新配研零件。

二、液压执行元件的拆装与故障诊断

液压缸的类型多、结构各异、使用条件不同，产生的故障和导致故障的原因也不尽相同。因此，加强对液压缸的故障诊断与维修，是促使液压系统故障率下降的关键环节。

液压缸一旦发生故障则会直接影响设备的工作效果，如平面磨床磨出的工件有波纹、表面粗糙度大等。液压缸常见的故障有爬行、推力不足、冲击及泄漏等。造成液压缸发生故障的原因是各方面综合因素影响的结果，有设计、加工制造等内部因素，也有缸筒和活塞磨损或拉毛、超载、误操作等外部因素。应掌握液压缸的常见故障诊断与消除方法。

1. 液压缸拆装注意事项

1）拆装前的准备工作包括拆装平台、拆装元件、拆装工具、清洗剂、润滑油、记号笔、若干抹布、油盘若干（用于盛放废液、清洗剂、润滑油）以及按要求着装（工装工鞋）。

2）拆卸时要按顺序进行。由于各种液压缸结构和大小不尽相同，拆卸顺序也稍有不同。一般应放掉液压缸两腔的油液，然后拆卸缸盖，最后拆卸活塞与活塞杆。

3）拆卸时应防止损伤零件。在拆卸液压缸的缸盖时，对于内卡键式连接的卡键或卡环要使用专用工具，禁止使用扁铲；在放置活塞杆等细长件时应用垫木支承均衡，防止弯曲或变形；在拆卸法兰式端盖时不允许硬撬或锤击，必须用螺钉顶出；在活塞和活塞杆难以抽出时，不可强行打出，应先查明原因再进行拆卸。

4）拆装过程中要防止零件被周围杂质和灰尘污染。拆卸的零件要及时清洁；拆装的环境要干净无污染；拆卸后可用干净的塑料布盖好所有零件，不要用棉布或其他工作用布覆盖。

5）装配前仔细清洗、润滑各零件。

6）装配时要根据技术要求正确安装零件。螺纹连接件拧紧时应使用专用扳手，扭力矩应符合标准要求；液压缸向主机上安装时，进出油口接头之间必须加上密封圈并紧固好，以防漏油。

7）确保装配安装精度。活塞与活塞杆装配后，须设法测量其同轴度和在全长上的直线度是否超差。

8）装配结束后，在低压情况下运行液压缸，检查活塞组件移动是否灵活轻便，无卡死、阻滞现象。

2. 液压缸的拆装

以图 4-11 所示的液压缸为例介绍液压缸的拆装，其拆装步骤和方法如下：

1）准备一套内六角扳手、一个铜锤、一块耐油橡胶板、一个油盘及若干棉纱等。

2）观察液压缸铭牌标记内容，用记号笔在结合处适当位置做上标记。

3）用内六角扳手松开螺母 5，卸下双头螺杆 22。

4）取下左端盖上的螺钉 10、法兰盖 11。

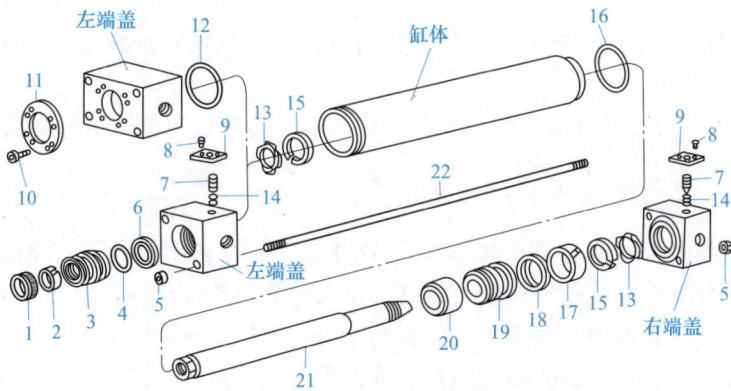

图 4-11　双作用单杆活塞式液压缸

1—防尘密封　2—磨损补偿环　3—导向套　4、12、14、16—O 形密封圈　5—螺母　6—密封圈
7—缓冲节流阀　8、10—螺钉　9—支承板　11—法兰盖　13—减振垫　15—卡簧
17—活塞补偿环　18—活塞密封　19—活塞　20—缓冲套　21—活塞杆　22—双头螺杆

5）依次取下防尘密封 1、磨损补偿环 2、导向套 3、密封圈 4、6。

6）用螺钉旋具撬松端盖与缸体的连接，取下左端盖、右端盖，切忌用尖锐工具撬连接处。

7）用螺钉旋具取下左、右端盖上螺钉 8，依次取下端盖上的支承板 9、缓冲节流阀 7、密封圈 14。

8）取下 O 形密封圈 12、减振垫 13。

9）用铜棒轻轻敲击活塞杆头，取下活塞和活塞杆组件。

10）用卡簧钳取下卡簧 15，依次取下活塞补偿环 17、活塞密封 18、活塞 19、缓冲套 20 和 O 形密封圈 16。

11）拆下的所有零部件用轻柴油或煤油清洗后顺序摆放于油盘内妥善保管，以备测量和检查。

12）按拆卸的反向顺序重新装配液压缸。装配前，清洗、润滑各零部件；装配中，卡簧须用卡簧钳卡到槽内，注意各处密封的装配，避免损伤活塞杆表面、缸套内壁等；安装结束后，活塞组件移动应灵活轻便，无卡死、阻滞现象。

13）观察液压缸动作是否异常。

3. 液压缸的常见故障

在生产实践中，液压缸常见的故障主要有爬行、推力不足、冲击、外泄漏及内泄漏等现象。当液压缸发生故障时，要求工程技术人员能够快速准确地诊断与排除液压缸的故障，这是促使液压系统故障率下降的关键环节。

（1）爬行

1）产生原因：缸内侵入空气；液压缸两端支架上的封油圈压得太紧或过松；活塞杆和活塞不同心；活塞杆弯曲；液压缸的安装精度不够；液压缸孔径直线性不良；液压缸内壁或活塞表面局部磨损或腐蚀，液压缸内泄严重。

2）维修方法：拧开排气装置或开动液压缸在空载情况下进行最大行程的往复运动排

气；调整两端封油圈，使之不紧不松；校直活塞杆全长或局部；检查缸孔与导轨的平行度；镗磨修复，然后根据孔径配活塞或增装 O 形橡胶封油环；轻微时除去锈蚀和毛刺，严重时必须镗磨；活塞杆两端螺帽不宜拧得太紧，保持活塞杆处于自然状态；检查并更换活塞上已老化或损坏的密封圈。

（2）推力不足

1）产生原因：缸孔和活塞因磨损导致配合间隙增大，造成严重内泄；活塞上的密封圈磨损或老化致使密封破坏，造成严重内泄；液压缸工作段磨损不均匀，造成几何形状有误差，致使局部密封性能不良而内泄；活塞杆密封压得太紧或活塞杆弯曲，导致阻力或摩擦力增大，加剧磨损；油液污染严重，污染物进入滑动部位导致阻力增大、速度下降、工作不稳；油温太高，降低油液黏度，增大泄漏，减慢液压缸的速度；缸内有空气，造成液压缸工作不稳定；溢流阀的压力调小了或溢流阀的控压区泄漏；为提高液压缸速度采用的蓄能器的压力或容量不足；液压泵供油不足，造成速度下降，工作不稳定。

2）维修方法：拆开检查并修复缸孔、活塞，更换不可修复件和密封圈；调整密封圈的压紧度，以不漏油为宜；校直或更换活塞杆；清理或更换油液；检查油温升高原因，增设散热和冷却装置；设置、打开排气装置或开动系统强迫排气；按说明书要求调节溢流阀的压力值；检查溢流阀有无内泄，并进行修理或更换；蓄能器容量不足时应更换，压力不足可充压；检查液压泵或流量调节阀，并诊断和排除故障。

（3）冲击

1）产生原因：液压缸未装设缓冲装置，运动速度过快，造成冲击；缓冲装置中的柱塞与孔的间隙过大，泄漏严重，节流阀不起作用；两端缓冲的单向阀失灵不起作用。

2）维修方法：调整换向时间（<0.2s），降低缸的运动速度，或增设缓冲装置；更换缓冲柱塞或在孔中镶套，使间隙达到规定要求，并检查节流阀；修理、研配或更换单向阀与阀座。

（4）外泄漏

1）产生原因：活塞杆表面损伤或密封圈损伤老化，造成活塞杆密封圈密封不严；管接头密封不严导致泄漏；加工精度不高或密封圈损坏导致缸盖外密封不严；液压缸端盖装偏、密封件安装差错及密封压盖未装好等；油液黏度过低；油液进口压力大、周围环境温度太高、散热差等导致油温过高。

2）维修方法：检查并修复活塞杆和密封圈；检查并修复缸盖；拆开检查，重新安装，并更换密封件；更换黏度适宜的油液；检查进油口是否畅通，增设隔热装置。

（5）内泄漏

1）产生原因：缸孔和活塞因磨损导致配合间隙增大超限，造成高、低压腔互通内泄；活塞上的密封圈磨损或老化致使密封破坏，造成高、低压腔互通内泄；活塞与缸筒安装不同心使活塞倾斜或偏磨，造成内泄；缸孔径直线度差或局部呈腰鼓形，造成局部内泄。

2）维修方法：拆开检查并修复缸孔、活塞，更换不可修复件和密封圈；拆开检查，重新调整活塞与缸筒之间的同轴度，或者更换联轴器。

4. 液压缸的修复

（1）液压缸修复层的性能要求　一般根据工程液压缸的工作特点，其修复层应具有如下的性能要求：

1）修复层应有一定的厚度，以确保液压缸能恢复到原来尺寸，保证装配的精度。

2）液压缸内壁有较高硬度和较好耐磨性，活塞、活塞环和液压缸之间存在滑动摩擦。

3）修复层和基体应具有良好的结合强度，因为液压缸和活塞是动配合，机械应力很大。

4）修复层应具有一定的耐蚀性，这是因为液压缸易被液压油污染和腐蚀。

（2）液压缸常见的修复方法　液压缸的修复主要采用恢复尺寸修复法。所谓恢复尺寸修复法就是先将磨损的部位磨圆磨正，然后涂上适当的涂层，使液压缸恢复到原来的尺寸。目前，恢复尺寸修复法主要有电刷镀、喷涂、镀铁、堆焊等几种。对于液压缸的修复来说，镀铁层的结合强度、硬度、耐磨性等性能均满足要求。但是，对液压缸进行镀铁时，需要较大的镀槽，因而其应用受到一定的限制。

三、液压控制元件的故障诊断与维修

液压控制元件的类型繁多，使用的目的各异，产生的故障和导致故障的原因也不尽相同。因此，掌握了液压控制元件的故障诊断与维修才能在维修过程中做到诊断快速准确，维修措施适宜。

液压控制元件一旦发生故障则会直接影响执行机构或驱动的工作机构的正常工作，如夹紧设备突然松开工件、冲压设备冲力不足等。液压控制元件常见的故障有阀芯卡死、动作不灵活、噪声、冲击及泄漏等。造成液压控制元件发生故障的原因是各方面综合因素影响的结果，有设计、加工制造等内部因素，也有阀芯或密封件磨损或拉毛、油液污染、误操作等外部因素。

1. 方向控制阀的故障诊断与维修

方向控制阀是用来实现液压系统中油流的通断、换向以及压力卸载和顺序动作控制的阀门。按作用分为单向阀和换向阀两类。

（1）方向控制阀拆装　预先准备好拆卸工具和测量仪器；拆装应按照流程示意图进行，并且做好解体零件拆装顺序和方向的记录与标记；螺钉要对称进行拆卸；避免零件碰伤或损坏；紧固件应利用专用工具进行拆卸，不得随意或猛力敲打；拆下的零件按次序摆放，不应落地、划伤、锈蚀等。

（2）方向控制阀常见故障诊断与维修　在生产实践中，方向控制阀的常见故障有阀芯不动作或不灵活、换向冲击与噪声、阀芯换向后通过流量不足、泄漏等。

1）阀芯不动作或不灵活。

① 产生原因：阀芯卡住，例如阀芯与阀体的配合间隙过小，阀芯在阀孔中被卡住；阀芯与阀体的几何精度差，装配不同心，产生轴向液压卡紧现象；阀芯被碰伤；油液被污染、温度过高、黏度过大；因安装螺钉的拧紧力过大或不均匀使阀芯卡住；弹簧折断、侧弯变形、漏装、太软或太硬，不能使阀芯复位；电磁铁故障；液动换向阀控制油路故障。

② 维修方法：检查阀芯，例如检查间隙情况，研磨或更换阀芯；检查、修正几何偏差，保证阀芯与阀体的同心度，修磨或重配阀芯；清理或更换液压油，增设隔热装置，选择黏度适宜的油液；检查并适当、均匀地拧紧螺钉；检查、更换或补装弹簧；检修电磁铁，例如提高电源电压；检查并重新焊接线路；清除阀芯卡住故障，更换电磁铁；检修，必要时更换推杆；湿式电磁铁在使用前要松开放气螺钉放气；检修液动换向阀控制油路，例如检查清洗控

制油路使其畅通；提高控制油压，检查弹簧是否过硬，以便更换；检查、清洗节流口；检查或更换单向阀；检查并接回油箱；清洗回油管，使之通畅。

2）换向冲击与噪声。

① 产生原因：阀芯卡住或局部摩擦力过大；推杆过长，电磁铁不能吸合；弹簧过硬，不能将阀芯推到位导致电磁铁不吸合；电磁铁的螺钉松动而产生振动；电磁铁的铁心接触面不平或接触不良；交流电磁铁分磁环断裂；液控换向阀的控制流量过大，阀芯移动速度太快而产生冲击声；单向节流阀中的单向阀钢球漏装或钢球破碎，不起阻尼作用。

② 维修方法：研磨修整或更换阀芯；修磨推杆；检查并更换弹簧；紧固螺钉，并加防松垫圈；清除异物，并修整电磁铁的铁心；检查并更换电磁铁；调小节流阀节流口，减慢阀芯移动速度，检修单向节流阀。

3）阀芯换向后通过流量不足。

① 产生原因：开口量不足；电磁阀中推杆过短；阀芯与阀体的几何精度差，间隙太小，移动不灵活、不到位或有卡死现象；弹簧太弱，使阀芯行程达不到终端。

② 维修方法：增加开口；更换推杆；检查间隙情况，研磨或更换阀芯；检查或更换弹簧。

4）泄漏。

① 产生原因：阀芯、阀体磨损或严重划伤；使用压力过高或阀体膨胀使间隙变大，泄漏增大；密封圈失效或漏装，引起泄漏；油温过高，油液黏度降低，引起泄漏增大。

② 维修方法：换用新阀并过滤油液或换用新油；使用压力应小于或等于额定压力，或换用高压阀；拆开检查，或更换密封圈；增设隔热装置，选择黏度适宜的油液。

2. 压力控制阀的故障诊断与维修

压力控制阀是用来控制和调节液压系统中油液的压力或利用压力信号控制其他元件的阀门，按作用分为溢流阀、减压阀、顺序阀和压力继电器等。这类阀的共同特点是利用作用在阀芯上的液压力和弹簧力相平衡的原理来工作。

（1）压力阀拆装

1）压力阀拆装注意事项：预先准备好拆卸工具和测量仪器；拆装应按照流程示意图进行，并且做好解体零件拆装顺序和方向的记录与标记；螺钉要对称进行拆卸；避免零件碰伤或损坏；紧固件应利用专用工具进行拆卸，不得随意或猛力敲打；拆下的零件按次序摆放，不应落地、划伤、锈蚀等。

2）压力阀拆装步骤和方法。以图 4-12 所示的先导式溢流阀为例，其拆装步骤和方法如下：

准备一套内六角扳手、一套开口扳手、铜锤、耐油橡胶板、油盘及若干棉纱等；观察溢流阀铭牌标记内容，用记号笔在结合处适当位置做上标记；用内六角扳手下先导阀体与主阀体的连接螺钉 1，取下先导阀体；用开口扳手旋下先导阀体上的锁紧螺母 8，并取下调整手轮；从先导阀体部分取下螺套 9、调节杆 10、O 形密封圈 11、12、13、先导阀调压弹簧及先导阀芯等；卸下螺塞 2，取下先导阀阀座 a；从主阀体中取出 O 形密封圈 4、平衡弹簧、主阀芯、主阀座。如果阀芯卡住，可用铜棒轻轻敲击出来，禁止猛力敲打，损坏阀芯台肩。按拆卸的相反顺序装配。即后拆的零件先装配，先拆的零件后装配。将先导式溢流阀外表面擦拭干净，整理工作台。

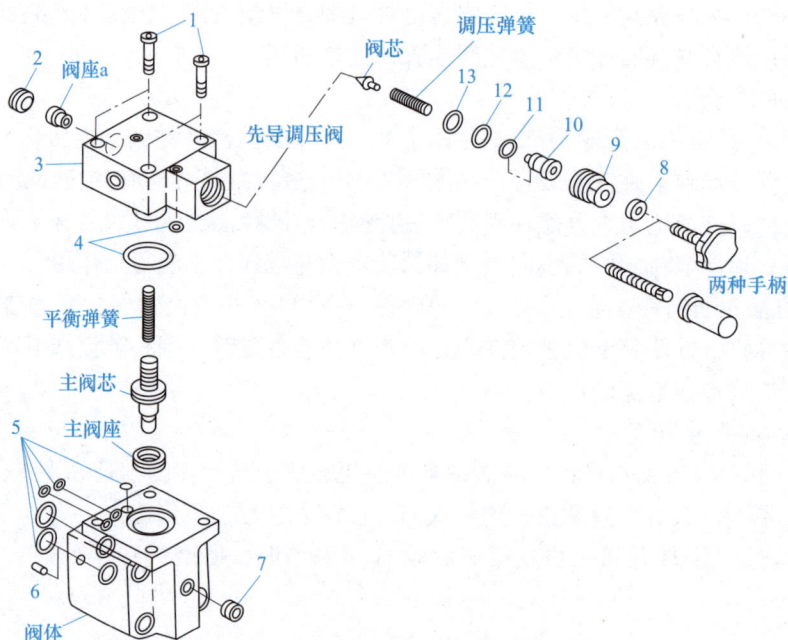

图 4-12 先导式溢流阀立体分解图

1、6—连接螺钉 2、7—螺塞 3—阀座 4、5、11、12、13—O 形密封圈 8—锁紧螺母 9—螺套 10—调节杆

（2）压力阀常见故障诊断与维修 在生产实践中，压力阀常见的故障有调压失灵、压力调不高、压力突然升高或下降、振动与噪声大、泄漏等。

1）调压失灵。

① 产生原因：主阀故障，例如装配时未清洗主阀芯或油液污染等造成主阀芯阻尼孔堵塞；零件精度低、装配质量差及油液污染等造成主阀芯在开启位置卡死；主阀平衡弹簧弯曲或折断导致主阀芯无法复位；先导阀故障，例如调压弹簧折断、弯曲或未装；锥阀损坏或未装；锥阀钢球破碎或未装；远程口故障，例如电磁阀因线圈烧毁或阀芯卡死等故障，导致远程口直接通油箱；远控口的螺塞未装或损坏，导致远程口直接通油；叶片泵叶片装反、齿轮泵齿轮卡死、柱塞泵柱塞磨损等导致液压泵故障；进出油口装反。

② 维修方法：排除主阀故障，例如清洗阻尼孔使之畅通；过滤或更换液压油；拆开检修，重新装配（均匀拧紧阀盖上的紧固螺钉），过滤或更换液压油；更换弹簧；排除先导阀故障，例如更换或补装弹簧；更换或补装锥阀；更换或补装锥阀钢球；排除远控口故障，例如检修或更换电磁阀；更换或补装螺塞；检修或更换液压泵；纠正进出油口方向。

2）压力调不高。

① 产生原因：主阀故障（若主阀为锥阀），例如主阀芯、阀座的锥面磨损或不圆等导致主阀芯锥面封闭性差；零件精度低、装配质量差及油液污染等造成主阀芯有卡滞现象；密封圈损坏或装配不良导致主阀压盖处产生泄漏；先导阀故障，例如调压弹簧折断、弯曲或未装；锥阀与阀座连接处封闭性差（如锥阀与阀座磨损，锥阀接触面不圆，接触面太宽进入脏物或被胶质粘住）。

② 维修方法：排除主阀故障，例如清理、研磨或更换损坏件；过滤或更换液压油；拆

开检修，更换密封圈，重新装配，并确保阀盖上的紧固螺钉拧紧力均匀；排除先导阀故障，例如更换或补装弹簧；检查、更换、清洗，使之达到要求。

3）压力突然升高。

① 产生原因：零件加工精度低、装配质量差、油液过脏导致主阀芯在关闭状态下动作不灵活或突然卡死；先导阀阀芯与阀座连接处突然粘住，脱不开；先导阀调压弹簧折断或弯曲。

② 维修方法：拆开检修，重新装配，过滤或更换液压油；清洗、修配或更换损坏件；更换先导阀调压弹簧。

4）压力突然下降。

① 产生原因：主阀故障，例如主阀芯阻尼孔突然被堵住；零件加工精度低、装配质量差、油液过脏等导致主阀芯在关闭状态下动作不灵活或突然卡死；主阀盖处密封圈突然破损；先导阀故障，例如先导阀阀芯突然破裂；调压弹簧折断或弯曲；远控口的电磁阀发生故障，导致远程口直接通油箱，溢流阀卸荷。

② 维修方法：排除主阀故障，例如清洗，过滤或更换液压油；拆开检修，重新装配；更换密封圈；排除先导阀故障，例如更换先导阀阀芯；更换弹簧；检查电气故障并消除。

5）振动与噪声大。

① 产生原因：主阀故障，例如阀体与主阀芯几何精度差、棱边带毛刺，导致主阀芯受到径向不平衡力；阀体内黏附污染物，导致配合间隙增大或不均匀，造成主阀芯受到径向不平衡力；先导阀故障，例如锥阀与阀座接触不良，圆周面的圆度不好，表面粗糙度值大，造成调压弹簧受力不平衡，使锥阀振荡加剧，产生尖叫声；调压弹簧轴线与端面不够垂直，导致针阀倾斜，造成接触不均匀；调压弹簧偏向定位杆的一侧；调压弹簧侧向弯曲；阀座装配时装偏；空气混入系统中；进、出油口接反；未规范、正确地使用阀，如通过阀的流量超过允许值；回油管路阻力过高、回油过滤器堵塞或回油管贴近油箱底面；远控口管径选择不当，如远控口管径过大引起振动。

② 维修方法：排除主阀故障，例如检查零件精度，修复或更换不符合要求的零件；清理污染物；排除先导阀故障，例如控制圆度误差在 0.005~0.01mm；提高锥阀的精度；更换弹簧；提高装配质量；排除系统中的空气；纠正进、出油口；在额定范围内使用阀；适当增大管径，减少弯头，回油管口应离油箱底面 2 倍管径以上，更换滤芯；按说明书选择管径。

6）泄漏。

① 产生原因：锥阀与阀座接触不良或磨损，滑阀与阀盖配合间隙过大，紧固螺钉松动。

② 维修方法：更换锥阀，重配间隙，拧紧螺钉。

3. 流量控制阀的故障诊断与维修

流量控制阀是通过改变阀口通流面积的大小来调节输出流量的大小，从而控制执行元件的运动速度。流量控制阀故障诊断主要针对阀拆装及常见故障进行分析。

（1）流量控制阀拆装　以图 4-13 所示的单向节流阀为例介绍流量控制阀的拆装，其拆装步骤和方法如下：

1）准备一套内六角扳手、一套开口扳手、铜锤、耐油橡胶板、油盘及若干棉纱等。

2）观察单向节流阀铭牌标记内容，用记号笔在结合处适当位置做上标记。

3）松开刻度手柄 3 上的锁紧螺钉 2、4，取下刻度手柄 3。

4）卸下刻度盘8，取下节流阀阀芯5及密封圈6、7、9。

5）卸下螺塞13，取下密封圈14、弹簧15、单向阀阀芯16。

6）按拆卸的相反顺序装配，即后拆的零件先装配，先拆的零件后装配。

7）将单向节流阀外表面擦拭干净，整理工作台。

（2）流量控制阀常见故障　实际运行中流量控制阀常见的故障有流量调节失灵、流量不稳定、泄漏等。以节流阀为例分析常见故障。

1）流量调节失灵。

①产生原因：阀芯因污物或毛刺等卡住；阀芯和阀孔配合间隙过小，造成卡死；阀芯与阀孔配合间隙过大，造成泄漏；阀芯与阀孔内外圆柱面拉伤划痕，导致阀芯运动不灵活、卡死、内泄漏增大；调节手轮的紧定螺钉松动或者脱落，调节轴螺纹被脏物卡死；阀芯复位弹簧断裂或漏装。

②维修方法：去毛刺，清洗节流阀，过滤或更换油液；研磨阀孔，修复或者重配阀芯；阀芯若轻微拉毛，可抛光再用，严重拉伤时可先磨去伤痕，再电镀修复；清洗污物，调整或更换螺钉；更换或补装弹簧。

2）流量不稳定。

①产生原因：油中杂质黏附在节流口边上，通油截面减小，流量减少；油温升高，油液的黏度降低；调节手柄锁紧螺钉松动；节流阀因系统负荷有变化而使流量变化；阻尼孔堵塞，系统中有空气；密封损坏；阀芯与阀体孔配合间隙过大而造成泄漏。

②维修方法：清洗零件，过滤或更换液压油；增设冷却装置，加强散热；拧紧锁紧螺钉；采用具有压力反馈补偿功能的调速阀；疏通阻尼孔，排除系统中的空气；更换密封圈；检查磨损、密封情况，更换阀芯。

3）泄漏。

①产生原因：调节手柄部位、工艺螺塞、阀安装面等位置的密封圈变形、破损及漏装等造成外泄漏；阀芯与阀体孔损伤有沟槽、磨损、配合间隙增大或者油温过高等造成内泄漏。

②维修方法：更换或补装密封圈；研磨阀孔，修复或者重配阀芯，增设冷却装置。

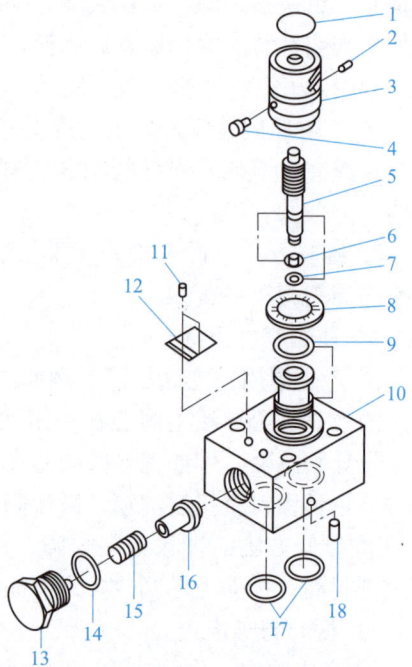

图4-13　单向节流阀

1—贴片　2、4—锁紧螺钉　3—刻度手柄　5—节流阀阀芯
6、7、9、14、17—O形密封圈
8—刻度盘　10—阀体　11—铆钉
12—铭牌　13—螺塞　15—弹簧
16—单向阀阀芯　18—定位销

四、液压辅助元件的故障诊断与维修

1. 油管及管接头常见故障

（1）漏油

1）产生原因：油管破裂漏油；油管与接头连接处密封不良；卡套式结合面差；螺纹连

接处未拧紧或拧得太紧；螺纹牙型不一致。

2）维修方法：更换油管，采用正确的连接方式；连接部位用力均匀，注意表面质量；更换卡套；螺纹连接处均匀用力拧紧；匹配牙型一致的螺纹。

（2）振动与噪声

1）产生原因：液压系统共振；双泵双溢流阀调定压力太接近。

2）维修方法：合理控制振源；控制压力差大于1MPa。

2. 过滤器常见故障

（1）滤芯变形

1）产生原因：过滤器强度低；滤芯被污物严重堵塞。

2）维修方法：更换滤芯；过滤或更换液压油。

（2）滤芯被击穿

1）产生原因：过滤器强度低；过滤器选择或使用不当。

2）维修方法：更换滤芯；选择并安装适宜的滤芯。

3. 蓄能器常见故障

（1）不向外供油

1）产生原因：气阀漏气严重或充气压力低；蓄能器内部泄油；系统工作压力范围小且压力过高。

2）维修方法：及时充气；检查原因，修复或更换；调整系统压力。

（2）蓄能器压力下降严重，需要经常补气

1）产生原因：蓄能器在工作过程中受到振动时阀芯松动，或者锥面上有污物，导致漏气；气体压力过高或过低及内壁摩擦使皮囊破损；工作油与皮囊材质不相容，皮囊损坏。

2）维修方法：拆开检查，清除污物和修磨密封锥面使之密合；检查工作压力范围与封入气体压力的关系；检查耐油性。

（3）吸收压力脉动的效果差

1）产生原因：蓄能器与主管路分支点的连接管道长；蓄能器与主管路分支点的连接管道通径小；蓄能器位置偏离脉动源。

2）维修方法：蓄能器与主管路分支点的连接管道要短；蓄能器与主管路分支点的连接管道通径要适当大些；蓄能器安装在靠近脉动源的位置。

（4）蓄能器释放出的流量稳定性差

1）产生原因：缺少流量控制元件；大容量蓄能器的流量稳定性差；蓄能器工作压力范围大，或蓄能器公称容积小；蓄能器充液时间不充足。

2）维修方法：在蓄能器与执行元件之间加入流量控制元件；采用若干并联的小容量蓄能器，并采用不同的充气压力；减小蓄能器工作压力范围，或适当增大蓄能器公称容积；合理安排，使蓄能器具有足够的充液时间，确保蓄能器在压力能迅速升到位后再释放能量。

4. 油箱常见故障

油箱温升严重与油液污染会导致液压系统产生多种故障。

（1）油箱温升严重

1）产生原因：油箱在热源附近或者环境温度高；系统设计不合理，压力损失大；油液黏度选择不当，过高或过低；油箱散热面积小。

2）维修方法：远离热源，或者增设冷却装置；正确设计液压系统，尽量减少压力损失；选择黏度适宜的液压油；增大油箱散热面积或增设冷却装置。

（2）油箱内油液污染

1）产生原因：装配时残存油漆剥落片、焊渣等污物；外界污物进入油箱；系统内产生污物。

2）维修方法：装配前必须严格清洗油箱内部；采用防尘密封措施，如注油口安装空气滤清器或过滤器，油箱内安装进出油区的隔板；过滤或更换油液，使用防锈性能好的润滑油，选择大容量的空气滤清器。

🔍 任务实施

矫直校平压力机液压系统的故障诊断与排除

1. 系统原理

矫直校平压力机主要用来对工程机械关键工作部件进行矫直校平加工。图 4-14 所示为矫直校平压力机的液压系统原理图，其中液压缸 8 驱动工作机构对工件进行矫直校平加工，高低压双泵 1、2 组合使用为液压系统供油，即低压大排量定量柱塞泵 1（带内置限压阀）和高压小排量变量柱塞泵 2（压力补偿变量）。

图中矫直校平压力机的工作过程包括空载快速运动、高压慢速加载和停机卸荷。其工作过程如下：当电磁阀 6 右位、电液动换向阀 7 左位工作时，低压泵 1 的液压油通过单向阀 4 与高压泵 2 合流后，经过电液动换向阀 7 左位进入液压缸 8 无杆腔，驱动液压缸空载快速运动；当工作机构对工件进行加压，系统压力升高，高压泵 2 的液压油打开卸荷阀 3、单向阀 4

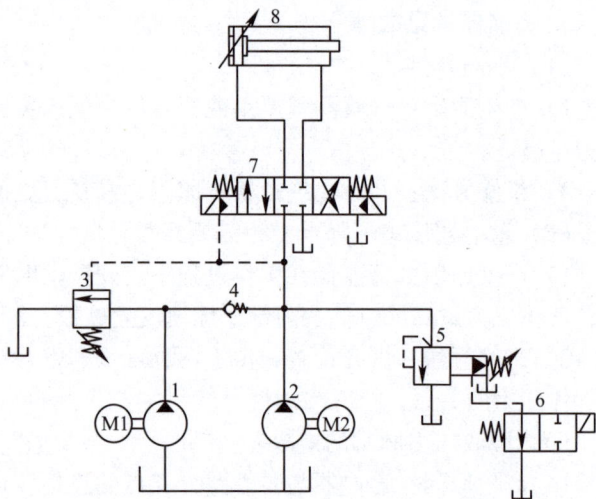

图 4-14 矫直校平压力机液压系统原理图
1—低压泵 2—高压泵 3—卸荷阀 4—单向阀 5—溢流阀
6—电磁阀 7—电液动换向阀 8—液压缸

关闭，低压泵 1 经卸荷阀 3 被卸荷，高压泵 2 独立向液压缸提供高压油，工作机构转为高压慢速加载；当工件加压结束后，电磁阀 6 切换至右位，溢流阀 5 开启，低压泵 1、高压泵 2 均卸荷，以减少非工作状态时的功率消耗，避免温升过热。

2. 故障现象

矫直校平压力机工作异常，在高压慢速加载时系统压力不足，不能满足正常生产需求。

3. 故障分析

液压系统压力不足本质是油液压力不足或运动阻力太大，致使执行机构不能推动负载运动。液压缸、溢流阀、换向阀、管路系统和液压泵都可能出现故障，造成压力不足；而某一方面，故障又有可能是由于不同原因引起的。例如：液压缸严重漏油、负载过大或摩擦阻力太大、进油口被堵塞都会造成压力不足；溢流阀调整压力太低、主阀或者先导阀的弹簧失效或太软、导阀与阀座密封不良、主阀阀芯阻尼孔堵塞等原因也会造成压力不足；换向阀阀芯卡死不能换向、油箱油量不足、油路堵塞等原因仍然可使压力不足；液压泵的流量不足或容积效率过低同样会造成压力不足，以致推不动负载。

4. 故障诊断与排除

采用逻辑流程图对矫直校平压力机液压系统故障进行了分析。这种方法从故障症状出发，分析故障的本质原因，探讨故障的常见原因，找到故障的真实原因。图 4-15 所示为故障逻辑流程图。

1）检查步骤按照由简到繁、由易到难的原则，首先检查油箱的油量、过滤器和管路是否堵塞、液压缸的外泄漏。经过检查，可知油箱油量充足、无污染变质，过滤器和管路畅通，液压缸无外泄漏。

2）检查换向阀故障。液压缸伸缩无异常，没有被卡住，说明换向阀换向正常。

3）检查液压缸故障。采用"试探反证法"，将液压缸静止在任意位置一段时间后，发现液压缸仍然在原位，说明液压缸无内泄漏，液压缸正常。

4）检查溢流阀故障。采用"仪表分析法"检查是否调整压力太低。将溢流阀全打开，起动液压泵，将电液动换向阀 7 切换至左位，逐渐旋紧溢流阀的调压手轮，观察压力表的变化。无论怎样旋紧调压手轮，压力

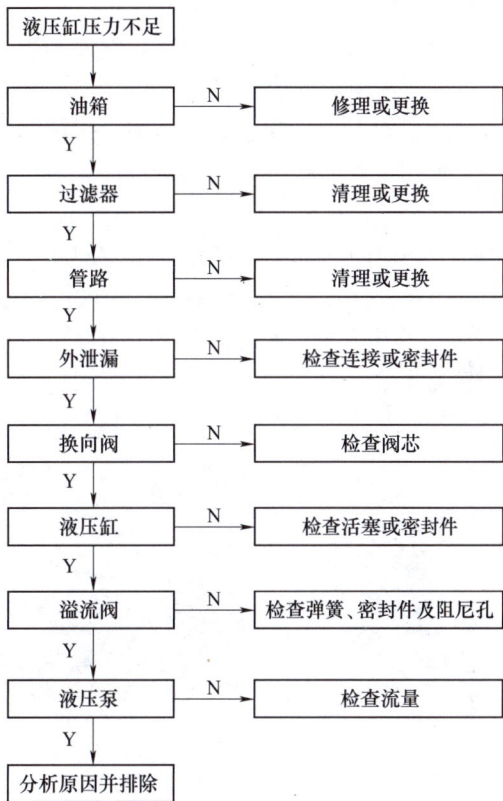

图 4-15　故障逻辑流程图

表指示的最大压力仅为 5MPa，无法达到泵的工作压力 10MPa，说明压力上不去。溢流阀压力调不高，可能是溢流阀故障，也可能是其他原因。为了避免误将合格的溢流阀解体检查，采用"元件替换法"，将溢流阀卸下，换上同型号的备用溢流阀，重复上述检查过程，发现最大调整压力仍然只有 5MPa。由此可见，溢流阀无异常。

5）检查液压泵的故障。排除上述可能的故障原因之后，可断定故障的真实原因在液压泵。卸下液压泵，解体进行检查，看到缸体与配流盘、柱塞与缸体均有不同程度的磨损。磨损造成液压泵严重内泄漏使液压系统的压力上不去，导致液压缸冲力不足。换一个相同型号的液压泵，故障得以排除。

🔍 知识拓展

微型液压元件

液压元件是现代传动与控制系统的重要组成部分，它直接影响机电产品和国防装备的性

能和发展。随着材料科学与制造技术的进步，液压元件正在朝着微小型化、智能化、高压化、高功率密度化、环境友好化方向发展。微型液压元件在性能及其应用方面都代表了液压技术的发展趋势。

1. 微型液压元件

（1）MG 系列外啮合齿轮泵　MG 系列外啮合齿轮泵如图 4-16 所示。它采用自吸式磁力驱动设计，可形成完全密封泵腔，外壳和内部采用不锈钢 AISI 316L，质量 380g，最低排量为 0.3mL/r，最高转速为 5000r/min，最高压力为 1.5MPa，能承受 120℃的高温流体且膨胀系数低。该泵具有无噪声、无脉动、耐蚀能力强等特点，主要用于医疗及外科设备、喷墨打印机、润滑冷却系统和食品设备等。

（2）GA 系列外啮合齿轮泵　GA 系列外啮合齿轮泵如图 4-17 所示。它采用磁力驱动和独特的"Suction shoe"结构设计，在出口压力的作用下，驱动齿轮端面压紧在"Suction shoe"结构上，可自行弥补磨损，补偿齿轮移位，能在高压的工况下高效运行并提高使用寿命。质量为 0.31kg，最小排量为 0.0175mL/r，最高转速为 5500r/min，最高压力为 2.1MPa。该泵流量平稳无脉动，低流速下可实现快速响应，也适用于高温操作，主要应用于航空和航天、生物、化工、医学、工业、食品和饮料等领域。

a) 原理图

b) 实物图

图 4-16　MG 系列外啮合齿轮泵

图 4-17　GA 系列外啮合齿轮泵

（3）TFH 系列微小型柱塞泵　TFH 系列微小型柱塞泵如图 4-18 所示。它采用轴向柱塞结构，铝制外壳，端面配流。缸体和配流盘之间采用球面阀板，具有自动调心功能，提高了泵性能的稳定性，可在低速和高速情况下减少泄漏量，实现高效率，双向运转，响应性好，适合于伺服电动机驱动。该泵质量最小为 0.27kg，最小排量为 0.4mL/r。有 5 种不同排量规格型号，其中最大排量为 6.3mL/r，最高转速为 3000r/min，最高工作压力为 21MPa，容积效率为 95%

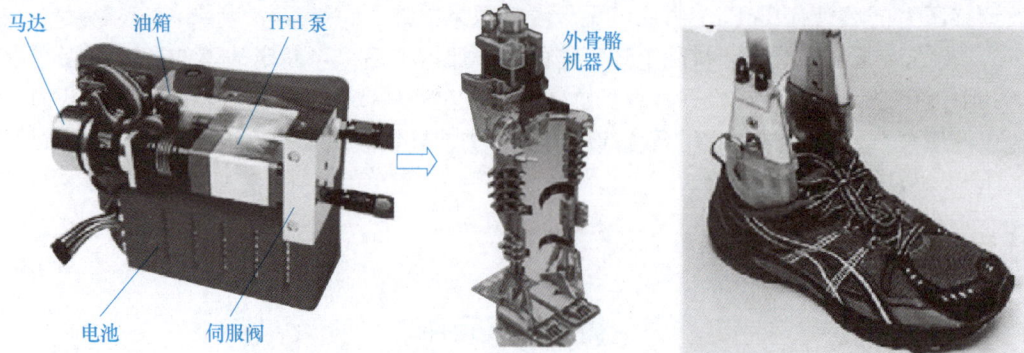

图 4-18　TFH 系列微小型柱塞泵应用

以上。该泵具有自我调整能力强、可靠性高、抗污能力强、体积小、质量小、紧凑高效等特点，广泛应用于生产线输送设备、医疗器材、工业车辆、外骨骼机器人、踝足矫形器等场合。

（4）AKP 系列微型轴向柱塞泵　AKP 系列微型轴向柱塞泵的应用如图 4-19 所示。它采用阀配流、动斜盘式设计，双向旋转，并对滚动轴承和吸气阀进行了优化，提高了泵的可靠性，在工作过程中可实现自润滑和冷却。最小排量为 0.1mL/r，最大为 0.36mL/r。转速范围为 100~5000r/min，最高工作压力为 50MPa。该泵具有高容积效率、高可靠性、高密封性、低噪声的特点，特别适用于低流速或高转速时需要提高整体效率的场合，如石油天然气、海上测量装备、便携式动力装置和工具以及手术台等输送设备。

图 4-19　AKP 系列微型轴向柱塞泵的应用

（5）NP 系列外啮合齿轮泵　NP 系列外啮合齿轮泵如图 4-20 所示。它采用磁力驱动设计，具有高精度的陶瓷轴，结构紧凑，齿轮泵与电机集成一体化。该泵排量最低为 0.2mL/r，最高转速可达 4000r/min，最高压力为 1.5MPa，工作温度范围为 -40~150℃。该泵耐蚀性强，可长时间干运转自吸，噪声低，出口压力无脉

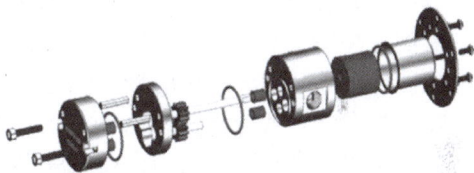

图 4-20　NP 系列外啮合齿轮泵

动，具有超高的使用寿命和耐磨性，主要应用于喷墨、水清洗、化工介质输送等领域。

2. 液压技术的发展趋势

微型液压技术具有体积小、质量小及动力密度大等显著优点，可带来很多传统技术无法实现的简单高效的方案，除能在航天、深潜设备中应用外，还能广泛应用于飞机制造、石油钻探采样、机器人、便携水下作业工具、便携液压动力站等领域，具有十分光明的应用前景。微型化是现代液压技术研究的重大的目标之一，微型液压元件的开发和应用将带来巨大的经济效益，对于我国液压工业现代化的发展具有极其重大的意义。

（1）仿生机器人关节液压驱动　美国研制出的一款液压驱动的四足仿生机器人 BigDog，采用总泵加 16 个液压执行器的方案进行控制力和转矩输出。挪威科技大学研发的用于火灾扑救的蛇形机器人 Anna Konda 搭载 20 个液压马达，整体采用铰链机构，它的每个关节由 2 个双作用水力液压缸驱动来实现其较高的灵敏性。山东大学研制出液压驱动四足机器人 SCalf，采用单杠发动机通过链条传动系统驱动变量柱塞泵，实现协调配合工作。目前仿生机器人正在朝着多功能性、相似性、微型化和多变性的方向发展。各国将目光转向电液伺服作动器（EHA）的研究，将电动机、泵、油箱和液压缸进行一体化设计，其具有体积小、节能效果明显、液动力大等特点。新兴 EHA 技术结合了液压驱动和电动机驱动的优点，极大

地推动了新一代机器人关节驱动器的发展。

（2）海洋机电　美国研发了深海大于3000m级别的不同功率液压泵的油压驱动系统。日本研制了采用海水液压驱动的水下作业机械手，该机械手的自由度为7个，手部自由度为11个，最大作用范围为1m，它的各关节由海水液压马达驱动，位置控制精度要比油液系统高。芬兰开发用于驱动水下机器人的自持式海水液压水下动力站，并设计出新型轴向柱塞式海水液压泵及马达。华中科技大学针对4500m级深潜水器的要求，研制出超高压浮力调节海水泵，在转速为1000r/min时，空载流量为6.3L/min，压力为48MPa时，流量为5.7L/min，总效率为81%。浙江大学针对深海液压系统的应用特点，采用真空注油和高压注油相结合的方法，配合过滤、除水、除气等功能，设计出一套深海液压系统专用注油装置。

与油液压系统不同，海水液压系统在深海应用一般采用开式系统，直接从海洋中获取介质，结构简单、驱动效率高、无污染、维护方便，工作性能更加可靠。由于具有以上优越性，海水液压技术成为当今国际上深海装备动力驱动的重要发展方向。

（3）石油装备　随着全球工业的快速发展和能源消耗的不断扩大，石油的需求量大幅度增加，现已成为各国争相开发和储存的重要战略资源。近年来，我国加快石油钻机关键技术的研究和开发，液压技术得到广泛应用，如伸缩式井下牵引器的液压控制技术、液压式防喷自动控制技术和液压联动式随钻扩孔技术等已经基本实现国产化，但是在满足井下石油钻采作业强度、工作效率和可靠性等方面仍存在一些问题和不足。

（4）医药器械　近年来微型液压技术与微机电系统（MEMS）相结合，成功研制出微泵、微阀等高精尖产品，广泛应用于医疗供药系统、DNA合成系统、生化分析、临床检测等领域，展现出广阔的应用前景。

液压技术朝着智能化、绿色化、微型化趋势快速发展，现已成为一种关键的工业支撑技术，在我国机械制造业和国防事业发展中占据重要地位。随着《中国制造2025》战略的实施，流体传动与控制的相关技术受到了各领域高度重视，进一步推动了液压技术的发展，加快了我国集成化液压元件、系统的突破，对工业制造的升级换代，抢占未来科技发展制高点，提升我国竞争新优势具有重大的战略意义。

知识测试

1. 试分析柱塞泵发热的原因及排除方法。
2. 试分析液压缸推力不足的原因及排除方法。
3. 试分析液压马达转速低、输出转矩小的原因及排除方法。
4. 试分析换向阀换向时产生冲击与噪声的原因及排除方法。
5. 试分析溢流阀压力调不高的原因及排除方法。
6. 试分析顺序阀调定压力值不符合要求的原因及排除方法。
7. 试分析调速阀流量不稳定的原因及排除方法。

任务三　机床液压系统的故障诊断与维修

任务分析

机床液压系统一般较难直接判断出产生故障的主要原因。因此，分析液压故障之前必须弄清楚整个液压系统的传动原理、结构特点，然后根据故障现象进行判断，逐步深入分析，采用顺藤摸瓜、跟踪追击的分析方法，有目的、有方向地逐步缩小可疑范围，确定故障区域、部位，以至于某个元件。本任务以机床液压系统多个故障为基础，分析了机床液压系统故障诊断与维护的方法，给出解决方案，剖析和论述了造成机床液压系统不能正常工作的原因，并提出改进系统设计和正确调试的有效对策。

🔍 知识储备

一、调试步骤

1. 调试前的检查

1）检查所用的油液是否符合机床说明书的要求。

2）油箱中储存的油液是否达到油标高度。

3）各液压元件的安装是否正确牢靠，各处管路的连接是否可靠，液压泵和各种阀的进、出油口以及泄漏口的位置是否正确。

4）各控制手柄应处于关闭或卸荷位置。

2. 空载调试

1）起动液压泵电动机，观察其运动方向是否正确，运转是否正常，有无异常噪声，液压泵是否漏气。

2）液压泵在卸荷状态下，检查其卸荷压力是否在规定范围内。

3）调整压力控制阀，逐渐升高系统压力至规定值。

4）系统内装有排气装置的应打开排气。

5）开启阀门，调节流量阀，使液压缸动作逐渐加速，行程由小至大，然后做全行程快速往复运动，以排除系统中的空气。

6）关闭排气装置。

7）检查各管路连接处、液压元件结合面及密封处有无泄漏。

8）检查油箱油液是否因进入液压系统而减少太多，若油液不足，应及时补充，使液面高度始终保持在油标指示位置。

9）检查各工作部件是否按工作顺序工作，各动作是否协调，运动是否平稳。

10）当空载运转 2h 后，检查油温及各工作部件的精度。

二、泵和压力阀的调整

1. 调整前的准备工作

（1）封住工作台液压缸两端进油管　因调整液压系统时，需检查排油管路和接头处是否泄漏，所以不能将工作台直接安放在床身上，应将工作台垫起，用两个实心管接头将工作台液压缸两端进油管封住。

（2）检查液压泵电动机的旋转方向　液压泵必须按规定方向旋转，否则就不能形成压力油。齿轮泵内的啮合齿轮依靠液压油润滑，如果齿轮泵反向旋转，则将无油进入，此时啮合齿轮产生干摩擦，时间稍久齿轮发热膨胀，情况严重时会引起齿轮急剧磨损甚至胀死。因此在检查时必须一开即关，当判断齿轮泵正转无误时，方可开动正常运转。检查方法一般有以下三种：

1）观察电动机的旋转方向。观察电动机后端风扇的旋转方向，当电动机正转时，风扇应顺时针方向旋转，否则即为反转。此时因电动机一开即关不易看清，可多试几次，以利于正确判断。

2）观察齿轮泵进油管。若齿轮泵反转，则油液不但不能进入液压系统，相反会将液压系统内空气抽出，此时可观察到进油管处冒出气泡；如无气泡冒出，即可判断为正转。

3）观察压力表。若齿轮泵正转，则压力表指针按顺时针方向旋转，指示压力值；若指针不动，则齿轮泵为反转。当判断齿轮泵正转无误，再开动液压泵电动机时，仍需观察压力表。如果压力表指针急速旋转，应立即关机，否则会造成压力表指针打弯而损坏或引起油管爆裂。这是由于溢流阀阀芯被卡住，无法起溢流作用，导致液压系统内压力无限上升引起的，操作者必须防止此类事故的发生。

2. 调整溢流阀压力

1）取下溢流阀上的塑料帽（图4-21a）。

2）用扳手调节方头螺纹套（图4-21b）。

一般中小型机床溢流阀的压力调整为0.9~1.1MPa。调整压力表，使压力表指针读数为溢流阀所调整好的液压。

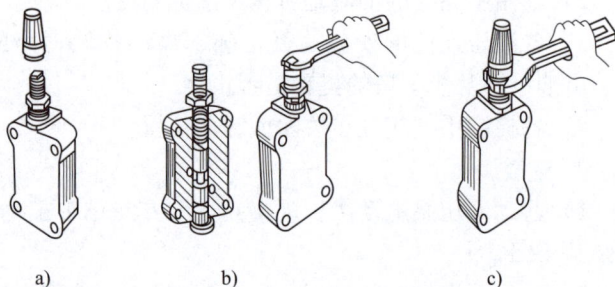

a)   b)   c)

图4-21　溢流阀压力调整

3）锁紧溢流阀上的螺母。将溢流阀调整到额定压力后，须将螺母锁紧，使液压系统内压力保持稳定。锁紧时须用两把扳手，一把扳手固定方头螺纹套，使其不能转动，另一把扳手按顺时针方向锁紧螺母，此时两扳手用力方向应相反。锁紧螺母后，再检查压力表指针读数是否仍为原调整值，如图4-21c所示。

4）溢流阀的常见故障为阀芯在阀体内被卡住。当扳动方头螺纹套时，压力表指针不动，或刚开动液压泵电动机时，即发生压力无限上升，导致损坏压力表。

此时，须拆开溢流阀两端盖板，敲出阀芯，仔细观察阀芯表面印痕，然后用金相砂纸将阀芯表面研光，再将阀芯清洗干净，滴上润滑油装入阀体内。此时用手指上下推动阀芯，必须滑动灵活并能稍微露出孔口。将溢流阀装配好后，装在压力阀板上重新进行调试。溢流阀中的弹簧若发生永久变形或损坏时，则需更换弹簧，其尺寸、材料和弹性应与原弹簧相同，端面应与弹簧轴线相垂直。

3. 远程调压失灵

图4-22所示为某单位自制试验台的液压系统。为保证试验所需的最大工作流量，采用双液压泵同时供油。在小流量范围内试验时，为降低功耗，采用单液压泵供油，回路的压力由远程调压阀7调定。

（1）存在问题　双泵供油时，回路压力能达到要求值；单泵供油时，回路压力上不去，即使将远程调压阀7的调压旋钮全部拧紧，压力仍达不到要求值。

（2）问题分析　两套并联油源回路中，各液压元件经检测均无质量问题。单泵供油压

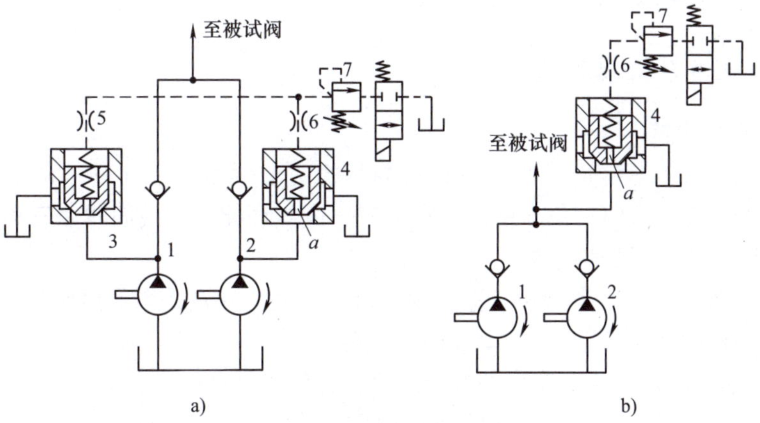

图 4-22 试验台液压系统

1、2—液压泵 3、4—溢流阀 5、6—节流阀 7—调压阀

力上不去，分析两套油源回路中液压元件之间的相互影响问题。在图 4-22a 所示的回路中，远程调压阀 7 与溢流阀 3 和 4（导阀未示出）分别由管路相连。当只有液压泵 1 工作时，压力油从溢流阀 3 主阀芯上端弹簧腔，经过远程控制口及外接油管进入溢流阀 4 主阀芯上端的弹簧腔，并经阻尼孔 a 向下流经主阀芯的下腔，由溢流阀 4 的进口反向流入停止运转的液压泵 2 的出油管中，管中的压力油将会使液压泵 2 像液压马达一样反向微动或经过液压泵 2 的间隙流进油箱，于是溢流阀 3 的远程控制口就向油箱中泄漏液压油，这样，势必导致回路压力上不去。又因控制油路上设置了节流阀 5、6，溢流阀 3 的远程控制油路上的油液是在一定节流阻力的状况下流回油箱的，所以压力不是完全没有。

（3）解决方法 按双泵最大流量之和选用一个溢流阀代替原回路中的溢流阀 3 和 4，组成如图 4-22b 所示的双泵供油回路。改进后的回路排除了液压元件之间的相互干扰问题。

此案例告诉我们，在维修液压回路时，要特别注意液压回路间可能存在的相互干扰问题。

三、机床液压系统常见故障征兆

1. 噪声

噪声来源包括液压泵产生的噪声、控制阀引起的噪声、液压系统的机械噪声。

2. 泄漏

泄漏包括液压系统压力调整过高使密封件或密封面处泄漏、润滑系统调整不当使润滑油产生外溢、液压系统压力调不高使滑阀产生内泄漏、密封件泄漏、结合面间产生泄漏、床身或箱体等铸件泄漏。

3. 爬行

爬行包括因导轨阻力大、液压缸阻力大、液压缸内进入空气而导致工作台产生的爬行。

4. 液压冲击

液压冲击包括液流换向时产生的冲击和节流缓冲装置失灵时产生的冲击。

5. 静压润滑故障

静压润滑故障包括静压导轨润滑故障、液体静压轴承供油系统不稳定、静压轴承未建立纯液体摩擦致使主轴拉毛或主轴与轴承咬死。

四、噪声来源及降噪措施

1. 液压泵产生噪声

（1）液压泵困油产生噪声　叶片泵在配油盘的两个压油腔处开有三角沟槽，使被困住的油液流入压力油腔。若因三角沟槽加工得太短，或修理配油盘端面时使三角沟槽减小而产生噪声时，可用三角锉刀进行修锉。

（2）液压泵吸进空气产生噪声　液压泵吸进空气的方式及采取的措施如下：

1）液压泵吸油管密封不严：拧紧吸油管螺母。

2）油箱中油液不足：将油箱中的油液加到油标线处。

3）吸油管浸入油液深度不够：吸油管浸入油池的2/3深度处。

4）液压泵吸油位置太高：液压泵进油口离油池液面高度应小于500mm。

5）吸油管进油口截面过小：将吸油管管口切成45°，以增加进油截面面积。

6）过滤器表面被污物阻塞：拆下过滤器，清洗过滤网。

7）回油管没有浸入油池，使回油冲入油箱，搅动液面混入空气：更换较长的回油管，回油管浸入油池。

2. 控制阀引起的噪声

1）调压弹簧损坏：更换调压弹簧。

2）阀座密封不良：修研阀座密封结合面，更换钢球或修磨锥阀，或用锤子和细钢棒敲击钢球，使钢球与阀座结合面接触良好。

3）滑阀在阀体孔内移动不灵活：将滑阀用金相砂纸研光，清除污物，使滑阀在阀体孔内移动无阻滞。

4）滑阀阻尼孔被堵塞：清洗疏通滑阀阻尼孔。

5）节流阀开口小、流速高产生喷流：减小节流阀进、出油口液压差或采用小规格节流阀，使得在流量很小的情况下，节流阀开口仍较大。

6）电磁换向阀快速切换，产生液压冲击：在电磁换向阀油路中设置缓冲装置。

3. 挤压机鸣笛般啸叫

图4-23所示是某厂自己设计制造的铝型材挤压机液压系统主缸控制回路，可实现主缸快进—挤压—后退的动作循环。具体工作过程是：电液换向阀7右位工作时，液压泵1和2输出的液压油经单向阀5、6到阀7右位全部进入活塞小腔A，大腔B所需的油液通过充液阀9从油箱中吸取，实现主缸活塞快进。主缸推动挤压杆将铝锭推进挤压筒后，油压逐渐升高，当油压升高到顺序阀8的调定压力后，压力油经阀8流入主缸活塞大腔B，主缸便推动挤压杆慢慢向前挤出制品。当挤压行程结束时，电液换向阀7转为左位

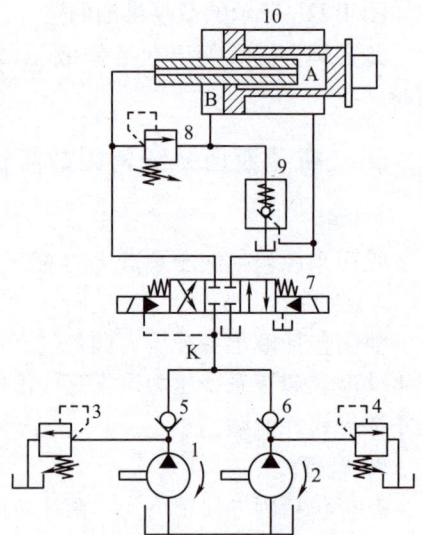

图4-23　挤压机主缸回路
1、2—液压泵　3、4—溢流阀
5、6—单向阀　7—换向阀　8—顺
序阀　9—充液阀　10—液压缸

工作，主缸快速退回。回路中泵 1 和 2 是同规格的定量泵，阀 3 和 4 是同规格的溢流阀，用作定压溢流。两溢流阀的调定压力均为 14MPa。

（1）存在问题　试车时发现，工作循环一进入挤压工序，发出鸣笛般的啸叫声。

（2）问题分析　在快进过程中，系统并没有发出噪声，只在挤压过程中（即溢流阀 3 和 4 同时定压溢流时）才有噪声出现。同时还发现，当只有一侧的液压泵和溢流阀工作时，无上述的啸叫声。这说明，噪声是由于两个溢流阀在流体作用下发生共振造成的。

由溢流阀的工作原理可知，溢流阀是在液压力和弹簧力相互作用下进行工作的，容易激起振动而发出噪声。溢流阀的入出口和控制口的压力油一旦发生波动，即产生液压冲击，溢流阀内的主阀芯、先导阀芯及弹簧就振动起来，振动的程度及状态随流体的压力冲击和波动状况而变。因此，与溢流阀相关的油液越稳定，溢流阀越能稳定地工作。

在上述系统中，双泵输出的压力油经单向阀后合流，发生流体冲击与波动，引起单向阀振荡，从而导致液压泵出口压力油不稳定，又由于泵输出的压力油本来就是脉动的，因此压力油将剧烈地波动，并激起溢流阀振动。因两个溢流阀结构、规格及调定压力均一样，所以二者的固有频率相同，导致两溢流阀共振，并发出异常噪声。

（3）解决方法

1）采用一个溢流阀。将原回路中的溢流阀 3 和 4 用一个大容量的溢流阀代替，安置于双泵合流点 K 处。这样，溢流阀虽然也会振动，但不太强烈，因为排除了共振产生的条件。

2）采用一个远程调压阀。即将两个溢流阀的远程控制口接到一个远程调压阀上，系统的调整压力由远程调压阀确定，与溢流阀的先导阀无直接关系，但要保证先导阀调压弹簧的调定压力值必须高于远程调压阀的最高调整压力，否则远程调压不起作用。

此案例提示我们，应避免采用两个并联的等调压值的溢流阀调压回路，以免产生共振，发出噪声。

五、液压系统温升及抑制

1. 蓄能器增速回路温升

某厂自制的液压设备蓄能器增速回路如图 4-24a 所示。由于间歇时间长、执行元件需要高速运动，采用蓄能器作为辅助动力源，与流量较小的液压泵配合使用。当手动换向阀 5 处于中位时，液压缸 6 停止运动，液压泵 1 经单向阀 2 向蓄能器 4 充液，这时蓄能器储存能量；当蓄能器压力升高到某一调定值时，卸荷用的先导式外控顺序阀 3 打开，使泵 1 输出的压力油经顺序阀 3 流回油箱，泵 1 处于卸荷状态；当阀 5 的左位或右位接入回路时，泵 1 和蓄能器 4 同时向液压缸 6 供油，使其快速运动。回路中顺序阀 3 的调定压力高于系统的最高工作压力，以保证工作行程期间泵 1 的流量全部进入系统。

2. 存在问题

液压缸停止运动时，液压泵的出口压力时高时低，不能持续卸荷，系统功耗大，油温高。

3. 问题分析

当阀 5 处于中位，液压缸停止运动时，蓄能器充液压力升高到调定值后，泵处于卸荷状态。

如果此时回路中某个元件或管路存在泄漏，就会造成蓄能器内油液的压力降低。当

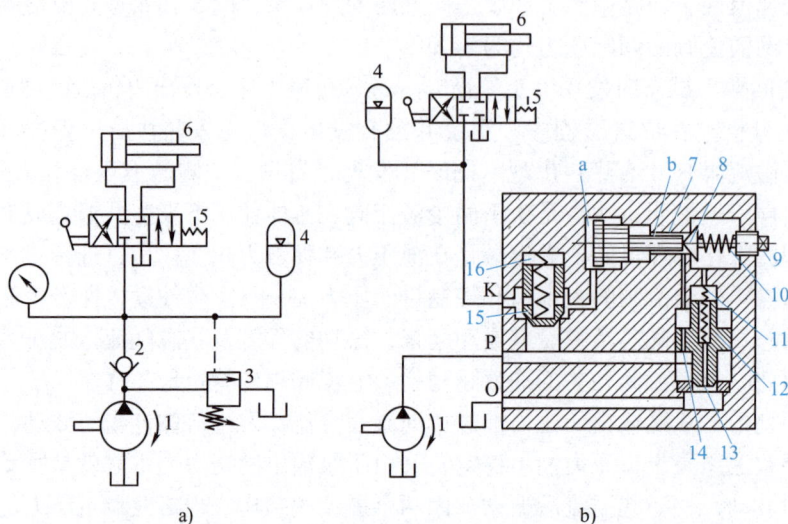

图 4-24 某蓄能器增速回路故障处理

1—液压泵 2—单向阀 3—顺序阀 4—蓄能器 5—换向阀 6—液压缸
7—主阀柱塞 8、15—卸荷阀阀芯 9—调节螺钉 10—调压弹簧 11—主阀弹簧
12—主阀阀芯 13—主阀中心孔 14—主阀阻尼孔 16—卸荷阀弹簧

压力低于顺序阀 3 的调定压力时，顺序阀 3 关闭，液压泵经顺序阀 3 的卸荷通路被切断，液压泵输出油液经过单向阀 2 又向蓄能器充油，压力再次升高，蓄能器的压力升高到顺序阀 3 的调定压力时，顺序阀再次使液压泵处于卸荷状态。若回路中某个元件或管路的泄漏量较大，就会造成顺序阀 3 时开时闭，从而使液压泵出口压力时高时低，导致泵处于卸荷和非卸荷交替变化状态。但经检查，并未发现系统有明显的外泄漏现象。

从元件本身分析，由外控顺序阀 3 的结构原理可知，来自蓄能器的压力油从顺序阀的外控口，经主阀阀芯中的节流孔，由主阀阀芯下腔进入上腔。当压力未达到设定压力时，先导阀阀芯关闭。当压力达到设定压力时，先导阀阀芯开启，主阀阀芯开启，这时，液压泵输出的油液通过主阀开口流回油箱，液压泵处于卸荷状态。与此同时，来自蓄能器的压力油仍继续推动先导阀阀芯，并经阀内泄孔与液压泵的卸荷油液合流流回油箱，以维持主阀阀芯的开启状态。

当来自蓄能器的油液压力，因先导阀阀口处的泄漏而降低时，先导阀阀芯关闭，主阀阀芯也关闭，液压泵的卸荷通道被切断，于是出现上述顺序阀 3 反复启闭的现象。通过上述分析得出，导致该系统问题存在的原因是选择了先导式外控顺序阀作为卸荷阀。

解决方法：选用先导式卸荷溢流阀替代原回路中的阀 2 和阀 3，组成图 4-24b 所示的蓄能器增速回路。先导式卸荷溢流阀与一般先导式顺序阀的主要区别在于：其卸荷阀阀芯 8 除要受调压弹簧 10 和油腔 b 内油液的作用力外，还要受柱塞 7 的推力作用。该阀接口 K、P、O 分别接通蓄能器 4、液压泵 1 和油箱。

蓄能器 4 开始充油时，卸荷溢流阀中的卸荷阀阀芯 8 和主阀阀芯 12 处于关闭位置。油腔 a 和 b 中的压力都等于泵的出口压力，柱塞 7 两端受力平衡，对先导阀阀芯不产生推力。

随着蓄能器内油的增加，油腔 a 和 b 中的压力也升高；当压力升高到某一调定值时，油腔 b 中的液压力克服弹簧力，将先导阀阀芯打开，于是从 P 口处来的压力油经阻尼孔 14、先导阀口、主阀的中心孔 13、阀 O 口流回油箱。油液流动时阻尼孔 14 使液压缸 6 中的压力小于泵压，于是主阀口打开，液压泵开始卸荷。这时 b 腔压力小于 a 腔压力，柱塞 7 便对先导阀阀芯施加一额外的推力，促使先导阀和主阀的阀口开得更大，泵的卸荷也更加通畅。在这种情况下，由于不存在来自蓄能器的维持主阀开启的先导流量，因此蓄能器中的压力即使因泄漏而有所下降，卸荷溢流阀仍能使液压泵处于持续卸荷状态。

此案例说明，先导式外控顺序阀可作为卸荷阀使用，但对于需要长时间持续卸荷的液压设备来说，宜采用先导式卸荷溢流阀。

六、爬行故障

1. 导轨阻力大产生工作台爬行

1）机床导轨精度差。机床导轨精度差或配刮、配磨不当，局部金属表面直接接触，破坏油膜层，出现干摩擦或半干摩擦，使摩擦阻力增大。采取措施：应重新修复机床导轨精度，经配刮或配磨后，要求导轨面的接触面积在 80% 以上。

2）润滑不充分或润滑油选用不当。采取措施：适当提高润滑油的压力和流量，选用抗压强度高的导轨油（当移动部件很重或在速度很低的情况下，可以选用 5~7 号导轨油）。

2. 液压缸阻力大产生工作台爬行

1）液压缸轴线与导轨不平行。测量并调整液压缸的上、侧线与导轨的平行度在 0.1mm 内（精密机床要求为 0.02~0.05mm），再重新定位。

2）活塞杆弯曲、活塞与活塞杆不同轴。将活塞杆校直，要求活塞杆全长直线度不大于 0.1mm/1000mm。活塞与活塞杆装配后，放在两个等高 V 形架上，用百分表找正，要求其同轴度在 0.04mm 内，若超差则需重新调整。

3）液压缸缸体孔精度差或拉毛、刮伤。研磨或镗磨液压缸缸体孔，要求孔的圆度不大于 0.02mm，直线度为每 100mm 长度内小于 0.01mm，表面粗糙度值在 $Ra0.16\mu m$ 内，再根据缸体孔的实际尺寸重配活塞。

4）活塞杆两端油封调整过紧。适当调松压紧油封的调节螺钉，但不可产生油液泄漏（允许稍有渗油）。

3. 液压缸内进入空气

1）液压缸内空气未充分排除。起动工作台，调整工作台至最大行程范围，往复运行数次，速度由慢至快；同时开启放气阀，将液压缸内空气排尽，最后关闭放气阀。

2）液压泵内因密封件或密封盖损坏而进入空气，再将含空气的压力油输入液压缸。更换液压泵内密封件或密封盖，更新黏结密封盖，再检查密封件和密封盖的密封性能。

3）液压泵进油管接头螺母松动，密封不良而进入空气。拧紧液压泵进油管接头处螺母，检查密封性能。

4）液压泵及控制阀回油管高出油池液面，当液压系统停止工作时，进入空气。向油箱补充油液，使各处回油管都在油池液面以下，保持一定深度。

任务实施

组合机床液压系统进给故障排除

组合机床的动力部件他驱式滑台液压系统在工作进给时采用限压式变量泵供油的进油节流调速阀调速回路，利用变量泵本身的压力和流量间近似恒功率的特性来实现快速进退和慢速工作进给，用调速阀来实现速度的稳定，快速前进时采用差动连接回路。系统可实现多种自动工作循环。机床在空行程时经常会出现系统压力过高，工作进给中停止或不能慢速进给，同时机床液压滑台会出现自走等故障现象，通过根据系统原理分析故障产生原因从而排除故障。

一、他驱式滑台液压系统工作原理

图 4-25 所示为他驱式滑台液压系统的工作原理图。该液压系统如快进→一工进（挡铁停留）→快退→原位停止的自动循环，是由挡铁所控制的电磁铁、行程阀的动作顺序来决定的。因为工作进给时，系统油压升高，所以变量泵 2 的流量自动减少，以适应工作进给时小流量的需要，进给量的大小由节流阀 16 调节。

二、组合机床液压系统运行故障分析与排除

1. 组合机床空行程时系统压力过高故障排除

1）管道中铜管被压扁或堵塞。若发生管道堵塞，须进行疏通；若铜管被压扁，须更换。

2）导轨的镶条或压板过紧。调整导轨的镶条或压板。

3）导轨润滑不良，摩擦阻力过大。改善导轨的润滑条件，使导轨能充分润滑。

4）活塞或活塞杆密封装置的摩擦力过大。调整或更换活塞或活塞杆的密封装置。

5）背压阀背压压力过高。调整背压阀，适当降低背压压力。

6）换向阀滑阀定位不准，开口量不够。检查换向阀滑阀，修整其定位尺寸，若无效应更换换向阀。

2. 组合机床液压缸工作进给故障排除

（1）工作进给时液压缸不进给

1）挡铁未调整好，进给阀没有到位或电磁铁未能通电，液压缸无压力油进入。调整挡

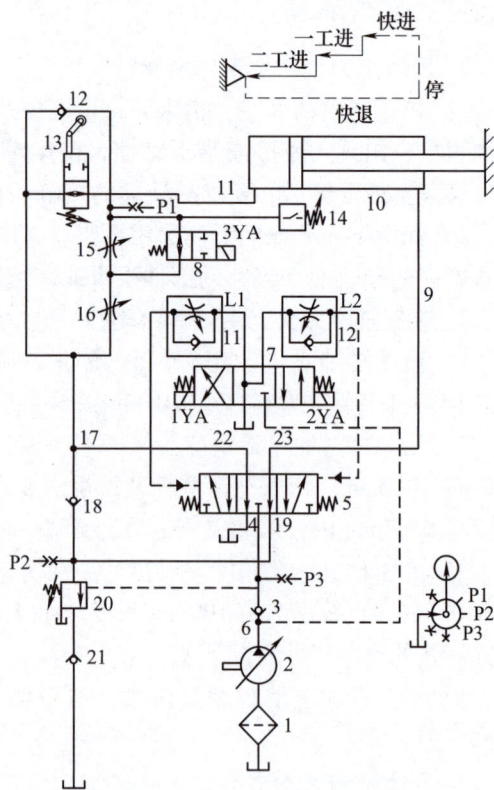

图 4-25 滑台液压系统原理图

1—过滤器　2—变量泵　3、12、18、21—单向阀
4、6、9、17、19、22、23—油管　5、7、8、13—换向阀
10—液压缸　11、12—单向节流阀　14—压力继电器
15、16—节流阀　20—卸荷阀

铁位置，使进给阀压下到位或电磁铁通电，压力油进入液压缸内。

2）电磁阀阀芯被卡死，或阀芯移动不灵活，阀芯未能到位，拆卸电磁阀，检查阀芯移动情况，若因阀芯表面拉毛或产生锈斑，须用金相砂纸修光。

3）液压缸回油路中节流阀节流口堵塞，液压缸回油腔不能回油而不进给。清洗节流阀，使液压缸回油通畅。

（2）组合机床液压缸不能慢速进给

1）液压缸回油路中节流阀节流孔堵塞，回油不通畅。清洗节流阀，使液压缸回油通畅。

2）节流阀的调速手柄定位不准确。重新调整节流阀的手柄位置，使其能准确定位。

（3）当工作负荷不变时液压缸进给速度逐渐降低

1）液压缸回油路中节流阀节流孔堵塞，液压缸回油不通畅。清洗节流阀，使液压缸回油畅通。

2）油液不清洁，混入的杂质太多，没有及时更换油液。应定期更换油液，并清洗油箱和过滤器。

3）油液温度升得过高，油的黏度降低，导致系统压力下降。找出油液温度升高原因进行改进。

（4）当工作负荷增加时液压缸进给速度显著下降

1）液压泵泄漏过大，达不到规定的输出压力。修理或更换液压泵。

2）调速阀中的溢流阀或减压阀阀芯被卡死在打开位置，使系统压力显著下降。拆卸并清洗溢流阀或减压阀阀芯及阀体孔，检查并修研阀芯及阀体孔，若磨损过多应研磨阀体孔，根据阀体孔实际尺寸配制阀芯。

3）液压缸活塞处或有关环节泄漏过大，当工作负荷增加时，系统压力明显下降。更换液压缸活塞或各泄漏部分密封装置，消除有关环节过大的泄漏。

3. 组合机床液压滑台自走问题

在某零件加工组合机床上，由于采用了 ED35DO-10 叠加式电磁换向阀（图 4-26），较好地解决了滑台自走问题。

因为换向阀的阀芯在阀体中移动，所以阀芯与阀体间要有一定间隙，叠加式换向阀阀芯与阀体之间的间隙为 0.005~0.008mm。要实现在某个位置上制动，换向阀的中间位置必须是封闭的（滑阀机能为 O 形），如图 4-27 所示。但是，由于滑阀中位时阀芯台肩与阀体沉割槽之间的封油长度为 1mm，很容易产生内泄漏而在液压缸两腔分别形成压力 P_3 和 P_4，使滑台向右自走，如果滑台自走到上挡铁离开限位开关，就会误发动作信号，致使机床无法正常工作。采取以下措施后，较好地解决了滑台自走问题。

1）用加垫片的方法调整换向阀对中弹簧的预压缩量，使阀芯处于准确的中间位置，能收到一定的效果。

2）上述措施不解决问题时，说明阀芯和阀体的配合间隙偏大，此时可改变左、右对中弹簧座的厚度，使阀芯向右偏置 0.2~0.5mm，这样，在阀芯处于中位时，活塞受到向左的力的作用，使滑台靠紧死挡铁。

3）加长滑台上的限位挡铁，在滑台自走尚未使挡铁脱离限位开关时，即已开始下一个动作，不会因为自走而误发出动作信号。

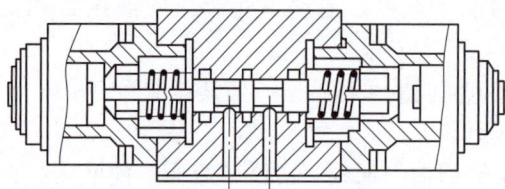

图 4-26　电磁阀结构

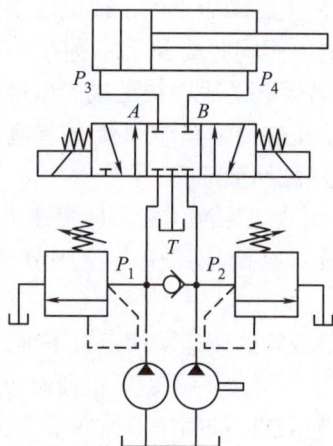

图 4-27　换向阀 O 形中位

任务拓展

基于 PROFIBUS 现场总线的液压泵站监控应用

液压泵站环境恶劣，规模性与复杂性日益提高，日常维护困难。为了提高可靠性与安全性，对多个泵站的集中在线监控是十分必要的。泵站控制系统集监视测量、控制、保护、信号、故障管理于一体，包括液压泵、泵站主机运行参数测量、控制、保护、调节以及油温、液位、污染度等数据的收集处理，能通过计算机网络将数据运行和状态进行展示。因此通过总线监控能提高液压泵站效率，增强泵站运行安全可靠，并有效实施系统故障维护及维修。

某热轧厂 4 个大型泵站设备之间的距离较远，整个网络比较复杂，成本大，可靠性低。选择方案时，考虑网络构建的简单性和可维护性，尽量少增加新元件，对生产线运行状况实时监控，并做出相应的处理，要求网络通信功能实时且可靠性高，最终选择 PROFIBUS 网络产品服务液压泵站系统。该网络主站完成数据通信，从站是外围设备，包括泵站输入输出装置、阀门、驱动器和测量变送器等，没有总线控制权，对收到的信息予以确认或响应主站发送的信息。在泵站监控系统中，传统网络为局域网，连接计算机、PLC 等上层监控设备；现场总线连接现场设备构成的下层网络。由于现场总线的参与，监控系统实现了彻底分散和分布，可节约大量设备及安装维护环节的费用。

采用 S7-315-2DP 为主站，4 个泵站包含智能仪表、油温和液位等传感器作为从站，通过 PROFIBUS 总线连接，形成现场控制网络，组成整个泵站通信系统。图 4-28 所示为通信结构框架，在 PLC 网络中，接入 PC 作为工作站，实现对 4 个泵站的油温、液位、多个阀集中监控。

泵站现场设备、智能仪表及现场总线构成了现场控制层，由于现场设备的智能化，控制模块及输入输出设备置入多个现场设备，并在现场直接完成，最终实现分散控制。借助人机接口软件系统，监测站通过设备总线实现液压泵站运行过程状态参数传送。工程技术人员可以对系统参数设定、修改和维护。通过监控系统扩展单元，将运行信息保存并发送到工厂信息中心，在上一级监视诊断中心和远程监视诊断中心对系统实时监测。

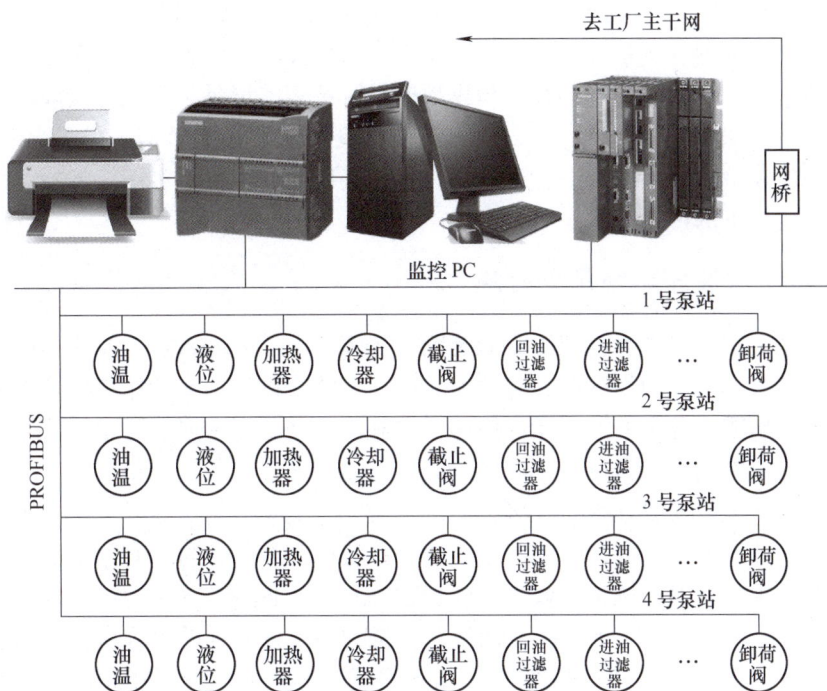

图 4-28　液压泵站网络通信框架图

　　液压泵站监测系统实现了分散液压泵站的联网集中监控，自动化程度高，管理能力和可靠性提高，故障诊断与维修处理更直观，维护和使用性能更优越，对参数设置、数据和状态监控具有实时性，为液压泵站系统安全正常运行提供了良好的支撑。

📖 知识测试

1. 设备检修人员在生产现场一般如何对液压传动系统的故障进行判断？
2. 机床设备的液压系统一般如何维护保养？
3. 机床液压滑台自走故障如何排除？

任务四　装载机液压系统的故障诊断与维修

🔍 任务分析

　　本任务针对机械设备液压系统中的装载机 ZL50 转向故障，转向时一侧轻一侧重，转向空行程过大或者出现左右转向都过重，有时还伴随出现油温过高，转向灵敏性差等故障现象，分析如何对装载机故障进行诊断、排除，以及如何维修装载机液压系统。

🔍 知识储备

一、工程机械液压系统的故障诊断

　　工程机械液压系统在使用中故障多，故障的诊断和排除较为复杂，完成工程机械液压系

统故障诊断可以从下面几个方面考虑：熟悉液压元件的工作特性和液压系统的结构、工作原理，掌握液压元件的辅件、系统的配置关系及工作条件和环境要求；建立健全的设备状况检查、维护、修理制度和故障技术档案，积累数据和设备运转记录；熟悉各类液压元件的故障现象及故障检查方法，同时要有一定的现场实践经验和设备管理知识，在实践中总结提高；熟悉液压系统故障诊断分析方法并合理选用，具备必要的检测仪器和一定的检测手段，注意学习和应用现代先进的诊断技术。

二、工程机械液压系统常见故障

工程机械主要工作机构为全液压驱动装置，且多为中、高压系统。在实际使用中，容易出现液压系统各执行部件动作迟缓，驱动无力，甚至整个机构不能动作等故障现象。从外观上很难立即判断出哪个部位的液压元件损坏，在施工现场由于受检测手段和拆装条件限制，其故障点更是难以判断。

1. 液压系统表现出无压力和压力不足

泵不供油，油箱油位过低，吸油困难，油液黏度过高，泵转向不对，泵堵塞或损坏，接头或密封泄漏，主泵或电动机泄漏量大，油温过高，溢流阀调定值低或失效，泵补油不足、阀工作失效造成无压力或压力不足，从而使执行机构不足以克服外界载荷，系统建立不起压力，执行机构无动作，需要同时联动的机构出现问题。执行机构这种推不动、举不起、拉不走的故障，严重影响工程机械的工作效率。

2. 液压动力机构运动不稳定或爬行

由于润滑不良、摩擦阻力变化或者空气进入，压力脉冲大或系统压力过低，阀出现故障、泄漏增大等造成执行机构运动速度达不到要求或完全不运动；或者泵工作原理及加工装配误差、控制阀阀芯振动、换向油液惯性造成压力或流量的波动，引起运动机构运动不稳定。

3. 液压系统泄漏

运动时的相对运动副、管路连接、液压元件固定连接等处漏油或渗漏，造成油液对环境的污染、油液浪费、机械效率降低，严重时将引起系统工作不稳定，破坏系统。

4. 温度过高

温度过高会导致油液黏度过高，内泄严重、冷却器堵塞、泵修理后性能差及油位低、压力调定过大、摩擦损失大。液压系统的零件因过热而膨胀，破坏了相对运动零件原来正常的配合间隙，导致摩擦阻力增加，液压阀卡死。润滑油膜变薄、机械磨损增加，造成泵、阀、电动机等的精密配合因过早磨损而失效或报废。

5. 液压系统噪声强烈

油温过高、黏度过大及油液自身发泡、油箱液面低、密封不好或松动等造成气穴与气蚀，产生啸叫引起剧烈振动，污染环境，使系统工作稳定性丧失。

三、工程机械使用时需要注意的问题

工程机械通过液压传动，良好运行的核心是液压系统正常，合格的液压油是可靠运行的关键，规范液压系统的维护和日常管理，出现故障后正确维修等是工程机械稳定可靠运行的关键因素。

1. 油液选择及液压系统的清洗

液压系统中用于传递压力、润滑、冷却、密封的就是液压油，液压系统早期故障和耐久性下降的主要原因就是液压油选择不恰当。使用者应该按照工程机械要求的牌号使用液压油，需要使用代用油时，应最大限度地保证其性能与原牌号性能相同。不能混合使用不同牌号的液压油，以防产生化学反应、性能发生变化。变质的液压油不能使用。

液压系统中有许多具有阻尼小孔或者有缝隙的精密元件，如果加油时不小心将杂质混进去，造成堵塞将影响机械设备运行，应从以下几方面注意：

1）必须加注经过过滤的液压油，使用清洁的加油工具。加油时不应该拿掉加油口上的过滤器。为了防止固体杂质和纤维进入油中，加油时工作人员应该穿干净的工作服和佩戴洁净的手套。

2）避免系统油路管道接触扬尘，注意保护油箱加油盖、过滤器盖、检测孔、管道等部位，打开之前要彻底清洁。防止水进入油箱并避免用水冲洗油箱盖，擦拭时用不掉纤维杂质的擦拭材料及用附有橡胶的铁锤敲打箱盖。

3）清洗时需要反复清洗几次，一定选用与系统所用牌号相同的清洗油，其温度控制在45~80℃范围，持续大流量冲洗，将各种杂质冲走，并将各种清洗油放出系统。

4）避免空气和水侵入液压系统。对系统进行换油后按要求排除空气再工作；液压泵吸油管口不能露出液面；驱动轴的油封使用正品规定方式油封，不能用替代品。

2. 工程机械作业时需要注意的问题

1）机械作业动作应柔和。

2）保持适宜的油温。

3）注意气蚀和溢流噪声。

4）油箱气压和油量保持在规定范围内。

3. 机械液压缸常见的不保压故障

液压缸保压回路如图 4-29 所示，由液压泵、换向阀、液控单向阀、液压缸和溢流阀组成。机械作业中常发生液压缸不能保压的故障，出现活塞杆自然移动即跑缸现象，究其原因，主要有以下几种原因和故障现象：

1）液压缸活塞杆出现爬行、颤抖、液压油管脉动大的故障，一般是由于液压缸内存在较多空气。可在空载或轻载状态下，进行大行程往复运动，直至空气排净；若缸上有排气装置，松开排气阀螺钉即可。同时修复由于混入空气损坏的元件。

2）液控单向阀出现反向泄漏故障。检查阀芯偏磨或划伤情况。若损坏程度轻，用 0.001mm 的氧化铝加入机油调配成研磨剂，并用煤油渗透检查修复情况。因控制油压无法释放造成单向阀关闭不严，可检查液压回油路背压是否过高，回油过滤器是否阻塞或检查所更换的换向阀中位机能与原配相符性。

3）液压缸外泄漏现象故障。这种故障一般是活塞杆端密封圈或缸盖处接合面 O 形密封圈老化、损伤，应予更换；若活塞杆轴向拉伤，可采用镀铬修复或更换新活塞杆。

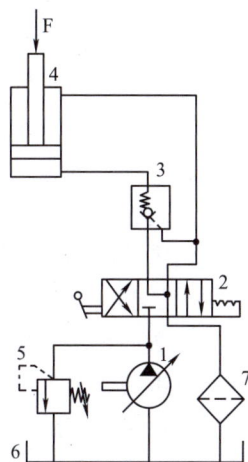

图 4-29　液压缸保压回路

1—液压泵　2—换向阀
3—液控单向阀　4—液
压缸　5—溢流阀
6—油箱　7—过滤器

4）液压缸内泄漏故障是所有不保压因素影响最大的一种，且故障原因比较复杂，不好判断。修理时应查看工作压力、活塞全行程时间等现象，了解液压缸不保压是偶发还是渐变，将液压缸工作历史记录与标准做比较。确定液压缸产生内泄漏，应将液压缸解体，更换活塞密封圈，过程如下：

① 拆卸、检查。清理修理场地，将液压缸外部清洗干净，准备防尘用品，利用工作油压将活塞杆移到缸筒的任意一方末端；松开溢流阀，回路卸压，排除缸两腔油液；油口接头、杆端螺纹用生料带或尼龙布包好，注意保持活塞和缸筒的同轴度偏差在 0.05mm 内，活塞端面与缸筒中心线的垂直度偏差在 0.05mm 内；最后，检查缸筒内有无纵向拉痕。

② 组装。用煤油将缸筒内壁、活塞和活塞杆清洗干净，去掉飞边，修复拉痕，并涂抹一层液压油膜；检查新换密封圈有无龟裂老化现象，并在装入液压缸前涂上一层高熔点的润滑脂；活塞推入液压缸过程中，严格控制同轴度和垂直度的偏差，避免活塞上密封圈唇口受损。

③ 调试。液压缸组装好后进行整个液压系统的调试，先核查各连接处的紧固情况，调整系统溢流阀压力至规定值，起动系统供油并检查有无漏油情况，排除液压缸及系统中的空气，最后让液压缸进行重载试运转，记录工作压力、活塞缸运动速度等技术参数。

四、装载机转向故障分析

转向液压系统一般包括动力元件转向泵、流量单稳阀、转向控制转向器和转向执行缸。典型转向系统的转向原理如图 4-30 所示。

1. 装载机转向性能要求

1）转向灵敏度为 2~3s，转向盘完全转向（一侧到另一侧 ±35°）。

2）转向轻便，操纵力的指标为不大于 35N。

3）行驶直线操纵稳定可靠。

2. 转向沉重

转向沉重主要表现为转向盘操纵力超标或转向盘动作与液压缸动作之间有滞怠，转向比例不协调。正常情况下，转向盘操纵力一般在 15~20N 范围内，随着操纵力增大，驾驶人的劳动强度增大，影响操纵舒适性和可靠性。具体原因有以下几点：

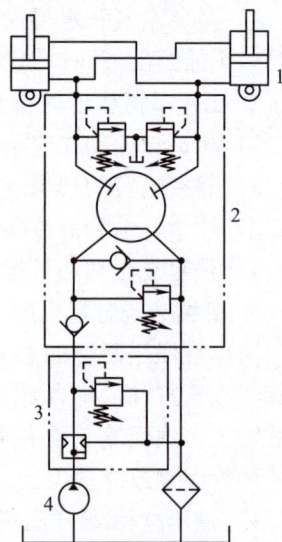

图 4-30 转向系统原理图
1—转向缸 2—转向器
3—单稳阀 4—转向泵

1）转向泵因素。转向泵是转向系统的动力源，提供流量和压力。流量不足，提供不了足够压力，转向沉重，表现结果就是转向盘慢转时则沉重，快转时则轻。转向泵内漏油大或轴油封漏油，会造成流量不足。正常情况下，泵壳体温度比油温稍高，若温差显著，说明泵泄漏过大。若轴油封漏油，变速箱油量增加。转向泵低速变向性能差，容积效率下降较大，造成发动机怠速或低速转向沉重。

2）单稳阀因素。单稳阀控制系统流量稳定，保证转向稳定可靠。如果阀芯被杂质卡住或弹簧失效，会导致部分或全部回油系统供油量不足，压力下降，转向沉重。

3）转向器因素。转向器是转向系统的关键元件，通过阀芯和阀套配油及转阀计量实现比例转向和手感控制。转子、定子磨损会导致间隙过大、泄漏量增大、计量失准，从而导致慢转沉重，快转较轻。转向器阀块上安全阀调压部位螺纹误差较大，会造成锁紧不可靠，在系统运行中造成调压螺杆松脱，系统压力偏低。压力低于7MPa时，转向沉重或者失效。过载阀失效也会产生转向沉重的问题。转向器进、回油口的单向阀失效会造成快转与慢转均转向沉重，转向缸动作慢。

4）转向缸因素。转向缸活塞密封失效或局部失效，会造成转向沉重。目前大部分液压缸采用格莱圈密封，寿命长，可靠，故障少。密封失效可以通过触摸判定原因。正常情况下，转向缸缸体表面温度应一致，用手触摸缸体，表面温度有明显升高时，可以判定液压缸活塞密封已失效，这也是转向沉重的原因。

🔍 任务实施

ZL50 转向故障排查

1. 转向时一侧轻一侧重

ZL50 装载机出现此故障现象后，首先检查转向缸漏油情况。若转向缸一侧密封件损坏导致漏油而另一侧完好，则工作时左右转向力不一样。其次，检查转向阀体孔内上下两端面零件配合间隙，标准间隙为 0.03~0.04mm，以及弹簧磨损情况。转向时，转向阀阀芯在转向阀杆的带动下，克服弹簧对转向阀体上下两端面零件滚柱的压力上下滑动，将阀门开启或关闭使装载机左转或右转。当配合零件间隙过小出现卡死，或弹簧断裂、变形，转向时就会有一侧轻、一侧重的感觉。

2. 转向空行程过大

此故障一般是转向阀体底部锁紧螺母连接螺纹松动导致的。转向时，转向阀芯相对转向阀体上下往复移动，使阀门开启或关闭，锁紧螺母在转向阀体底部与转向器螺杆连接。转向过多，导致锁紧螺母与转向器螺杆端部的连接螺纹磨损和变形，致使螺纹连接处松动，转向出现空行程。其他原因包括随动杆机构中球座与焊接在前车架的球头间的连接间隙变大，标准间隙为正转调整螺钉到极限位置然后倒转 1/6~1/4 圈之间，以及扇形齿轮与齿条之间的啮合间隙因磨损变大，从而产生空行程。

3. 左右转向都过重

结合转向回路原理分析转向回路沉重原因，如图 4-31 所示。发生此故障时，先检查转向系统压力，一般为 14MPa；再检查液压元件，仔细检查转向泵有无烧伤、有无管接头漏油、转向缸密封件是否损坏、调压阀门有无关闭、流量充足与否。上述不正常因素都会造成转向过重。此外，扇形齿轮与齿条之间的配合间隙和随动杆与球头间隙都过小，也会使转向过重，因此这些零件之间的配合间隙也应适当。

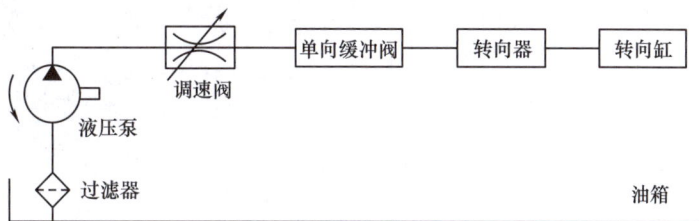

图 4-31　转向回路原理图

4. 油温过高、转向灵敏性较差等现象

一般油温过高主要是由于转向系统内油液流动不畅。转向灵敏性差主要是主阀芯和阀体配合间隙过大导致的，由于转向外部阻力增大，产生倒流现象，整个转向过程不稳定，导致灵敏性降低。转向失灵主要是转向器故障。

1）弹簧片折断引起转向盘不能自动回中，跑偏。

2）转子与联动轴装反引起转向盘自转或左右摆动，造成人身事故。正确的安装是连接轴槽口的方向对准转子的下凹方向。

3）跑偏故障的主要原因是双向过载阀阀块失效，同时可能引起转向无止点，当过载阀压力低于安全阀压力时，也可能引发此故障。

4）螺纹脱扣故障一般是由于在路面条件较差的环境下作业，出现过载阀故障。同时加工误差导致螺纹牙型瘦或浅，强度降低，长期过载压力冲击而发生疲劳损坏。

任务拓展

智能液压元件故障诊断传感器创新应用

智能液压元件在传统元件基础上，将传感器、检测与控制电路、保护电路及故障自诊断电路集成为一体并具有功率输出。智能元件不但可代替人工完成元件性能调节、控制，最终还可以实现故障处理。智能液压元件可以对压力、流量、电压、电流、温度、位置等参数，甚至对系统瞬态性能进行监督并保护，提高系统稳定性及可靠性，且具有体积小、重量轻、性能好、抗干扰能力强、寿命长等优点。智能液压元件是采用微电子技术和先进制造工艺嵌入式组装技术并连接液压主体元件形成的，该技术已非常成熟。

一、智能液压元件综合维护系统

1. 智能液压元件主体

智能液压元件组成及数字控制单元如图 4-32 所示。智能液压元件将微处理器嵌入元件中，结构上根据需要变化。智能液压元件是机电一体化元件，内部具有电动或电子器件，具备嵌入式微处理器的电控板或电控器件，并且内部具有传感器。智能液压元件是具有闭环自主调整分散控制的完整控制系统。

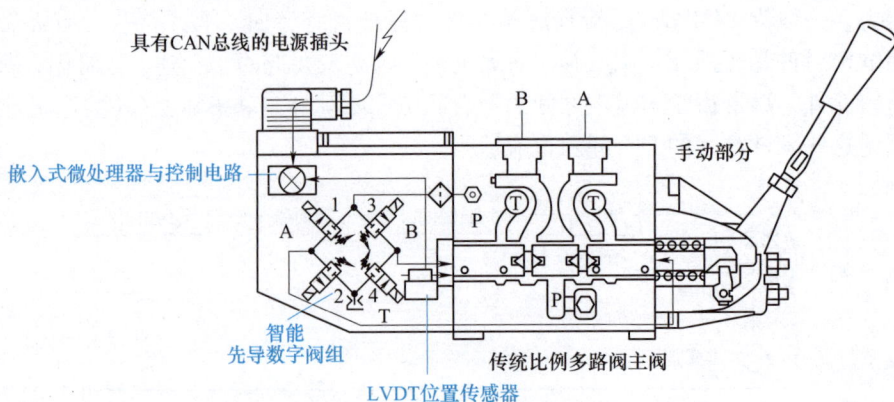

图 4-32 智能液压元件组成及数字控制单元

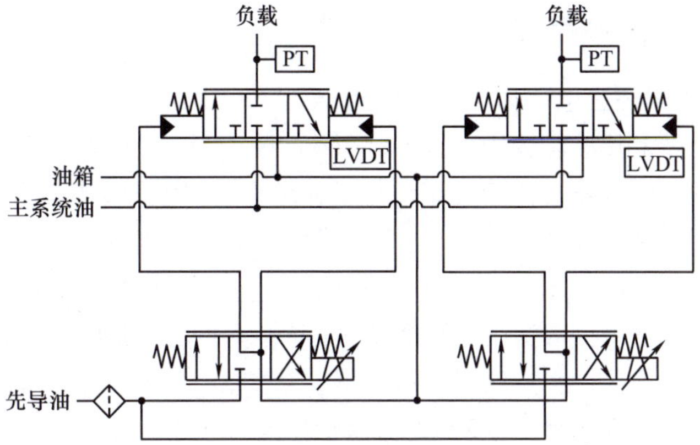

图 4-33　双阀芯

2. 智能液压元件的控制

智能液压元件在一般液压比例元件基础上，带有电控驱动放大器配套，归属电液控制元件，比例驱动放大器是外置的。将控制器放大器与一个带有嵌入式微处理器的控制板组合并嵌入液压主元件内，元件就具有分散控制的智能性。通过智能控制可以减少接线，不需要维护，降低安装与维护成本，解决电磁兼容问题，实现故障自诊断自检测。选择与调整控制性能参数后，通过软件设置元件及系统参数获取相关信号值，快速插接并准确实现系统维护。液压元件控制方式从集中控制改成分散控制方式，实现柔性系统设置，完成可编程的智能控制与故障诊断系统。故障监控和报警通过 CAN 总线系统提高故障控制精度。故障监控采取输入信号监控、传感器监控、闭环监控、内容时钟等多种有效监控措施。

3. 智能液压元件性能服务总线、通信功能

智能液压元件输入输出信号为驱动电流及电信号，元件内部增加了传感器。智能液压元件具有自检测与自控制、自保护及故障自诊断功能，并具有功率输出器件，可代替人工手动干预完成元件性能调节、控制与故障处理功能，例如液压智能 CAN 连接控制模块。

4. 智能液压元件远程系统维护

采用开放式电控平台，分散式控制方式，系统动态可变参数配置、瞬态性能监督和保护使系统运行更可靠，调试手段与方式更灵活，降低了流量调试维修成本；故障便捷诊断与维护的远程性，方便维修维护，降低售后服务成本。

5. 典型智能液压元件

智能液压元件在工程机械上广泛应用，英国 ULtronics 公司的双阀芯（图 4-33）广泛应用于工程机械的新型电液控制系统。两个阀芯都装有 LVDT 位置传感器，两个工作油口分别装 PT 压力传感器，通过对传感器信号闭环控制方案，满足液压系统需要。和传统液压系统不同点在于 ULtronics 控制系统所有功能通过系统软件开发，可以实现参数设置，控制器参数调节，并完成模拟工作，程序离线调试。

大型液压系统采用多类传感器进行不同的物理量采集，并转换成技术信息，实现综合监测与控制。故障诊断与维修是一项复杂的工作，需要大量检测数据、技术数据和基准检测数据与信息，用于复杂故障诊断。

二、液压系统故障诊断传感器监测应用

1. 工程机械液压系统三位一体传感器应用

工程机械液压系统利用检测仪进行状态检测和故障诊断时，遵从不拆卸或尽可能少拆卸的原则。采用有效测试方法，能快捷测量系统流量、压力、温度等参数。传统测量流量、压力、温度时利用涡轮流量传感器（图4-34）、压力传感器、铂热电阻温度传感器测量的方法。这种测量模式即使测量精度较高，测量误差仍难以避免。其主要原因是三种传感器物理安装位置存在差别，测量结果不是同测点数据，与测试模型的同点、同时、适时测量要求差距大；三种传感器接入都会引起过多泄漏，影响测试准确性及系统性能，增加了测试复杂性。

三位一体传感器（图4-35）是将涡轮流量传感器、压力传感器、温度传感器有机结合，增加了信号接口电路对其输出信号的预处理，输出数字信号同时体现压力、流量、温度。根据工程机械液压系统测试要求，选用测量范围为 $12\sim350L/min$ 的涡轮流量传感器，压力范围为 $0\sim40MPa$ 的压力传感器，温度范围为 $0\sim1500℃$ 的铂热电阻温度传感器，通过信号接口电路对传感器输出信号进行处理。

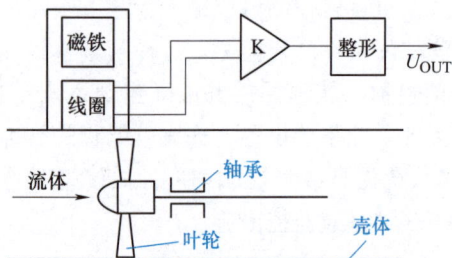

图4-34 涡轮流量传感器

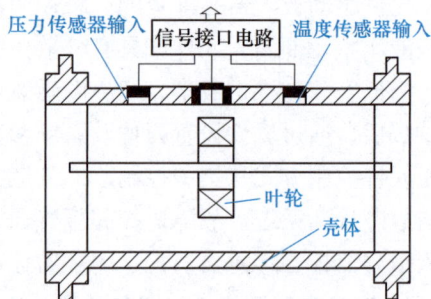

图4-35 三位一体传感器

三位一体传感器在流量传感器基础上安装三种传感器并对输出信号进行变换、处理，实现液压系统流量、压力、温度等参数的同时、同点测量，避免多传感器产生泄漏，方便测量，减轻系统负担。三位一体传感器输出数字脉冲信号，对信号适当处理后送入单片机系统，实现液压系统检测仪小型化、智能化、精确可靠。

2. 工程机械液压油污染在线监测

工程机械液压油污染在线监测系统，按液压系统路径分为回路监测系统、核心元件前置监测系统、液压泵出油口监测系统。各监测系统原理相同，主要选择合理的监测位置、传感器，确定对比参数，实现调控。监测系统如图4-36所示。

1）采用光电传感器作为监测元件，监测元件安装在监测油路上，将光电传感器所得信号传输给处理器，处理器对信号转化分析，显示器显示液压油污染度，污染度达到设定值，报警装置分级报警并处理。

2）监测工况数据同步监测报警装置，状态异常时发出报警。监测报警采用单参数阈值和多参数融合两种形式。单参数是将单个工况参数与正常数据比较分析，多参数将几个关键工况参数监测值进行统一量化，通过信息融合的神经网络，给出系统状态指示。

3）根据状态监测、信号采集和中心处理实现污染油液清洁自动处理，工程机械液压油

污染在线监测，随时监测液压油使用过程中的品质、污染等级及污染原因。当污染度达到相应级别时，报警装置会分级报警，确保工程机械使用中液压油性能及品质良好。

3. 大型机械油温自动监控

工程机械油液温度一般在 60~80℃，在该温度范围，液压系统元件寿命较长。图 4-37 所示为油温自动监控系统。A、B、C 为 3 个自动电控、油温传感器在线监测油温，并将温度反馈给 CPU 智能单元，通过智能单元对比测量值与设定值并处理，实现动态热平衡温度，即系统正常工作温度。

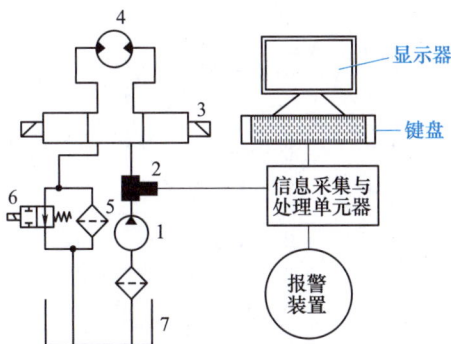

图 4-36　油液污染监测处理系统

1—液压泵　2—监测元件　3、6—换向阀
4—马达　5—过滤器　7—油箱

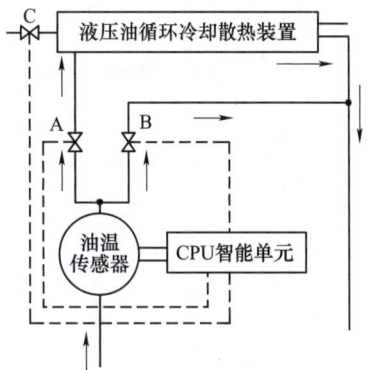

图 4-37　油温自动监控系统

📖 **知识测试**

1. ZL50 装载机动臂提升时间正常为 8s，实际变成 12s，严重影响装载作业时间。试对此故障进行分析。

2. ZL50 大臂、翻斗缸正常动作，回路如图 4-38 所示，动作较正常状态缓慢，装料后，大臂无法举起，铲斗翻不动，压力表显示 1.6MPa，先导回路压力正常。试对此故障进行分析。

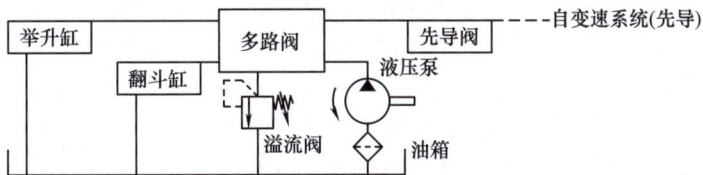

图 4-38　举升回路图

任务五　飞机液压系统的故障诊断与维修

🔍 **任务分析**

掌握飞机液压系统的检查及调试方法对从事航空维修岗位的人员来说十分重要。飞机出

现故障，在返厂大修、脱装机身后段、更换发动机及更换液压系统的部件等重要工作后，需要对飞机的液压系统进行检查和调试等工作，使飞机恢复到正常的工作状态。本任务以某航空飞机供压油路（图4-39）系统在发动机起动后，转速上升到25%（飞机发动机转速为4500r/min）时，液压系统压力表的指示值小于规定值的油路故障为例，学习飞机液压系统故障分析、检查，以及当性能参数不符合飞机技术文件要求时，如何进行常规调试维修。

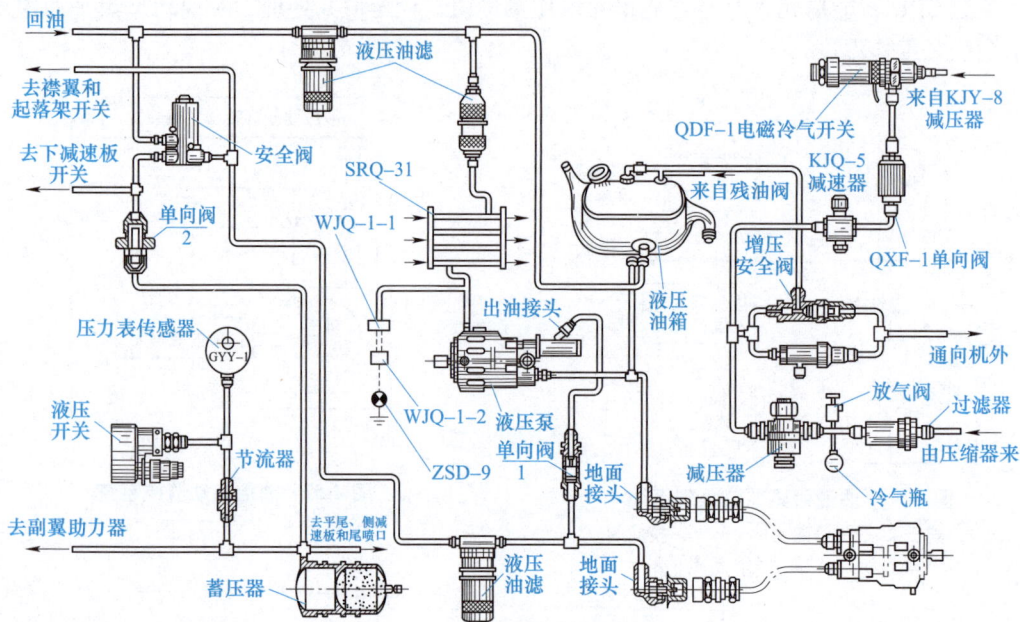

图 4-39　某飞机供压油路示意图

🔍 **知识储备**

一、现代飞机液压系统应用基础

液压系统作为飞机上十分重要的一部分，其故障形式也是多种多样的。结合飞机的实际情况，对常见的故障分析如下。一是液压系统串油故障，由于飞行员操作不当，导致主液压系统的两个液压油箱的油量产生大的差距，导致维护成本增加。二是液压系统泄漏，这是最为常见的一种液压系统故障，包括内泄漏和外泄漏两个方面。飞机液压系统复杂，管路与部件、附件也非常多，因此液压油发生泄漏的原因也很多。三是液压油污染故障，液压油污染对液压系统的损害较大，严重时会导致飞行事故的发生，它与液压油泄漏一样，都是液压系统的常见故障。造成液压油污染的原因有很多，比如液压系统被残留物污染。飞机液压系统部件、附件与液压管路在维修、安装过程中，使用的工具不清洁，会给液压系统造成污染，同时施工过程不可避免地会有一些灰尘进入系统，给液压油造成相应的污染。

现代飞机以液压传动和气压传动为主，且液压系统占的比例越来越大，系统构成如图4-40所示。我国军事航空领域，液压系统除液压源外，还包括相应的传动部分，气压系统也如此。液压能源系统包括油箱增压系统、泵源系统以及能量转换系统等，液压能源系统是综合系统的动力核心。

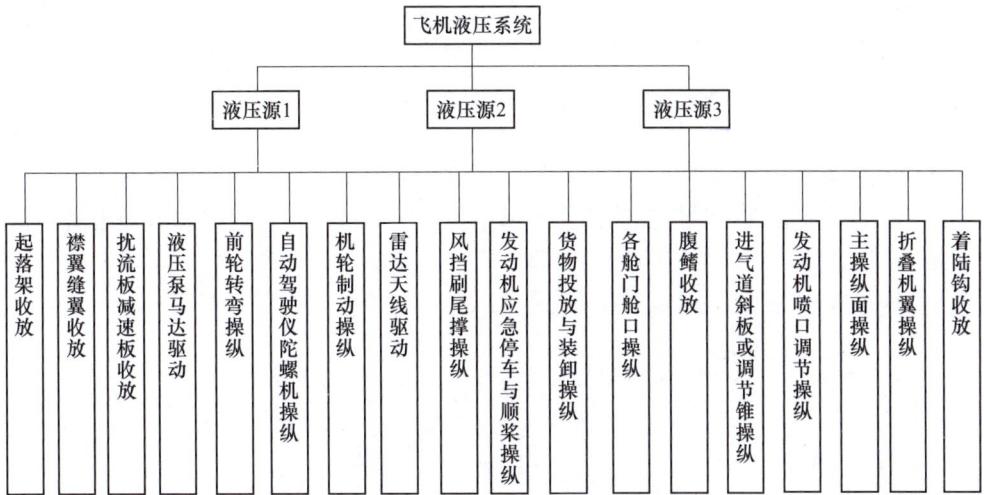

图 4-40　飞机液压系统构成

1. 基本组成

按飞机上液压源的设置数量，液压系统有单源系统和多源系统之分，前者一般用于收放起落架、制动、收放襟翼等，后者单独或同时用于起落架和飞行操纵等。战斗机的液压源通常包括主液压源、助力液压源和应急液压源。图 4-41 所示是某战斗机液压系统。

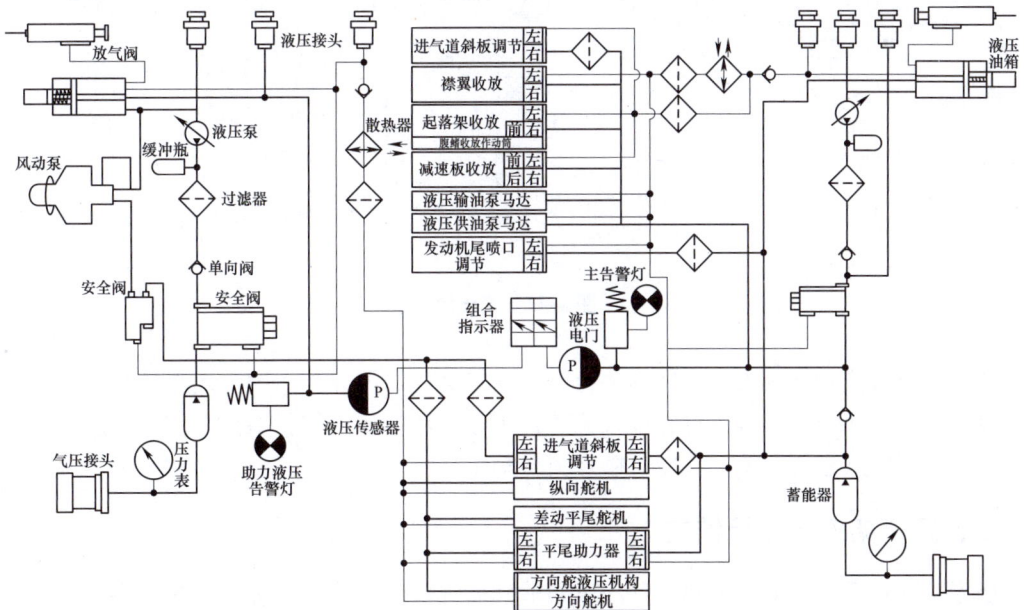

图 4-41　某战斗机液压系统

主液压源一般由油箱、液压泵、安全阀、蓄能器、过滤器、液压表及传感器、液压电门、节流器、散热器、单向阀等组成。助力液压源的组成与主液压源基本一致，但其传动既有与主液压源联合供压的部分，也有不同的单独供压部分。正常液压源失效时，应急液压源可保证某些重要系统的传动工作，通常有电动泵供压、手摇泵供压、气动能源供压、辅助动力装置供压和应急动力装置供压等类型。战斗机一般采用冷气做能源的应急供压装置。液压源一般由动力附件、控制附件、辅助附件组成。动力附件均为容积式液压泵。控制附件主要有压力控制附件、流量控制附件和方向控制附件。辅助附件有液压油箱、过滤器、蓄能器、散热器、导管、信号指示附件等。

2. 飞机气压系统应用

气压系统的基本原理、附件工作机理及回路构成等与液压传动的诸多方面极为相似，由各种气压传动组成不同功能的基本控制回路，完成一定的传动动作，将若干基本控制回路组合起来，就构成完整的气压系统。气压源是气压系统的核心，如图4-42所示。

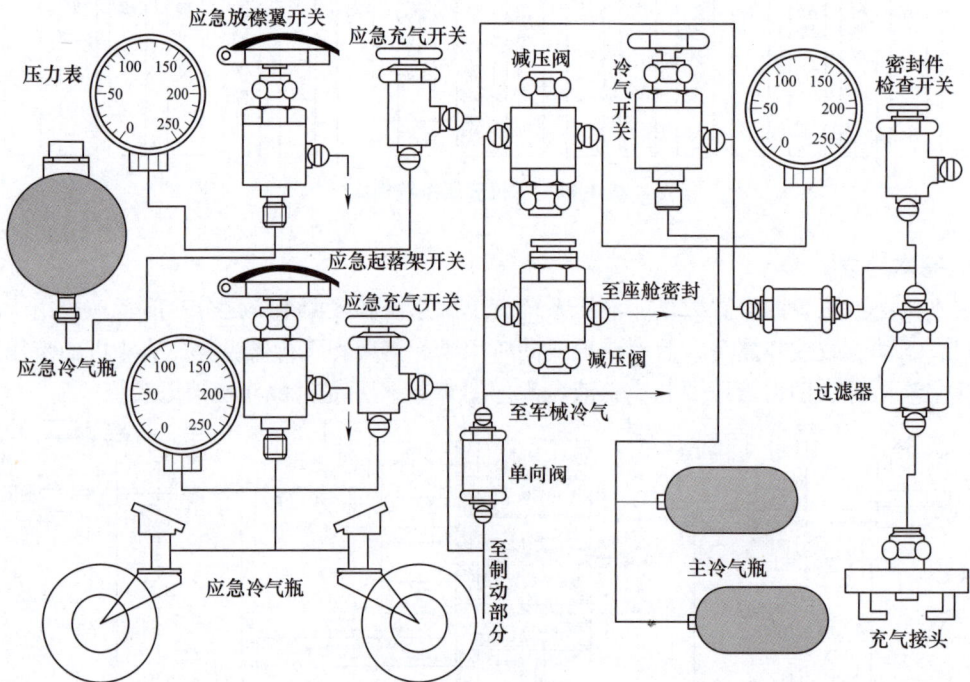

图4-42 气压源

高压气瓶对接充气接头，冷气开关打开，冷气经过滤器和单向阀进入冷气瓶，压力值到达后停止。传动部分工作时，打开冷气开关，由冷气瓶输送冷气，保证工作。应急冷气瓶压力不足，打开应急充气开关，主冷气瓶参与传动工作。

二、起落架安全运行结构

起落装置包括起落架系统和改善起飞着陆性能装置。起落架系统用来保证飞机在地面的灵活运动、减小着陆撞击与颠簸、滑跑制动减速、停放支撑和起落架收放，并提供起落架位置和工作状态信息，通常由起落架结构、收放系统、机轮制动系统、前轮纠偏减摆与转弯信号指示设备等组成。改善起飞着陆性能装置包括着陆减速伞、减速板、弹射装置等。

《飞机结构强度规范》针对起落架的各种典型受载情况，规定了载荷大小、方向、作用点以及允许的安全系数，设计部门据此开展起落架及有关结构的设计和强度校核，做出明确的使用规定。如果在飞行使用中超过了允许载荷，则可能导致起落架结构失效。因此，飞行前应按要求认真检查，保证构件的承载能力。

1. 起落架基本结构

战斗机起落架如图4-43所示，通常由减振支柱、扭力臂、收放机构、机轮、地面安全装置、前轮转弯机构、主轮制动装置等组成。减振支柱、扭力臂、收放机构、轮臂、轮架和主轮等，是起落架的主要承力构件，收放动作筒有斜支撑的作用。

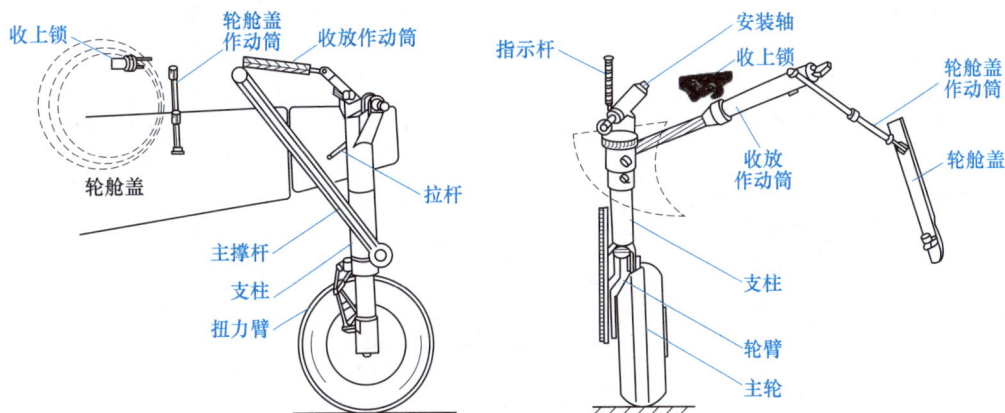

图 4-43　起落架基本结构

2. 起落架减振器与机轮

飞机着陆接地及地面运动时，起落架不仅受到地面的反作用力，而且存在着能量的转化和消散过程。地面撞击力过大会导致起落架及结构的损坏，能量消散过程中飞机将出现颠簸，也会使起落架受载增大，直接影响起飞与着陆的安全。飞机上减振装置包括起落架减振器和机轮轮胎。

3. 起落架机轮制动装置的结构和组成

机轮制动装置能产生足够的制动力矩，制动效率高；摩擦件的摩擦系数稳定，耐磨性与抗压性好，寿命长；制动热能散失快，不会引起机轮过热与熔焊；制动与解除制动灵敏，制动间隙能自动调节；发动机在地面最强工作状态时能使机轮制动。液压制动系统主要有机液伺服和电液伺服两种控制形式。机液伺服制动工作过程与气压制动系统相似，包括正常制动和应急制动，调压器、分配器与气压系统相似。

4. 起落架收放液压传动系统

起落架收放系统以液压或气压为动力源，将起落架收上或放下，通常由收放机构、位置锁机构、液（气）压传动部分和信号设备组成。起落架收放时间应符合战术技术要求，小型飞机不超过12s，大型飞机不超过20s；收上和放下均应能可靠上锁，并能使飞行员了解收放情况；收放协调，按序工作；不能正常放下时，应有应急放下方法。收放传动装置如图4-44所示，该战斗机起落架传动部分由起落架收放手柄、电磁阀、开锁作动筒、起落架收放作动筒、轮舱盖收放作动筒、两用阀、液压锁、协调阀、限流阀、单向阀、排油阀等组成。

收放位置信号用来为飞行员和地面人员显示起落架的收放位置，并在起飞（或着陆）时提醒放下襟翼（或起落架），按工作形式分有电气信号、机械信号以及着陆放起落架（或

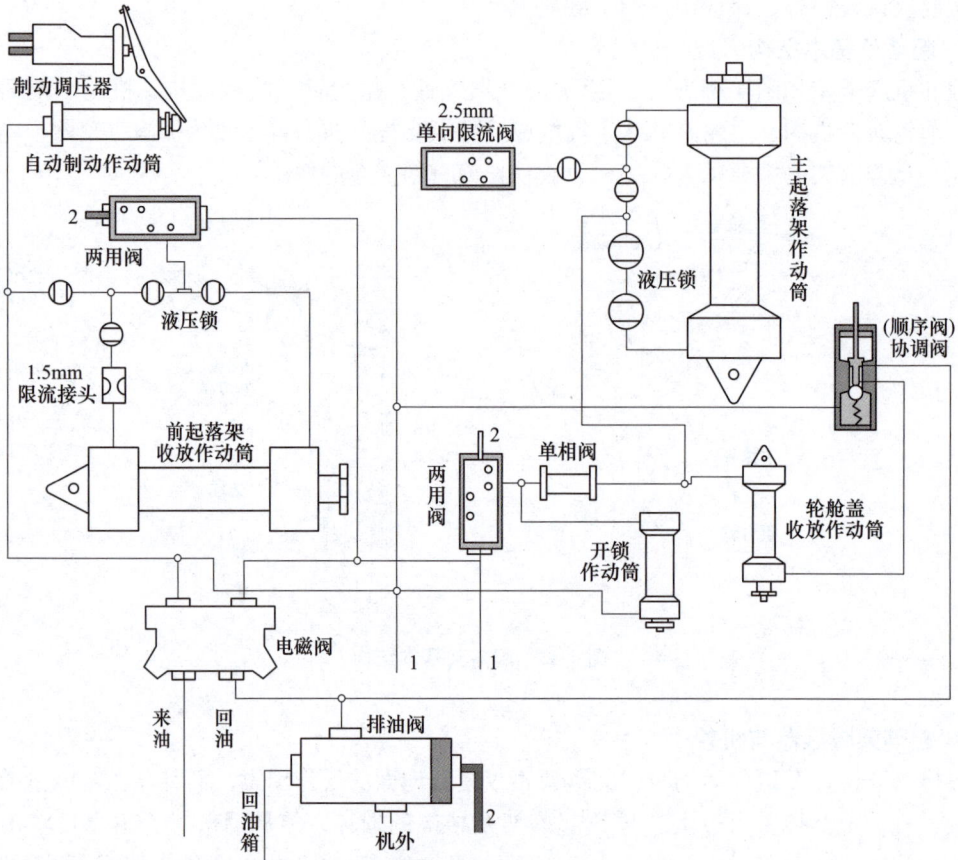

图 4-44 某战斗机起落架收放液压传动原理图
1—去另一侧主起落架 2—应急放起落架冷气

起飞放襟翼）告警信号等。

如图 4-45 所示，某战斗机起落架信号盘上有 9 个信号灯、1 个电门、1 个检查按钮。中间 3 个灯亮表示起落架收好并上锁，下面 3 个灯亮表示起落架已放好并上锁。信号盘还能反映减速板和襟翼的状态信息，襟翼没放好，上部左边灯亮告警；当襟翼和减速板放下时，相应的灯亮。起飞前检查信号盘，按下检查按钮，9 个灯均亮。

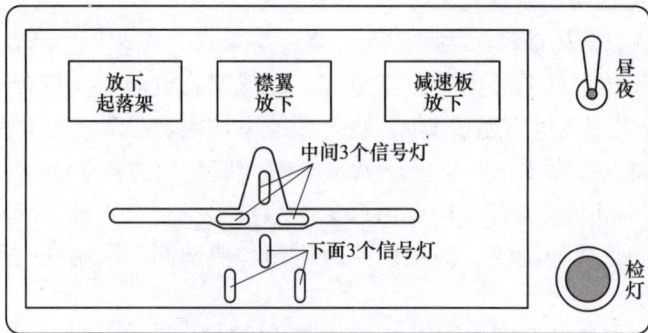

图 4-45 某战斗机起落架信号盘

三、飞机故障一般检查步骤及内容

飞机起飞前后进行一般检查，借助人的感官通过看、摸、摇、拍、听、嗅、测等方法判断飞机状态。一般检查方法主要针对飞机机体及机件三个方面进行检查，即机件的固定连接、系统的密封性和机件完整性。这三个方面出现故障的概率较大。对核心部件内部损伤，可采用无损探伤方法和其他检测方法。

1. 检查连接可靠性

检查机件固定连接可靠性可采用看、拍、拧结合的检查方法，当螺钉松动时，目视不平齐或螺钉头突出部位。用手拍，听螺钉跳动的响声，感觉可疑就拧紧。对不易看到的部位，可拍打听跳动声，判断机体内的螺钉、螺母或外来物等。

2. 检查系统密封性

导管、附件密封性要求各系统在最大压力下不渗漏。燃料、液压、润滑油和冷气密封不良，轻则影响正常工作，重则危及飞行安全，应该及时发现并排除渗漏。

检查判断漏油的方法有看、摸、嗅和加压。先看外表有无油迹，漏油部位是否出现发亮或发潮；看不到的用手摸，可以通过颜色、气味判断；如果还不能判断就加压测试。

检查漏气的方法是"一听、二摸、三涂液"，即用耳朵听，用手摇动导管，根据声音和指感判断漏气。如果还不能确定，可用肥皂水涂于被检部位，查看如果有气泡即可判断为漏气。

3. 检查机件完整性

检查机件完整性可通过看、摸、测量和仪器检验机件有无变形、裂纹、磨伤或烧伤。

🔍 任务实施

飞机供压压力故障分析与排查

一、故障诊断与排除程序

液压油泵出口最大油压是液压油泵输出流量为零（即系统各收放部分不工作）时的油压，此时液压油泵柱塞的注油量等于油泵内部泄漏量和循环散热的流量。因此，通过液压油泵出口最大油压的检查，可判明液压油泵的工作性能和供油效率是否符合要求。液压系统供压部分压力值小于规定值的故障诊断与排除流程如图 4-46 所示。

二、故障原因分析

系统压力的形成是一对矛盾的力相互作用的结果。一方面是液压泵柱塞向外注油的作用力，常称之为"挤"；另一方面是系统中电磁开关、安全阀及油液流动时管路阻力等的反作用力，常称之为"堵"。因此，不管是"挤"还是"堵"，只要失去一方面，另一方面也就失去了存在的条件，系统就打不上压力。在分析此类故障时，可从这两个方面着手。

若系统最大压力小于规定值，说明了液压泵的实际供油量提前等于零。其原因不外乎两个方面：一是液压泵的理论供油量减小；二是液压泵或系统附件漏油量增大。

1. 液压泵的理论供油量减小

液压泵理论供油量的大小取决于液压泵的吸油量或填充量。液压泵吸油量减小的具体原

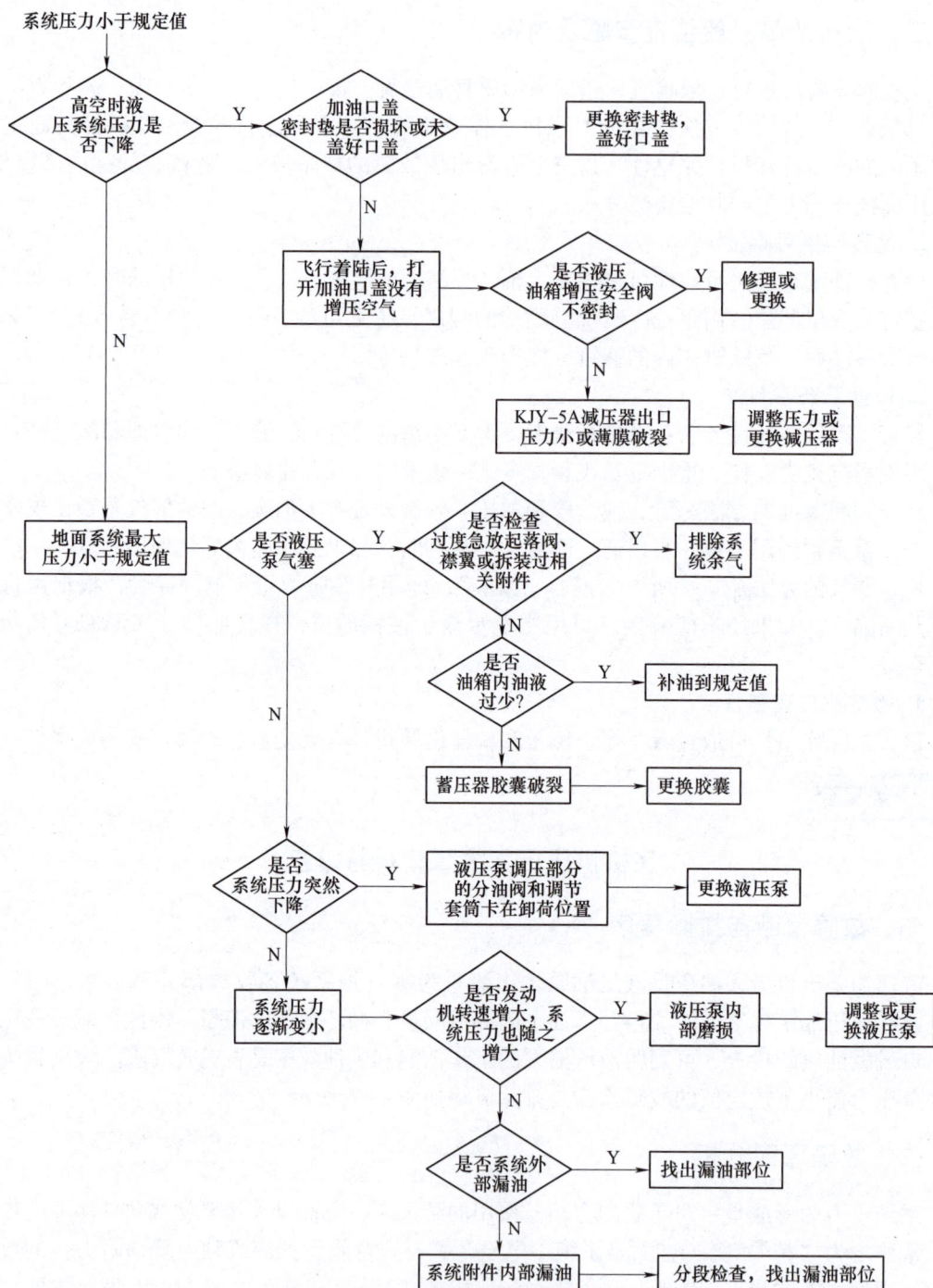

图 4-46　飞机供压压力故障诊断维修流程

因有以下几点。

（1）液压泵气塞故障　液压泵工作时，柱塞将混有空气的油液吸入工作腔。当油液中混有的空气量多到一定程度时，空气可能占满整个柱塞的工作腔；液压泵工作时，柱塞工作腔内的空气被反复压缩膨胀，而不能吸油和注油，供油量降到零。此时，液压泵工作的声音小，压力不上升，壳体温度迅速升高。

导致液压泵气塞的具体原因有如下几种情况：

1）系统中进入了空气。在地面检查应急放起落架、襟翼时，拆装液压附件、导管以后，液压系统中的空气未排干净，蓄压器胶囊破裂，油箱内油液不足等因素将导致空气进入液压系统，随系统回油进入油箱内，经管路进入液压泵，液压泵发生气塞而打不上压力。排除方法：首先检查油箱内油量是否正常，如果油量符合要求，则在液压泵工作时，收放几次襟翼，将空气挤回油箱内，再放掉油箱内的空气。地面出现液压泵气塞时，拧松液压泵出油管路上的接头排气，排除气塞故障。

2）液压油箱增压不足。液压油箱增压不足造成油箱出口油压低于规定值的现象，多发生在高空飞行。

因为高空的大气压力低，油箱内、外的气压也低，所以液压泵进口处油液压力下降。导致油箱增压压力不足的主要原因是油箱盖密封垫损坏、油箱增压阀漏气、增压安全阀调压过小、安全阀上的胶垫老化、减压器薄膜破裂或进气孔不通、增压导管堵塞等。

（2）供油量调节器不正常引起的最大压力不符合规定　供油量调节器工作不正常的原因有分油阀和调节套筒卡滞、分油阀进口过滤器堵塞、弹簧疲劳等。

1）分油阀卡滞。分油阀卡滞后，液压泵不能根据出口油压的变化及时地调节供油量，系统不能正常工作。若分油阀在液压泵的卸荷状态下发生卡滞，传动部分工作时，出口压力迅速下降，导向杆内腔的压力也随之迅速下降。由于分油阀卡滞，定压弹簧的张力不能推动分油阀向上移动，以关闭液压泵出口与导向杆内腔的油路和接通导向杆内腔与回油路的油路，此时调整套筒在回位弹簧张力的作用下向右移动。

分油阀卡滞在起始位置时，导向杆内腔与液压泵出口不通，而与回油路相通，此时调节套筒在回位弹簧的作用下始终处在左边，保持转子最大角度注油。此时出口油压将一直增加到系统安全阀打开回油为止。

2）调节套筒卡滞。若调节套筒卡滞，出口油压变化时，调节套筒不能正常左右运动。液压泵转子始终保持在某一个角度，液压泵的注油量不变。

调节套筒卡滞在卸荷状态，转动部分工作，出口油压迅速下降。此时，分油阀虽然关闭导向杆内腔的来油路，但调节套筒不能迅速右移。转子仍保持在最小角度位置。供油量没有增加，传动部分不能工作，系统的最大压力为零。

调节套筒卡滞在起始位置，转子始终处在最大角度位置，系统压力将一直增大到系统安全阀打开回油的压力。

分油阀、调节套筒卡滞在起始位置或卸荷位置，造成最大压力不符合规定的故障，其共同的显著特点是具有突然性。当卡滞解除时，系统最大压力自动恢复到正常。

3）定压弹簧和回位弹簧疲劳。定压弹簧疲劳，弹簧张力变小。当出口的油压增大到接近最大压力时，分油阀提前打开，导向杆内腔来油路的流通截面就达到了最大压力时的流通截面，此时调节套筒将液压泵转子调整到小角度，液压泵的注油量与导向杆小孔和间隙漏油量相等，出口油压便保持在小于规定的最大压力而不再上升。回位弹簧疲劳后，在出口油压增大到最大油压以前，就使调节套筒左移到转子角度很小的位置，出口油压小于规定值。

4）分油阀进口过滤器堵塞。分油阀进口油液脏污，导致油液流动不畅，则在液压泵出口压力达到规定值时，由分油阀流入导向杆内腔的流量减小。调节套筒左移量减小，转子斜盘倾斜角度比正常大，出口油压继续增大。分油阀开度增加到使液压泵的注油量等于漏油量时，出口油压停止上升，液压泵的最大出口油压将大于规定值。过滤器堵塞越严重，最大出口压力就越大。

2. 系统漏油量增大

根据液压泵的工作原理，系统不进行传动时，液压泵处于卸荷状态，液压泵转子稳定在一个倾斜角很小的位置上，液压泵的注油量与泵内油液泄漏量相等，液压泵停止向蓄压器冲压。此时，系统内的其他部位，主要附件内部存在油液渗漏。在系统密封性符合要求的情况下，系统的渗漏量不大，对系统压力的影响可以忽略。如果系统渗漏严重，就会引起系统压力显著下降。

系统漏油量增大往往是系统内部渗漏严重和系统外部渗漏造成的。

（1）系统的内部渗漏　系统的内部渗漏主要是液压泵内部磨损、附件内部渗漏造成的。

1）液压泵内部磨损。液压泵使用到一定时间后，零件间的间隙增大，间隙漏油量迅速增加。由于间隙泄漏量与间隙的三次方成正比，故间隙若增大为原有间隙的 2 倍，流量损失就会增加为原泄漏量的 8 倍。

液压泵内部磨损后，出口油压上升到规定值以上时，调节套筒左移，转子的角度减小。由于间隙增大，漏油量增加快，调节套筒左移量较小，转子仍处于较大的斜盘角度。此时，液压泵的理论注油量提前等于漏油量和回油量，实际供油量提前等于零，液压泵的出口油压小于规定值。

液压泵内部磨损不严重时，其出口压力小于规定值的现象较少。液压泵的油液不清洁，含有杂质、水分而使零件之间的油膜破坏，或者油液变质、温度升高而使润滑性变差，油箱内油量不足或者液压泵气塞而发生干磨，都会增加磨损的速度。泵内部磨损会出现以下特点：

① 慢车时压力低于规定值，随着推油门转速的增大，压力上升甚至达到正常值。

② 冷开车时压力比正常要小。

③ 起动时压力上升慢，到达最大压力时的转速显著增大。

④ 液压泵出口管路中的过滤器内有大量金属屑。

根据上述特点，维护检查过程中应注意观察，及时对相关情况采取预防性处理和排除故障，以免使液压泵严重损坏。

2）系统附件内部渗漏。系统附件内部渗漏时，与供压管路和回油管路之间直接连接的各类阀门、开关、作动筒等，如安全阀、回油阀、各类电磁开关、液压助力器以及调节锥、防抖装置、喷口、襟翼、减速板、收放作动筒等附件中的阀门、活塞、控制柱塞和配油柱塞等，经过长时间运行后，产生磨损或损伤，卡滞在回油位置，造成液压系统内部渗漏严重，引起系统压力下降。附件内部渗漏大时，泵内油液产生异响，附件壳体的温度升高。

3）系统内部渗漏的判断。判断液压泵是内部磨损还是系统附件不密封时，可用性能正常的地面液压泵向系统加压，若系统压力正常，说明是由液压泵内部磨损引起的故障。此时可检查液压过滤器或液压泵进口过滤器是否有金属屑，若没有金属屑，则顺拧液压泵上的调压螺母使压力符合规定；若有金属屑，应更换液压泵。

用地面液压泵加压，系统压力仍不符合要求，则可能是系统某些附件内部渗漏引起的故障，此时应检查系统内部的密封性。必要时可分段检查机身前段、机身后段、各传动部件附件的密封性，找出内部渗漏的附件。

（2）系统外部渗漏 软管老化、导管爆裂、胶垫破损、附件壳体变形等，会使系统中油液大量外漏，造成系统压力下降。

系统中经常出现外部渗漏的部位是：液压泵进口软管、出口导管、壳体的结合处、液压过滤器壳体结合处、安全阀壳体、作动筒的旋转接头、液压助力器壳体、部件的接头处及经常拆装的部位。系统的外部渗漏会有大量的油液出现，检查时容易发现。

查找系统的外部渗漏点时，用地面泵向系统供压到规定值，逐个操纵各传动部分，逐段进行检查。检查前，传动部件应在规定压力值下工作几分钟，以准确判断漏油部位。

🔍 任务拓展

飞机液压系统故障与排除应用及发展

在现代高技术条件下，飞机的维修和故障诊断受到世界各国的普遍重视。20世纪80年代以来，美国颁布了一系列军用维修标准，美、英等国相继开展综合诊断及人工智能技术应用研究，并在新一代武器系统中应用。美国空军作战飞机曾普遍采用单元体设计、机内自检测（BIT）技术、自保障技术、综合航电系统、便携式维修辅助装置（PMA）、交互式电子技术手册（IETM）等高技术保障手段，F-16、F-18等飞机的外场维修中应用了联合分布式信息系统。这些高技术的支持部分将故障诊断转变为故障预测，使飞机维修由被动维修转变为主动维修，实现了一定程度的实时保障，大大提高了飞机的维修效率。航空故障诊断技术正朝着实时化、智能化、系统化、网络化的趋势发展，使得飞机系统中复杂、疑难故障的诊断速度与准确性得以提高，采用多故障并行诊断、远程联合诊断降低风险与成本的诊断技术成为航空故障诊断的重要发展趋势。

液压系统作为航空系统的重要组成部分，同样面临故障诊断技术的融合与发展，应在掌握飞机压力系统结构组成及工作原理的基础上，采用合理的故障诊断技术查找故障，排除故障。飞机液压系统的故障率在 $10^{-9} \sim 10^{-7}$ 次/飞行小时，可靠性很高，工作状态能够被监控，基本性能参数有压力、流量和温度。系统能否驱动部件运动与油液压力及密封性有关。传动速度的快慢与油液流量有关，液压温度直接影响着系统的工作性能。

国家军用标准规定飞机有 10.5MPa、21MPa 和 28MPa 这三个主要压力等级，现役飞机还有 14MPa 等压力的系统。研究表明，有利于减小液压附件和管路体积、减轻结构重量的压力为 28～35MPa，美、俄、英、法等国都相继发展了 28MPa 的同款高压系统。高压是飞机系统的发展方向。

国家军用标准规定了两种温度型别：Ⅰ型为−55～+70℃，Ⅱ型为−55～+135℃。确定温度型别的依据是液压油、密封橡胶、软管等的承受能力，以及所有液压附件在规定寿命内工作于该温度范围的可靠度。飞行中应及时检查液压系统的压力及温度，严格按机型手册规定使用。

1. 飞机液压系统及故障排除思路

飞机液压系统是飞机重要组成部分，控制着飞机部件与附件的正常运作，包括起落架、襟翼等。飞机液压系统是一个比较复杂的系统，载体是液压油，连接各个部件、附件的是液压管路。工作原理是内部的增压系统通过发动机引气，给液压油箱提供压力，增压后的液压油通过液压泵向液压系统提供压力。

2. 飞机液压系统故障分析方法

常见的飞机液压系统分析方法有故障树分析法、事件树分析法、逻辑链分析法等。飞机液压系统故障分析中，使用逻辑链分析法可以解决一些复杂的问题。它的原理相对简单。首先确定系统的物理关系，然后分析各个环节正常运行所需的必要条件，从而判断故障是否会发生。众所周知，飞机液压系统非常复杂，而运用逻辑链分析法，可以从逻辑上简化系统故障，提高故障分析效率，查找故障发生的原因。

3. 液压系统故障分析综合应用

针对液压系统故障中的主系统液压读数异常，应运用不同的故障分析方法对故障进行分析，综合分析故障成因，以期减少故障的发生。液压读数异常是常见的飞行故障，严重影响系统的正常工作。出现这种状态时，一般情况下，只能选择返航或迫降。

主系统的液压读数是由压力组件上的压力传感器传递到系统显示器上的，飞行员可根据液压读数，及时掌握飞机的运行情况。因此在进行故障排查时，要从压力组件结构图中找出故障发生的环节，对故障做一个初步判断。然后从机件自身因素、传输过程、供压情况、显示终端问题这四个因素分析故障产生的原因。

根据上述影响主系统液压读数异常的相关因素，可利用故障树分析法中的定量分析与定性分析对其进行分析。因此，先建立故障树，然后对其定性分析，将该故障树中的各个事件都设为集合，见表4-9。

表4-9　故障树中各个事件集合

故障名称	编　号	故障名称	编　号
液压系统读数异常	A	外部泄漏	F
液压系统漏油	B	油箱泄漏	G
线路故障	C	电子接头连接故障	H
压力传感器故障	D	发生损坏	I
显示电子装置故障	E	内部耗损	J

在定性分析中，利用集合的概念进行运算，最终得到该事件的表达式，即 $A = F \cup G \cup H \cup I \cup J$，上述任意一个发生故障，那么 A 都会发生故障。这些故障产生的原因，都是由于机械或者部件、附件在高负荷、长时间的工作状态下，出现一定程度的磨损，再加上部件、附件本身使用寿命的原因，最终导致故障的产生。因此维修人员要加强定期检查工作，缩短检查周期，避免故障的产生。

4. 飞机系统故障诊断与健康管理发展

故障诊断与健康管理（DPHM）实现了从基于传感器的反应式事后维修到基于智能系统的先导视情维修（CBM）的转变，使飞

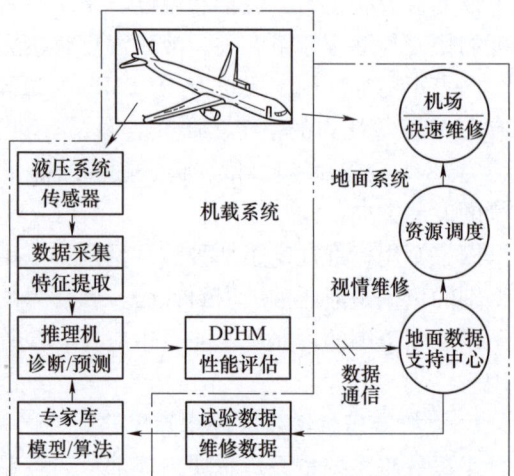

图 4-47　DPHM 故障诊断与健康管理

机能诊断自身健康状况，在事故发生前预测故障。飞机液压系统健康管理的主要难点是如何在有限传感器基础上对所检测的液压系统状况进行智能判别。如图 4-47 所示，DPHM 系统结构由机载系统和地面系统组成。

请同学们查阅资料说明什么是"夏北浩检查法"，它体现了什么样的精神。

📖 知识测试

1. 液压泵和蓄能器的性能对液压系统有重要影响，使用中如何根据压力指示器判断液压源故障？

2. 当压力表指针摆动超过规定值时，如何进行故障排除？

3. 机身油箱输油不正常，没有按规定顺序输油，如某机型用油顺序规定是先第一组油箱燃油，接下来第三组油箱，最后第二组油箱，使用中发现一组和三组油箱不输油或缓慢出油，二组油箱无油液输出故障，信号指示混乱。对该故障如何判断并排除？

模块五　数控机床的故障诊断与维修

知识目标

掌握数控机床各部件的工作原理。

掌握数控机床维修手册的使用。

掌握常见典型故障的解决方法。

能力目标

熟练使用各种维修方法。

熟练利用电气图及各种维修工具对故障点进行检测。

熟练使用 PLC 对故障点进行分析。

素质目标

具有独立分析解决问题及创新能力。

具有安全意识、工匠精神，严格执行行业标准和规范。

具有积极进取的工作态度和文明操作的良好习惯。

任务一　FANUC 数控系统报警的查看与分析

任务分析

数控机床与普通机床不同之处在于，其内部有强大的自诊断系统，很多机床故障在系统显示器上都有报警提示，利用维修手册、机床手册等工具手册中的报警原因说明，可迅速排除故障。

当报警发生时系统会跳转到报警界面，如图 5-1 所示，也可以按 MESSAGE→【报警】来调出报警界面进行查看。状态栏中报警提示为 ALM，急停显示为 EMG。对于 FANUC 数控系统的报警，可以查看《FANUC 数控系统维修手册》来查找报警的原因。

在维修时，可以按【履历】软键来查看报警的历史，如图 5-2 所示。

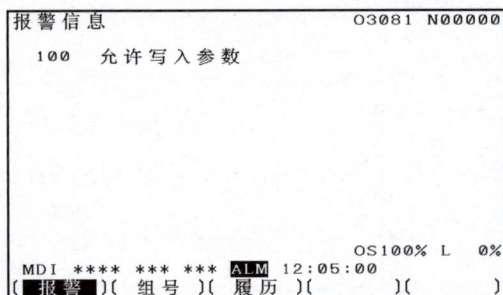

```
报警信息                    O3081 N00000

 100    允许写入参数





                            OS100% L    0%
MDI **** *** ***  ALM 12:05:00
( 报警 )( 组号 )( 履历 )(      )(      )
```

图 5-1　报警界面

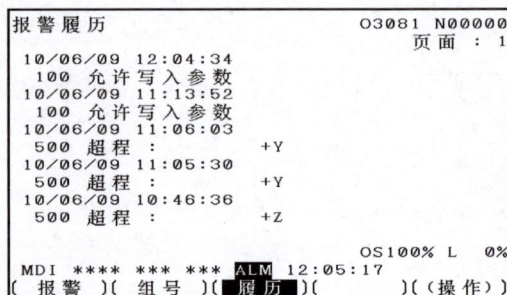

```
报警履历                    O3081 N00000
                              页面 : 1
10/06/09  12:04:34
 100    允许写入参数
10/06/09  11:13:52
 100    允许写入参数
10/06/09  11:06:03
 500    超程 :            +Y
10/06/09  11:05:30
 500    超程 :            +Y
10/06/09  10:46:36
 500    超程 :            +Z
                            OS100% L    0%
MDI **** *** ***  ALM 12:05:17
( 报警 )( 组号 )( 履历 )(      )( 操作 )
```

图 5-2　报警历史界面

知识储备

一、FANUC 报警分类

1）P/S 程序报警（000#~253#）：在程序的编辑、输入、存储、执行过程中出现的报警。这些报警大多数是因为输入了错误的地址、数据格式或不正确的操作方法等造成的，根据具体报警代码，纠正操作方法或修改加工程序就可恢复。

2）编码器报警（3××#）：APC（绝对脉冲编码器）报警（300#~309#），串行编码器报警（360#~387#）。

3）SV（伺服）报警（400#~468#，600#~607#）：和伺服有关的报警。

4）超程报警（500#~515#）：通过一定的方法将机床的超程轴移出超程区即可。

5）过热报警（700#~704#）：系统温度传感器装置检测到系统温度过高。

6）刚性攻丝报警（740#~742#）：刚性攻丝过程中的故障。

7）串行主轴报警（749#~784#）：串行主轴异常。

8）系统错误（900#~976#）：系统的硬件、软件故障。

9）PMC 程序运行报警（1000#~，2000#~）：PMC 报警中，报警号为 1000#以上的报警会停机，2000#以上的报警只给出报警号，不停机。PMC 报警也称为外围报警，维修时应该查数控机床操作手册，而不应该查数控系统的维修手册。

二、FANUC 常见报警号及解决措施

1. 000#报警

故障原因：设定了重要参数，如伺服参数，系统进入保护状态，需要系统重新起动，装载新参数。

恢复方法：在确认修改内容后，切断电源，再重新起动即可。

2. 85#~87#（串行接口故障）

故障原因：在对机床进行参数、程序输入时，往往用到串行通信，利用 RS232 接口将计算机或其他存储设备与机床连接起来。当参数设定不正确、电缆或硬件故障时会出现报警。

故障查找和恢复：

1）85#报警是在从外部设备读入数据时，串行通信数据出现了溢出错误，被输入的数据不符或传送速度不匹配。需检查与串行通信相关的参数，如果检查参数没错误还出现该报警时，检查 I/O 设备是否损坏。

2）86#报警指的是进行数据输入时，I/O 设备的动作准备信号（DR）关断。需检查串行通信电缆两端的接口（包括系统接口）；检查系统和外部设备串行通信参数；检查外部设备；检查 I/O 接口模块（可更换模块进行检查或去专业公司检查）。

3）87#报警说明有通信动作，但通信时数控系统与外部设备的数据流控制信号不正确。需检查系统程序保护开关的状态，在进行通信时将开关处于打开状态；检查 I/O 设备和外部通信设备。

3. 90#报警（回零动作异常）

故障原因：返回参考点中，开始点距参考点过近或是速度过慢。

恢复方法：

1）正确执行回零动作，手动将机床向回零的反方向移动一定距离，这个位置要求在减速区以外，再执行回零动作。

2）如果执行以上操作后仍有报警，检查回零减速信号、回零挡块、回零开关及关联的信号电路是否正常。

3）机床的回零参数在机床厂已经设置完成，可检查回零时位置偏差（诊断界面 300#的值即 DGN300）是否大于 128。如果大于 128，进行第 4 项；如果小于 128，即速度太慢需要提高速度，可根据参数清单检查以下参数是否有变化：No. 1420（快移速度）、No. 1424（手动快移速度）及 No. 1825（伺服回路增益）。做适当调整使回零时的位置偏差大于或等于 128。

4）如果位置偏差大于 128，检查脉冲编码器的电压是否大于 4. 75V。如果电压过低，更换电源；如果电压正常时仍有报警，需检查脉冲编码器和轴卡。

4. 100#报警

故障原因：修改系统参数时，将写保护设置为 PWE＝1 后，系统发出该报警。

恢复方法：

1）发出该报警后，可照常调用参数页面修改参数。

2）修改参数进行确认后，将写保护设置为 PWE＝0，按 RESET 键将报警复位。

5. 101#报警

故障原因：存储器内程序存储错误，在程序编辑过程中，对存储器进行存储操作时电源断开，系统无法调用存储内容。

恢复方法：

1）在 MDI 方式，将写保护设置为 PWE＝1。

2）系统断电，按着 DELETE 键，给系统通电，将参数总清。

3）将写保护设置为 PWE＝0，按 RESET 键将 101#报警消除。

6. 300#报警（要求返回参考点报警）

故障原因：绝对脉冲编码器的位置数据由电池进行保持，不正确的更换电池方法（如在断电的情况下换电池）及更换编码器、拆卸编码器的电缆，可能造成此故障。

恢复方法：该报警的恢复就是使系统记忆机床的位置，有以下两种方法。

1）如果有返回参考点功能，可以手动将报警的轴执行回零动作，因发生了其他报警不能手动返回参考点时，把参数 1815#5 设为 0，解除其他报警，可以进行手动返回参考点。再将参数 1815#4 设定为 0，然后在点动状态下使机床离开参考点（至少为丝杠一个螺距以上的距离）。然后将系统参数 1815#5 重新恢复为 1，系统断电后重新上电。系统上电时，将会出现 90#报警（要求机床返回参考点），进行手动返回参考点操作，最后按下系统的复位键（RESET）解除报警。

2）如果没有出现回零功能，进行无挡块式参考点设定，记忆参考点的位置。

更换串行脉冲编码器时，因参考点的位置与更换前不同，要变更栅格偏移量（参数 No. 1850）正确来调整停止位置。

7. 301#～306#报警（绝对编码器故障）

故障原因：编码器与伺服模块之间通信错误，数据不能正常传送。

恢复方法：在该报警中涉及编码器、电缆、伺服模块三个环节，先检测电缆接口，再轻轻晃动电缆，注意看是否有报警，如果有，修理或更换电缆。在排除电缆原因后，可采用置换法，对编码器和伺服模块进行进一步确认。

8. 307#和308#报警（绝对脉冲编码器电池电压低）

故障原因：绝对脉冲编码器的位置由电池保存，当电池电压低时有可能丢失数据，所以系统检测电池电压，提醒到期更换。

恢复方法：选择符合系统要求的电池进行更换。必须保证在机床通电情况下，执行更换电池的工作，具体的操作请见有关换电池的步骤。

9. 401#和404#报警（伺服准备完成信号断开报警）

故障原因：

401#：如果一个伺服放大器的伺服准备信号（VRDY）没有接通，或者在操作中信号关断，发生此报警。

404#：如果一个伺服放大器的伺服准备信号（VRDY）总保持接通，发生此报警。

系统检查原理：如图5-3所示，当轴控制电路的条件满足后，轴控制电路就向伺服放大器发出MCON信号。当放大器接收到该信号时，如果放大器工作正常，则MCC就会吸合，随后向控制回路发回VRDY信号。如果MCC不能正常吸合，就不能回答PRDY信号，系统就会发出报警。

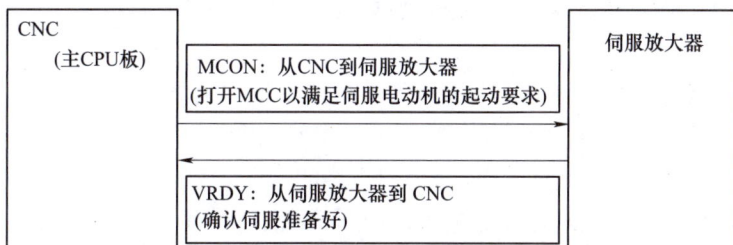

图5-3　FANUC系统CNC与伺服放大器信号图

恢复方法：当发生报警时首先确认急停按钮是否处于释放状态。

1）伺服放大器无吸合动作（MCC）时，检查：伺服放大器侧或电源模块的急停按钮或急停电路故障，伺服放大器的电缆连接问题，伺服放大器或轴控制回路故障（可采用置换法对怀疑部件进行置换分析）。

2）伺服放大器有吸合动作，但之后发生报警：伺服放大器本身有报警，可以参考放大器报警提示；伺服参数设定不正确，对照参数清单进行检查。

10. 462#和463#报警（发送CNC数据失败，发送驱动数据失败报警）

故障原因：如果由于FSSB传送错误，使得驱动部分（伺服放大器）不能收到正确数据，就发生462#报警；如果由于FSSB传送错误，使得CNC不能收到正确数据，就发生463#报警。如果发生此类报警，报警信息显示出错误轴的轴号（轴名称）。

处理时主要检查以下两个方面的内容：

1）伺服放大器或光缆：在报警信息中显示的错误轴，与轴号相对应的伺服放大器和CNC控制单元间的某根光缆可能失效；第一轴放大器与第一轴不对应。

2）轴控制卡：安装在CNC一侧的轴控制卡可能出故障。

11. 417#（数字伺服系统异常报警）

原因及处理：

1）确认以下参数的设定值。

参数2020：电动机代码；参数2022：电动机回转方向；参数2023：速度反馈的脉冲数；参数2024：位置反馈的脉冲数；参数1023：伺服轴号；参数2084：柔性进给齿轮的传动比；参数2085：柔性进给齿轮的传动比。用CNC的诊断功能，确认详细情况。

2）将参数2047（观察器用参数）设定为0。

3）进行数字伺服的初始化设定。

12. 700#报警（控制单元过热报警）

原因及处理：如果CNC控制单元的环境温度过高，就发生此报警。作为安装条件，CNC的环境温度一定不能超过55℃。在主CPU板上安装有温度监测回路，如果周围温度过高就会引发报警。采取正当有效的措施，使安装CNC控制单元的电气柜温度下降到0~55℃。如果周边温度并无异常，则主板（主CPU板）可能出了故障。

13. 900#报警（ROM奇偶校验错误）

故障原因：在FROM/SRAM模块的闪存里，存储的软件有CNC系统软件、伺服软件、PMC管理软件和PMC梯形图。在开机时这些软件先登录到DRAM模块的RAM后才开始执行。如果存储在FROM/SRAM模块的软件被破坏就发生ROM奇偶报警。

处理方法：

1）重新写入软件部分。在界面上显示了被检测出错误的软件的序列号。使用导入系统（BOOTSYSTEM）重新写入软件。存储在FROM/SRAM模块的软件绝大部分是FANUC的软件部分，还包括MTB创建的诸如PMC梯形图之类的软件。

2）更换FROM/SRAM模块。更换后，原来存储的所有软件必须再写入。更换会使SRAM存储的内容全清，必须恢复存储的内容。使用导入系统（BOOTSYSTEM）进行此操作。

3）更换主CPU板。如果以上措施都不能解决问题，那么更换主CPU板。

14. 912#~919#报警（DRAM奇偶校验错误）

故障原因：开机时，CNC的管理软件从FROM登录到DRAM，在DRAM中被执行。DRAM上发生了奇偶校验错误。如果由于外部原因导致DRAM上的数据被破坏，或者CPU卡故障，就会发生这些报警。

处理方法：更换CPU卡。

15. 920#报警（伺服报警）

故障原因：在轴控制卡的回路发生监测错误或RAM奇偶错误。920#报警显示1~4轴的控制回路发生了上述错误。光缆、轴控制卡、CPU卡或主板有可能出现故障。

处理方法：

1）监测报警，伺服控制回路监视主CPU的运行。如果CPU发生错误或外围电路出现故障，监测时钟没有复位，就发生监测报警。

2）更换光缆，光缆失效可能引发此报警。

3）更换轴控制卡。

4）更换主板（主 CPU 板）。如果以上措施都不能解决问题，就更换主板。

三、FANUC 机床急停报警

在数控系统的操作面板和手持单元上均设有急停按钮。数控机床出现紧急情况时，需要按下急停按钮，待查看报警信息并排除故障后，再松开急停按钮，使数控系统复位并恢复正常。也有机床厂将一些重要的安全信号如超程限位开关与紧急停止信号串联。这样一般维修人员认为急停的原因是急停开关连接不良或机床超程，排除上述两种可能后，就再也无法进行下一步的诊断工作。下面将分析急停故障产生的原因。

1. 紧急停止的控制原理

紧急停止控制的目的是在紧急情况下，使机床上的所有运动部件制动，使其在最短时间内停止运行。《FANUC 硬件连接手册》推荐的急停电路接法如图 5-4 所示。急停信号可使机

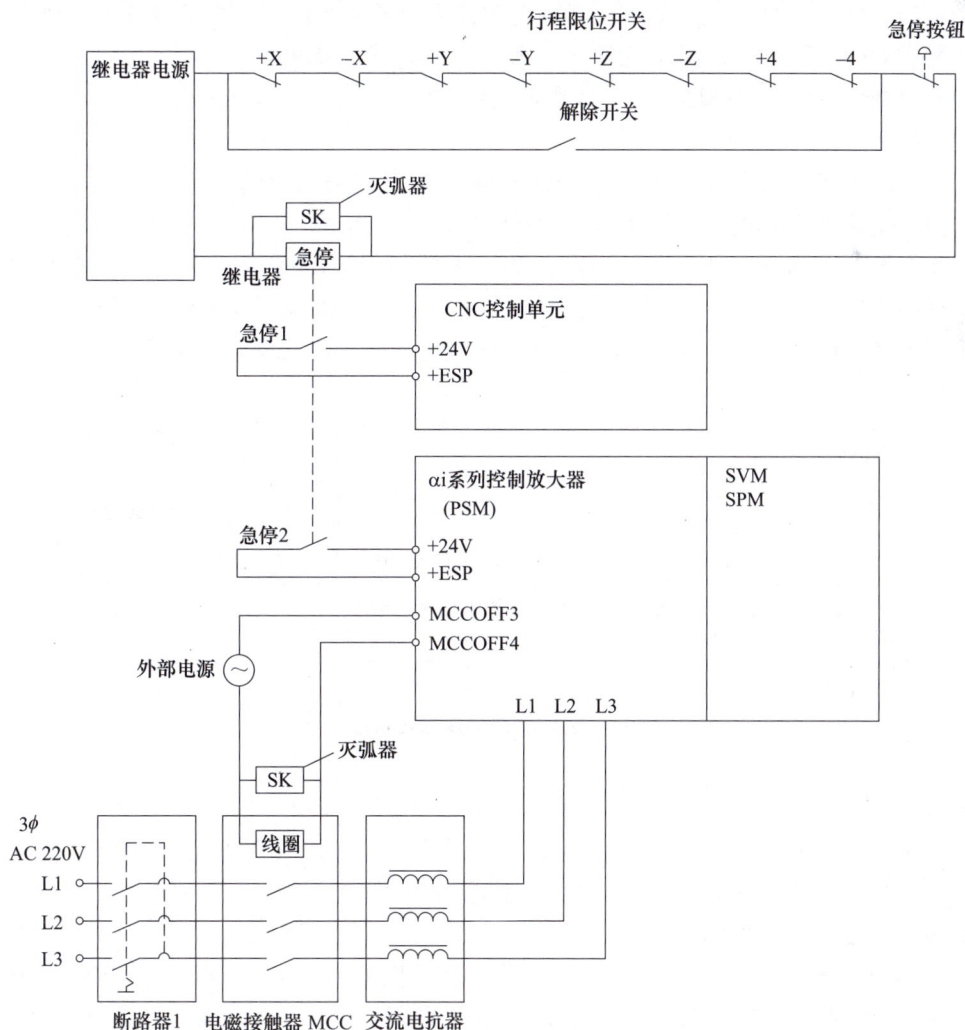

图 5-4　FANUC 急停电路接法

床进入紧急停止状态，需要将急停信号输入至 CNC 控制器、伺服放大器以及主轴放大器。急停信号一般采用常闭连接，急停信号（＊ESP）触点闭合时，CNC 控制器进入急停释放状态，伺服和主轴电动机处于可控及运行状态；急停信号（＊ESP）触点断开时，CNC 控制器复位并进入急停状态，伺服和主轴电动机减速直至停止。

当急停信号（＊ESP）触点断开时，在关断主轴电动机电源之前，必须确认主轴电动机已减速至停止，否则，当主轴电动机正在运转时直接关断电动机电源，主轴电动机由于惯性会继续转动，这是十分危险的。

通常情况下，不需要有硬件限位开关来检测超程，CNC 控制器通过软件限位功能来检测超程。然而，如果由于伺服反馈故障致使机床超出软件限位时，则需要有一个行程限位开关与急停信号相连使机床停止。

FANUC αi 系列伺服放大器产品是基于以上安全需求考虑而设计的。急停信号输入到电源模块（PSM），一般紧急停止回路是由"急停"开关和"各轴超程开关"串联的，在这些串联回路中还串联一个 24V 继电器线圈，继电器的一对触点接到 CNC 控制单元的急停输入上，继电器的另一对触点接到放大器 PSM 电源模块上（接 CX4 的引脚 2 和 3）。当按下急停按钮或机床运行超程时（行程开关断开），则急停继电器线圈断电，其常开触点 1、2 断开，从而导致控制单元出现急停报警，主接触器线圈 MCC 断电，主电路断开，进给电动机和主轴电动机停止运行。

急停回路接到 CNC 控制单元的急停输入信号 X 地址是固定的，即 X8.4（或 X21.4）、G8.4 是 PMC 送到 CNC 的紧急停止信号，低电平有效。当 X8.4＝0 时，G8.4＝0，系统出现紧急停止报警。G8.4 信号为 PMC 将 X8.4 和其他相关的信号进行综合处理后输出到 CNC 的信号，如图 5-5 所示。图中，F45.0 为串行主轴报警信号，R800.0 为机床超程链信号，还可以在梯形图 X8.4 后面串接刀库门开关等（进口机床经常这样处理）紧急信号。

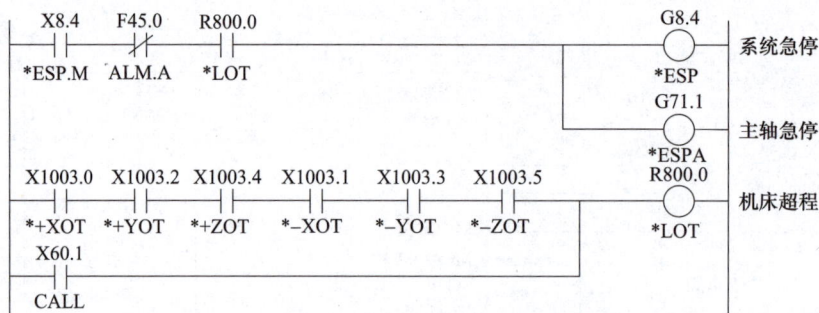

图 5-5　PMC 急停信号程序

可见，G8.4 是"紧急停止"信号树的"根"，而其他外围 X 信号和 R 信号是这一信号树上的"枝"。当出现"紧急停止"不能解除的故障时，如果只查找图 5-5 所示的信号而不去从图 5-4 中的 G8.4"追根寻源"，则往往不能够排除该类故障。

2. 紧急停止常见的原因

（1）电气方面的原因　从图 5-4 可以看出，如果机床一直处于急停状态，首先检查急停回路中急停继电器是否吸合。继电器如果吸合而系统仍然处于急停状态，可以判断出故障不是出自电气回路方面，这时可以从其他方面查找原因；如果继电器没有吸合，可以判断出故障是因为急停回路断路引起的，这时可以利用万用表对整个急停回路进行检查，检查急停按钮的常闭触点，并确认以下几个方面：

① 检查机床上所有急停旋钮，是否急停旋钮没有打开。

② 如果机床采用超程链设计，检查机床的限位开关是否被压下，是否复位。

③ 检查伺服驱动、主轴驱动、液压电动机等主要工作电动机及主回路，是否因过载保护而产生急停报警。

④ 检查输入电压、24V 电压是否正常，可能因为电压过低造成继电器不能动作，使能信号无法给出。

⑤ 限位开关损坏或急停按钮损坏。

（2）伺服单元报警引起的急停　伺服单元如果报警或者出现故障，PLC 检测到后可以使整个系统处在急停状态，直到将伺服部分的故障排除，系统才可以复位。

（3）主轴单元报警引起的急停　主轴单元如果报警或者出现故障，PLC 检测到后可以使整个系统处在急停状态，直到主轴单元故障排除，系统才可以复位。

常见原因：主轴断路器跳闸；主轴单元报警或主轴驱动器出错。

（4）系统跟踪误差过大引起的急停　这一类故障属于运动状态问题，实际上是进给伺服系统位置环在运动中出现了问题。位置偏差是由位置环中的位置偏差计数器输出的，即由光电脉冲编码器反馈的反映工作台实际运行距离的脉冲与数控系统所发出的脉冲个数进行比较得出。这个偏差值的大小反映出数控系统要求某个轴运动距离与轴实际移动距离之间的差值。为使位置偏差不超出机床各轴要求的几何公差，数控系统对这个偏差值的大小进行了设置。这个参数值的大小是可以更改的，如果参数丢失或者设置的数值过小，往往会造成数控系统跟踪误差过大。

造成系统跟踪误差过大可能的原因有如下几点：

① 负载过大，或者夹具夹偏造成的摩擦力或阻力过大，从而使加在伺服电动机的转矩过大，使电动机丢步，形成了过大的跟踪误差。

② 编码器的反馈出现问题。检查编码器的电缆是否松动，或者用示波器检查编码器所反馈回来的脉冲是否正常。

③ 伺服驱动器报警或损坏。

④ 进给伺服驱动系统强电电压不稳或者是电源断相。

（5）其他原因　急停 PLC 中规定的系统复位所需要完成的信息未满足要求，如伺服动力电源准备好、主轴驱动准备好等信息；或者是 PLC 程序编写错误，防护门没有关紧等。

🔍 任务实施

排除 FANUC 数控机床 300# 报警

1. 现场调查

某高职院校实训基地 CKA6136 数控车床、FANUC 数控系统，暑假开学后机床开机出现 300# 报警。

2. 现场故障初步分析

经查询 FANUC 维修手册，出现 300# 报警的原因是：绝对脉冲编码器的位置数据由电池进行保持，不正确的更换电池方法（如在断电的情况下换电池）及更换编码器、拆卸编码器的电缆，可能造成此故障。

3. 检验、测试、查清故障原因

经检测，出现该故障的原因是机床长时间未通电，绝对编码器供电的电池没电，导致机床记忆位置丢失，更换新电池后，按 FANUC 机床报警手册提供的方法，恢复参考点记忆位置，最后按下系统的复位键（RESET）解除报警。

🔍 知识拓展

如果系统在起动时没有正常引导起动，那么显示屏幕上很可能没有报警提示，不知故障的具体原因，可以利用 FANUC 系统硬件报警功能加以辅助判断。

使用时需将系统的背板打开查看，如图 5-6 所示位置上，有 4 个 LED 绿色状态灯和 4~6 个红色报警指示灯。

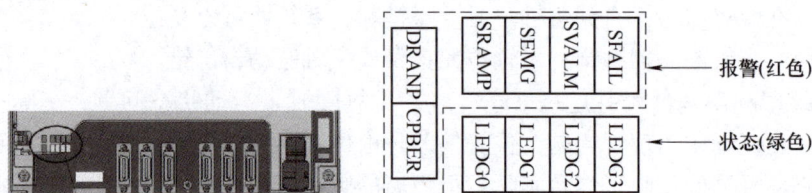

图 5-6　报警和状态指示灯

报警指示灯的具体含义见表 5-1。

表 5-1　系统出现错误时报警指示灯的具体意义

序号	报警 LED 显示	含　义
1	SFAIL	发生系统报警时灯亮。软件检测出系统异常，使系统停止。执行 BOOT 过程中灯亮
2	SVALM	伺服卡内检测出异常（监视器或伺服卡内的 SRAM 发出奇偶报警）
3	SEMG	发生系统报警时灯亮。硬件检测出系统异常
4	SRAMP	检测出 SRAM 模块的奇偶报警或 ECC 报警
5	DRANP	检测出 DRAM 奇偶检验报警
6	CPBER	检测出总线错误

下面 4 个是状态灯，电源接通时，状态灯通过组成不同的亮、灭状态，表示数控装置从电源接通到进入正常运行状态的过程中，所需进行的工作流程。当主板发生故障时，通过状态指示灯的不同状态，可进行故障判断。具体含义见表 5-2。

表 5-2　电源接通时 LED 指示灯的具体意义（■：灯亮；□：灯灭）

序号	LEDG3、LEDG2、LEDG1、LEDG0 显示	含　义
1	□□□□	电源没有接通的状态
2	■■■■	电源接通后的初始状态，正在进行 BOOT
3	□■■■	NC 系统启动开始

（续）

序号	LEDG3、LEDG2、LEDG1、LEDG0 显示	含　义
4	■□■■	等待系统内各处理器的 ID 设定
5	□□■■	系统内各处理器 ID 设定完毕，显示回路初始化完毕
6	■■□■	FANUCBUS 初始化完成
7	□■□■	PMC 初始化完成
8	■□□■	系统内各印制板的硬件配置信息设定完成
9	□□□■	PMC 梯形图程序的初始化完毕
10	□■■□	等待数字伺服和主轴的初始化
11	■■■□	数字伺服和主轴初始化完毕
12	■□□□	初始设定完成，进入正常运行

📖 知识测试

1. FANUC 数控机床的 PMC 报警与系统报警号各有何特征，在维修时应该查什么手册？
2. 数控机床在何时会出现 100# 报警，什么情况下会出现 000# 报警？
3. 简述 300# 报警产生的原因及其排除方法。
4. FANUC 系统的硬件报警和软件报警各有何用处？

任务二　操作编程故障解除

🔍 任务分析

数控程序的错误有语法错误、逻辑错误、非法数据、数据错误、正负号错误及小数点丢失等。如果数控程序不正确，加工零件时将出现问题，特别是当有新员工或经验不足的员工参与时，由于这些员工对机器的操作及编程没有完全掌握和了解，或者错误地输入程序代码，数控机床就有可能产生操作编程方面的报警。报警出现后要根据机床报警提示或故障现象进行分析，查找故障原因，准确定位故障点，排除故障。

🔍 知识储备

一、坐标系

数控机床坐标系主要有机械坐标系和工件坐标系。加工零件放在数控机床上，必须知道它的确切位置。同时机床的运动由数控系统发出的指令来控制的。为了确定机床的运动方向和移动距离，就必须建立机床坐标系。

数控机床标准坐标系与运动方向，在国际标准 ISO 中有统一规定，我国制定的标准 GB/T 19660—2005 与之等效。

规定原则：标准的机床坐标系是一个右手笛卡儿直角坐标系，用右手螺旋法则判定。数控机床的加工运动主要分为刀具的运动和工件的运动两部分。规定 X、Y、Z 表示刀具相对"静止"工件而运动的刀具运动坐标。即工件静止不动，刀具运动。

Z、X、Y 坐标轴由特定的方法来确定。一般取产生切削力的主轴轴线为 Z 轴，刀具远离工件的方向为正方向。当机床无主轴时，选与工件装夹面垂直的方向为 Z 轴方向。

X 轴的确定分两种：第一种是工件做回转切削运动的机床（如车床、磨床），在水平面内取垂直工件回转轴线即 Z 轴的方向为 X 轴，刀具远离工件的方向为正方向；第二种是刀具做直线切削运动的机床（如铣床、镗床），当 Z 轴竖直时，面对主轴向立柱看去，向右为 X 轴正方向；当 Z 轴水平时，面对主轴看去，则向左为 X 轴正方向。对于无主轴的机床（如刨床），以切削方向为 X 轴正方向。

Y 轴通过 X、Z 轴，按右手笛卡儿坐标系确定。大拇指代表 X 轴，食指代表 Y 轴，中指代表 Z 轴。

1. 机床坐标系

机床坐标系又称机械坐标系，如图 5-7 所示。机床坐标系的原点也称机床原点或机械原点，是机床上一个固定的点。其位置在出厂之前由厂家调整好并在系统参数中设定好，一般情况下不要轻易更改。

参考点是机床坐标系中一个固定不变的特殊位置的点，它相对机床原点有一个确定的位置，可以与机床原点重合也可分开。其位置在出厂之前由厂家调整好并在系统参数中设定好。对于需要执行手动返回参考点操作的数控机床（也称回零操作），一般是用挡铁和回零减速开关的配合来完成的，进而建立起机床坐标系。它是编程和加工的基准。

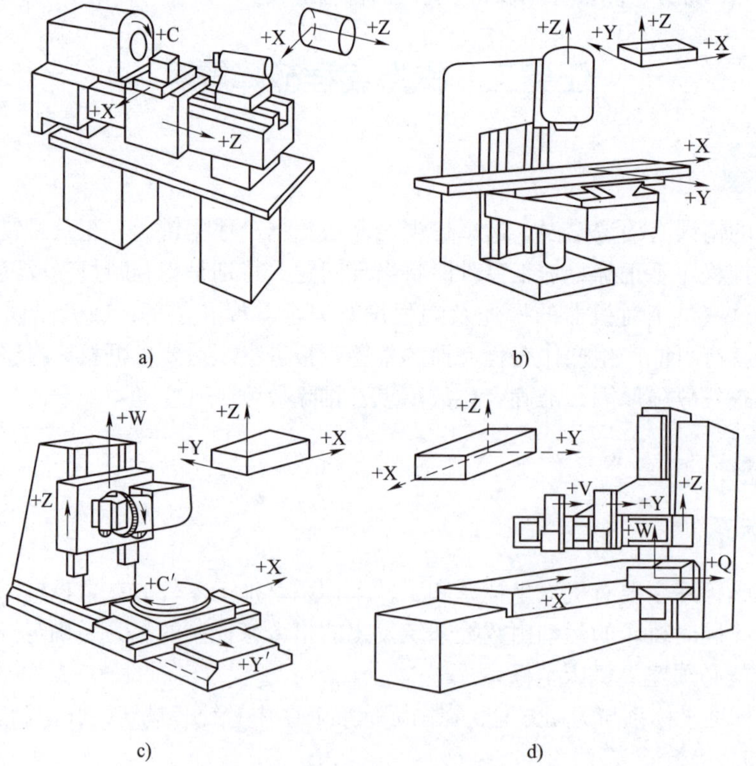

a)　　　　　　　　　　　　b)

c)　　　　　　　　　　　　d)

图 5-7　常见数控机床坐标系示意图

维修中还经常用到第 2、3、4 参考点，都是用系统参数来设定的。其目的是建立一个固定不变的点，在该点处数控机床可执行一些特殊的操作，如换刀或交换工作台等。

2. 工件坐标系

工件坐标系又称编程坐标系，如图 5-8 所示。它由机床坐标系平移或旋转而产生，为简化计算、简化编程而由编程人员自行设定的坐标系。编程原点可以是工件或夹具上的某一点。编程原点的选择一般应遵循四点要求：计算要简化；尺寸链计算误差要小；引起加工误差要小；易于找正、便于测量。

A、B、C 分别为绕 X、Y、Z 轴旋转的空间旋转轴。U、V、W 为第二直线轴，它分别平行于 X、Y、Z 轴。

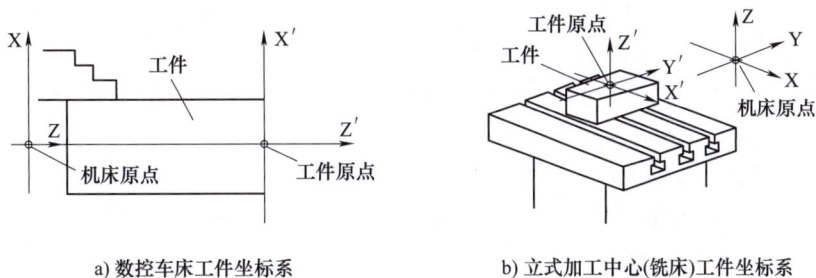

a) 数控车床工件坐标系　　　　b) 立式加工中心(铣床)工件坐标系

图 5-8　机床工件坐标系示意图

二、功能代码

数控机床零件加工程序及其他应用程序中包含了工艺参数、几何参数和机械辅助动作的顺序逻辑控制三部分信息。它们分别用准备功能 G 代码、进给功能 F 代码、主轴转速功能 S 代码、刀具功能 T 代码、辅助功能 M 代码等功能代码来描述。维修人员只有正确理解、掌握功能代码的含义及正确的应用方法，才能迅速及时诊断故障，进而排除故障。

1. 准备功能字 G

准备功能字由地址字（英文字母）和数字字组成。它是构成程序的最小单元。

准备功能字的地址符是 G，又称 G 指令或 G 代码，见表 5-3。它由地址符 G 及后面的数字组成。它是指定机床动作方式或控制状态命令的指令，有运动指令和非运动指令之分，以及模态指令和非模态指令之分。不同的数控系统其 G 功能相差甚大，只有 G00~G04、G17~G19、G40~G42、G90、G91、G94~G97 基本相同。

表 5-3　数控车床系统指令内容含义

指令	组别	系统分类			
		FANUC-0i TB	SINUMERIK 802D	华中世纪星 HNC-21T	广州数控 GSK 980TD
G00		快速点定位	快速点定位	快速点定位	快速点定位
G01	01	直线插补	直线插补	直线插补	直线插补
G02		顺时针圆弧插补	顺时针圆弧插补	顺时针圆弧插补	顺时针圆弧插补
G03		逆时针圆弧插补	逆时针圆弧插补	逆时针圆弧插补	逆时针圆弧插补
G04	00	暂停	暂停	暂停	暂停

（续）

指令	组别	系统分类			
		FANUC-0i TB	SINUMERIK 802D	华中世纪星 HNC-21T	广州数控 GSK 980TD
G20	06	英寸输入	G70	英寸输入	英寸输入
G21		毫米输入	G71	毫米输入	毫米输入
G32	01	螺纹切削	—	螺纹切削	螺纹切削
G33		—	螺纹切削	—	—
G34		变螺纹切削	螺纹切削螺距增加	—	—
G35		—	螺纹切削螺距缩小	—	—
G40	07	刀尖半径补偿撤消	刀尖半径补偿撤消	刀尖半径补偿撤消	刀尖半径补偿撤消
G41		刀尖半径左补偿	刀尖半径左补偿	刀尖半径左补偿	刀尖半径左补偿
G42		刀尖半径右补偿	刀尖半径右补偿	刀尖半径右补偿	刀尖半径右补偿
G50	00	工件坐标系设定或最大主轴转速设定	—	—	—
G70	00	精车循环	英寸输入	精车循环	精车循环
G71		粗车外圆循环	毫米输入	粗车外圆循环	粗车外圆循环
G72		粗车端面循环	—	粗车端面循环	粗车端面循环
G73		闭合粗车循环	—	闭合粗车循环	闭合粗车循环
G74		端面深孔钻循环	—	—	端面深孔钻循环
G75		切槽循环	—	—	切槽循环
G76		螺纹切削循环	—	螺纹切削循环	螺纹切削循环
G90	00	简单矩形循环	绝对尺寸输入	绝对尺寸输入	简单矩形循环
G91		—	增量尺寸输入	增量尺寸输入	—
G92		简单螺纹循环	—	工件坐标系设定	简单螺纹循环
G94		简单端面循环	每分钟进给量	每分钟进给量	简单端面循环
G95		—	每转进给量	每转进给量	—
G96	02	恒线速度	恒线速度	恒线速度	恒线速度
G97		恒线速度取消	恒线速度取消	恒线速度取消	恒线速度取消
G98	05	每分钟进给量	—	—	每分钟进给量
G99		每转进给量	—	—	每转进给量

模态指令又称为"续效指令"。它是指某一G指令一经程序段中指定，就一直有效，直到后边程序段中出现同组的另一G指令或被其他G指令取代时才失效。编写程序段时，与上段相同的模态指令可以省略不写。不同组模态指令可编写在同一程序段内。例如：

N05　G00 G90 G54 X100. Y-120.；

N10　M03 S1000；

N15　G01 X85. F120；

……

N80　G04　X3.5；

G00 G90 G54 是不同组的模态指令，可以编写在同一程序段中。G00 为运动指令，G90、G54 为非运动指令，一经程序段中指定，就一直有效。G04 为非模态指令，只在 N80 程序段中有效。

（1）G00 快速点定位　令刀具或工作台快速移动的指令，移动速度由系统 NC 参数设定。通过机床操作面板上的快速倍率开关可调节大小。

指令格式：G00　X _____ ;　　　　　　　（单轴运动）

G00　X _____ Y _____ ;　　　　（两轴联动）

G00　X _____ Y _____ Z _____ ;（三轴联动）

（2）G01 直线插补

指令格式：G01　X _____ Y _____ F _____ ;

X、Y 为终点坐标，这是直线进给两轴联动的指令，进给速度为工进速度（F 设定的），轨迹为从起点到终点的直线。执行时系统内部进行插补运算。进给功能字 F 不能省略。它有两种表达方式：一种为同步进给，即每转进给量 mm/r；另一种为每分钟进给量 mm/min。车床常用同步进给量，铣床常用每分钟进给量。两种方式可在程序段中用相关的 G 代码转换。注意，有的数控机床在主轴未正常转动起来，程序执行到 G01 程序段时会自动停止且无任何报警。例如：

G01 X100. Y-20. F500;　　　（每分钟进给量 500mm/min）

G01 X100. Z-30.. F0.2;　　　（每转进给量 0.2mm/r）

（3）G02/G03 顺时针圆弧插补/逆时针圆弧插补

指令格式：

$$
\begin{bmatrix} G17 \\ G18 \\ G19 \end{bmatrix}
\begin{bmatrix} G02 \\ G03 \end{bmatrix}
\begin{bmatrix} X\text{—}Y\text{—} \\ X\text{—}Z\text{—} \\ Y\text{—}Z\text{—} \end{bmatrix}
\begin{bmatrix} I\text{—}J\text{—} \\ I\text{—}K\text{—} \\ J\text{—}K\text{—} \\ \text{或} R\text{—} \end{bmatrix} F
$$

XY 平面：G17 G02(G03)X ____ Y ____ R(CR=) ____ F ____ ;

　　或　G17 G02(G03)X ____ Y ____ I ____ J ____ F ____ ;

ZX 平面：G18 G02(G03)X ____ Z ____ R(CR=) ____ F ____ ;

　　或　G18 G02(G03)X ____ Z ____ I ____ K ____ F ____ ;

YZ 平面：G19 G02(G03)Z ____ Y ____ R(CR=) ____ F ____ ;

　　或　G19 G02(G03)Z ____ Y ____ K ____ J ____ F ____ ;

上述指令中，G17、G18、G19 三个指令为指定圆弧插补平面。G17 指定 XY 平面，G18 指定 ZX 平面，G19 指定 YZ 平面，F 指定进给量，X、Y、Z 的坐标值为插补圆弧终点坐标。

该指令两种编程方式：

1）用圆弧半径 R 编程（CR=半径是 SIEMENS 公司的格式）。当插补圆弧为劣圆（圆心角小于或等于 180°）时，R 取正值；当插补圆弧为优圆（圆心角大于 180°）时，R 取负值。

2）用矢量 I、J、K 编程。I、J、K 为圆弧起点到圆心的矢量在 X、Y、Z 坐标轴上的分矢量，I、J、K 与 X、Y、Z 对应。当矢量方向与坐标轴方向一致时取正值，反之取负值。或者说，I、J、K 为圆心到圆弧起点的距离（增量坐标）。

（4）G04 暂停（程序暂停时间）

指令格式：

G04 X；或 G04 P；（FANUC 系统格式，X 的单位为 s；P 的单位为 ms）

G04 F；或 G04 S；（SIEMENS 系统格式，F 的单位为 s；S 表示暂停主轴转数，当程序中主轴转数为 300 时，G04 S30 表示暂停时间为 30/300min＝0.1min＝6s）。

（5）返回第二参考点（也称返回固定点）

指令格式：

G30 X Y Z；（FANUC 系统格式，以快速移动的速度经过中间点坐标 X、Y、Z 后返回到机床的某个固定点）

G75 X1＝0 Y1＝0 Z1＝0；（SIEMENS 系统格式，程序段中 X1、Y1 和 Z1 下编程的数值不识别，即可以为任意值，这里为零）

这个点的坐标数值在 NC 参数中设定。如换刀点，这是维修中经常碰到的。

2. 进给功能字 F

进给功能字的地址符是 F，又称为 F 指令。它由地址符 F 及后面的数字组成，它有两种表达方式，两种方式可在程序段中用相关的 G 代码转换。

FANUC 系统车床系列、用 G99 指定 F 为 mm/r；G98 指定 F 为 mm/min。

FANUC 系统铣床系列、SIEMENS 系统：用 G95 指定 F 为 mm/r；G94 指定 F 为 mm/min。

程序中不能漏掉 F 功能字，同时也不能小于数控系统参数所设定的最小值，否则将产生系统报警。F 功能字在螺纹切削加工程序段中用于指定螺纹导程。

3. 主轴转速功能字 S

主轴转速功能字的地址符是 S，又称为 S 指令。它由地址符 S 及后面的数字组成。数控系统采用直接指定方式，即由地址符 S 后面的数字直接指定主轴转数。不能随意添加小数点。例如，程序段中 S1000 指令表示 1000r/min。

在数控系统中主轴转速功能的表达有两种方式，在程序中可相互转换。

G97 S300：表示主轴转速为 300r/min。开机后，系统一般都默认为 G97 状态。

G96 S300：表示其恒线速度为 300m/min。S 指令指定加工切削时的恒定线速度，G96 指令控制其主轴转速按所规定的恒线速度值运行。

4. 刀具功能字 T

刀具功能字的地址符是 T，又称为 T 指令。它用于自动对刀具的长度、半径进行补偿。它有两种主要格式，其指令格式因数控系统不同而有所差异。这里主要介绍 FANUC 和 SIEMENS 系统中的 T 指令。

（1）采用 T 指令编程 T 指令由刀具功能字的地址符 T 和数字组成，主要应用在 FANUC 车床系列，T 后面的数字用来指定刀具号和刀具补偿号。有两种主要格式，用 T 后面的两位数字或四位数字来表达。它们由 CNC 系统参数来选择设定 T××或 T××××。

T××用两位数字表示，个位数表示刀具补偿号，从补偿号中读取刀具补偿值；十位数表示刀具号。例如：T23 表示取 2 号刀第 3 组补偿值，T20 表示取消 2 号刀刀补。

T××××用四位数字表，个位数和十位数表示刀具补偿号，从补偿号中读取刀具补偿值；百位数和千位数表示刀具号。例如：T1111 表示取 11 号刀第 11 组补偿值，T1100 表示取消 11 号刀刀补。

（2）采用 T、D（H）指令编程　使用 T 指令仅选择刀具号，用 D（H）地址符来选择相关的刀具补偿号。

FANUC 铣床（加工中心）系列是用 D 或 H 地址符来表示刀具补偿号，刀补值完全由参数设定。例如：

T05；（选取 5 号刀具）

G00 G43 Z H03；（读取第 3 组补偿号中的刀具长度补偿值给 3 号刀，执行刀具长度补偿）

G00 G41（G42）X Y D（H）；（读取第 3 组补偿号中的半径长度补偿值给 3 号刀，执行刀具的半径补偿）

SIEMENS 系统编程时，无论车床还是铣床（加工中心）系列，均用 T 表示刀具号，用 D 表示补偿号。每把刀都设定了 1~9 个不同的刀具补偿偏置量。例如：

T3 D5；（选择 3 号刀，第 5 组刀具补偿偏置量。若用第 1 组刀具补偿偏置量，D1 在程序中可以省略）

5. 辅助功能字 M

辅助功能字的地址符是 M，又称为 M 指令或 M 功能，见表 5-4。它由地址符 M 及后面的两位（三位）数字组成。它接收从 NC 装置来的以二-十进制代码表示的 M 功能等机床顺序动作的信息，并对其进行译码，转换成与辅助机械动作相对应的控制信号控制各执行部件的顺序动作，如主轴的起停、换刀、工件的自动夹紧松开、润滑、冷却等。M 指令也有模态和非模态之分。关于各 M 指令分别表示何种机床的辅助功能，除国际标准规定的 M00~M11、M13、M14 及 M30 一致外，其他的 M 指令由机床制造厂家自行设定。应认真阅读机床的使用说明书了解其含义。

表 5-4　HTC2050Z 数控车削中心 M 指令

M 指令	功能	M 指令	功能	M 指令	功能
M00	程序停止	M11	卡盘松开	M74	C 轴抱紧
M01	选择停止	M12	二主轴回零	M75	C 轴松开
M02	程序结束	M13	主轴正转和冷却起动	M93	刀具主轴正转
M03	主轴正转	M14	主轴反转和冷却起动	M94	刀具主轴反转
M04	主轴反转	M30	程序停止并复位	M95	刀具主轴停转
M05	主轴停转	M52	尾座套筒进	M98	子程序调用
M08	冷却起动	M53	尾座套筒退回	M99	停止
M09	冷却停止	M70	C 轴操作方式		
M10	卡盘卡紧	M71	速度轴操作方式		

在卧式加工中心中经常用到 B 功能字，又称为第二辅助功能字。它指定分度工作台的分度定位。

三、加工程序的编写格式

程序段是由指令和坐标（功能字）组成。指令有准备功能 G 指令和辅助功能 M 指令，还有其他设置功能 S、F、T、H 指令等。根据各轴的不同，坐标值不同。程序段是按照字地址格式设定的，每个指令或坐标值都是由地址字（英文字母）和数字字组成的，如 G90、G01、X50.6 等。程序段的格式遵照 GB/T 8870.1—2012 和 ISO 6983-1：2009 的标准规定，其格式如下：

N×× G×× X××× Y××× Z××× H×× F×× S×× M×× T××；

N××——序号，可以跟四位数，也可以不要序号。

G××——准备功能指令，主要是控制刀具运动，设定相关参数。

X、Y、Z——坐标，表示刀具移动的方向，坐标值的大小规定视各数控系统不同，FANUC-0iC 系统规定小数点前五位、小数点后三位。

H××——刀具补偿号，设定刀补值的重要参数，径向刀补也用 D×× 表示。

F××——进给量，单位为 mm/min 或 mm/r。

S××——主轴转速，无级变速，从最大到最小任选，有些机床有高、中、低速三档变速，用 M 指令来选择。注意阅读说明书，单位为 r/min。

M××——辅助指令，主要指定机床的一些辅助开关动作。

T××——刀具号。

；——结束符，每条程序段都要有结束符，不同的系统代号不同，有"＊""CR""LF"等，若有序号，有些系统可以无结束符，需要阅读机床说明书而定。

程序的格式较为简单，由"O"（或其他英文字母）加程序号开头，中间为程序段组成的程序，最后由"％"结束。如：

O××××　（程序开头，O×××× 为程序号，FANUC 系统）

G54 G90 G00 X0 Y0；（程序段）

…

M30；（程序结束指令）

％

不同的数控系统，程序的格式不完全一样，在具体机床上操作时，请阅读机床说明书。

四、刀具补偿功能的正确应用

数控机床的系统控制软件中均有刀具补偿功能控制软件，它包含了长度补偿和半径补偿两种功能。应用刀具补偿功能，编程人员可直接根据零件图样进行编程，不必考虑刀具长度和半径尺寸因素。只需在刀具补偿界面中输入正确的刀具长度和半径补偿值，执行补偿程序段语句时 NC 系统自动补偿刀具的长度和半径。刀具的实际位移量因补偿值的不同而不同，但最终都会运动到程序段设定的终点。

语句格式：

长度补偿：FANUC 系统车床 T×× 或 T××××；

　　　　　　FANUC 系统铣床 G43(G44) Z　H；

　　　　　　（Z 为终点坐标值，H 为偏移补偿号，存放刀具长度的补偿值。用 G49 或 H00 取消长度补偿）

　　　　　　SIEMENS 系统　T×× D××；

必须高度重视补偿值的正确输入，切不可将正负号及大小输错，否则，将造成重大事故。补偿语句不能出现错误甚至丢失。

半径补偿：所有数控系统均用 G41（G42）表达。

刀具半径补偿过程分为补偿建立、执行、取消三个过程。"建立"时，NC 系统根据半径值和刀具补偿方向自动计算本段刀具中心轨迹的终点位置，使刀具中心轨迹偏离编程轨迹一个半径值；"执行"时，刀具中心轨迹始终偏离编程轨迹一个半径值，并计算出各段之间的转接轨迹；"取消"时，将半径值取消，使刀具中心轨迹回到编程终点。

语句格式：

G17（G18，G19）G41（G42）　G00（G01）　X　Y　H(D)F　；

G41 为刀具半径左补偿，即沿刀具前进方向看刀具在工件的左边。

G42 为刀具半径右补偿，即沿刀具前进方向看刀具在工件的右边。

刀补建立必须在移动指令 G00（G01）段，不能在 G02（G03）程序段中建立，否则会产生报警。取消补偿用 G40。

五、编程故障实例分析

编程中程序错误有语法错误、逻辑错误、非法数据、数据错误、正负号错误及小数点丢失等。

下面介绍几种常见错误。

1. 非法小数点输入或小数点省略

1）非法小数点输入。当执行到"M03 S100. ；"语句时出现报警。FANUC 系统显示 7# 报警，为小数点输入错误，在不能使用"."的地址后输入了小数点。本程序段中主轴转速 1000r/min 后输入了小数点，错误。去掉小数点即正常。

2）小数点省略。用最小单位编程时，坐标地址字 X、Y、Z 为整数时未加小数点，造成故障。是用小数点编程还是最小单位编程，可由 NC 参数来设定。数控车由于编程不当未加小数点，执行"G00 X300；"语句时，刀架快速向中心移动，造成严重撞机事故。

FANUC 0 系列的 NC 参数 15.7，FANUC 0i/16/18 系列的 NC 参数 3401.0，位为"0"（零）时视为最小设定单位（坐标字的最小设定单位为 0.001mm）；为"1"时视为 mm、in、s 单位。只有当设定为"1"时，坐标地址字 X、Y、Z 为整数时小数点可以省略，否则必须输入小数点。一定要养成良好的习惯。

2. 正负号输入错误

在程序输入时不小心误将坐标值的正负号输错，特别是正值误输入成负值危险性极大，往往会造成撞机事故。一旦撞机，操作者往往认为是机床故障，找维修人员。维修人员到达事故现场后，应遵循"多看少动、不盲目动手"的原则，向操作者仔细询问事故过程。然后检查伺服系统的驱动状态是否正常无误，再将加工程序调出，分析程序段是否有误。

3. 语句格式不当

1）一台 CKS6132A 数控车床，FANUC 0i 系统，加工法兰盘时 7 号刀出现问题，法兰外径尺寸小 3mm。共用了五把刀，仅 7 号刀出现问题。毫无疑问，不应怀疑伺服驱动有问题，也不应怀疑转塔刀架有问题，而应仔细检查分析加工程序。程序如下：

O888；

N05 T0708 G50 S1188；　　（设定主轴最高转速 1188r/min，选 7 号刀第 8 组刀补）

N10 G96 M03 S125；　　（恒线速度控制，主轴正转）

N15 M08; （切削液开）

N20 G00 X154.0 Z2.0; （快速运动到工件坐标系 X＝154mm Z＝2mm 处定位）

N25 G01 Z-10.0 F0.2;

……

M30;

程序执行到 N20 语句结束时，屏幕显示的 X 终点坐标值不是 154mm 而是 151mm，小了 3mm。反复多次试验，结果一样。程序表面上看似乎没有什么错误。但若先在 MDI 方式下输入"T0708"并执行，然后再执行零件加工程序，错误没有了，问题解决了。可见是语句格式不当。将 N05 语句"T0708 G50 S1188"分成两段，变为"G50 S1188;T0708;"问题就彻底解决了。"G50 S××××"必须单独为一程序段。

2）一台带交换工作台的加工中心 XH756(FANUC-0i)，子程序返回主程序语句不当。

主程序　O1886　　　　　　子程序 O1

……　　　　　　　　　　　……

M98 P01;　　　　　　　　　G91 G30 Y0 M19;

M100;　　　　　　　　　　M99;

M30;

当程序执行完子程序从 M99 返回主程序时，主程序的语句为 M100，程序停止执行。将子程序中的"G91 G30 Y0 M19"取出放在主程序 M100 语句之前，从子程序返回主程序，主程序继续执行。这表明 FANUC 系统子程序结束返回主程序时主程序段不能为辅助功能指令 M。

4. 刀具长度补偿使用不当

1）程序中漏掉长度补偿语句或坐标字。

G00　G55　X-6.　Y72.;

G43　H28　Z30.　S110　M03;

G82　X-6.　Y72.　Z-15.9　R-9.　P4000　F20;

Z30 坐标字漏掉未写，造成执行该段语句时，Z 向负向快速移动，将夹具撞坏。在"G43　H28　Z30."程序段中，当 Z 坐标字省略时，系统默认为 Z0。此程序段中为工件坐标系原点 Z：-552.8，刀具向原点移动。同样语句中漏掉了"G43　H28　Z30"语句，未执行刀具长度补偿其后果一样。

2）取消刀具长度补偿时造成超程（对工件坐标系的理解不正确）或造成事故。

G00　G57　X0　Y0;

G43　H25　Z30　M03　S500;（G57：Z-383.5;）H25＝152.45

G86　Z-97　R5.　F55;

G00　G49　Z350　M05;

若将 Z350 编写成 Z400 会造成超程。因为 G57 的 Z 轴零点在-383.5，取消刀补值 383.5，正负抵消，回到机床原点，退 400 肯定超程。相反，若取消刀补，Z 退回的坐标小于刀具长度补偿 152.45，如 Z100，刀具不但不退，反而向工件方向移动，将造成事故。

5. 数控车由于编程不当，X 伺服轴出现 414#报警

FANUC-0T 系统，查看诊断号 720#，第 5 位被置"1"，为过电流报警。机床是经济型数控车，主轴无 S 功能。手动挂档，主轴转速挂在 1100r/min 档，进给量 F 设定为同步进给

5mm/r，执行"G99 G01 X35. F5"时其进给速度实际为 5500mm/min。而机床参数中厂家设定的快速移动速度设定值为 5000mm/min（参数 518#），这是造成过电流的直接原因。减小 F 值或更改"G01 X35. F5"语句为 G00。

6. 在加工中心固定循环语句的编程中，由于安全距离设定不当造成事故

"G81 X20 Y50 Z-3 R1 F100;"是钻孔循环加工语句，表面上看语句格式正确，无错误。执行该语句时，造成打刀事故。安全距离 R=1mm 太小，原因是加工零件为铸件，毛坯尺寸误差大。

7. 参数设定不当或不全

1）一台 XH756 卧式加工中心，FANUC-18i 数控系统，在执行刀具半径补偿语句时，程序停止，出现 148#报警。报警提示：自动拐角倍率的减速比超过了角度允许设定值的范围。需修改 NC 参数 1710#~1714#的设定值。

调出参数设定界面，1710#参数设定为 0，不正确。1710#参数为字节型，数据范围为 1~100，表示自动拐角倍率内侧圆弧切削速度的最小减速比（MDR），为 0 时刀具将停止。重新设定为 50。将 9944.4、9944.5 位参数均设定为 1。

2）一台韩国起亚卧式加工中心执行刚性攻丝 G84 固定循环时，不能正确执行。程序如下：

……

M29；　　　　　　　（刚性攻丝）

G84 X0 Y10. Z-15.0 R5. F80；

X-50. ；

……

G80；

G91 G30 X0 Y0 Z0；

……

在执行到 G84 刚性攻丝，取消固定循环 G80 语句处时，程序停止，机床不动作。去掉 G80 语句，执行到"G91 G30 X0 Y0 Z0；"语句时产生 204#报警，机床停止动作。刚性攻丝结束后加上 M28 刚性攻丝结束语句则出现 205#报警（刚性攻丝信号关断）。查阅有关刚性攻丝的参数设定，从 5200#位型参数中发现 5200.2 位 CRG 设定不正确。

用刚性解除指令（G80，01 组 G 代码、复位等）解除刚性攻丝状态时，CRG 设定为 0 表示刚性攻丝状态的解除要等待刚性攻丝信号 RGTAP 变为 0，设定为 1 表示刚性攻丝状态的解除不要等待刚性攻丝信号 RGTAP 变为 0。

机床厂家将 5200.2 设定为 0，而 PMC 梯形图中未设定相关程序，故出现 205#报警。重新设定 5200.2 位参数由 0 变为 1，刚性攻丝固定循环正确执行。

3）一台 CK5110HX8/2Q（FANUC-0i）数控立式车床进行螺纹切削加工时不动作。

无论是在 G99 方式下，进给量 F 以同步进给编程即每转移动一个螺距，还是在 G98 方式下，进给量 F 以每分钟进给编程，机床均不执行。调出参数设定界面，PRM1402.0（NPC）位参数设定为 0，不正确，将它由 0 改设成 1，问题解决。

六、数控机床超程故障及处理方法

超程限位控制功能是数控机床的一个基本安全功能，分为硬限位、软限位和加工区域限制。数控机床超程故障报警有两种情况：一种是硬件限位超程报警，即机床运动部件碰到硬限位行程开关的超程报警，它是数控机床的外部安全措施；另一种是软件限位超程报警，即超过由系统参数设定的行程极限保护的报警，它是内部安全措施。软件限位的基准位置是机床坐标系的原点，在机床未手动执行返回参考点（回零）之前软件限位不生效。软件限位是在机床手动返回参考点后才起作用。加工区域限制是用户根据加工的需要可随时设定的软限位。

1. 软件超程报警及处理方法

当机床轴的运动坐标值超过了系统存储行程极限值时，系统就会产生软件超程报警。有正极限和负极限两种报警。

当系统出现软件超程报警时，机床面板上的工作方式选择在手动连续进给状态（JOG）或手轮状态，按下超程报警轴的反方向按钮或反方向摇动手轮，使机床反方向退出软限位，然后按下系统复位键消除报警。

FANUC 系统正向存储行程极限值设定范围为 0 ~ 999999999 系统的检测单位（设定99999999 表示软件超程保护无效），系统负向存储行程极限值设定范围为 0 ~ -999999999 系统的检测单位（设定 -99999999 表示软件超程保护无效）。

SIEMENS 系统正负向存储行程极限值设定范围为 0 ~ 100000000 系统的检测单位。

2. 硬件超程控制与处理方法

硬件超程控制是机床制造厂家根据数控系统提供的 PLC 相关地址，进行的 PLC 程序控制设计，一般都是直接通过 PLC 处理。它原理清晰，接线简单，调试容易。

当系统出现硬件超程报警时，机床面板上的工作方式选择在手动连续进给状态（JOG）或手轮状态，同时按下机床超程释放按钮和超程报警轴的反方向按钮或反方向摇动手轮，使机床反方向退出硬限位，然后按下系统复位键消除报警。

七、数控机床回参考点故障及处理方法

1. 数控机床回参考点

机床参考点（Machine Reference Position）是给机床各个进给轴预先设置的一个固定位置，是建立机床坐标系的基准，只有在机床坐标系建立起来以后，坐标轴的反向间隙补偿、丝杠螺距误差、软限位才能生效，零点偏移才有意义，所以参考点对于机床是必不可少的。

数控机床回参考点的作用有：系统通过返回参考点来确定机床的原点位置，以正确建立机床坐标系；螺距误差补偿及反向间隙补偿有效，软极限行程保护有效。

回参考点是数控机床的重要功能之一，能否正确地返回参考点，将会影响到零件的加工质量。同时，由于数控机床是多刀作业，每一把刀具的刀位点安装位置不可能调整到同一坐标点上，因此就需要用刀具补偿来校正，如加工中心刀具的长度补偿和数控车床车刀刀尖的位置补偿，这种刀具偏置的补偿量也是通过刀位点的实际位置与由参考点确立的基本坐标系比较后补偿得到的。

2. 回参考点方式

回参考点方式按检测元件检测原点信号方式的不同有磁开关法和栅点法两种。回参考点的方式因数控系统的类型和机床生产厂家而异。

目前，采用脉冲编码器或光栅尺作为位置检测的数控机床多采用栅点法来确定机床的参

考点。栅点法按检测元件的不同，可分为以绝对脉冲编码器和增量脉冲编码器方式回零。脉冲编码器或光栅尺均会产生零标志信号。脉冲编码器的零标志信号又称一转信号，每产生一个零标志信号相对于坐标轴移动一个距离，将该距离按一定等分数分割得到的数据即为栅格间距，其大小由参数确定。当伺服电动机（带脉冲编码器）与滚珠丝杠采用 1∶1 直连时，一般设定栅格间距为丝杠螺距，光栅尺的栅格间距为光栅尺上两个零标志之间的距离。采用这种增量式检测装置的数控机床一般采用挡块与回零减速开关相配合的方式。具体是在机床本体上装有一个减速开关和减速挡块，当减速挡块压下减速开关时，伺服电动机减速以接近原点的速度运行，当减速挡块离开减速开关时，数控系统检测到的第一个零点信号就是原点。这种方法的特点是在进行回原点操作后，机床原点的保持性好。

磁开关法则是在机床本体上装有一个磁铁和磁感应开关，当磁感应开关检测到原点信号时，伺服电动机停止运行，该停止点即为原点。这种方法的特点是结构简单，但原点不确定。

返回参考点还可以分为有自动识别返回参考点方向和不自动识别返回参考点方向两种。

（1）自动识别返回参考点方向　当开关设置在轴的一端，靠近这端的限位开关时，系统设置为自动识别返回参考点方向。只要按系统指定的键，系统就会自动识别返回参考点方向，寻找参考点，通常有以下两种过程：

① 压上零点开关后寻找零脉冲。如果回原点轴没有压在零点开关上，按相应的起动键后，回原点轴向预定的方向快速移动。当减速挡块压上零点开关后，回原点轴减速到系统设定的较慢的速度向前继续运动。当减速开关释放后，数控系统开始检测编码器的栅点或零脉冲，直到系统检测到第一个栅点或零脉冲，电动机停止转动，当前位置即为机床参考点。

如果回原点轴压在零点开关上，回原点轴运动方向与上述预定的方向相反，离开零点开关后，减速到零，再反方向运动，压上零点开关后，准备接收第一个零脉冲，确定机床参考点。

② 脱离零点开关后寻找零脉冲。如果回原点轴没有压在零点开关上，按相应的起动键后，回原点轴向预定的方向快速移动。当减速挡块压上零点开关后，回原点轴减速到零，然后向反方向以较慢的速度继续运动。当又脱离零点开关后，数控系统检测到第一个栅点或零脉冲后，当前位置即被确定为机床参考点。

如果返回参考点时，回原点轴压在零点开关上，回原点轴运动方向与上述预定的方向相反，离开零点开关后，PLC 发出减速信号，使数控系统检测到第一个栅点或零脉冲时，确定为机床参考点。

（2）不自动识别返回参考点方向　此时通常开关设置在轴的中部，这时返回参考点通常有以下两种过程：

如果返回参考点时，回原点轴压在零点开关上，按下机床上相应的键后，因为回原点轴在参考点上，所以回原点轴马上加速到参考点。当离开零点开关后，开始接收零脉冲，当接收零脉冲时，确定参考点。

如果回原点轴在零点开关前面，按相应的起动键后，回原点轴向预定的方向快速移动，当压上零点开关后，回原点轴减速到慢速。当脱离零点开关后，开始接收零脉冲，当接收零脉冲时，确定参考点。

总之在不同的数控系统中，回参考点的方法虽然有所不同，但绝大部分系统回参考点的动作过程如下：

①在手动方式（JOG）下，选择"回参考点"操作方式，然后按对应轴的方向键。

②坐标轴以机床参数设定的"回参考点快速"速度，向参考点移动。当参考点减速挡块压上后，减速信号（＊DEC）生效，电动机减速至机床参数设定的参考点搜索速度。

③越过参考点减速挡块后，＊DEC信号恢复，坐标轴继续以参考点搜索速度运动。

④在参考点减速挡块放开后，位置检测装置的第一个"零脉冲"到达后即开始计数，当到达机床参数设置的"参考点偏移量"后，坐标轴停止运动，回参考点运动结束。

3. FANUC 系统回参考点相关参数

图 5-9 为 FANUC 机床回参考点过程示意图。

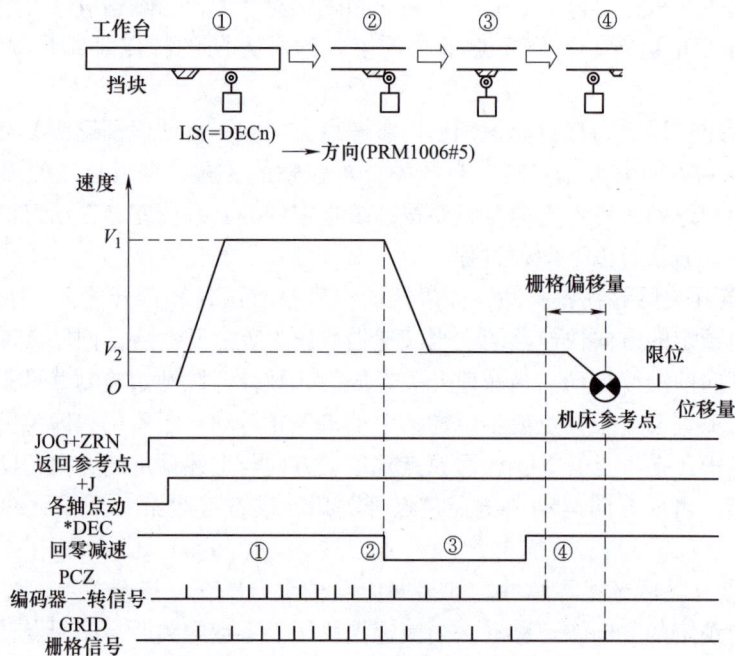

图 5-9　FANUC 机床回参考点过程示意图

与回参考点相关的参数如下：

No. 1002.0（JAX）＝0，回零时同时只控制1轴；＝1，回零时同时控制3轴。

No. 1002.1（DLZ）＝0，全轴有挡块回参考点；＝1，全轴无挡块回参考点。

No. 1005.1（DLZ）＝0，各轴有挡块回参考点；＝1，各轴无挡块回参考点。

No. 1006.5（ZMLx）＝0，各轴按正方向返回参考点；＝1，各轴按负方向返回参考点。

No. 1240，各轴参考点的坐标值。

No. 1420，各轴快速移动速度。

No. 1423，各轴手动连续进给（JOG 进给）时的进给速度。

No. 1424，各轴的手动快速移动速度。

No. 1425，各轴回参考点时碰到减速回零开关后的速度，即图 5-9 中 V_2。

No. 1428，各轴回参考点速度，即图 5-9 中速度 V_1，具体返回参考点时的速度见表 5-5。

No. 1815.4（APZ）＝0，绝对脉冲编码器的原点未建立；＝1，原点已建立。

表 5-5　参数 No.1428 的设定值

参数设定值	在参考点设定之前		在参考点设定之后	
	No.1428		No.1428	
	=0	≠0	=0	≠0
使用 G28 指令执行参考点返回	No.1420	No.1428	No.1420	
自动运行中的快移指令 G00				
手动参考点　不使用减速挡块	No.1424		No.1420 或 No.1424	
返回　　　使用减速挡块			No.1424	No.1428
手动快移	No.1423 或 No.1424		No.1424	

No.1815.5(APC)=0，不使用绝对脉冲编码器作为位置检测器；=1，用绝对脉冲编码器作为位置检测器。

No.1850，各轴的栅格偏移量。

No.3003.5(∗DEC)=0，低电平时减速；=1，高电平时减速。

No.3006.0(GDC)=0，返回参考点减速信号 ∗DEC 使用地址 X0009；=1，∗DEC 信号使用地址 G196（X0009 无效）。

回零减速的动作若要通过地址 X1009（或 X9）时，不需要编写 PMC 的梯形图程序；如果是通过地址 G196 时，X 的地址可随意选，但这时还需要编写 PMC 梯形图程序，如图 5-10 所示。

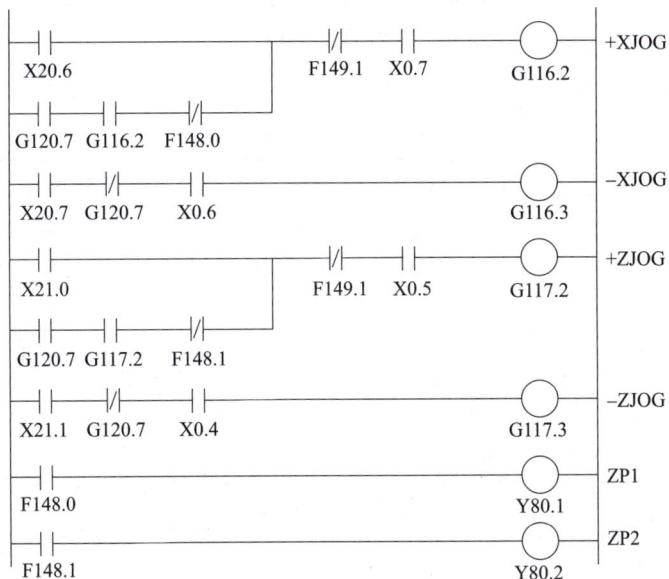

图 5-10　回参考点梯形图

梯形图中的信号地址含义如下：X20.6：+X 按钮；X20.7：-X 按钮；X21.0：+Z 按钮；X21.1：-Z 按钮；G120.7：系统回零；F148.0：X 轴回零结束；F148.1：Z 轴回零结束；F149.1：系统复位。

4. SIEMENS 机床回参考点相关参数

图 5-11 为 SIEMENS 机床回参考点示意图，MD34000～MD34100 是 802D 的回参考点相关参数。回参考点相关参数见表 5-6。

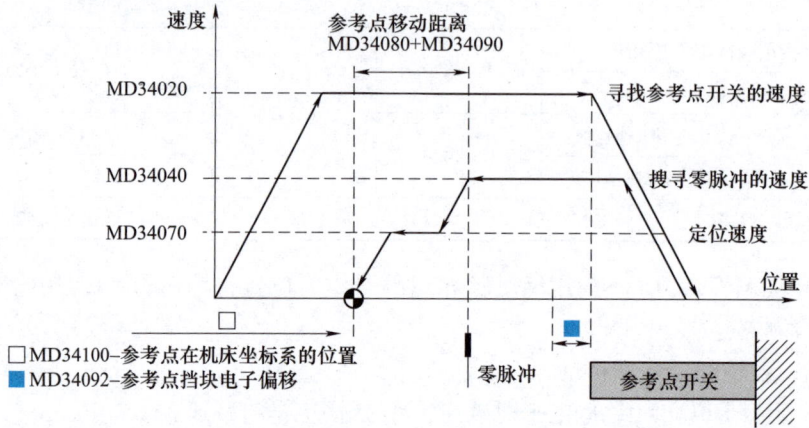

图 5-11　802D 回参考点示意图

回参考点的过程是：按住正向点动键（MD34010 默认设定），轴以寻找参考点开关的速度 MD34020 按正方向向参考点开关移动，当参考点开关闭合后，坐标减速至静止，然后按搜寻零脉冲的速度 MD34040，反向退离参考点开关，当参考点开关断开时，开始等待编码器的零脉冲。当零脉冲出现时，系统记录位置，并开始减速至定位速度 MD34070，并以该速度移动至参考点移动距离 MD34080（默认值-2mm），参考点到达，系统将参考点设定位置 MD34100 作为参考点在机床坐标系的位置。

表 5-6　回参考点相关参数

参数号	单位	值	说　明
MD11300	—	1	NC 起动后是否要回零：0—无需回零；1—需要回零
MD20700	—	0	+/-按键在回零过程中是否要一直按着：0—无需按着；1—需要
MD34010	—	0/1	返回参考点方向：0-正；1-负
MD34020	mm/min	*	检测参考点开关的速度
MD34040	mm/min	*	检测零脉冲的速度
MD34050	—	0/1	寻找零脉冲的方向：0-正；1-负
MD34060	mm	*	检测参考点开关的最大距离
MD34070	mm/min	*	返回参考点的定位速度
MD34080	mm	*	参考点移动距离
MD34090	mm	*	参考点移动距离（带符号）
MD34092	mm	*	参考点挡块电子偏移
MD34100	mm	*	参考点（相对机床坐标系）位置

5. 数控机床返回参考点的常见现象及可能的原因

1）回参考点过程异常，找不到参考点，机床硬限位超程报警。

① 机床回零过程无减速动作或一直以减速回零，多数原因为减速开关或接线故障。

② 机床回零动作正常，系统得不到信号。原因可能是电动机编码器及接线或系统轴板故障，可以使用交换法来检验。

2）回参考点过程正常，但参考点不准确。这类故障主要与以下因素有关：减速挡块偏移，栅格偏移量参数设定不当，参考计数器容量参数设定不当，位置环增益设定过大；电动机与丝杠之间连接不良；电网电压不稳，脉冲编码器电源电压太低；零脉冲信号干扰，零漂过大。

任务实施

数控机床编程操作故障分析

[案例 1] 数控车床（FANUC-0iT），操作时误将 M98 输入成 G98 并执行。再执行零件加工程序时出现 11#报警。

O224；

N5 G97 M04 S800；

N10 T0707；

N15 G00 X102.；

N20 G00 Z-26.1；

N25 G01 X90. F0.3；

N30 G00 U0 Z0.3；

N35 G01 X67.；

……

N60 G00 X150. Z50.；

N65 M30；

故障现象：当程序执行到 "N25 G01 X90. F0.3"；时，停止执行。

分析及处理：前面程序均能正常执行，表明主轴、进给伺服没有问题。G01 指令不执行并出现 11#报警。报警内容：没有指定切削进给速度，或进给速度指令不当。FANUC 系统开机默认 G99 指令，即同步进给，F0.3 表示 0.3mm/min，显然是进给速度指令不当，试将程序中的所有同步进给改为每分钟进给 $F = 0.3 \times 800$mm/min = 240mm/min，问题解决。经检查，在 MDI 方式下误将 M98 输入成 G98。

系统由 G99 变成了 G98，而查机床 NC 参数 1403#得知每分钟进给 F 指令的最小设定为 1mm/min，0.3mm/min 显然不当。

[案例 2] 一台友佳立式加工中心 VB610，系统为 FANUC-0iM。在加工法兰盘孔系的过程中突然出现刀具折断现象，打断中心钻。多次试验仍旧如此。

分析及处理：本着先静后动的原则，仔细询问机床操作人员故障发生的过程，反复观察发现钻孔时进给速度超过程序中设定的 F = 160mm/min，是 F 的十几倍。检查当前的 G 指令状态是 G95，G95 表示同步进给即单位为 mm/min。主轴转速 S = 1200，钻孔时的 F 自然达到每分钟数米的速度，这就是打断刀的原因。

FANUC-0iM 系统开机默认 G94，程序编制中并没有 G95 语句，为何 G 状态发生了变化？

原来是机床由于压缩空气压力低，自动换刀时出现报警。处理换刀报警时，机床操作人员在 MDI 方式下应当输入 M95，误输入成 G95 并执行，将 G94 变成了 G95 状态。

[案例 3] 仍以上述案例 1 程序为例，当执行到"N10 T0707"语句，执行刀具长度补偿时，刀架反方向运动。

分析及处理：查 1240#参数——在机械坐标系上各轴第 1 参考点的坐标值。各轴均设为零，刀具长度补偿值应为负值，再查发现刀具长度补偿值被设为正值，执行 T0707 语句时自然向反方向移动。若 1240#参数各轴设定值为实际值，如 X = 400.0、Z = 440.0，则机内对刀测定长度补偿值就为正值。

[案例 4] 一台卧式加工中心（西门子 840D 系统），执行刀具长度补偿语句时，Z 轴出现软极限超程报警。

分析及处理：经过反复检查发现刀具长度补偿值正负号输入错误，应当是正值，错输入成负值。因机床采用的是机外对刀仪测定刀具长度补偿。

[案例 5] 一台交换工作台加工中心，未正确判断就调程序加工，出现故障打刀。

```
O7250；
G80 G49 G40；
IF［#1010EQ1］GOTO 2000；
IF［#1011EQ2］GOTO 3000；
#3000 = 11；
N2000 #110 = 54；
#111 = 55；
GOTO 10；
N3000 #110 = 56；
#111 = 57；
N10 T01；
G90 G#110 G00 X0 Y0 S300；
……
G90 G#111 X0 Y0；
```

故障现象：开机回零后，直接调程序从 N10 段开始加工，结果将 1 号镗刀打坏。

分析及处理：这是用宏变量编写的加工程序。#1010、#1011 为系统变量。"IF［#1010EQ1］GOTO 2000"语句为判断语句，当 1 号工作台在机床内时即系统变量#1010 等于 1 时转移到 N2000 语句执行，公共变量#110 被赋值为 54。公共变量#111 被赋值为 55。执行 N10 语句时 G#110、G#111 被定义为工件坐标系 G54、G55。此时 2 号工作台在机床内，应调 N3000 语句，给#110 赋值 56，给#111 赋值 57，执行 G56、G57 工件坐标系，但执行的是 G54、G55 工件坐标系。因为开机后系统默认 G54。G54 与 G56 工件坐标系不一致，结果造成重大事故。

[案例 6] 某大型数控车床有时回参考点不准确。

原因分析：该机床采用 SINUMERIK 810 系统，当用 X 轴回参考点时，起动刀架向 X 轴参考点移动，遇到减速开关后，X 轴反向移动，找不到参考点。为证实 X 位置编码器是否有零脉冲发至数控系统，暂时修改 810T 系统 MD4000 参数值，将 X 轴设为 S 轴，再观测主轴数据显示界面，在 X 轴转动时其实际值是否从零逐渐变大。经观测其值总为零，所以可确定是 X 位置编码器有故障，换为 2500 脉冲/转的编码器，将机床参数 MD3640 从 8000 改为 10000 后，故障解决。

［案例 7］某机床回参考点是减速过程，但是找不到零点。

原因分析：有减速过程，说明减速信号已到达系统，减速开关及相关电路正常，考虑编码器是否有故障，用示波器观察编码器波形，不能找到零脉冲，所以肯定是编码器故障。将编码器拆开发现编码器内有油污，将油污擦拭干净后再进行测量，发现零脉冲，装到机床上开机后，回参考点正常，故障排除。

［案例 8］某数控铣床，首次开机时，回参考点过程出现超程报警。

原因分析：该数控铣床采用 SIEMENS 802D 系统，且故障发生前曾在搬运过程中拆下了 Z 轴电动机；由此判断可能是在搬运过程中 Z 轴主轴箱的位置发生了变化，导致电动机与丝杠的连接位置发生了变化，使参考点与原来的位置产生了偏移，引起 Z 轴超程报警。退出超程保护，重新调整参考点偏差值后，机床恢复正常。

［案例 9］某一数控车床（系统为 FANUC-TD）回零时，X 轴回零动作正常（先正方向快速运动，碰到减速开关后，能以慢速运动），但机床系统出现因 X 轴硬件超程而急停报警。此时 Z 轴回零控制正常。

原因分析：根据故障现象和返回参考点控制原理，可以判定减速信号正常，位置检测装置的零标志脉冲信号不正常。产生该故障的原因可能是来自 X 轴进给电动机的编码器故障（包括连接的电缆线）或系统轴板故障。因为此时 Z 轴回零动作正常，所以可以采取交换方法来判断故障部位。交换后，发现故障转移到 Z 轴上（X 轴回零操作正常而 Z 轴回零出现报警），则判定故障在系统轴板。最后更换轴板，机床恢复正常工作。

［案例 10］某一数控车床进行钻孔时（利用机床建立的坐标系），发现孔中心偏差了一个进给丝杠的螺距误差。

原因分析：根据故障现象，返回参考点的动作过程正常，判定减速挡块偏离导致机床回参考点不准，使得该轴碰上该挡块时，脉冲编码器上的零标志刚错过，只能等待脉冲编码器再转过近一周后，系统才能找到零标志。故障排除方法是调整减速挡块且机床重新进行参考点的设定。

通过该故障分析，凡是机床返回参考点出现近似一个进给丝杠螺距误差时，多数故障原因在减速挡块偏离，如果有很小的偏差就应按返回参考点不准的原因进行检查。

🔍 知识拓展

多轴加工技术

现代数控加工正向高速化、高精度化、高智能化、高柔性化、高自动化和高可靠性方向发展，而多坐标轴数控机床正体现了这一点。多轴联动是指几个轴同时动作，轴数越多控制越复杂，现在的数控系统能控制 32 轴以上数控机床。每个轴对应一个伺服电动机，多轴联动就是这几个电动机同时工作，可以合作加工复杂的多维空间。如船用螺旋桨的复杂曲面，这是个空间函数，三轴联动都无法加工。

在通常的机械加工概念中，一个零件的加工，少则一两道工序，多则上百道工序，要经过多台设备的加工来完成，要准备刀具、工装夹具。零件的多次装夹和基准转换，有时带来不必要的工序，同时也使零件加工精度丧失。五轴车铣复合加工中心从设计概念上解决了这个问题，它是一次装夹，完成加工范围内的全部或绝大部分工序，实现了从复合加工到完整加工的飞跃。

五轴车铣技术是典型的多轴加工技术，五轴车铣中心是五轴车铣技术的载体，是一种以车削功能为主，并集成了铣削和镗削等功能，至少具有 3 个直线进给轴和 2 个圆周进给轴，且配有自动换刀系统的机床的统称。这种技术在军工、航空航天、船舶以及一些民用工业领域中的应用具有相当的优势，尤其在航空航天领域一些形状复杂的异形零件的加工中更具优势。

📖 知识测试

1. 何谓机床坐标系、机床原点及机床参考点？坐标系有哪些规定，Z 轴如何确定？
2. 如何设定工件坐标系？它与机床坐标系的关系如何？
3. G 指令（准备功能）主要起什么作用？M 指令起什么作用？
4. 刀具补偿功能有几类？简述其如何正确应用防止事故发生。
5. 如何检查和判定刀具补偿值的正负号是否正确无误？
6. 分析数控机床回不了参考点的原因有哪些。
7. 分析数控机床回不准参考点的原因有哪些。

任务三 进给系统故障解除

🔍 任务分析

数控机床进给伺服系统应包括位置指令脉冲给定到实际位置输出的全部环节，即包括位置控制、速度控制、驱动电机、检测元件、机械传动部件等部分。因此，数控机床的进给系统故障包括进给系统的机械传动故障和进给控制系统的电气故障两大类。

与普通机床相比，数控机床的传动链较短，结构相对简单，主要包括减速装置、丝杠副等中间传动机构，以及起支承和导向作用的导轨。可以利用普通机床机械故障的维修经验进行机械故障的排除，也可根据数控系统、伺服系统的报警对进给故障进行定位和分析。

🔍 知识储备

伺服是英文"servo"的谐音，在数控机床中，伺服是指以机床移动部件的位置和速度作为控制量的自动控制系统。伺服驱动系统的性能很大程度上决定了数控机床的性能，如数控机床的最高移动速度、定位精度、重复定位精度等重要指标，直接影响了加工工件的精度。因此，伺服系统的良好维护与维修是保证数控机床正常使用的关键。

一、伺服系统的组成

数控机床伺服系统一般由驱动控制单元、驱动元件、机械传动部件、执行元件和检测反馈环节等组成。驱动控制单元和驱动元件组成伺服驱动系统，机械传动部件和执行元件组成机械传动系统，检测元件与反馈电路组成检测装置，也称为检测系统。

二、伺服系统的工作原理

伺服系统是一种反馈控制系统，指令脉冲将输入给定值与输出被调量进行比较，利用比较后产生的偏差值对系统进行自动调节，以消除偏差，使被调量跟踪给定值。运动过程中实现了力的放大。伺服系统必须有一个不断输入能量的能源，外加负载可视为系统的扰动输入。

伺服系统控制原理如图 5-12 所示。伺服驱动系统能够控制移动机构实现稳定速度，精确定位，其难度非常大，因为电动机拖着一个重量很重的工作台，而且摩擦力随着温度、润滑状态、设备的新旧程度等因素而变化。但是随着科学技术的进步，人们不断总结经验，一步一步找到了好的控制办法，这就是三环结构，即电流环、速度环、位置环。

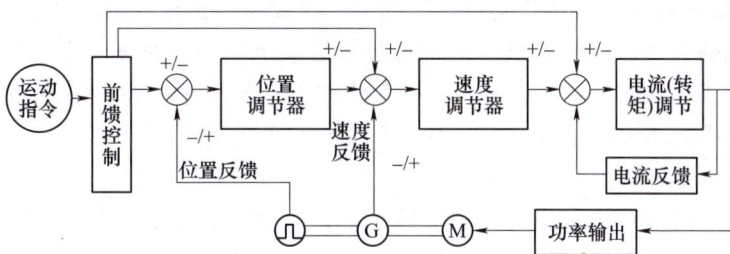

图 5-12　伺服系统控制原理图

1. 电流环

电流环也称内环。电流环有两个输入信号：一个是速度环输出的指令信号；另一个是经电流互感器，并经处理后得到的电流信号，代表电动机电枢回路的电流，它送入电流环也是负反馈。电流环的输出是一个电压模拟信号，用来控制 PWM 电路，产生相应的占空比信号去触发功率变换单元电路，使电动机获得一个与计算机指令相关的，并与电动机位置、速度、电流相关的运行状态，这个运行状态满足计算机指令的要求，是为伺服电动机提供转矩的电路。

一般情况下它与电动机的匹配调节已由制造者制作好了或者指定了相应的匹配参数，其反馈信号也在伺服系统内连接完成，因此不需要接线与调整。

2. 速度环

速度环也称为中环。这个环是一个非常重要的环，它的输入信号有两个：一个是位置环的输出，作为速度环的指令信号送给速度环；另一个是由电动机带动的测速发电机经反馈网络处理后的信息，作为负反馈送给速度环。速度环的两个输入信号也是反相的。一个加，一个减。速度环的输出就是电流环的指令输入信号，是控制电动机转速即坐标轴运行速度的电路。速度调节器是比例积分（PI）调节器，其 P、I 调整值完全取决于所驱动坐标轴的负载大小和机械传动系统（导轨、传动机构）的传动刚度与传动间隙等机械特性，一旦这些特性发生明显变化，首先需要对机械传动系统进行修复工作，然后重新调整速度环 PI 调节器。

速度环的最佳调节是在位置环开环的条件下完成的，这对于水平运动的坐标轴和转动坐标轴较容易进行，而对于垂向运动坐标轴则位置环开环时会自动下落而发生危险。可以先摘下电动机空载调整，然后再装好电动机与位置环一起调整或者直接带位置环一起调整，这需要有一定的经验且细心。

3. 位置环

位置环也称为外环，其输入信号是计算机给出的指令和位置检测器反馈的位置信号。这个反馈是负反馈，也就是说与指令信号相位相反。指令信号是向位置环送去加数，而反馈信号是送去减数。位置环的输出就是速度环的输入，它是控制各坐标轴按指令位置精确定位的控制环节。位置环将最终影响坐标轴的位置精度及工作精度。这其中有如下两方面的工作：

1）位置测量元件的精度与 CNC 系统脉冲当量的匹配问题。测量元件单位移动距离发出的脉冲数目经过外部倍频电路与 CNC 指令脉冲经内部倍频系数的倍频后要与数控系统规定的分辨率相符。例如位置测量元件送出 10 脉冲/mm，数控系统分辨率即脉冲当量为 0.001mm，则测量元件送出的脉冲必须经过 100 倍频方可匹配。

2）位置环增益系数 K 值的正确设定与调节。通常 K 值是作为机床数据设置的，数控系统中对各个坐标轴分别指定了 K 值的设置地址和数值单位。在速度环最佳化调节后 K 值的设定则成为反映机床性能好坏、影响最终精度的重要因素。K 值是机床运动坐标轴自身性能优劣的直接表现而并非可以任意放大。关于 K 值的设置满足下列公式：$K=v/\Delta$。式中，v 为坐标运行速度（m/min）；Δ 为跟踪误差（mm）。

注意，不同的数控系统采用的单位可能不同，设置时要注意数控系统规定的单位。例如，坐标轴运行速度的单位是 m/min，则 K 值单位为 m/(mm·min)，若 v 的单位为 mm/s，则 K 值单位应为 mm/(mm·s)。各联动坐标轴的 K 值必须相同，以保证合成运动时的精度。通常是以 K 值最小的坐标轴为准。

三、伺服系统的分类

伺服进给系统的位置控制形式按有无检测装置可以分为开环和闭环两大类。闭环系统按有无分离型位置检测装置分为半闭环控制和全闭环控制两种形式。

1. 开环控制数控系统

这类数控系统不带检测装置，也无反馈电路，以步进电动机驱动，如图 5-13 所示。CNC 装置输出的指令脉冲经驱动电路进行功率放大，转换为控制步进电动机各定子绕组依次通电/断电的电流脉冲信号，驱动步进电动机转动，再经机床传动机构（齿轮箱、丝杠等）带动工作台移动。这种方式控制简单，价格比较低廉，被广泛应用于经济型数控系统中。

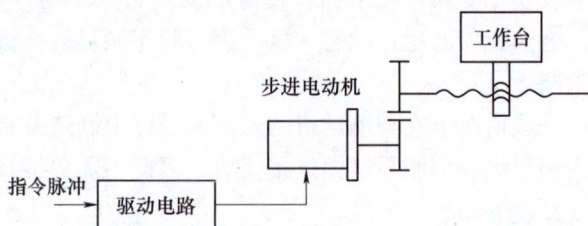

图 5-13　开环控制数控系统结构图

2. 全闭环控制数控系统

这类数控系统带有位置检测反馈装置，以直流或交流伺服电动机驱动，位置检测元件安装在机床工作台上，以检测机床工作台的实际运行位置（直线位移），并将其与 CNC 装置计算出的指令位置（或位移）相比较，用差值进行控制。该数控系统结构图如图 5-14 所示。

这类控制方式可以消除包括工作台传动链在内的传动误差，因而位置控制精度很高，但由于它将丝杠副及机床工作台这些大惯性环节放在闭环内，调试时很难达到其系统稳定状态。

3. 半闭环控制数控系统

为了克服上述全闭环控制的缺点，将位置检测元件安装在电动机轴端或丝杠轴端，通过角位移的测量间接计算出机床工作台的实际运行位置（直线位移），并将其与 CNC 装置计算出的指令位置（或位移）相比较，用差值进行控制，构成半闭环。该数控系统结构图如图5-15 所示。由于闭环的环路内不包括丝杠副及机床工作台这些大惯性环节，由这些环节造成的误差不能由环路所矫正，其控制精度不如全闭环控制数控系统，但其调试方便，可以获得比较稳定的控制特性。因此这种方式被广泛采用。

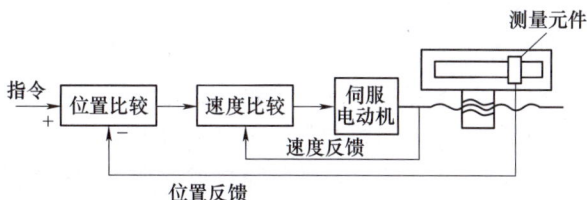

图 5-14　全闭环控制数控系统结构图

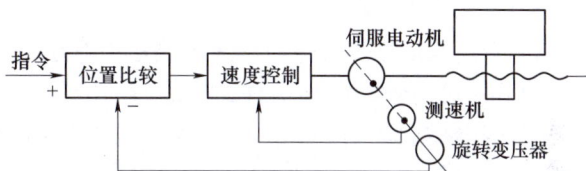

图 5-15　半闭环控制数控系统结构图

四、伺服进给系统的常见故障类型

1. 超程

当进给运动超过由软件设定的软限位或由限位开关设定的硬限位时，就会发生超程报警，一般会在显示器上显示报警内容，向发生超程相反方向运动坐标轴，退出超程区后复位，即可排除故障，解除报警。但如果机床采用的是超程链，在退出超程区时需要按住超程释放键不放，然后再向超程相反方向运动。特别要注意超程方向应判断对，因为超程释放键被按下后，机床将不再检测超程信号。

2. 过载

当进给运动的负载过大，频繁正、反向运动以及传动链润滑状态不良时，均会引起过载报警。一般会在显示器上显示伺服电动机过载、过热或过电流等报警信息。同时，在强电柜的进给驱动单元上、指示灯或数码管会提示驱动单元过载、过电流等信息。

3. 窜动

在进给时出现窜动现象，可能的原因有：测速信号不稳定，如测速装置故障、测速反馈信号干扰等；速度控制信号不稳定或受到干扰；接线端子接触不良，如螺钉松动等。当窜动发生在由正方向运动与反向运动的换向瞬间时，一般是由于进给传动链的反向间隙或伺服系统增益过大所致。

4. 爬行

爬行发生在起动加速段或低速进给时，一般是由于进给传动链的润滑状态不良、伺服系统增益低及外加负载过大等因素所致。尤其要注意的是，伺服电动机和滚珠丝杠连接用的联轴器，由于连接松动或联轴器本身的缺陷，如裂纹等，造成滚珠丝杠转动与伺服电动机的转动不同步，从而使进给运动忽快忽慢，产生爬行现象。

5. 振动

机床在高速运行时，可能产生振动，这时就会出现过电流报警。机床振动问题一般属于速度问题，应查找速度环，主要从给定信号、反馈信号及速度调节器本身这三方面去查找故障。分析机床振动的周期是否与进给速度有关，如果与进给速度有关，振动一般是由该轴的速度环增益太高或速度反馈故障造成；如果与进给速度无关，振动一般是由位置环增益太高或位置反馈故障造成；如果振动在加减速过程中产生，往往是由系统加减速时间设定过小造成。

6. 伺服电动机不转

数控系统至进给驱动单元除速度控制信号外，还有使能控制信号，一般为 DC 24V 继电器线圈电压。伺服电动机不转，常用诊断方法有：①检查数控系统是否有速度控制信号输出；②检查使能信号是否接通，通过显示器观察 I/O 状态，分析机床 PLC 梯形图（或流程图），以确定进给轴的起动条件，如润滑、冷却等是否满足；③对带电磁制动的伺服电动机，应检查电磁制动是否释放；④检查是否进给驱动单元故障；⑤检查是否伺服电动机故障。

7. 位置误差

当伺服轴运动超过位置允差范围时，数控系统就会产生位置误差过大的报警，包括跟随误差、轮廓误差和定位误差等。主要原因有：系统设定的允差范围小；伺服系统增益设置不当，位置检测装置有污染，进给传动链累积误差过大，主轴箱垂直运动时平衡装置（如平衡液压缸等）不稳定。

8. 漂移

漂移是指当指令值为零时，坐标轴仍移动，从而造成位置误差，可通过误差补偿和驱动单元的零速调整来消除。

9. 回参考点故障

这类故障有找不到和找不准参考点两种故障。前者主要是回参考点减速开关产生的信号或零标志脉冲信号失效所导致的，可以用示波器检测信号；后者是参考点开关挡块位置设置不当引起的，只要重新调整即可。伺服故障在维修时，可采用模块交换法来进行判断。

五、FANUC 0i 系统典型伺服故障诊断

1. 机床的手动、自动功能均不能执行

首先确认屏幕上是否进行位置显示。如果在界面上有位置显示，那么故障一般在 PMC 的输出端，可能是连接电缆、伺服系统等部件有故障。其次用 CNC 的状态显示来确认。分析系统是处在允许手动操作或是自动运行的状态，还是处在不允许机床运动的状态。再次用 CNC 诊断功能确认系统内部状态，即检查 PMC 的 I/O 状态。

1）当屏幕界面的位置显示及实际刀具全都不能运动时查看当前系统状态。从屏幕上的 CNC 状态显示中，查找进给不动作的原因，即是否为 "EMG" "RESET"，在这两种状态下，进给是不能执行的。

① 系统处于紧急停止状态（紧急停止信号为 ON）。此时界面显示为 "EMG"。因为当界面显示 "EMG" 时，系统中已输入了急停信号，所以可以用 PMC 的诊断功能（PMCDGN）做进一步确认，调出 PMCDGN 界面，查参数 X0008 和 G0008 如下：

参数	#7	#6	#5	#4	#3	#2	#1	#0
X0008				＊ESP				
G0008	ERS	RRW		＊ESP				＊1T

注：＊ESP 值为"0"，表明紧急停止信号被输入。

② 复位状态（复位信号为 ON）。复位时系统已进行初始化，系统中已经没有进给指令，所以进给不能执行。此时界面显示为"RESET"。

因为外部复位信号、倒带信号中任意一个都可引起复位，可利用 PMC 的诊断功能（PMCDGN），确认复位原因。调出 PMCDGN 界面，查参数 G0008：若 ERS 为"1"，说明外部复位信号被输入；若 RRW 为"1"，说明复位和倒带信号被输入。MDI 键盘的 RESET 键有可能误动作引起复位，所以可用万用表确认 RESET 的接点。有异常时，应更换键盘板。

2）确认当前系统的工作方式是否为手动或自动。在显示界面的下部，显示操作面板所处的操作方式、状态。机床的手动、自动操作需要系统处于表 5-7 所列举的几种方式，若显示的不是表中所列的方式，则方式选择信号输入不正确。用 PMC 侧的诊断功能（PMCDGN），可以进一步确认方式状态选择信号。

表 5-7　参数 G0043 所确定的操作方式

操　作　方　式	MD4	MD2	MD1
手动连续进给（JOG）方式	1	0	1
手轮（MPG）方式	1	0	0
手动数据输入（MDI）方式	0	0	0
自动运行（存储器）方式	0	0	1
EDIT（存储器编辑）方式	0	I	1

用 PMC 诊断功能（在 PMCDGN 诊断界面）确认方式选择信号。可以从参数 G0043 中的信号位 G0043.2（MD4）、G0043.1（MD2）和 G0043.0（MD1）得到确认。

3）利用系统自诊断功能分析。用 CNC 的 DGN000～015 号诊断功能来判断、确认故障原因。在自诊断界面上，显示表 5-8 中的各项信息，应该对表"显示"列中为"1"的项目进行检查。如表中 005 号信息显示为"1"，则需要对 005 号诊断内容进行检查。

表 5-8　诊断号 000～015 诊断功能

备注	诊断号	信　　　息	显示
	000	正在执行辅助功能（指令）	0
	001	正在执行自动运转移动指令	0
	002	正在执行暂停指令（G04）	0
a	003	正在进行到位检测	0
	004	切削进给倍率为 0%	0
b	005	各轴互锁或起动锁住信号被输入	1（例）
	006	等待主轴速度到达信号	0
	010	正在用阅读穿孔机接口输出数据	0

（续）

备注	诊断号	信　　息	显示
	011	正在用阅读穿孔机接口输入数据	0
	012	等待分度工作台分度结束信号	0
c	013	手动进给速度倍率为0%	0
d	014	CNC处于复位状态	0
	015	正在检索外部程序号	0

表5-8中a~d项与手动、自动运行有关，详细情况介绍如下。

① a项表示系统正在进行到位检测（确认定位）。此时界面显示轴移动（定位）还没结束，所以确认0300和1826参数号中的内存数值，在下述条件下，a项显示为"1"。

诊断号DGN300内存储的数（内置位置偏差量）大于参数1826内存储的数（内置到位宽度）。按参数表确认参数的设定值。

伺服报警参数1825	每轴伺服回路增益（标准值为300）

伺服系统可能异常，对照伺服报警400、410、411各项内容进行检查。

② b项表示输入了互锁（禁止轴移动）信号，起动了锁住信号。互锁功能有几种，机床厂使用哪种互锁可以用参数设定。首先要确定参数3003的设定。

参数	#7	#6	#5	#4	#3	#2	#1	#0
3003					DIT	ITX		IT1

0号（IT1）为"0"时互锁信号（∗IT）有效。

2号（ITX）为"0"时互锁信号（∗ITn）有效。

3号（DIT）为"0"时互锁信号（±MITn）有效。

上述参数选择的互锁信号，可用PMC侧的诊断功能来确认下面对应的信号。

互锁信号（∗IT）被输入：参数G008.0位的∗IT的值为"0"，说明互锁信号被输入。

各轴互锁信号（∗ITn）被输入：信号∗ITn（n表示轴号）为0，说明互锁信号被输入。

参数	#7	#6	#5	#4	#3	#2	#1	#0
G0130					∗IT4	∗IT3	∗IT2	∗IT1

各轴方向互锁信号输入（±MITn），对M系统（铣床、加工中心）而言：

参数	#7	#6	#5	#4	#3	#2	#1	#0
G0132					+MIT4	+MIT3	+MIT2	+MIT1
G0134					−MIT4	−MIT3	−MIT2	−MIT1

对T系统（车床）而言：

参数	#7	#6	#5	#4	#3	#2	#1	#0
X1004			−MIT4	−MIT3	−MIT2	−MIT1		

±MITn 为"1"时，与轴方向对应的互锁信号被输入。

在 T 系统中，只有在手动运行时，±MITn 有效。

③ c 项表示手动进给速度倍率为 0%。用 PMC 的诊断功能（PMCDGN）确认信号。

参数	#7	#6	#5	#4	#3	#2	#1	#0
G0010	＊JV7	＊JV6	＊JV5	＊JV4	＊JV3	＊JV2	＊JV1	＊JV0
G0011	＊JV15	＊JV14	＊JV13	＊JV12	＊JV11	＊JV10	＊JV9	＊JV8

当倍率为 0%时，上述地址的全部位均为（1111…1111）或（0000…000）。

④ d 项表示 CNC 为复位状态。在此状态时，界面也显示第 1）条中的状态，显示"RE-SET"，所以请参照相应操作。

4）如果屏幕显示了机床坐标值的变化但移动部件不动作，检查机床锁住信号（MLK）是否有效。由参数 G0044 和 G0108 确认。

参数	#7	#6	#5	#4	#3	#2	#1	#0
G0044							MLK	
G0108					MLK4	MLK3	MLK2	MLK1

MLK 表示机床全轴锁住，MLKn 表示机床相应轴锁住。信号为"1"，机床锁住信号有效。

2. 机床不能进行手动连续进给（JOG）

机床不能进行手动连续进给（JOG）的操作时，从下述三点查找故障：从屏幕界面的位置显示中确认机床是否能动作；从 CNC 状态显示中确认故障；用 CNC 诊断功能确认内部状态。

1）确认界面上方式选择的状态显示。确认系统当前是否选择了 JOG 方式，若在状态显示上显示"JOG"方式，则为正常。若没有显示，则方式选择信号不对，用 PMC 侧诊断功能（PMCDGN）查参数 G0043，进一步确认方式选择信号。

当选择 JOG 方式时，诊断 G0043 中：0 号位的 MD1 信号和 2 号位的 MD4 信号应为"1"，而 1 号位的 MD2 信号应为"0"。

2）没有输入选择进给轴方向信号。用 PMC 的诊断功能（PMCDGN）查参数 G0100 和 G0102，确认选择进给轴方向信号是否输入。

参数	#7	#6	#5	#4	#3	#2	#1	#0
G0100					+J4	+J3	+J2	+J1
G0102					−J4	−J3	−J2	−J1

这两个参数中，信号±Jn 是"1"时，进给轴方向选择被输入。

系统正常时，按操作面板上的+X 键，信号+J1 显示"1"。此信号在检测出信号的上升沿后有效。所以在 JOG 选择以前，方向选择信号被输入时，不进行轴移动。为使轴移动，可将此信号断开后再接通。

3）利用 CNC 自诊断功能 000～015 号来确认。可参照本节前述方法处理。

4）手动进给速度（参数）不正确。可以查参数号 1423，采用 JOG 方式时，该参数内置每转进给的进给速度。

5）选择手动每转进给（限于 FANUC Oi T 系统中使用）。在主轴运转时，进给轴与主轴同步运转的功能是否使用由参数 1402 决定。

参数	#7	#6	#5	#4	#3	#2	#1	#0
1402				JRV				

信号 JRV 为"0"时，不进行手动每转进给；JRV 为"1"时，进行手动每转进给。

在 JRV 设定为"1"时，要按主轴同步旋转计算坐标轴的进给速度，所以应首先使主轴运转，然后才能使坐标轴进给运动。当主轴旋转了而坐标轴仍不移动时，应检查安装在主轴侧的检测器（位置编码器）及位置编码器和 CNC 间的电缆是否断线、短路等。

3. 机床不能进行手轮运行

当机床发生不能进行手轮运行故障时，首先要确认在不能进行手轮操作的同时，是否能进行 JOG 运行。如果 JOG 等手动运行也不能进行时，采取同前述的不能手动及自动运行或不能 JOG 运行相同的措施，排除故障。如果只是不能进行手轮运行时，可以通过确认 CNC 状态显示，进一步查找原因。

1）判断系统是否处于手轮状态。在 CNC 界面上，CNC 状态显示在屏幕界面的下方，当选择了手轮方式时，若显示"HND"，则方式选择正常。若不显示"HND"，则方式选择信号输入不正确。利用 PMC 诊断功能（PMCDGN）确认方式选择信号。手轮方式时诊断号 0043 内数据：MD4 为"1"，MD2 为"0"，MD1 为"0"。

2）判断是否输入了手轮进给轴选择信号。利用 PMC 的诊断功能（PMCDGN）确认 G0018 和 G0019 信号。

参数	#7	#6	#5	#4	#3	#2	#1	#0
G0018	HS2D	HS2C	HS2B	HS2A	HS1D	HSLC	HS1B	HS1A
G0019			MP2	MP1	HS3D	HS3C	HS3B	HS3A

如果选择了机床操作面板的手轮进给选择开关，G0018 和 G0019 中所置的信号如表 5-9 所列，则为正常。

表 5-9　G0018 和 G0019 信号状态

选择轴	HSnD	HSnC	HSnB	HSnA
无选择	0	0	0	0
第 1 轴	0	0	0	1
第 2 轴	0	0	1	0
第 3 轴	0	0	1	1
第 4 轴	0	1	0	0

注：n 为手摇脉冲发生器（MPG）的号，最多可有 3 台手摇脉冲发生器的选择信号。用 A~D 4 位代码进行轴选择。

3）判断手轮进给倍率的选择是否正确。手轮进给倍率选择不正确，也可能使机床不能动。用 PMC 的 PMCDGN 界面来确认倍率信号是否选择正确。参数 G0019 内置进给倍率，MP2、MP1 信号值见表 5-10。

表 5-10　G0019 中 MP2、MP1 信号值

倍率	MP2	MP1
×1	0	0
×10	0	1
×m	1	0
×n	1	1

参数 7113 设置内置手动手轮进给倍率，即表 5-10 中的 m 值，m 为 1~127。

参数 7114 设置内置手动手轮进给倍率，即表 5-10 中的 n 值，n 为 1~1000。

参数	#7	#6	#5	#4	#3	#2	#1	#0
7102								HNGx

HNGx：0：手摇脉冲发生器的旋转方向和机械移动方向相同（顺时针方向旋转为移动正方向）；1：手摇脉冲发生器的旋转方向和机械移动方向相反（顺时针方向旋转为移动负方向）。

4）手摇脉冲发生器的确认。

① 连接电缆不良（断线等）。检查连接电缆是否有异常断线、短路等。

② 手摇脉冲发生器不良。旋转手摇脉冲发生器时，有如图 5-16 中所示信号输出。用示波器测量手摇脉冲发生器背面的螺钉端子（图 5-16），能够检测出该信号。如果没有输出信号，则要测量+5V 电压。还要确认 ON 与 OFF 信号比例 HA/HB 的相位差。

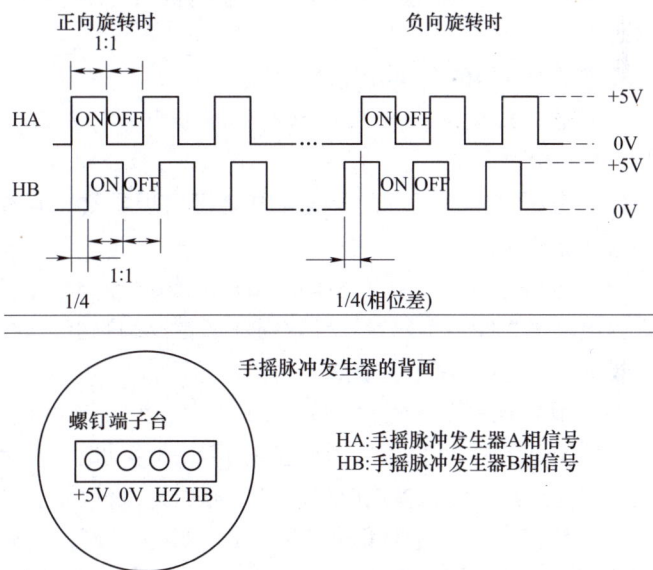

图 5-16　检测手摇脉冲发生器

任务实施

伺服故障案例分析

1. 伺服异常报警故障

（1）故障现象　一台 DXK45 数控铣床（FANUC-0M 系统），屏显 414#报警（伺服异常），且 X 轴伺服模块单元的窗口出现 8#报警。

（2）分析判定　检查诊断号 DNG720.4 位为"1"，表明电流异常，应为电动机的动力

线短路或放大器故障。

（3）维修过程　依据操作者提供的故障发生的经过，结合图样资料进行分析，发现 X 轴电动机动力线对地短路。进一步检查，发现动力线外皮破损，在运动过程中对地短路，造成电流异常。更换动力线，故障排除。

2. 数控车床 401#、414#报警故障

（1）故障现象　一台 SK50 数控车床（FANUC-0T 系统），屏显 401#、414#报警（伺服异常）。

（2）分析判定　401#为 * DRDY OFF 伺服放大器未准备好信号，414#伺服异常是主要矛盾。检查诊断号 DNG720.5 位为"1"，表明过电流。造成过电流的原因通常为机械部分故障。

（3）维修过程　拆开丝杠检查，发现导轨丝杠缺油，镶条紧。对丝杠进行清洗，检查油路，重新调整，故障排除。注意：过电流与电流异常是两个不同的概念，切不可等同看待。

3. 加工中心 409#、447#报警故障

（1）故障现象　一台 XH756B/1 加工中心（FANUC-18i 系统），运行过程多次出现 409#、447#报警。

（2）分析判定　409#表示伺服电动机出现异常，447#表示伺服异常，硬件检测到内置脉冲编码器故障。

（3）维修过程　检查 X 轴伺服电动机编码器，由于安装密封不好，造成切削液、铸铁粉进入电动机，腐蚀编码器，导致损坏。更换编码器，故障排除。

4. 加工中心 411#报警故障

（1）故障现象　一台 FV-800 加工中心（FANUC-0iC 系统），屏显 411#报警。

（2）分析判定　出现 411#报警表示 X 轴移动时，位置偏差大于设定值，实质为跟随误差大，应为进给系统机械或电气故障。遵循先机械后电气的原则查找原因。

（3）维修过程　置于手动进给方式，摇动手柄，立刻出现 411#报警。依据先机械后电气的原则，拆开丝杠检查，手动扳丝杠，非常紧，为丝杠故障，修理调整后，故障排除。

5. 开机 1006#主轴故障，439#、9011#过电压报警故障

（1）故障现象　VMC850（乔福，FANUC-0iB）立式加工中心，开机时，屏幕上同时出现 1006#主轴故障，439#X、Y、Z 三个伺服单元 DC 电压高（过电压）报警，9011#过电压报警。

（2）分析判定　很明显，这是过电压故障，需查明原因。FANUC 公司维修手册提示：439#提示为 PSM 直流链路电压过高，SPMR 直流链路电压过高，αseriesSVU 直流链电压过高；9011#提示为检查 PSM 的选定，检查输入电源电压和电动机减速时的电源电压变动；1006#为机床厂家设计提供的报警。

（3）维修过程　经检查，PSM 电源模块显示 7#报警，SPM 主轴单元显示 11#均为过电压。测 AC 输入电压 217V 属于正常。DGN 诊断：200.3 "1" 位 HVA 过电压（伺服）。有两台相同的机床，互相交换 PSM 和 SPM 两个模块，仍未排除。此时，不能陷入手册钻牛角尖，必须另辟思路。不要轻易怀疑系统，过电压不是系统硬件造成的。依据先公用后专用原则应当重点检查公共部分电源。

供电电源为三相五线制。保护接地线和工作零线，间的阻值小于 3Ω，与别的机床相比太小。去掉零线，另敷设一根零线，同时将 RS232C 插头拔掉，开机正常。接上原零线，故障再现。去掉保护接地线，正常，但机床外壳带电。故障一目了然，故此，重新敷设一根零线，故障排除。

6. 加工中心 387#、447#报警故障

（1）故障现象　一台立式加工中心工作时忽然产生报警。报警号及报警内容为：

387#　X　AXIS：ABNORMAL ENCODER（EXT）分离式检测器发生某种异常。

447#　X　AXIS：HARD DISCONNECT（EXT）通过硬件检测到分离式检测器断线。

（2）分析判定　根据报警信息诊断：DNG200.1 位为"1"，断线故障。201.4、201.7位均为"1"，分离型脉冲编码器硬件断线。X 轴伺服为全闭环，采用 HEIDENHAIN 光栅尺作为位置检测反馈元件。位置反馈环节有问题。

（3）维修过程　依据先简单后复杂的原则，先检查光栅尺连接电缆及插头，完好无断线。再检查光栅尺，发现读数头进入大量切削液，被腐蚀损坏，需更换读数头。为了不影响生产，利用伺服电动机装置内提供的脉冲编码器，让它既做速度反馈又做位置反馈元件，将全闭环系统暂时改为半闭环系统用。参数设定须做如下修改：

1815.1 位由"1"改"0"；1821 # 不变；2002.3 位由"1"改"0"；2024 # 改为"12500"；2084#改为"2"；2085#改为"125"。

7. 802D 数控铣 700016#、380500#报警故障

（1）故障现象　一台 802D 数控铣 XD-40 开机后，X 轴回零时出现下列报警：700016#驱动未就绪；380500#驱动 X1，代码 504#（611U）；025201#轴 X1 伺服故障；003000#急停。

（2）分析判定　4 个报警中主要矛盾是 380500#报警、驱动 611U 的 504#报警。由于它们才产生 025201#轴 X1 伺服故障、700016#驱动未就绪，进而产生 003000#急停报警。查504#：测量电路错误和电动机测量系统故障。

可能原因是电动机编码器的信号级过低，故障（不正确的屏蔽），或者中断监控功能已响应采取的措施：使用西门子原装预装编码器电缆；检查编码器、电动机和控制模块之间的电缆和连接；检查控制模块面板前部的屏蔽连接（顶部螺钉）；检查频繁中断的原因；更换编码器电缆或控制模块；对于齿轮编码器，检查齿轮和传感器间的间隙；更换编码器和电动机。

（3）维修过程　首先检查编码器电缆，在 X 轴伺服电动机端的编码器电缆插头处，发现切削液进入使电动机编码器的信号级过低。交换 X 轴、Y 轴编码器电缆，故障转移到 Y轴。用电吹风机将电缆吹干，故障排除。

8. 802D 数控铣 025050#、608#报警故障

（1）故障现象　一台 802D 数控铣 XKA715 开机正常后，Z 轴回零出现：025050#，Z1轴轮廓监控；380500#急停驱动 Z1，代码 608#（611U）报警。代码 608#（611U）报警：转速控制器输出受限制；转速控制器处于极限状态（转矩或者电流限制）时间过长，超出允许时间。许用的时间在参数 P1605 中设定，而监测响应时转速极限的许用时间在参数 P1606中设定。

（2）分析判定　Z 轴为垂直轴，配有制动装置，应先检查它，然后再按上述的信息去分析查找。

（3）维修过程　查 Z 轴制动线圈上无直流 24V 电压。依据强电图查找，发现 24V 的输

出小，断路器未闭合。

9. 802D 数控铣 003000#急停报警故障

（1）故障现象　一台 802D 数控铣 XKA715 开机，系统起动完成后，伺服使能送不上。当压下伺服使能按钮后，屏幕上立刻显示 003000#急停报警。

（2）分析判定　观察电源模块绿灯正常，就是不能转换成黄灯；伺服模块也正常。检测输入电源电压为交流 380V，正常。

（3）维修过程　采用交换法，将另一台机床的电源模块换上后故障依旧。不能怀疑电源模块有问题，此时检测电源模块的输出直流电压只有 358V，远远低于 540V。估计外围供电有问题。仔细检查发现母线槽一相熔断器松动，接触不良。

知识拓展

FANUC 系统的自诊断功能

按 SYSTEM→【诊断】，进入诊断界面，输入诊断号后按【搜索】可以进入相应诊断号，如图 5-17 所示。

在故障诊断时，可以借助诊断界面中的诊断号来分析系统、伺服、主轴等内部状态，如使用位诊断号时，处于某诊断状态，对应的诊断位为"1"，否则为"0"。FANUC-0i 系统自诊断号功能定义见表 5-11。

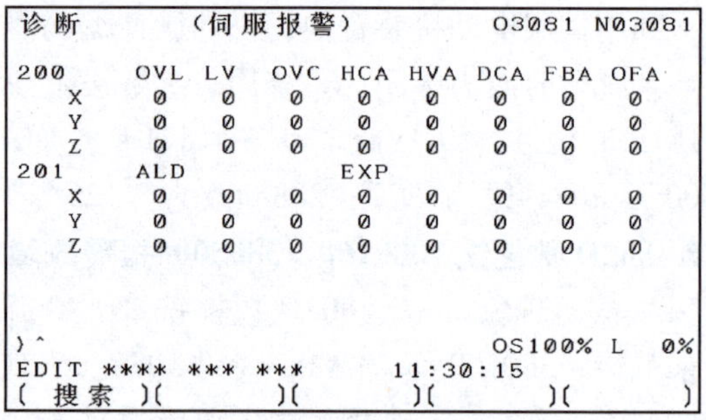

图 5-17　系统自诊断界面

表 5-11　FANUC-0i 系统自诊断号功能

诊断号	注　释	诊断号	注　释
000	正在执行辅助功能（指令）	020	切削速度上升/下降
001	正在执行自动运转移动指令	021	按下了 MDI 复位按钮
002	正在执行暂停指令（G04）	022	输入了复位和倒带
003	正在进行到位检测	023	输入了急停信号
004	切削进给倍率为 0%	024	复位信号被输入
005	各轴互锁或起动锁住信号被输入	025	停止移动或暂停
006	等待主轴速度到达信号	200	串行编码器报警内容
010	正在用阅读穿孔机接口输出数据	201	串行编码器报警内容
011	正在用阅读穿孔机接口输入数据	202	串行编码器报警内容
012	等待分度工作台分度结束信号	203	串行编码器报警内容
013	手动进给速度倍率为 0%	204	串行编码器报警内容
014	CNC 处于复位状态	205	分离型串行脉冲编码器报警内容
015	正在检索外部序号	206	分离型串行脉冲编码器报警内容
016	正在使用后台功能	280	伺服参数异常报警

（续）

诊断号	注　释	诊断号	注　释
300	显示实际各伺服轴位置偏差量	445	第一主轴的位置数据
301	机床机械坐标位置	446	第二主轴的位置数据
302	参考点偏移功能（M 系列用）	450	刚性攻螺纹时，主轴的位置偏差量
303	精加减速有效时的位置偏差	451	刚性攻螺纹时，主轴的分配量
310	回原点结束而参数不正确的原因	454	刚性攻螺纹时，主轴分配量累积值
311	回原点结束而参数不正确的原因	455	刚性攻螺纹时，主轴换算移动指令误差的瞬时值（带符号、累积值）
380	显示电动机绝对位置与偏移数据之差		
381	感应同步器的偏移量	456	刚性攻螺纹时，主轴换算移动误差的瞬时值（带符号）
400	串行主轴的安装设定		
401	第一串行主轴的报警状态	457	刚性攻螺纹时，同步误差的宽度（最大值）
402	第二串行主轴的报警状态	510	HSSB 显示的内部信息
408	主轴模块的报警	511	HSSB 显示的内部信息
409	串行主轴控制报警	512	HSSB 显示的内部信息
410	第一主轴的负载显示	513	HSSB 显示的内部信息
411	第一主轴的速度显示	520	指令 G83 后，切削中回退动作的总次数
412	第二主轴的负载显示	521	指令 G83 后，切削中过负载信号引起的回退动作的总次数
413	第二主轴的速度显示		
414	第一主轴同步控制中的位置偏差量	522	开始回退时钻削轴的坐标值
415	第二主轴同步控制中的位置偏差量	523	上次开始回退钻削轴的坐标值和这一次开始回退钻削轴的坐标值的差
416	第一、二主轴同步误差的绝对值		
417	第一主轴位置编码器的反馈信息	540	简易同步控制主动轴和从动轴的位置偏差量的差
418	第一主轴位置环的位置偏差量		
419	第二主轴位置编码器的反馈信息	541	简易同步控制主动轴和从动轴的位置偏差量的差
420	第二主轴位置环的位置偏差量		

📖 **知识测试**

1. 简述闭环控制数控系统的三个环各自的作用。
2. 分析数控进给系统爬行和振动故障出现的原因有哪些。
3. 分析伺服电动机不转动故障出现的原因有哪些。
4. 分析伺服过热报警故障出现的原因有哪些。
5. 分析自动功能均不能执行故障出现的原因有哪些。

任务四　主轴系统故障解除

🔍 **任务分析**

数控机床的主传动系统包括主轴伺服系统、传动系统和主轴部件。与普通机床的主传动系统相比，数控机床在结构上比较简单，变速功能全部或大部分由无级调速来实现。对于电气控制部分，机床主轴的控制是有别于机床伺服轴的。一般情况下，机床主轴的控制系统为速度控制系统，而机床伺服轴的控制系统为位置控制系统。换句话说，主轴编码器一般情况下不是用于位置反馈的（也不是用于速度反馈的），而仅作为速度测量元件使用。从主轴编码器上所获取的数据一般有两个用途：其一是用于显示主轴转速；其二是用于主轴与伺服轴配合运行的场合（如螺纹切削加工、恒线速加工、G95 每转进给等）。

🔍 知识储备

数控机床的主轴部件是数控机床的重要组成部分，包括主轴的支承和安装在主轴上的传动零件等。它的回转精度影响工件的加工精度，它的功率大小与回转速度影响加工效率，它的自动变速、准停和换刀影响机床的自动化程度。因此，要求主轴部件具有良好的回转精度、结构刚度、抗振性、热稳定性及部件的耐磨性和精度的保持性。

数控机床主轴驱动系统是大功率执行机构，其功能是接收数控系统（CNC）的 S 码速度指令及 M 码辅助功能指令，驱动主轴进行切削加工。它包括主轴驱动装置、主轴电动机、主轴位置检测装置、传动机构及主轴。通常主轴驱动被加工工件旋转的是车削加工，所对应的机床是车床类；主轴驱动切削刀具旋转的是铣削加工，所对应的机床是铣床类。

一、主轴系统分类及特点

全功能数控机床的主传动系统大多采用无级变速。目前，无级变速系统根据控制方式的不同主要有变频主轴系统和伺服主轴系统两种，一般采用直流或交流主轴电动机，通过带传动带动主轴旋转，或通过带传动和主轴箱内的减速齿轮（以获得更大的转矩）带动主轴旋转。另外，根据主轴速度控制信号的不同可分为模拟量控制的主轴驱动装置和串行数字控制的主轴驱动装置两类。模拟量控制的主轴驱动装置采用变频器实现主轴电动机控制，有通用变频器控制通用电动机和专用变频器控制专用电动机两种形式。

1. 普通笼型异步电动机配齿轮变速箱

这是最经济的一种主轴配置方式，但只能实现有级调速，由于电动机始终工作在额定转速下，经齿轮减速后，在主轴低速下输出力矩大，重力切削能力强，非常适合粗加工和半精加工的要求。如果加工产品比较单一，对主轴转速没有太高的要求，配置在数控机床上也能起到很好的效果。它的缺点是噪声比较大，由于电动机工作在工频下，主轴转速范围不大，不适合有色金属和需要频繁变换主轴速度的加工场合。

2. 普通笼型异步电动机配简易型变频器

这种方案可以实现主轴的无级调速，主轴电动机只有工作在约 500r/min 以上才能有比较满意的力矩输出，否则，特别是车床很容易出现堵转的情况，一般会采用两档齿轮或传动带变速，但主轴仍然只能工作在中高速范围。另外，因为受到普通电动机最高转速的限制，主轴的转速范围受到较大的限制。

这种方案适用于需要无级调速但对低速和高速都没有特定要求的场合，例如数控钻铣床。国内生产的简易型变频器较多。

3. 普通笼型异步电动机配通用变频器

目前进口的通用变频器，除了具有 U/f 曲线调节，一般还具有无反馈矢量控制功能，会对电动机的低速特性有所改善，配合两级齿轮变速，基本上可以满足车床低速（100～200r/min）小加工余量的加工，但同样受最高电动机速度的限制。这是目前经济型数控机床比较常用的主轴驱动系统。

4. 专用变频电动机配通用变频器

这种方案一般采用有反馈矢量控制，低速甚至零速时都可以有较大的力矩输出，有些还具有定向甚至分度进给的功能，是非常有竞争力的产品。以先马 YPNC 系列变频电动机为例：电压为三相 200V、220V、380V、400V 可选；输出功率为 1.5～18.5kW；变频范围为 2～200Hz；具有 30min150% 过载能力；支持 U/f 控制、U/f+PG（编码器）控制、无 PG 矢量控制、有 PG 矢量控制。

中档数控机床主要采用这种方案，主轴传动两档变速甚至仅一档即可实现转速在 100～200r/min 时车、铣的重力切削。一些有定向功能的还可以应用于要求精镗加工的数控镗铣床，若应用在加工中心上，还不很理想，必须采用其他辅助机构完成定向换刀的功能，而且也不能达到刚性攻螺纹的要求。

5. 伺服主轴驱动系统

伺服主轴驱动系统具有响应快、速度高、过载能力强的特点，还可以实现定向和进给功能，当然价格也是最高的，通常是同功率变频器主轴驱动系统的 2～3 倍上。伺服主轴驱动系统主要应用于加工中心上，用以满足系统自动换刀、刚性攻螺纹、主轴 C 轴进给功能等对主轴位置控制性能要求很高的加工。

6. 电主轴

电主轴是主轴电动机的一种结构型式，驱动器可以是变频器或主轴伺服，也可以不要驱动器。电主轴由于电动机和主轴合二为一，没有传动机构，因此，大大简化了主轴的结构，并且提高了主轴的精度，但是抗冲击能力较弱，而且功率还不能做得太大，一般在 10kW 以下。由于结构上的优势，电主轴主要向高速方向发展，一般在 10000r/min 以上。安装电主轴的机床主要用于精加工和高速加工，例如高速精密加工中心。

二、主轴驱动装置分类

1. 主轴变频器

随着交流调速技术的发展，目前数控机床的主轴驱动多采用交流主轴电动机配变频器控制的方式。目前，主轴驱动装置市场上流行的变频器有德国西门子、日本三肯、安川等公司产品。

2. 串行数字控制的主轴驱动装置

串行数字控制的主轴驱动装置是指以串行通信方式传送控制信号的驱动系统。常用的串行通信硬件有 RS232、RS485 等；通信介质可以是双绞线，也可以是光缆等其他形式；通信协议有 SOCORES、PROFIBUS 等。常见的产品有 FANUC 的 a 系列主轴驱动装置、SIEMENS 的 802D 系统、FAGOR 的 8070 系统等。

三、常见的主轴伺服系统故障类型

1. 外界干扰

故障现象：主轴在运转过程中出现无规律的振动或转动。

原因分析：主轴伺服系统受电磁、供电线路或信号传输干扰的影响，主轴速度指令信号或反馈信号受到干扰，主轴伺服系统误动作。

检查方法：令主轴转速指令为零，调整零速平衡电位计或漂移补偿量参数值，观察是否因参数系统变化引起故障。若调整后仍不能消除该故障，则多为外界干扰信号引起主轴伺服系统误动作。

采取措施：电源进线端加装电源净化装置，动力线和信号线分开，布线要合理，信号线和反馈线按要求屏蔽，接地线要可靠。

2. 主轴过载

故障现象：主轴电动机过热、CNC 装置和主轴驱动装置显示过电流报警等。

原因分析：主轴电动机通风系统不良、动力连线接触不良、机床切削用量过大，主轴频繁正、反转等引起电流增加，电能以热能形式散发出来，主轴驱动系统和 CNC 装置通过检测，显示过载报警。

检查方法：根据 CNC 和主轴驱动装置提示报警信息，检查可能引起故障的各种因素。

采取措施：保持主轴电动机通风系统良好，保持过滤网清洁；检查动力接线端子接触情况；严格按照机床操作规程，正确操作机床。

3. 主轴定位抖动

故障现象：主轴在正常加工时没有问题，仅在定位时产生抖动。

原因分析：主轴定位一般分机械、电气和编码器三种准停定位，当机械执行机构不到位，检测装置反馈信息有误时产生抖动。另外，主轴定位有一个减速过程，如果减速或增益参数设置不当，也会引起故障。

检查方法：根据主轴定位的方式，主要检查各定位、减速检测元件的工作状态和安装固定情况，如限位开关、接近开关、霍尔元件等。

采取措施：保证定位元件运转灵活，检测元件稳定可靠。

4. 不执行螺纹加工

工作原理：数控车床螺纹加工实质就是主轴旋转与 Z 轴直线进给之间的插补。当执行螺纹加工指令时，系统得到主轴位置检测装置发出的一转信号后开始进行螺纹加工，根据主轴的位置反馈脉冲进行 Z 轴的插补控制，即主轴转一周，Z 轴直线进给一个导程。

故障原因及对策：主轴编码器与系统之间的连接不良，可通过检查连接电缆接口及电缆线找出故障并修复；主轴编码器的位置信号 PA、*PA、PB、*PB 不良或连接电缆断开，可通过系统显示装置上是否有主轴速度显示来判别，如果无主轴速度显示则为该类报警；主轴编码器的一转信号 PZ、*PZ 不良或连接电缆断开，可通过加工指令 G99（每转进给加工）和 G98（每分钟进给加工）切换来判别，如果 G98 进给切削正常而 G99 进给切削不执行，则为该类故障；系统或主轴放大器故障。如果以上故障都已排除，则为系统本身故障，即系统存储板或系统主板故障。

5. 主轴转速与进给不匹配

故障现象：当进行螺纹切削、攻螺纹或要求主轴与进给有同步配合的加工时，出现进给停止主轴仍继续运转，或加工螺纹出现乱牙现象。

原因分析：当主轴与进给同步配合加工时，要接收主轴上的脉冲编码器检测反馈信息，若脉冲编码器或连接电缆线有问题，会引起上述故障。

检查方法：通过调用 I/O 状态数据，观察编码器信号线的通断状态；取消主轴与进给同步配合，用每分钟进给指令代替每转进给指令来执行程序，可判断故障是否与编码器有关。

采取措施：更换维修编码器，检查电缆线接线情况，特别注意信号线的抗干扰措施。

6. 转速偏离指令值

故障现象：实际主轴转速值超过指令给定的转速范围。

原因分析：电动机负载过大，引起转速降低，或低速极限值设定太小，造成主轴电动机过载；测速反馈信号变化，引起速度控制单元输入变化；主轴驱动装置故障，导致速度控制单元错误输出；CNC 系统输出的主轴转速模拟量没有达到与转速指令相对应的值。

检查方法：空载运转主轴，检测比较实际转速值和指令值，判断故障是否由负载过大引起；检查测速装置及电缆线，调节速度反馈量大小，使实际主轴转速达到指令值；用备件判断驱动装置故障部位；检查信号电缆线连接情况，调整有关参数使 CNC 系统输出的模拟量与转速指令值相对应。

采取措施：更换、维修损坏的部件，调整相关的参数。

7. 主轴异常噪声及振动

原因分析：辨别是由于机械部分连接松动或磨损还是由于电气驱动部分闭环振荡引起。

采取措施：用机电分离的方法断开机械和电气部分的连接，分别加以测试。

8. 主轴电动机不转

原因分析：如果 CNC 侧有报警，则按报警提示处理，如果 CNC 侧无报警，主轴不转，可能是主轴伺服驱动或变频器缺少模拟量速度给定信号或使能控制信号。

采取措施：如果 CNC 给定的是 0～10V 的电压信号，则可以在 CNC 侧输入指令后，通过万用表检测伺服驱动或变频器信号输入端是否有电压信号来确认；对于使能信号，可以通过 PLC 的 I/O 状态观察 PLC 是否有输出控制信号或用万用表检测使能端子是否闭合来判断。对于新机床和大修后的机床，也可能是 CNC 或伺服驱动、变频器参数设定有误引起。

四、FANUC 串行主轴报警

1. 串行主轴通信错误报警

接通电源后，系统起动过程中发生串行主轴通信故障时报警。FANUC-0C/0D 系统的报警号为 408，FANUC-16/18/0iA 系统及 FANUC-16i/18i/0iB/0iC 系统的报警号为 749。

产生故障的原因及处理方法如下：

1）连接电缆接触不良、断线故障。仔细检查连接电缆，找出故障并修复。

2）主轴参数设定与系统主轴硬件匹配不符。FANUC-0C/0D 系统参数 71#7（模拟量主轴与串行主轴选择）、71#4（串行主轴个数选择），FANUC-16/18/0iA 系统及 FANUC-16i/18i/0iB/0iC 系统参数 3701#1（模拟量主轴与串行主轴选择）、3701#4（串行主轴个数选择）与系统配置要一致。

3）主轴模块内部电路不良。如果主轴模块状态指示为"A0"或"A1"，说明主轴模块的 ROM 或控制电路不良，需要更换主轴模块。

4）外界干扰。检查主轴通信电缆的屏蔽是否良好，电箱内部的通信电缆走向是否合理等。

5）系统内主轴控制模块故障。如果以上故障都排除后，故障仍然存在，FANUC-0C/0D

系统则需要更换系统存储板或主板；FANUC-16/18/0iA 系统则需要更换系统主轴控制模块或系统主板；FANUC-16i/18i/0iB/0iC 系统需要更换系统母板。

2. 串行主轴回路起动不良报警

在使用串行主轴的系统中，通电时主轴放大器没有达到正常的起动状态时，发生该报警。FANUC-16/18/0iA 系统及 FANUC-16i/18i/0iB/0iC 系统的报警号为 750。

产生故障的原因和处理方法如下：

1）连接电缆接触不良、断线故障。仔细检查连接电缆，找出故障并修复。

2）主轴模块控制电路故障。该报警是在电源接通时，系统起动前发生的。当主轴模块的辅助电源（AC 200V）及内部控制电路出现故障时，也会产生该报警。检查辅助电源连接电缆 CX1A 接触是否良好及电源电压是否正常。检查主轴模块内部控制电路是否正常工作。

3）串行主轴参数不良。主轴功能参数设定与系统硬件配置、系统软件不符。进行主轴参数初始化就可以解除该报警。如果故障仍然存在，则需要更换主轴模块。

4）CNC 主轴串行通信模块不良。FANUC-16/18/0iA 系统需要更换 CNC 的主轴控制模块；FANUC-16i/18i/0iB/0iC 系统需要更换系统母板。

3. 主轴故障报警

当主轴系统出现故障时，产生的故障原因及处理方法参考串行主轴模块报警代码表。

🔍 任务实施

数控机床主轴故障典型案例

1. 主轴定向过程中的 AL-02#报警

BX110P 卧式加工中心，采用 FANUC-11ME 系统。AC 主轴 AL-02#报警。

（1）故障现象　当执行 M06 换刀时，主轴定向发生报警，控制柜上的 ALARM 点亮，指示转轴报警。当执行 M19 定向时，也发生同样故障。在这之前曾经偶尔发生加工过程中速度突然变慢，而后又恢复正常的现象。

（2）分析判定　根据报警现象，判断故障在主轴伺服单元上，经查主轴伺服单元印制板上显示 AL-02 报警，内容为速度偏差超过指令值，伺服与电动机控制接线不良。为了观察主轴箱定向与运转情况，把主轴箱下降到最低点时，起动主轴又能转动起来，这说明故障在某个位置上，当手摇脉冲发生器到 Y 轴（主轴箱）某一位置时，又发生同样报警。由此分析，伺服与电动机信号控制断线，接触不良的可能性非常大。拆开伺服电动机，轻轻拉一下接线头，有一线脱落，由于有其余线连着有时还接触，所以有时又通路。

（3）维修过程　焊接修复后，主轴运行正常。

2. 驱动系统出现交流伺服电动机过热报警的故障诊断与维修

（1）故障现象　XH756B/1 加工中心，主轴电动机为 FANUCα18/7000i 永磁交流同步伺服电动机，在加工过程中出现 9001#报警，电动机过热，电动机温度由 22℃急剧上升到 120℃。诊断号 DGN408 中显示电动机温度为 120℃，温升太快且不正常。

（2）分析判定　根据对主轴驱动系统原理的分析以及以往的维修经验，电动机过热可能由以下原因引起：电动机过载；电动机冷却系统污染，影响散热；电动机内部故障；温度检测不良或连接故障。

（3）维修过程　为了判定是否为机械负载的原因，将主轴与伺服电动机脱离，空载试电动机，在 MDI 方式下输入 M03 S300，然后执行，出现 9021#报警，原因是主轴位置编码器通过齿轮与主轴相连，主轴脱离，编码器失去功效，此时必须采取修改参数的方法将编码器屏蔽掉。4002.1 由"1"改为"0"，4394.5 由"0"改为"1"，9021#报警消失。执行 M03 S300，主轴转动起来，25min 后，温度由 22℃ 上升到 56℃，检测三相电流基本平衡，18A 左右，指正偏摆幅度大，空载电流高，不正常。将电动机拆下检查，发现定子和转子的空隙中充满了冷却油，原因是密封圈损坏，油位过高。从理论上分析，气隙中充满油后，磁阻变大，电动机电流变大。

将油清理干净，用压缩空气吹干净，并用灯泡烤干定子绕组，将电动机装上，开机出现 9031#报警（温度传感器故障），经检查，JY2 插头未插在主轴模块上，将脉冲发生器内置插头和电动机 C3 插头连接在接口上，故障排除。

3. 驱动系统出现过电流报警的故障诊断与维修

（1）故障现象　一台配有 FANUC 系统和 αi 主轴驱动系统的卧式加工中心，在加工时主轴运行突然停止，驱动器显示过电流报警。

（2）分析判定　检查交流主轴驱动器主回路，发现再生制动回路、主回路的熔断器均熔断，经更换后机床恢复正常。但机床正常运行一段时间后，再次出现同样故障。

由于故障重复出现，证明该机床主轴系统存在问题，根据报警信息，分析可能存在的主要原因如下：主轴驱动板控制不良；电动机连续过载；电动机绕组存在局部短路。

（3）维修过程　根据实际加工情况，电动机过载的原因可以排除。由于更换熔断器后可以正常工作一段时间，故主轴驱动器控制板不良的可能性不大。因此，故障可能性最大的是电动机绕组存在局部短路。

维修时仔细测量电动机绕组的各相电阻，发现 U 相对地绝缘电阻较小，证明该相存在局部对地短路。拆开电动机检查发现，电动机内部绕组与引出线的绝缘套已经老化，更换绝缘套，重新连接后对地电阻恢复正常。再次更换熔断器后，机床恢复正常，故障不再出现。

4. 驱动系统出现传感器报警的故障诊断与维修

大宇 HM630 数控加工中心，主轴电动机为 FANUCα18/7000i 永磁交流同步伺服电动机，伺服板为 AL-73。

（1）故障现象　机床正常运转，切削加工过程中，忽然断电（供电系统出现短路），恢复供电后，重新开机，当程序执行到铣加工 ϕ260mm 面时，产生 9073#报警，提示报警信息为电动机传感器的反馈信号断线。

（2）分析判定　正常工作的机床，为何出现 9073#报警？调出报警履历表，发现断电时出现过 9002#报警，报警内容为电动机负载转矩大，它是产生 9073#报警的直接原因。由于转矩大，主轴振动剧烈，有可能造成电动机传感器的反馈信号故障。

（3）维修过程　依据 FANUC 公司提供的维修手册，重点检查信号电缆连线、插头，最后，在主轴电动机的接线盒中发现电缆插头振松。重新插好插头，故障排除。

5. 主轴缺少轴使能信号的故障诊断与维修

（1）故障现象　CK5110E（数控立车 802D）正常开机起动后，调零件加工程序运行，执行 M03 S80 指令时，主轴不旋转，程序停止运行，无报警号显示，在状态信息栏提示：缺少轴进给使能。MDA 方式下，仍提示：缺少轴进给使能。机床主轴为模拟主轴，配置变频器速度控制。

（2）分析判定　将机床工作方式选择为手动方式，手动起动主轴正转、反转、停止均正常。表明变频器无异常。图 5-18 所示为 CK5110E 主轴控制电气原理图。手动时，给定 KA1 触点 +10V 电压，经过 RP1 调速电阻获得相应的转速。而自动时，模拟主轴给定信号由伺服模块 75. A、15 两端子送到 705#、701#，怀疑继电器 KA1 常闭触点接触不良，更换继电器 KA1，故障依旧。交换驱动控制模块，故障依旧。利用状态信息和梯形图对故障进行进一步诊断。查 PLC 状态，Q2.0 伺服使能信号、Q2.1 主轴正转信号均正常为"1"，调出梯形图对 PLC 相关信号进行诊断。V38020002.1、V38020004.3、V38024001.7、V32000006.0 信号分别是伺服使能、进给保持主轴停止（PLC—NCK 送至主轴的信号）、脉冲使能、进给保持（PLC—NCK 通道信号）均正常。通过以上诊断分析，可以确定伺服模块、变频器本身无故障。再仔细观察，无论是 MDA 方式下还是自动运行方式下，主轴有轻微的抖动，这表明主轴旋转指令已发出，但仍不正常转动。再根据图样进一步检查状态信息，查到主轴倍率开关 SA4 时，旋动开关，其对应的 PLC 的输入信号 I4.0~I4.3 无任何变化。经检查，主轴倍率开关 SA4 上的 +24V 电源线 200# 线脱落，相当于转速为零。

（3）维修过程　将 200# 线重新焊上，故障消失。

6. FANUC-0MC 系统 400#、409# 报警的处理

（1）故障现象　一台立式加工中心 FV-800A，采用 FANUC-0MC 系统，出现 400#、409# 报警，主轴伺服单元显示 59#。

（2）分析判定　400# 报警为进给伺服故障，查诊断号 DNG720~722 第 7 位均显示"1"，表明过载。59# 为主轴伺服放大器风机故障，手摸伺服电源单元，主轴伺服单元及进给伺服单元的智能风机无风排出，均未转动。

（3）维修过程　用电子清除剂清洗风机，去掉油泥，重新开机，故障消除。

7. FANUC-0MC 系统多次出现 409# 报警的处理

（1）故障现象　一台 XH754 加工中心，系统为 FANUC-0MC，工作中多次出现 409# 报警，主轴伺服单元 LCD 窗口显示 31#。信息提示为主轴检测信号断开或电动机自动跟踪报警。

（2）分析判定　分析遵守从简单到复杂的原则，估计电动机环节的故障较大。检查时，一次发现是主轴接触器的下端口三相动力线连接处松动，曾两次检查发现主轴电动机接线盒中电动机线的接线端子断开，形成两相供电。根本原因在于机床制造厂电工工艺施工不良。

图 5-18　主轴控制图

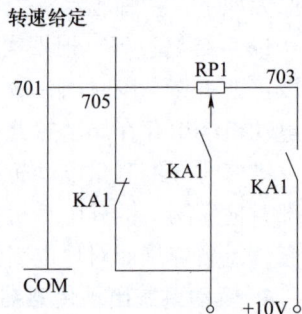

知识拓展

高速电主轴

高速电主轴是最近几年在数控机床领域出现的将机床主轴与主轴电动机融为一体的新技术。高速数控机床主传动系统取消了带轮传动和齿轮传动。机床主轴由内装式电动机直接驱动，从而把机床主传动链的长度缩短为零，实现了机床的"零传动"。这种主轴电动机与机床主轴"合二为一"的传动结构方式，使主轴部件从机床的传动系统和整体结构中相对独

立出来，因此可做成"主轴单元"，俗称"电主轴"。

电主轴是一套组件，它包括电主轴、高频变频装置、油雾润滑器、冷却装置、内置脉冲编码器、自动换刀装置等。

高速轴承技术：电主轴通常采用复合陶瓷轴承，耐磨耐热，寿命是传统轴承的几倍；有时也采用电磁悬浮轴承或静压轴承，内外圈不接触，理论上寿命无限长。

高速电机技术：电主轴是电动机与主轴融合在一起的产物，电动机的转子即为主轴的旋转部分，理论上可以把电主轴看作一台高速电动机。其关键技术是高速度下的动平衡。

润滑：电主轴的润滑一般采用定时定量油气润滑；也可以采用油脂润滑，但相应的速度要打折扣。所谓定时，就是每隔一定的时间间隔注一次油。所谓定量，就是通过一个称为定量阀的器件，精确地控制每次润滑油的油量。而油气润滑，指的是润滑油在压缩空气的携带下，被吹入陶瓷轴承。油量控制很重要，太少，起不到润滑作用；太多，在轴承高速旋转时会因油的阻力而发热。

冷却装置：为了尽快给高速运行的电主轴散热，通常对电主轴的外壁通以循环冷却剂。冷却装置的作用是保持冷却剂的温度。

高频变频装置：要实现电主轴每分钟几万甚至十几万转的转速，必须用一高频变频装置来驱动电主轴的内置高速电动机，变频器的输出频率必须达到上千或几千赫兹。

内置脉冲编码器：为了实现自动换刀以及刚性攻螺纹，电主轴内置一脉冲编码器，以实现准确的相角控制以及与进给的配合。

自动换刀装置：加工中心电主轴配备了自动换刀装置，包括碟形簧、拉刀液压缸等。

高速刀具的装夹方式：广为熟悉的 BT、ISO 刀具，已被实践证明不适合于高速加工。这种情况下出现了 HSK、SKI 等高速刀具。

📖 知识测试

1. 某数控机床输入 M03 S500 指令后主轴电动机不转，请分析并排除故障。
2. 电主轴与传统的变频或伺服主轴有何不同？
3. 某加工中心在换刀时主轴不能定位，请分析并排除该故障。
4. FANUC 系统出现报警号为 750# 的主轴故障，请分析并排除该故障。

任务五　加工中心 ATC 故障解除

🔍 任务分析

ATC（Auto Tool Change）就是自动换刀机构，是加工中心的重要部件。由于刀库中可以装入多把刀具，工件一次装夹后可完成多道工序，保证了零件的精度。

换刀装置常见故障形式有：刀库运动故障，定位误差过大；机械手夹持刀柄不稳定，机械手动作误差过大等。这些故障最后都可能造成换刀动作卡位，整机停止工作。进行维修时应重视对现场设备操作人员的调查。由于 ATC 装置都是由 PLC 通过应答信号控制的，因此大多数故障出现在反馈环节（电路或反馈元件）上，需要通过电路分析与信号、动作、定位、限位等有关环节的综合分析来判断故障所在，故难度较大。

在换刀时出现掉刀现象可能的原因有：刀套上的调整螺钉松动；弹簧太松，造成夹紧力不足；刀具超重；换刀时主轴箱没有回到换刀点；换刀点漂移；机械手抓刀时没有到位等。

🔍 知识储备

一、加工中心刀库及自动换刀装置概述

为了能在工件一次装夹中完成多个工步，减少工件安装拆卸时间和因多次重复定位引起的误差，加工中心都带有自动换刀系统。自动换刀系统是加工中心的重要组成部分，它的结构和性能直接影响加工中心的效率，在某种程度上体现了加工中心的设计和制造技术水平。随着加工中心的发展，自动换刀装置的结构也在不断变化。

目前加工中心多采用刀库来实现换刀。由于刀库在很大程度上增加了刀具的储存数量，储存量一般在8~64把范围内，多的可达100~200把，增强了机床的功能。同时，有了刀库，机床只需要用一个主轴来安装刀具，有利于提高主轴刚度。

1. 刀库的类型

刀库是自动换刀装置的主要部件，其容量、布局以及具体结构对加工中心的性能有很大的影响。刀库的功能是储存各种刀具，并按程序指令把将要用的刀具准确地送到换刀位置，并接收从主轴送来的已用刀具。

根据刀库所需要的容量和取刀的方式，可以将加工中心刀库设计成多种形式。按结构形式可分为盘式刀库、链式刀库和箱格式刀库三种；按设置部位的不同可分为顶置式刀库、侧置式刀库、落地式刀库和悬挂式刀库等多种类型；按交换刀具还是交换主轴，刀库可分为普通刀库（简称刀库）和主轴箱刀库。图 5-19 所示为几种典型的刀库形式，本节重点讲述盘式刀库和链式刀库。

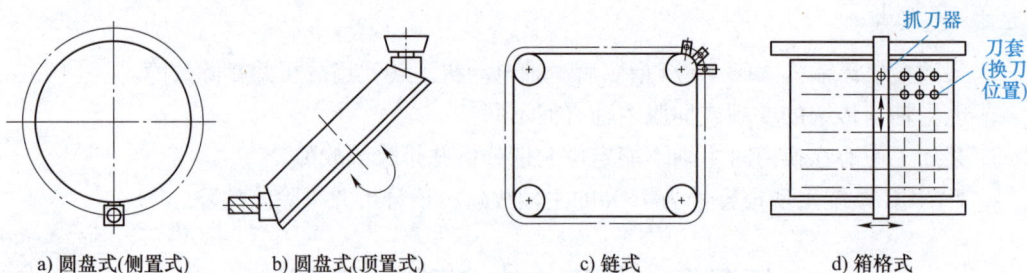

a) 圆盘式(侧置式)　　b) 圆盘式(顶置式)　　c) 链式　　d) 箱格式

图 5-19　典型的刀库形式

（1）盘式刀库　此类刀库结构简单，应用较多。如图 5-20 和图 5-21 所示，刀具可以沿主轴轴向、径向、斜向安放。刀具轴向安装的结构紧凑，目前大部分刀库安装在机床立柱的顶面或侧面，但因为换刀时刀具与主轴同向，有的刀库中的刀具须在换刀位置做 90° 翻转。当刀库存量较大时，为了既方便存取刀具又保持结构紧凑，

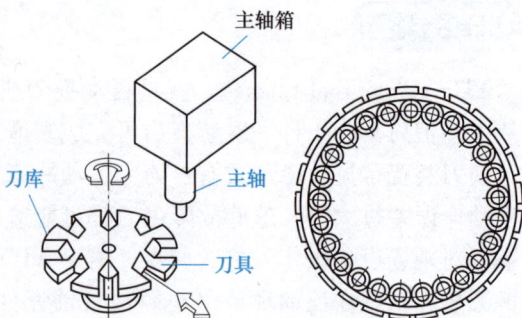

图 5-20　盘式刀库结构图

可采取弹仓式结构，安装在单独的地基上，以隔离刀库转动造成的振动。该换刀装置的特点是结构简单，成本较低，换刀可靠性较好，但换刀时间长，多用于刀库存量较小的加工中心。

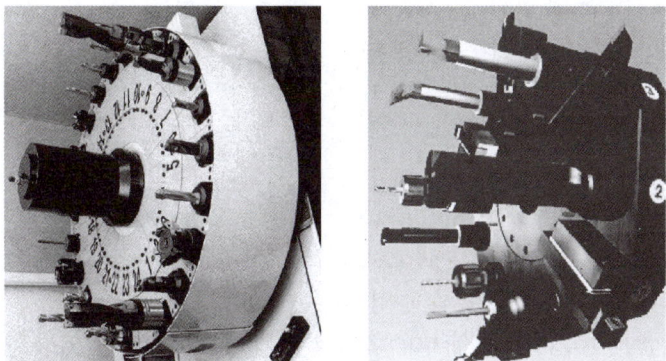

图 5-21　盘式刀库实物图

（2）链式刀库　此类刀库结构紧凑，刀库容量较大，可分为单环和多环两种，链环的形状可根据机床的布局采用不同的配置。当需要增加刀具数量时，在一定范围内，无须变更刀库的线速度及惯量，只增加链条的长度或采用链带折叠回绕的方式来提高中间利用率即可，当要求刀库的容量很大时，可采用多条链带结构。图 5-22 所示为刀具方向与主轴同向、刀库容量较大（为 60 把）的链式刀库，换刀时主轴箱升至换刀位置，机械手从刀库抓刀，转过 180°后，与主轴上的刀具进行交换。图 5-23 所示为单环链式刀库实物。

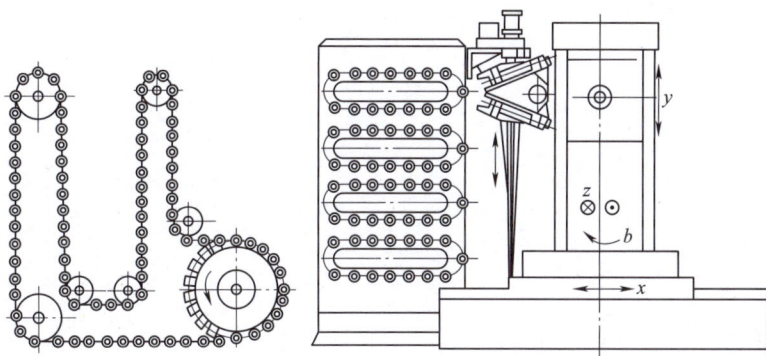

图 5-22　链式刀库示意图

此外，箱格式刀库有线型和箱型两种，结构也简单。线型刀库用于无机械手换刀装置，箱型刀库一般容量比较大，多用于加工单元式。还有密集型的格子式刀库，占地面积小，结构紧凑，可容纳的刀具数量较多，但选刀和取刀动作复杂，多用于柔性制造系统的供刀系统。

2. 自动换刀装置的类型

自动换刀装置可分为转塔式、180°回转式、回转插入式、二轴转动式等。自动换刀的刀具可紧固在专用刀

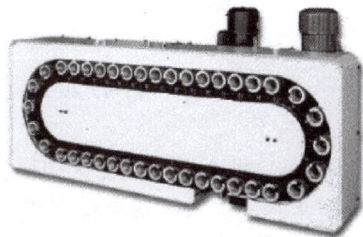

图 5-23　单环链式刀库实物图

夹内，每次换刀时将刀夹直接装入主轴。

（1）转塔式换刀装置　转塔式换刀并不是拆卸刀具，而是将刀具和刀夹一起换下。图5-24所示为由若干与铣床动力头（主轴箱）相连接的主轴组成转塔。在运行程序之前将刀具分别装入主轴，需要哪把刀具时，转塔就转到相应的位置换刀。

这种装置是最早的换刀装置，可以省去自动夹紧、装刀、松刀等一系列操作，提高了换刀的可靠性，缩短了换刀时间。但主轴的数量受到限制。目前NC钻床等还在使用转塔式刀库。

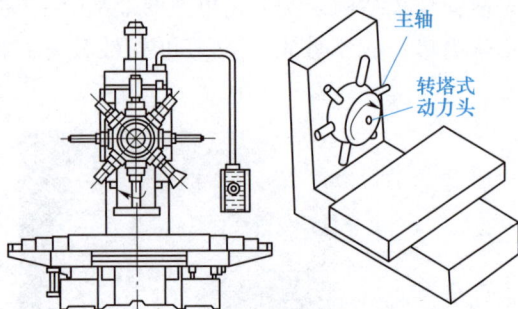

图5-24　转塔式换刀装置

（2）180°回转式换刀装置　最简单的换刀装置是180°回转式换刀装置，如图5-25所示。换刀过程如下：接到换刀指令后，主轴停到指定换刀位置；与此同时，刀具库运动到对应位置，换刀装置回转并同时与主轴、刀具库的刀具相接触；将刀具从各自的位置上取下，回转180°，将主轴刀具与刀具库中的刀具带走；在换刀装置回转时，刀具库重新调整到相应的位置，换刀装置将要换上的刀具与卸下的刀具分别装入主轴和刀具库后转回原位置；程序继续运行。这种换刀装置的主要优点是结构简单、运动少、换刀时间短，但是刀具必须放在与主轴平行的平面内，切屑及切削液易进入刀夹，必须对刀具另加防护。

（3）回转插入式换刀装置　回转插入式换刀装置实质上是换刀装置与传递杆的组合。图5-26所示为用在卧式加工中心上的回转插入式换刀装置，这种换刀装置的结构设计与180°回转式换刀装置基本相同。

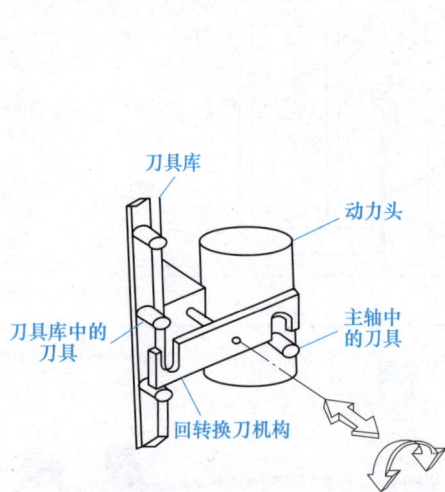

图5-25　180°回转式换刀装置

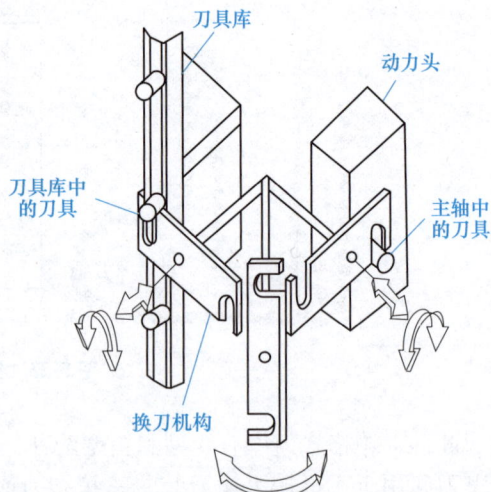

图5-26　回转插入式换刀装置

与180°回转式换刀装置相比，这种装置的主要特点是刀具存放在机床的一侧，避免了切屑对主轴或刀夹造成损坏。但是换刀过程中动作多，换刀所用的时间长。

（4）二轴转动式换刀装置　图5-27所示是二轴转动式换刀装置。这种换刀装置可用于侧置或后置式刀具库，其结构特点适用于立式加工中心。换刀过程为：接到换刀指令，换刀机构开始运动，并将刀具从主轴上取下，转至刀具库，将刀具放回刀具库；从刀具库中取出欲换上的刀具，转向主轴，并将刀具装入主轴；返回原位置，换刀完成。

该装置中刀具库位于机床一侧或后方，能最大限度地保护刀具。但刀具传递次数及运动较多，换刀时间长，在立式加工中心中已逐渐被 180°回转式和主轴直接式换刀装置所取代。

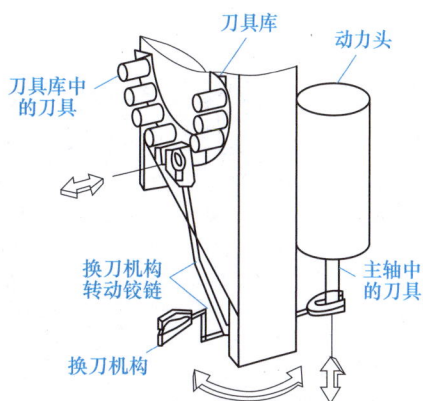

图 5-27　二轴转动式换刀装置

二、加工中心上常用的换刀方式

按有无机械手参与换刀过程，刀库常用的换刀方式分为无机械手换刀和有机械手换刀两种。

1. 无机械手换刀

无机械手换刀方式又称主轴直接式换刀，刀具一般存放在刀库内与主轴平行且主轴可达到的位置。换刀时，主轴箱移到刀库换刀位置上方，利用主轴 Z 向运动将加工用完的刀具插入刀库中要求的空位处，然后刀库中待换刀具转到待命位置，主轴 Z 向运动将待用刀具从刀库中取出，并将刀具插入主轴。图 5-28 为无机械手换刀方式在卧式加工中心上的应用。换刀时，主轴移动到换刀位置，圆盘式刀具库转至所需刀槽的位置，将刀具从"等待"位置移出至换刀位置，并与装在主轴内的刀夹配合；刀库前移，卸下刀具；然后刀库转到所需刀具对准主轴的位置，向后运动，将刀具插入主轴并固紧；最后，刀库离开主轴向上移动，回到"等待"位置，换刀完成。

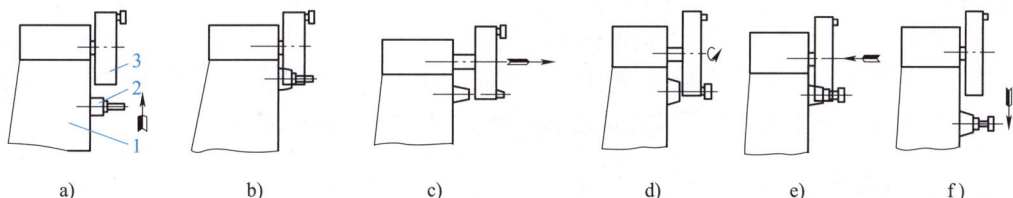

图 5-28　主轴直接式换刀过程
1—立柱　2—主轴箱　3—刀库

无机械手换刀方式结构简单、换刀可靠性高、成本低，但结构布局受到限制，刀库容量少，换刀时间少，多用于中小型加工中心。

2. 有机械手换刀

采用机械手进行刀具交换的方式应用最为广泛，这是因为机械手换刀有很大的灵活性，而且可以减少换刀时间。常见的机械手如图 5-29 所示。机械手换刀的过程中，一个机械手将需要更换的刀具从主轴中拔刀，同时另一机械手将下一工序需要的刀具从刀库取出，两者交换位置，完成换刀过程。采用该换刀方式的系统在刀库配置、刀具数量及与主轴的相对位置等方面都比较灵活，换刀时间较短，能极大地缩短辅助时间，但结构和控制系统较复杂。

图 5-29a 所示为单臂单爪回转式机械手。其换刀时间较长，机械手的手臂上只有一个夹爪，手臂可以通过回转不同的角度来进行换刀，不论在刀库上还是在主轴上，均靠这个夹爪

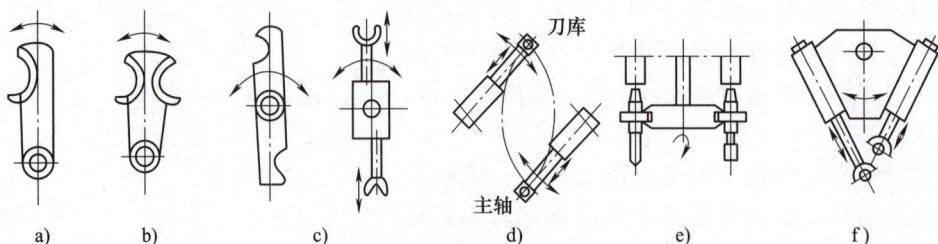

图 5-29　常见的机械手

装刀及卸刀。

图 5-29b 所示为单臂双爪摆动式机械手。这种机械手的手臂上有两个夹爪，这两个夹爪有所分工，一个夹爪只负责从主轴上取刀送回刀库，另一个夹爪则负责由刀库取刀送到主轴，与单臂单爪回转式机械手相比，其换刀时间较短。

图 5-29c 所示为双臂回转式机械手。这种机械手的手臂两端各有一个夹爪，可同时抓取刀库及主轴上的刀具，回转 180° 后又能同时将刀具装入相应位置，其右边的机械手在运动过程中两臂可伸缩。与前两种机械手相比，换刀时间较短，是最常用的一种换刀方式。

图 5-29d 所示为双机械手。这种机械手相当于两个单臂单爪机械手，它们相互配合进行自动换刀。其中一个机械手从主轴上取下"旧刀"送回刀库，另一个机械手由刀库取出"新刀"装入机床主轴。

图 5-29e 所示为双臂端面夹紧式机械手。与前面几种机械手相比，这种机械手只是在夹紧部位与上述几种不同。前几种机械手均靠夹紧刀柄的表面抓取刀具，这种机械手则是夹紧刀柄的两个端面。

图 5-29f 所示为双臂往复交叉式机械手。这种机械手的两臂可以往复运动，并交叉成一定的角度。一个手臂从主轴上取下"旧刀"送回刀库，另一个手臂由刀库中取出"新刀"装入主轴。整个机械手可做直线移动或旋转运动，以实现运刀运动。

三、刀库的选刀方式

常用的刀具选择方法有顺序选刀和任意选刀两种。顺序选刀是在加工之前，将加工零件所需刀具按照工艺要求依次插入刀库的刀套中，顺序不能搞错，加工时按顺序调刀。加工不同的工件时必须重新调整刀库中的刀具顺序，操作烦琐，而且刀具的尺寸误差也容易造成加工精度不稳定。其优点是刀库的驱动和控制都比较简单。因此，这种方式适合加工批量较大、工件品种数量较少的中、小型自动换刀机床。

随着数控系统的发展，目前大多数的数控系统都具有刀具任选功能。任选刀具的换刀方式分为刀套编码、刀具编码和记忆等。刀具编码或刀套编码需要在刀具或刀套上安装用于识别的编码条，一般都是根据二进制编码的原理进行编码的。刀具编码选刀方式采用一种特殊的刀柄结构，并对每把刀具编码。每把刀具都具有自己的代码，因而刀具可以在不同的工序中多次重复使用，换下的刀具不用放回原刀座，有利于选刀和装刀，刀库的容量也相应减少，而且可避免因内部刀具顺序的差错所发生的事故。但每把刀具都带有专用的编码系统，刀具长度加长，制造困难，刚度降低，刀库和机械手的结构较复杂。刀套编码方式要求一把刀具只对应一个刀套，从某一个刀套中取出的刀具使用完后必须放回原来的刀套中，这样增加了刀库动作的复杂性，取送刀具十分麻烦，换刀时间长，但可以在加工过程中重复使用。目前在加工中心上大量使用记忆式的任选方式。这种方式能将刀具号和刀库中的刀套位置（地址）对应地记忆在数控系统的 PLC 中，无论刀具放在哪个刀套内都始终保持记忆。刀库上装有位置检测装置，可以检测出每个刀套的位置。这样刀具就可以任意取出并送回。刀库上还设有机械原点，使每次选刀时就近选取。例如对于盘式刀库，每次选刀运动正转或反转都不超过 180°。

四、刀库与换刀机械手的维护

严禁把超重、超长的刀具装入刀库，防止发生碰撞；顺序选刀方式必须保证刀具在刀库上的顺序正确；其他选刀方式也要注意所换刀具号与所需刀具一致，防止换错刀；用手动方式往刀库上装刀时，要确保安装到位，装夹牢靠；注意保持刀座锁紧可靠；经常检查刀库的回零位置是否正确；保持刀具刀柄和刀套清洁；开机时，应先使刀库和机械手空运行，检查运行是否正常，发现不正常时，应及时处理。

五、加工中心刀库及自动换刀装置的故障

自动换刀装置是数控机床加工中心的重要执行机构，其性能直接影响机床的加工质量和生产率。换刀装置结构复杂，且在工作中频繁运动，因此，故障率较高。刀库和换刀机械手的故障及其原因主要有如下几点：

1）刀库不能转动：连接电动机与蜗杆轴的联轴器松动；机械连接过紧；刀库预紧力过大。

2）刀库转不到位：电动机转动故障；传动机构误差。

3）刀套不能夹紧刀具：刀套上的调整螺钉松动；弹簧太松，造成夹紧力不足；刀具超重。

4）刀套上下不到位：装置调整不当或尺寸过大而造成拨叉位置不到位；限位开关安装不正确或调整不当而造成反馈信号错误。

5）刀具夹不紧掉刀：卡爪弹簧压力过小；弹簧后面的螺母松动；刀具超重；机械手夹紧锁不起作用；气压不足，或刀具夹紧产生漏气。

6）刀具夹紧后松不开：松锁的弹簧压合过紧，卡爪不回位。

7）刀具交换时掉刀：换刀时主轴箱没有回到换刀点；换刀点漂移；机械手抓刀时没有到位。

8）机械手换刀速度过快或过慢：气压太高或太低；换刀气阀节流开口太大或太小。

9）换刀时不能拔刀：刀库不能伸出；主轴松刀液压缸未动作；松刀机构卡死。

🔍 **任务实施**

加工中心刀库故障维修

1. 某 VMC-65A 型加工中心使用半年后出现主轴拉刀松动却无任何报警信息

主轴拉不紧刀的原因：主轴拉刀碟簧变形或损坏；拉刀液压缸动作不到位；拉钉与刀柄夹头间的螺纹连接松动。

故障检查与分析：经检查，发现拉钉与刀柄夹头的螺纹连接松动，刀柄夹头随刀具的插拔发生旋转，后退了约 1.5mm。该台机床的拉钉与刀柄夹头间无任何连接防松的锁紧措施。在插拔刀具时，若刀具中心与主轴锥孔中心稍有偏差，刀柄夹头与刀柄间就会存在一个偏心摩擦。刀柄夹头在这种摩擦和冲击的共同作用下，时间一长，螺纹松动退丝，就会出现主轴拉不住刀的现象。若将主轴拉钉和刀柄夹头的螺纹连接用锁紧螺母锁紧后，故障消除。

2. 自动换刀时刀链运转不到位

故障现象：TH42160 龙门加工中心自动换刀时刀链运转不到位，机床报警。

故障检查与分析：由故障报警可知刀库伺服电动机过载，检查电气控制系统，没有发现什么异常。可以假设：刀库链内有异物卡住，刀库链上的刀具太重，润滑不良。

经过检查排除了上述可能。卸下伺服电动机，发现伺服电动机不能正常运转，更换电动机，故障排除。

3. 刀库换刀位置错误故障

故障现象：换刀系统在执行换刀指令时不动作，系统界面显示 E98 报警"换刀系统在机械臂位置检测开关信号为"0"和 E116 报警"刀库换刀位置错误"。

故障检查与分析：该设备为德国 MH800C 加工中心，采用飞利浦公司 CNC5000 系列数控系统。从系统提供的信息判断故障发生在换刀系统和刀库部分，相应的位置检测开关无信号送到 CNC 的输入接口，从而导致机床自我保护，中断换刀。造成开关无信号输出的原因有：液压或机械的原因造成动作不到位，而使开关得不到感应；开关失灵。

根据机床结构情况，首先查刀库部分的开关。用薄铁片去感应开关，结果正常。接着检测换刀系统机械手内部的两个开关，发现机械臂停在行程中间位置，"臂移出"开关 21S1 和"臂缩回"开关 21S2 均得不到感应，造成输出信号为 0（"臂移出"开关感应为 1，换刀系统才有动作）。用螺钉旋具顶相应的 21Y2 电磁阀芯，使机械臂缩回至"臂缩回"位置，机床恢复正常。分析产生故障的原因，考虑到机床在此之前换刀正常，手动电磁阀能使换刀系统回位，说明液压或机械部分是正常的，因此怀疑换刀动作与程序换刀指令不协调。机床《操作员手册》中要求"连续运行中，两次换刀间隔时间不得小于 30s"。经计时发现，引发故障的程序段两次换刀时间仅为 21s。

修改相应的程序后，故障排除，机床恢复正常。

4. 机械手换刀故障

故障现象：某加工中心采用凸轮机械手换刀。换刀过程中，动作中断，发出 2035# 报警，显示内容为机械手伸出故障。

故障检查与分析：根据报警内容，机床是因为无法执行下一步"从主轴和刀库中拔出刀具"使换刀过程中断并报警。

1）机械手不能伸出完成拔刀动作，产生故障的原因可能如下：

①"松刀"感应开关失灵，在换刀过程中，各动作的完成信号均由感应开关发出，只有上一动作完成后才能进行下一动作。第 3 步为"主轴松刀"，如果感应开关未发信号，则机械手"拔刀"就不会动作。检查两感应开关，信号正常。

②"松刀"电磁阀失灵，主轴的"松刀"是由电磁阀接通液压缸来完成的。如果电磁阀失灵，则液压缸没有进油，刀具就"松"不了。检查主轴的"松刀"电磁阀动作均正常。

③"松刀"液压缸因液压系统压力不够或漏油而不动作，或行程不到位，检查刀库

"松刀"液压缸，动作正常。行程到位，打开主轴箱后罩，检查主轴"松刀"液压缸，发现也已到达松刀位置，油压也正常，液压缸无漏油现象。

④ 机械手系统有问题，建立不起"拔刀"条件，其原因可能是电动机控制电路有问题。检查电动机控制电路系统正常。

⑤ 刀具靠碟簧通过拉杆和弹簧夹头而将刀具柄尾端的拉钉拉紧；松刀时，液压缸的活塞杆顶压顶杆，顶杆通过空心螺钉推动拉杆，一方面使弹簧夹头松开刀具的拉钉，另一方面又顶动拉钉，使刀具右移而在主轴锥孔中变"松"。

2）主轴系统不松刀的原因有以下方面：刀具尾部拉钉的长度不够，致使液压缸虽已运动到位，仍未将刀具顶"松"；拉杆尾部空心螺钉位置发生了变化，液压缸行程满足不了"松刀"的要求；顶杆出问题，已变形或磨损；弹簧夹头出故障不能张开；主轴装配调整时，刀具移动量调得太小。

处理方法：拆下"松刀"液压缸，检查发现，这一故障系制造装配时，空心螺钉的"伸出量"调整得太小，故"松刀"液压缸行程到位，而刀具在主轴锥孔中"压出"不够，刀具无法取出。调整空心螺钉的"伸出量"，保证在主轴"松刀"液压缸行程到位后，刀柄在主轴锥孔中的压出量为 0.4 ~ 0.5mm。调整后，故障排除。

5. 某立式加工中心换刀臂移至 C 位置无拔刀动作

故障分析与排除：该自动换刀控制示意图如图 5-30 所示。数控机床上刀具及托盘等装置的自动交换动作都是按照一定的顺序来完成的，因此观察机械装置的运动过程，比较正常与故障时的情况，就可发现疑点，诊断出故障的原因。

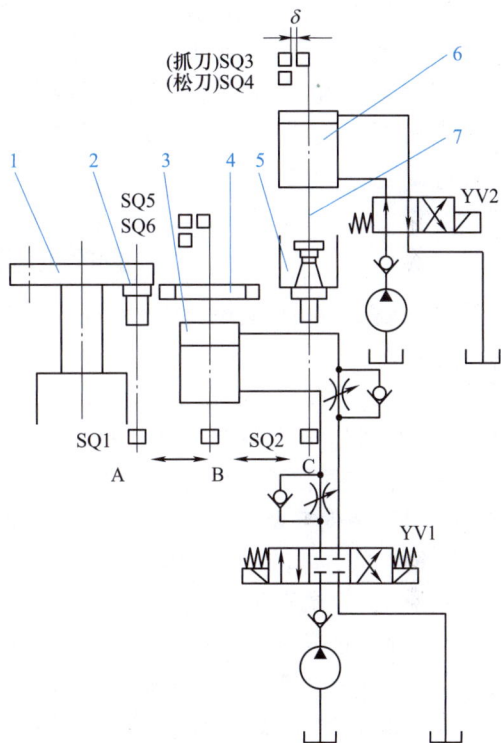

图 5-30　自动换刀控制示意图
1—刀库　2—刀具　3—换刀臂升降缸　4—换刀臂
5—主轴　6—主轴液压缸　7—拉杆

自动换刀装置动作的起始状态是：主轴保持要交换的旧刀具；取刀臂在 B 位置；换刀臂在上部位置；刀库已将要交换的新刀具定位。自动换刀的顺序如图 5-31 所示。

换刀臂平移至 C 位置时，无拔刀动作，分析原因，有几种可能：①SQ2 无信号，使松刀

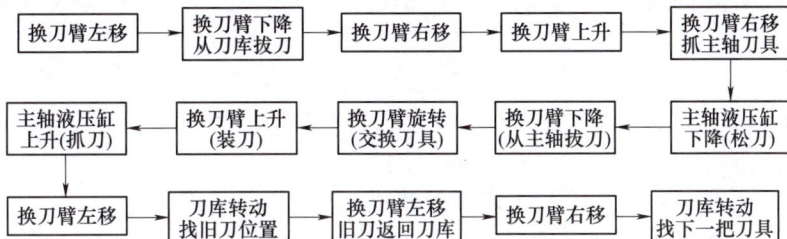

图 5-31　自动换刀的动作顺序

电磁阀 YV2 未励磁，主轴仍处于抓刀状态，换刀臂不能下降；②松刀接近开关 SQ4 无信号，换刀臂升降电磁阀 YV1 状态不变，换刀臂不下降；③电磁阀有故障。

经检查，发现 SQ4 未发出信号，进一步对 SQ4 检查，发现感应间隙过大，导致接近开关无信号输出，产生动作障碍。

6. 某 FANUC-6M 加工中心装配系统刀库运行时抖动故障

故障检查与分析：由于刀库与转台共用一套 PWM 单元，位置控制采用一块简易定位板，且转台正常，所以机修工误认为是机械故障。在蜗轮、蜗杆处反复查原因，无结果。考虑机电一体化设备有些机械故障可用电气弥补的方法处理，试调快慢速时，发现简易定位板刀库测速反馈部分稳压管被击穿，选用 5V 稳压管换上后使用正常。

故障原因：当测速机反馈电压不稳定时，使输入信号与反馈信号间的关系出现错误，导致其反馈峰值有变化，波形不稳定而造成本故障。

🔍 知识拓展

数控机床的发展趋势

1）高性能：数控机床发展过程中，一直在努力追求更高的加工精度、切削速度、生产率和可靠性。

2）多功能：从不同切削加工工艺复合（如车铣、铣磨）向不同成形方法的组合（如增材制造、减材制造和等材制造等成形方法的组合或混合），数控机床与机器人"机机"融合与协同等方向发展；从"机机"互联的网络化，向"人机物"互联、边缘/云计算支持的加工大数据处理方向发展。

3）智能化：通过传感器和标准通信接口，感知和获取机床状态和加工过程的信号及数据，通过变换处理、建模分析和数据挖掘对加工过程进行学习，形成支持最优决策的信息和指令，实现对机床及加工过程的监测、预报和控制，满足优质、高效、柔性和自适应加工的要求。"感知、互联、学习、决策、自适应"将成为数控机床智能化的主要功能特征，加工大数据、工业物联、数字孪生、云计算、深度学习等将有力助推未来智能机床技术的发展与进步。

4）绿色化：技术面向未来可持续发展的需求，包括生态友好的设计、轻量化的结构、节能环保的制造、最优化能效管理、清洁切削技术、宜人化人机接口和产品全生命周期绿色化服务等。

机床作为工业母机，为工业革命和现代工业发展提供了制造工具和方法；未来工业发展仍然离不开各种机床的支撑和促进。新的一轮工业革命给数控机床的发展带来新的挑战和机遇，先进制造技术与新一代信息技术及新一代人工智能融合，也给数控机床的技术创新、产品换代和产业升级提供了技术支撑，数控机床将走向高性能、多功能、智能化和绿色化，并拥抱未来的量子计算新技术，为新的工业革命提供更强大、更便利和更有效的制造工具。

📖 知识测试

1. 加工中心有哪几种刀库类型？其在使用时各有何特点？
2. 请说明车床刀库和机械手日常应如何维护。
3. 某加工中心输入换刀指令后刀库不能转动，请分析并排除该故障。
4. 某加工中心换刀时刀套运动不到位，请分析并排除该故障。

模块六　智能制造生产线的故障诊断与维修

知识目标

了解智能制造生产线的概念、基本构成、核心技术及功能。

了解智能制造生产线各模块运行报警分类及报警代码。

掌握智能制造生产线总控系统错误报警的解决方法。

能力目标

具备智能制造生产线故障维护基础认知。

具有正确分析智能制造生产线各模块故障现象及发生原因的能力。

具有 FANUC 智能制造综合生产线的应用维护能力。

素质目标

具有专业维修工作的安全防护、文明生产和环境保护等意识。

具有"产品智能、装备智能、生产智能、管理智能、服务智能"的职业技术素养。

任务一　智能制造生产线制造单元的故障诊断与维修

任务分析

智能制造生产线制造单元开启后，保证气压稳定正常，手动模式可以实现按钮的开和关，继续测试，在 MDI 模式下不能完成开关门的动作，发现机床报警。面板开启后，卡盘动作检测完成后带毛坯料检测，检测到卡盘正反转故障。

知识储备

智能制造生产线基于先进控制技术、工业机器人技术、视觉检测技术、传感技术等，集成了多功能控制系统和检索设备，可以实现产品多样化定制、批量生产。在智能制造生产线上，工人、工件与机器可以进行智能通信和协同作业，同一条生产线能够同时生产多种不同的产品。智能制造生产线主要由智能产品（装备）、智能生产和智能服务三个系统组成。智能制造是未来的方向。工业服务研究中心通过调研认为，目前制造业的经营环境和智能制造标准化应用现状，还不足以大规模复制，但可通过大数据的链接，识别用户需求，分步实施，逐步迭代，最终形成规模化应用。

一、智能制造生产线智能化加工

1. 智能产品

智能产品是指用于智能制造生产线上的自动化设备，是发展智能制造的基础和前提。智能产品具有监测、控制、优化和自主四个方面的功能。智能产品（或装备）主要有以下几种类型。

（1）自动化传送设备　自动化传送设备指的是生产线上按照生产任务要求，自动完成物料从原位置移动、搬运、传送到指定位置的自动化设备，主要包括托盘式、悬挂式、传输带式传送设备以及自动导引车等，如图 6-1 所示。其中，自动导引车是自动化程度比较高的传送设备，是指装备具有电磁或光学等自动导引装置，能够沿规定的导引路径行驶，具有安全保护以及各种移载功能的搬运车，它以可充电的蓄能池作为动力来源，可通过计算机控制其行进路线和行为，或利用贴于地面的电磁轨道来设立其行进路线。无人搬运车通过电磁轨道带来的信息进行移动和动作。

（2）工业机器人　工业机器人是面向工业领域的多关节机械手或多自由度的机器装置，是靠自身动力和控制能力来实现各种功能的一种自动执行工作的机器，如图 6-2 所示。工业机器人按功能划分有焊接工业机器人、搬运工业机器人、装配工业机器人、打磨机器人、码垛机器人和机械加工机器人等。

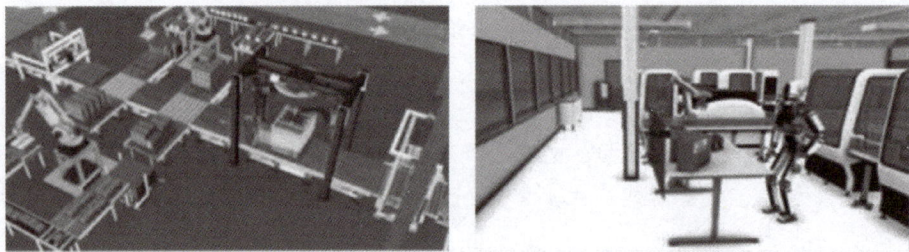

图 6-1　智能制造生产线设备

（3）RFID 设备　RFID（射频识别）是一种通信技术，RFID 设备是可以通过无线电信号识别特定目标并读写相关数据，而无须在识别系统与特定目标之间建立机械或光学接触的设备。RFID 技术广泛应用于智能制造领域、门禁系统和视频安全领域，不仅能迅速阅读获取标签信息，且能穿透雪、雾、冰等恶劣环境实现"非接触识别"。RFID 技术能实现制造企业和销售企业信息互联，准确接收信息，控制需求信息，优化供应链。

（4）CNC 自动化加工设备　CNC 自动化加工设备一般是指装有程序控制系统的自动化数控机床。数控机床根据功能的不同，可分为数控加工中心、数控车床和数控压力机等。

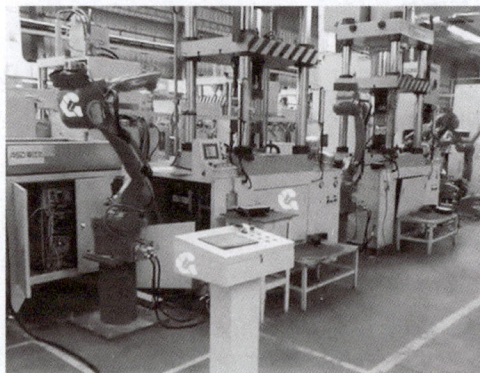

图 6-2　装配工业机器人

（5）各种传感器及电压断路器（自动开关）　传感器是一种检测装置，能感受到被测量的信息，并能将感受到的信息按一定规律转换成为电信号或其他所需的信息形式，以满足信息的传输、处理、存储、显示、记录和控制等要求。

（6）SCADA 监控及采集模块　SCADA 即数据采集与监视控制。SCADA 系统是以计算机为基础的自动化监控系统。数据采集卡、数据采集仪表、数据采集模块均是数据采集工具。其中，数据采集模块由传感器和控制器等组成，它将通信、存储芯片集成到一块电路板上，具有近程或远程收发信息、数据传输等功能。

（7）自动化立体仓储　自动化立体仓库为自动化的原材料及加工成品的存取仓库，是物流仓储中出现的新概念，主要由立体货架、有轨巷道堆垛机、出入库托盘输送机系统、尺寸检测条码阅读系统、通信系统、自动控制系统、计算机监控系统、计算机管理系统以及其他辅助设备组成。它具有仓库高层合理化、存取自动化、操作简便化的特点。

2. 智能生产

智能生产是指智能制造信息化系统，以智能工厂为载体，通过在工厂和企业内部、企业之间以及产品的全生命周期形成以数据互联互通为特征的制造网络，最终实现生产过程的实时管理和优化。智能制造信息化系统主要包括企业经营管理系统、制造执行系统（MES）和自动化系统。

二、智能生产线维修维护服务平台

由于设备零部件种类繁多，使用工况和条件又不尽相同，针对故障的发生很难做到计划性。故障发生后，企业维修时经常出现缺少备件的情况，紧急维修时还经常会发生不具备维修技能的情况，这种"缺医少药"的维修现状是企业设备维修管理的心头大患。智能生产线维修维护服务平台应满足以下条件：

1）减少供应延误，维修需要的备件能快速到达现场。

2）维修资源，包括技术图样、工具和维修人员等，能快速到达现场。

3）掌握维修技能、能够快速处理故障，实现快速接近、快速诊断、快速修理或更换、快速校准和验收，以便于更快速地解决问题。

🔍 任务实施

智能制造生产线加工设备气动门故障处理

一、智能生产线气动门故障检修步骤

生产线加工设备在手动状态下气动门没有实现开或关的动作，应采取以下步骤进行检修：

1）检查设备的气压是否正常：正常应为 0.5~0.6MPa，如果气动门没有动作，说明气压不足，手动轻拉气动门，如果能正常拉开，说明是供气故障。

2）检查气动门气路：查看进气、出气两根气管是否反向。

3）检查气动门信号：通过设备电柜线路和控制程序信号查看开关门是否有误。

4）检查气动门气缸：看气缸伸缩杆功能是否正常。

二、智能生产线气动门故障检查完后操作

为保证液压起动正常，手动和自动检测卡盘的松开和夹紧动作。卡盘动作检测完成后带毛坯料继续检测，判断能否夹紧毛坯，卡盘正反转是否正常。如果存在故障，由于气动门为

气体供压，车床为液体供压，故障排除方法不一样。车床卡盘故障主要检查液压站，然后检查机床到位信号和主轴旋转是否正常。主要从以下几个方面检查。

1. 车床手动卡盘无法完成夹紧和松开动作

1）检查车床液压站是否起动。

2）检查车床卡盘信号和控制端输出信号。

2. 车床在 MDI 模式下卡盘无法完成夹紧和松开动作

在按下循环起动后，检查循环起动灯是否在动作完成后熄灭。如果循环起动灯没有熄灭，且车床卡盘有到位信号，则看动作完成后信号灯有没有亮起；若车床卡盘没有到位信号，则应检查车床卡盘程序。

3. 车床卡盘正反转方向

1）在车床坐标轴参数中可以修改。

2）在车床驱动器参数中可以修改。

4. 车床卡盘夹料未夹紧

1）检查车床自定心卡盘软爪夹持是否偏心，进而调整卡盘的齿数。

2）检查车床卡盘液压。

5. 加工中心手动卡盘无法完成夹紧和松开动作

1）检查机床气路是否正常。

2）检查气动卡盘/虎钳气管是否反向。

3）检查气动卡盘信号。

6. 加工中心在 MDI 模式下无法完成夹紧和松开动作

因为气动卡盘没有到位信号，所以一般是在梯形图中用延时信号控制，如果循环起动灯没有熄灭而出现报警，应检查控制程序中的信号点位和寄存器端子。

7. 加工中心卡盘夹料未夹紧

1）检查加工中心的自定心卡盘软爪夹持是否偏心，进而调整卡盘的齿数。

2）检查加工中心的卡盘气压。

任务拓展

智能制造生产线大数据系统故障诊断应用

物联网、云计算、大数据等基于互联网的新一代信息技术已然成为加工制造业的新机遇。新一代信息技术不再局限信息领域各个分支技术的纵向升级，而是横向渗透融合到制造行业，信息技术已经从产品技术转向服务技术。结合 i5 智能数控系统，利用机械加工行业的经验，以智能桁架机器人、关节机器人、立体库和 AGV 等智能搬运设备为基础的现代智能制造系统集成的开发和实施已经成为必然。现在智能制造生产融合智能加工与监测系统，故障维修模块成为智能制造综合监测维护系统。

1. 二维码介入故障诊断维修方案

部分自动化生产线采用数控机床作为加工设备，机床故障诊断很重要。传统加工过程中，加工机床如果出现故障，则其报警信息直接显示在机床数控面板上，由操作人员根据经验进行相应的处理。故障解决后，相关解决方案难以形成案例库，无法对后续类似情况起指导作用。如图 6-3 所示，某加工机床采用二维码故障诊断功能，扫二维码即可将检测及检修中遇到的问题提交到云端，并获取相应的指导方案。

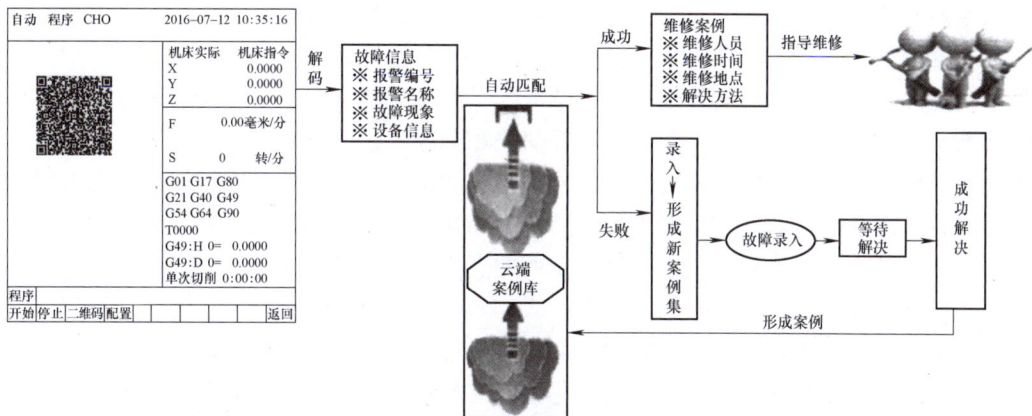

图 6-3　机床二维码故障远程诊断流程

目前，检修人员可根据诊断结果进行针对性维修，提升检修效率，避免对正常运行部件进行无用检修。

2. 大数据分析的生产过程智能运维系统

生产过程中产生的大量数据中蕴含大量的故障信息，从智能制造生产线运行特征大数据中挖掘出故障信息，实现运行故障快速诊断，对提高智能制造安全性，实现稳定运行具有重要意义。基于大数据分析的故障诊断可以在智能制造生产线运行特征数据的基础上，对大数据进行分析，获得与故障有关的诊断规则，从而实现对智能生产线的智能运行维护。

（1）机床健康管理大数据应用　智能制造生产线采用指令域大数据分析方法，针对 X 轴、Y 轴、Z 轴、刀库建立机床健康档案、健康指数，并保存档案。如图 6-4 所示，机床运行中可自动体检，运行体检程序，比对健康档案。对指标有下降趋势的部件进行跟踪预警，提前排查原因，恢复数据。

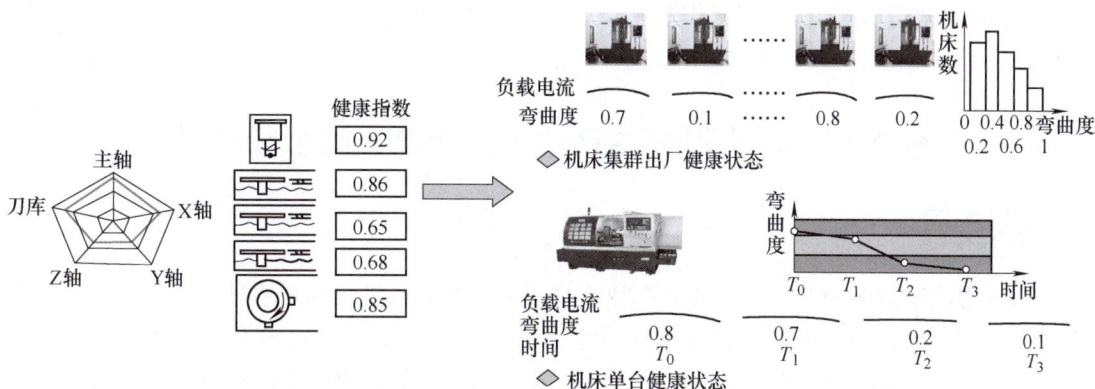

图 6-4　机床健康诊断

（2）断刀检测大数据应用　基于大数据智能制造断刀检测技术，通过切削加工过程

"心电图"进行 7×24h 监测，根据心电图异常情况，对机床断刀情况进行准确判断与及时反馈，降低企业成本，提高零件直通率。刀具断裂检测利用指令域示波器数据，提取刀具断裂时及断裂后的主轴电流数据，与正常数据比较，对刀具断裂进行故障检测。

3. 预测性维修基础

预测性维修立足于发现设备故障隐患及缺陷，属于主动维修。由于需要在停机发生以前实施诊断，在设备运行条件下发现其内外部缺陷和隐患，诊断分析准确度是影响预测性维修实施的关键因素。传统维修过程发现问题的方式是巡检或点检，多是凭经验，借助五感和简单的工具，指定和执行点检表，由于受技能限制和缺乏现代工具辅助，发现缺陷和隐患的能力偏弱，导致其执行效果并不理想。许多企业的点检，尤其是专业点检形同虚设。

设备长期带病运行，直至缺陷和隐患扩大，形成事后维修，造成企业设备不安全运行、维修费用增加、停机导致可用度降低，影响其有效产出。从停机故障机理分析可知，企业要降低维修费用、提高有效产出，必定要强化预测性维修通道建设的数量和质量，提高预测性维修诊断的准确性。预测性维修监控方法步骤如下：

1）引入红外成像、油液分析、振动分析等通用型的相关监测仪器，通过直观数据量化，反映其设备劣化状态，降低经验和感觉带来的不准确性。

2）对于装备复杂、设备密集、集团化的企业，由于点检的点位较多，诊断技能掌握人员较少，建议使用点检系统，将监测数据通过联网分级传递到企业集中控制室或远程传递到外部专家系统，以便开展分级诊断，提高预测性维修诊断的准确性，完成预测性维修。

3）对于预测性维修准确性的提高，工具只是起辅助性的作用，诊断分析的技术人才培养才是核心。从停机时间来分析，在运行条件下的诊断，不仅需要判定设备是否合格，更需要知道具体的缺陷是什么，其结果预测得越准确，涉及预测性的深度维修才能做得越彻底。现代预测性维修手段是指在监测条件下的数据结论，结合设备原理、故障机理，得出隐患和缺陷判定结论。

📖 知识测试

1. 智能制造生产线大数据系统故障诊断应用模式有哪些？
2. 数控车床液压卡盘如何工作？
3. 智能制造生产线维修方案主要有哪些？

任务二　智能制造生产线工业机器人的故障诊断

🔍 任务分析

随着智能制造业的发展，机器人在智能制造生产线中的优势越来越显著。工业机器人大多数都是进口的，国内工业机器人维修技术尚未成熟，出现故障大多依赖国外工业商的维修，售后、返修成本高，周期长。生产线中工业机器人的故障影响生产进度，所以其维修就至关重要。一般情况下，厂家提供定位精度、重复定位精度、尺寸及负载等主要参考指标，用户在指标指导下选择。定位精度是一个重要指标，工业生产环境相对复杂，突变的环境对机器人定位精度提出了更高要求。在智能制造生产线中工业机器人 TCP 的路径不一致，经常变化，并且有时伴有轴承、变速箱或其他位置发出的噪声，导致无法进行生产。

🔍 知识储备

工业机器人就是控制系统发出动作指令，控制驱动器动作，驱动器带动机械系统运动，使末端执行器到达空间某一位置和实现某一姿态，实施一定的作业任务；末端执行器在空间的实际位姿由感知系统反馈给控制系统，控制系统将实际位姿与目标位姿相比较，发出下一个动作指令，完成任务。

智能制造使用的机器人为多轴工业机器人手臂，可以连接自动化立体仓库系统和自动化生产线，能自动输送产品或工件，起到装卸作用。生产线上的机器人手臂能够将零件在各个装配工位精确定位，装配后能输送并完成下一个装配任务。此外，机器人组成工作站，完成焊接、涂胶、装箱、码垛等工作，成为现代制造系统的核心装备之一。典型的多轴工业机器人系统由机器人本体、控制器、示教器组成。

一、示教器故障

示教器工业机器人控制系统中操作较频繁的部件，容易因摔落、重压造成故障，影响正常工作。示教器死机，屏幕显示正常，单击屏幕时没有反应，说明示教器出现故障，对此进行排除。单击屏幕没有任何反应，可能是示教器死机了，也可能是示教器触摸屏硬件损坏。

1. 示教器死机重新起动

1）用示教器的触控笔单击一下重置按钮，示教器重新起动。

2）如果没有重置按钮，则使用控制杆进行操作。

3）将控制杆向右完全倾斜移动三次。

4）将控制杆向左完全倾斜移动一次。

5）将控制杆向下完全倾斜移动一次。

6）随即显示一个对话框，单击 Reset 重置，示教器重启。

2. 示教器触摸屏硬件损坏

1）关闭工业机器人控制柜电源。

2）将备用示教器与故障示教器对换（也可与旁边的示教器对换），确定是控制柜问题还是示教器问题。

3）如果是控制柜问题，则继续根据 LED 状态指示灯状态分析并排除故障。

4）如果示教器故障，则先更换示教器电缆，排除硬件连接问题。

5）如果更换电缆故障排除，说明是电缆故障，反之则是示教器硬件问题，对示教器进行专业设备检测或通过厂家更换。

3. 示教器维修

1）示教器触摸不良或局部不灵，更换触摸面板。

2）示教器无显示，维修或更换内部主板或显示屏。

3）示教器显示不良，竖线、竖带、花屏等，更换显示屏。

4）示教器按键不良或不灵，更换按键面板。

5）示教器有显示、无背光，更换高压板。

6）示教器操纵杆 X、Y、Z 轴不良或不灵，更换操纵杆。

7）急停按钮失效或不灵，更换按钮。

8）数据线不能通信，内部有断线，更换数据线。

二、控制柜故障

控制柜是工业机器人的重要组成部分，当控制柜因发生故障而报警时，如何快速准确地定位故障并给出诊断结果是核心重点问题。一般情况下，可以根据从外到里、从软到硬和从简单到复杂的流程进行故障处理。

1. 软故障诊断

由于工业机器人系统误操作，意外删除系统模块、I/O 设定错乱等引起的报警与停机，称为软故障。软故障诊断可以通过系统故障处理和重启两个环节具体操作。

（1）系统软故障的处理流程

1）认真查看报警信息。

2）根据报警信息提示确定产生故障的原因。

3）修正导致故障的错误。

4）重启系统，确认故障是否已排除。

（2）重启故障处理　对于工业机器人故障处理维修环节，一般不建议修改系统参数，可以采用重启功能尝试排除故障，具体操作过程同前，应先对工业机器人系统进行备份。重启过程中应慎重选择重启方式，避免出现部分数据丢失。

2. 工业机器人周边检查方法

工业机器人可靠性非常高，大部分故障可能是人为操作不当引起的。当生产线工业机器人发生故障时，先不着急拆装检查工业机器人，应该对工业机器人周边的部件、接头做硬件检查。工业机器人上电起动，示教器故障报警，显示与 SMB（服务器信息块）通信中断报警。

1）对故障分析可知，原因有 SMB 电缆有问题、工业机器人本体 SMB 有问题、工业机器人控制柜轴计算机有问题等几个因素。这 3 个因素都可能涉及硬件更换，检查 SMB 电缆、工业机器人内部 SMB 和控制柜轴计算机，重点检查插头和 SMB 上的状态指示灯。

2）周边检查方法。在处理故障时，应从简单到复杂，从工业机器人周边到内部硬件，进行故障查找和分析。

① 检查相关的紧固件是否松动。

② 检查所有电缆的插头是否插好。

③ 检查电缆表面是否有破损。

④ 检查硬件电路模块是否清洁、潮湿。

⑤ 检查各模块保养后是否正确安装。

3）对硬件进行故障诊断与排除可使用"一次只更换一个元件"的操作方法。

这里涉及两个硬件，一个是工业机器人本体里面的 SMB，另外一个是工业机器人控制柜里面的轴计算机。要确认到底是哪个硬件故障，或者两个都有故障，可使用"一次只更换一个元件"的方法对硬件故障进行诊断与排除，具体操作过程见表 6-1。

表 6-1　一次更换一个元件的方法

步　骤	描　述　过　程
1	关闭总电源
2	更换 SMB
3	开启总电源，若故障没排除，继续下面的步骤
4	关闭总电源
5	更换轴计算机
6	打开总电源，排除故障

三、工业机器人伺服报警故障

当工业机器人发生某些故障时，系统会进行伺服报警，提醒操作者进行故障排查。这里以某工业机器人为例进行故障分析。

1. 一般性报警

一般性报警通常是由其他报警导致的，单纯查看一般性报警无法分析报警原因，所以一般性报警基本可以忽略。工业机器人一般性报警代码见表 6-2。

表 6-2　一般性报警代码

报警号	报　警　信　息
65	发生在附加运动元件上的错误
3115	系统进入跟随模式，所有运动中止
3058	驱动器被禁用

2. 跟踪误差报警

跟踪误差报警是指机器人在运动过程中，因控制器发出的指令位置与驱动器反馈的实际位置差别过大而导致的报警。常见的跟踪误差报警见表 6-3。

表 6-3　跟踪误差报警

报警号	报　警　信　息
3017	轴跟踪误差
3016	组位置错误

表 6-3 中，3017 号报警是轴的报警，每一个轴对应一个驱动器；3016 号报警是由机器人 TCP 即末端法兰中心点在笛卡儿坐标系中的实际位置与指令位置误差导致的。3016 号报警与 3017 号报警没有直接关系，即使每个轴都没有 3017 号报警，仍然不能排除 3016 号报警的可能性。只有当每个轴跟踪误差都很小时，才能杜绝 3016 号报警。

控制器的跟踪误差报警与驱动器的跟踪误差报警是两种报警机制，控制器和驱动器上了双保险。所以常常会遇到示教器上报跟踪器误差，而驱动器却没有报警，这通常是正常现象。解决跟踪误差报警的方法是：调节驱动器参数，减少跟踪误差脉冲的个数。

3. 反馈速度超限报警

反馈速度超限报警是指机器人某个轴的运动超出了系统中设置的该轴运动速度的上限。

常见的反馈速度超限报警见表 6-4。

表 6-4　反馈速度超限报警

报警号	报 警 信 息
3082	反馈速度超限
3083	运动中止，速度超限

手动 T1、T2 模式下加载并运行程序，如果此时设置的倍率过大，可能会产生此类报警。其解决方法是，将倍率调小，或者在自动模式下运行该程序。注意：在手动模式下，为了安全起见，对每个轴的最大速度都做了限制，所以手动模式下高倍率运行容易产生此类报警。

如果在自动模式下不定期地产生此类报警，而驱动器却没有报警，则是由控制器 BIOS 设置不对导致的，应根据手册进行修改。

4. 驱动器报警

检查驱动器信息时，示教器上不会显示驱动器的报警信息。19004 号报警是所有报警系统信息中唯一一个驱动器报警，见表 6-5，其他所有报警都是控制器报警。注意，在检查驱动器报警信息之前，请不要单击示教器上的"报警确认"键，该按键会清除驱动器报警信息。

表 6-5　驱动器报警

报警号	报 警 信 息
19004	驱动器错误

5. 总线错误报警

总线错误报警是指总线上所连接的设备（控制器、驱动器、I/O 盒等）出现通信异常导致的报警。通常情况下，该报警是由硬件故障导致的，如设备总线接口松动、接触不良，设备电压不稳，瞬间掉电，短路，或者总线存在干扰源，出现这种报警后需要逐一排查总线上所有连接的设备。

🔍 任务实施

智能制造生产线机器人控制精度故障处理

一、精度误差故障诊断分析

1. 噪声故障现象分析

工业机器人精度误差引起噪声，导致无法生产，可能的原因如下：

1）工业机器人没有正确校准。

2）未正确定义机器人 TCP。

3）平行杆被损坏。

4）电动机和齿轮之间的机械接头损坏，故障电动机发出噪声。

5）轴承损坏。

6）机器人类型不符。

7）工业机器人制动闸未正确松开。

2. 故障处理操作

1）确保正确定义工业机器人工具和工作对象。

2）检查转数计数器的位置。

3）重新校准工业机器人的轴。

4）通过跟踪噪声找到有故障的轴承。

5）通过跟踪噪声找有故障的电动机，分析机器人的 TCP 路径，确定哪个轴有故障，并确定故障电动机。

6）检查平行杆是否正常。

7）确保机器人类型正确。

8）确保工业机器人制动闸可以正确地工作。

二、工业机器人精度维修测试

1. 工业机器人精度测试

工业机器人的精度通常比精密机床低一个数量级，搬运机器人甚至低三个数量级。由于工业机器人的结构本身刚度小，所以工业机器人实际上往往达不到它标定的精度。工业机器人采用开放性的结构，而机床是封闭的，所以用开放性的光学设备进行精度标定更容易。定位精度指的是数控设备停止时实际到达的位置和人们要求它到达的位置的误差。若一个轴要求走 100mm，结果走了 100.02mm，多出来的 0.02mm 就是定位精度；重复定位精度指的是同一个位置重复定位所产生的误差。若要求轴走 100mm，第一次实际走了 100.01mm，重复同样的动作，只走了 99.98mm，两次运动之间的误差 0.03mm 就是重复定位精度。

通常情况下，重复定位精度比定位精度低得多。对于智能制造设备来说，定位精度不仅与系统伺服部件、检测部件、进给等各部分误差有关，还与移动部件导轨的几何误差有关。定位精度直接影响零件加工的精度。重复定位精度受伺服、进给各个因素影响。一般情况下，重复定位精度是呈正态分布的偶然性误差，影响一批零件加工的一致性，是一项特别重要的精度指标。

2. 工业机器人定位精度验证

1）准备好百分表、磁铁架、固定支架。

2）将固定支架固定在工业机器人第六轴，再将百分表固定在固定支架的末端，将加工好的一块钢板水平固定在平台上。此钢板是标准加工件，平直度好。

3）对所测工业机器人编程。

4）工业机器人示教，在钢板的两端找距离较远的两个点，示教直线两端的点时，用百分表端部稍微顶住钢板，使百分表显示一个负值，可以清楚看出运动过程中的变化。

5）先测试上下偏移量，再测试左右偏移量。

6）测试时，工业机器人在两点间运动，每运动一小段距离停止一下，记录百分表的数值，重复 3 次，记录 3 组数据。

7）重复测试 20 次，将数据记录下来。

8）根据计算分析得出工业机器人线性路线重复定位精度。

🔍 **任务拓展**

基于故障树的工业机器人故障诊断

建立故障树之前，先对智能制造生产线中典型工业机器人故障进行分析，发现主要有执行系统故障和控制系统故障两个部分。针对该工业机器人实际故障做故障树分析。

一、故障分析

1. 执行系统故障

该工业机器人执行系统故障主要有电动机故障、减速机故障、连杆结构故障和末端执行机构故障。电动机故障主要有电动机损坏、操作不当导致电动机无法正常运行。减速机故障主要有减速机损坏、减速机异响和抖动等。连杆结构故障主要有螺钉松动、传动轴损坏、传动部件损坏。抓取重物超重、驱动结构故障是造成末端执行机构故障的主要原因。

（1）末端无法到达正常指定位置　出现此问题，优先检查机器人零点丢失问题。将机器人回零，观察零点。手动旋转末端执行机构，发现能转动。考虑将末端执行机构拆卸下来，旋转机器人末端法兰，法兰能够转动。问题点在第六轴电动机、减速机或结构上。经拆卸发现减速机螺钉松动，重新拧紧解决问题。

（2）运行中发现第六轴报警　去掉末端执行机构，空载运行，依旧存在故障报警，连接件紧固，所以问题主要在线缆、驱动结构、电动机上。确认电缆无破损，更换电动机，故障排除。

2. 控制系统故障

（1）硬件系统故障　示教器单元故障、运动控制单元故障和伺服驱动单元故障是造成硬件系统故障的主要原因。

（2）软件系统故障　示教器编程错误、参数设置错误、系统软件与数据问题是软件系统故障三大表征。软件系统故障主要包括示教器单元、运动控制单元和伺服驱动单元的软件故障。

1）示教器单元的软件故障主要是示教器编程错误、机械参数及轴参数设置错误、网络设置错误及示教器系统软件故障。

2）运动控制单元的软件故障主要有控制器系统软件故障、系统软件版本过低、系统数据丢失、内置 PLC 控制程序与实际硬件接口定义不符及 I/O 模块控制软件故障。

3）伺服驱动单元的软件故障主要是控制软件与硬件不符、伺服参数设置错误及伺服软件故障。

二、建立故障树

由上面故障分析，设置工业机器人故障为顶事件，其余为中间事件或底事件，结合所列故障建立工业机器人故障树，如图 6-5 所示。

通过调试及测试，将工业机器人常出现的故障、问题汇总，形成故障诊断记录，建立工业机器人故障树。通过故障树快速进行故障诊断定位，找出工业机器人容易发生的故障，以对相应可能故障点进行预防维护。通过此方法可提高工业机器人故障排除率，提高维修效率。

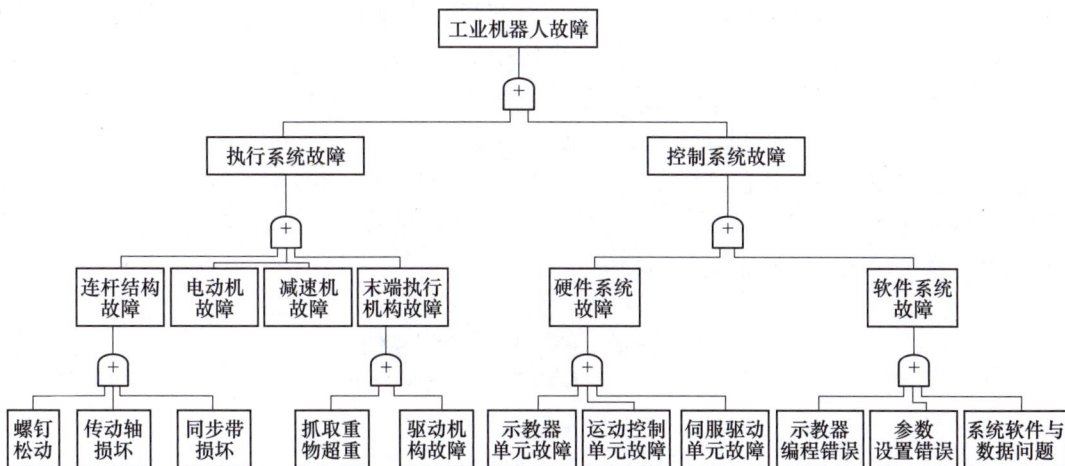

图 6-5　工业机器人故障树

　　故障树诊断方法是有效的、高效的，可以实现快速诊断故障的目的，为今后工业机器人故障维修提供了经验，提高了生产制造系统的工作效率，节约了成本，具有实用意义。

📖 知识测试

　　1. 工业机器人运行过程中出现卡顿、抖动、失步等故障现象时，可能的原因有哪些？

　　2. 电源送电后，示教器黑屏无法显示，产生的原因及检修方法有哪些？

　　3. 工业机器人维护中电池如何更换？

　　4. 工业机器人总线报警类型有哪些？

任务三　智能制造生产线总控系统的故障诊断与维修

🔍 任务分析

　　设备离线会出现各种离线报警，如 DCAgent 软件显示机床在线，而智能制造生产线总控监控系统显示机床离线，或者 DC 机床离线，生产线总控系统显示机床离线。本任务介绍机床离线、机器人离线、PLC 离线、MES 视频监视模块用户登录失败、RFID 连接失败、工件测量设备离线等各种离线故障的排除。

🔍 知识储备

一、智能制造生产线总控系统调试

　　总控系统调试主要指智能制造软件的应用，包括智能制造生产线总控 PLC 调试、智能制造生产线 RFID 系统调试、智能制造机器人调试、智能制造生产线在线检测、总控系统与机床间信号调试等多个环节。总控单元硬件构成有总控 IPC（控制中心、工业计算机）、UPS 开关电源、总线 I/O 单元。

　　总控 PLC 控制系统的核心是 IPC 单元。整个智能制造生产线单元中，总控 IPC 承担数

控加工机床、智能仓库、工业机器人之间的信号交互，处理总控软件和 RFID 读写器之间的信息交互，如图 6-6 所示，处理总控软件发出的指令与机器人之间交互信息。在运行期间，总控 IPC 作为信息处理中心，在机器人、加工设备、立体仓库之间搭建信息桥梁，满足控制需要。总控 IPC 单元和上位机、机床通过协议连接，上位机通过软件将机床和加工信息、PLC 信息和 IPC 单元中的信息进行交互。IPC 的 PLC 通过 I/O 信号实现机床气动门、卡盘、机床与机器人的起动控制。总控单元、机器人、RFID 连接成功后，完成相应设置才能进行信息交互，每个模块设置地址作为 PLC 编程地址。

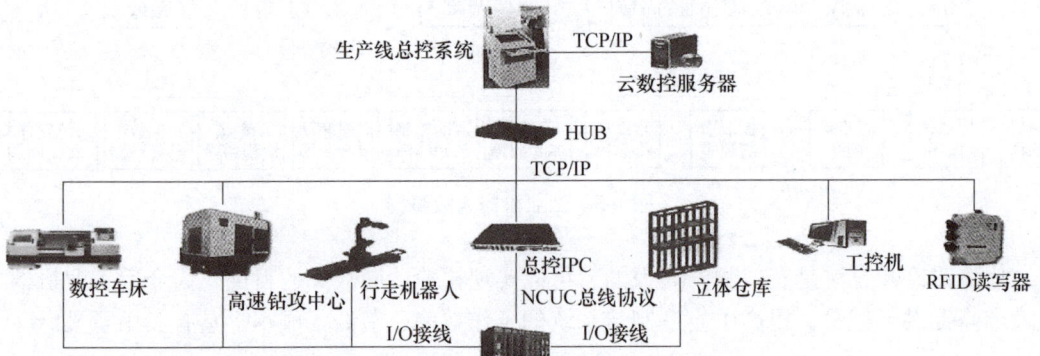

图 6-6　智能制造生产线总线控制结构

二、智能制造生产线设备监测

智能制造生产线监测是设备正常运行的必要保障。智能制造生产线监测运行核心分别有加工机床监测、工业机器人监测、数字料仓运行监测三个部分。

加工机床监测主要显示机床连接状态、IP、端口、系统版本及机床系统的相关参数信息。机床监测信息除系统信息外还有运行信息，运行信息主要反映实时加工信息、加工程序及机床控制面板信息。监测报警信息是保障设备正常运行的核心，报警信息包含报警产生时间先后的序号，每个报警项对应固定报警编号，同时报警信息显示报警的具体内容。

工业机器人监测显示机器人轴位置信息、状态信息、工作模式以及是否在 home 点。报警显示可对机器人工作状态提供运行依据。

数字料仓运行监测主要针对料仓信息进行显示，实时监视、跟踪并且记录 30 多个仓位的物料信息。完成物料信息场次、材质信息设置后，总控计算机显示加工程序，若没有显示加工程序名称，则表示当前物料无加工程序，下发上料操作会提示"没有匹配加工程序，订单下发失败"。

料仓盘点主要有 HMI 写入 RFID，完成机器人与 PLC 协同查询 30 个 RFID，并将信息同步到 MES，实现 MES、HMI、RFID 信息完全一致。接下来完成料架盘点，将 MES 仓位同步 PLC 并写入 RFID 芯片，达到三者信息一致。同时完成料位初始化，控制料仓五色灯开启和关闭。数字料仓智能控制能进行摄像监测、摄像头参数配置及显示界面，实现时间回调功能。

监测显示机床存在的报警，红色表示当前机床离线或存在故障，绿色表示当前机床在线并无故障报警。

三、智能制造生产线总控软件错误

智能制造生产线总控计算机需要安装相应的软件，以实现硬件参数设置并完成主控软件之间的通信。安装软件有 Serverwindow、DCagent、Redis、Redis-desktop-manager、HNC-iscope、HNC-SSTT、HNC-SCADA（智能生产线总控软件）。

1. 生产线总控界面报错，找不到站点或者站点不可访问

1）确认生产线总控服务器是否开启电源。

2）确认智能生产线总控服务已开启。

3）确认智能生产线总控网站已开启。

2. 网页打开后不能正常登录

1）检查登录名和密码是否有错误。

2）检查数据库的连接是否正确。

3. 单击起动按钮后，生产线不起动

1）确认 PLC 是否连接。

2）确认在单击 MES 起动按钮后是否接着开启了总控柜柜体上的起动按钮。

4. 单击停止按钮后，生产线不停止

1）确认 PLC 是否连接。

2）确认在单击 MES 停止按钮后是否接着开启了总控柜柜体上的停止按钮。

四、智能制造生产线系统报错处理

1. 录像机不显示摄像头画面

1）连接硬件。

2）在计算机上安装 SADPTool3.0.0.14 软件。

3）软件自动搜索连接的设备，搜索到设备后记录摄像头的 IP 地址。

4）配置录像机的网络。

选择"不起动自动获取 IPv4 地址"，将 IPv4 配置为"192.168.8.30"。在最下面设置内部网卡 IPv4 的地址与摄像头在同一个网段，如摄像头的 IP 为"192.168.254.3"，那么将内部网卡的 IPv4 地址配成"192.168.254.100"。

5）配置 IP 通道。重新编辑 IP 通道，修改其添加方式为"手动"，输入 SADP 搜索到的 IP 地址，确定并退出。

6）打开智能侦测功能，选择对应的通道并关闭所有侦测功能。

7）关闭录像机，等待几分钟后重启录像机，即可播放摄像头视频。

8）录像机管理员的名称为"admin"，管理员密码统一设置为"hnc1234567"。务必统一密码，且不要改动密码。

2. RFID 初始化失败

1）检查读写器的高度是否合适。

2）检查读写器的距离是否合适。

3）检查是否放置带标签的料盘。

4）重新启动总控软件。

3. 工件测量数据读取错误

1）检查测量模板的设置是否正确。

2）检查测量设备是否正常连接。

3）检查是否存在网络阻塞或者严重的网络延迟现象。

4. 机床不起动加工

1）检查机床是否在线，以及机床是否为"自动"模式。

2）检查加工程序是否正常加载。

3）检查 PLC 是否给予机床起动信号。

5. 机床起动后突然卡顿或者报错

1）确认机床是否报错。

2）确认 M 代码是否正确执行。

3）解除错误后开启机床为"自动"模式。

🔍 任务实施

智能制造生产线控制模块故障诊断与排除

根据故障对生产线控制系统做如下调整，并针对智能制造生产线各个控制模块按照如下步骤完成故障初步排除。

1. 当机床在线总线离线时，根据离线控制做以下几步调整

1）确认生产线总控系统中机床和网络设置页面中机床的 IP 参数是否与机床一致。

2）确认 DCAgent 中设置的 DB 编号是否正确，DB 编号不能一样，DB 编号不能为 0，Redis 数据库中所有数据 DB 块的 SN 号和 IP 号需要与 DCAgent 一致，不能出现重复的 SN 号和 IP 号。在设置 DCAgent 并保存后，必须刷新 Redis 数据库。

3）对于有数据库数据错误引起的离线，关闭所有软件，刷新数据库，再打开软件即可。

4）对于由机床系统错误引起的离线，需要重启机床。

2. DC 机床离线，智能制造生产线总控系统显示机床离线的解决方案

1）确认 WindowsServer 和 DCAgent 软件参数是否正确配置。

2）采用总控计算机，根据机床 IP，确认网络链路是否连通，排除网线、交换机等硬件问题。

3. 机器人离线故障排除

1）检查机器人设备网络地址是否设置正确，网络物理链路是否正常。

2）检查生产线总控系统机器人通信参数和接口参数是否配置正确。

4. PLC 离线故障排查

1）单击生产线总控系统界面上的 PLC 重连按钮。

2）检查网线和交换机连接是否正确，保证物理链路接通。

3）检查智能生产线系统中 PLC 设备配置界面的 PLC 地址配置是否与实际一致。

4）确认 PLC 是否加载了正确的程序，PLC 是否在运行。

5. MES 视频监视模块用户登录失败

1）采用总控计算机，根据录像机，查看网络是否连通。

2）确认录像机的 IP 设置正确。

6. RFID 连接失败

1）检查总控软件 RFID 的通信参数是否正确。

2）检查 RFID 连接线缆是否有问题。

3）检查读写器是否工作正常。

7. 工件测量设备离线

1）检查工件测量设备是否已开启，测量设备是否报错。

2）检查智能生产线总控系统服务器和工件检测网络是否连通。

3）检查智能生产线总控系统工件测量设备的参数是否设置正确，智能生产线系统是否显示测量设备处于在线状态。

任务拓展

智能制造控制系统应用

智能制造控制系统包括三个部分：数字化立体料仓、机器人及加工中心。其构成及控制流程如图 6-7 所示。系统操作流程中第一步是对各部分状态进行检测，确保正常通信；第二步是检测数字化立体料仓中的生料，搬运机器人搬运生料至加工中心；第三步是加工中心完成任务后，机器人搬运成品至数字料仓。下面对各个控制单元系统进行具体分析。

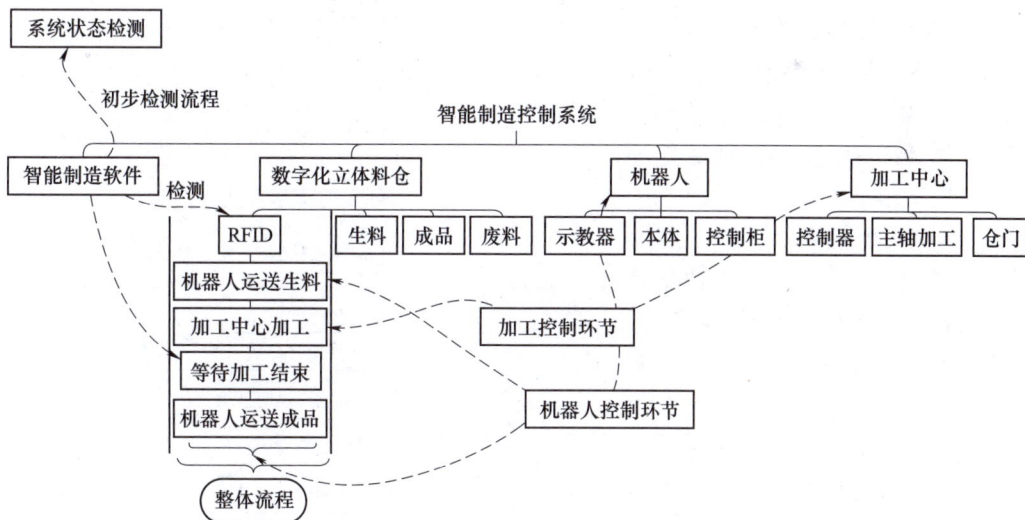

图 6-7　智能制造控制系统

1. 料仓数字化 RFID 存取

与传统料仓相比，数字料仓安全可靠、立体高效存储、快捷电子化管理，存储区域按料仓功能划分为生料区、成品区、废料区。原材料通过数字化立体料仓的垂直升降机械和传送带送到工业机器人机械手触及范围内；机械手抓取原材料，放置到生产线合适位置；生产线加工中心将生料加工为成品，并且贴上产品 RFID 标签，经 RFID 芯片识别系统识别，将产品相关加工信息记录到产品生产数据库；工业机器人将成品从生产线提取出来，经传送带和垂直升降机械，存储在数字化料仓；若出现废品，经系统识别后被工业机器人放置在废料区。

2. 工业机器人系统

工业机器人主要是面向工业领域的多关节机械手或多自由度的机械装置。工业上常用机器人有智能引导车移动机器人和多轴工业机器人手臂。多轴工业机器人手臂应用在智能制造系统，连接立体料仓和生产线，自动运输产品和装卸料。工业机器人手臂形成工作站，完成焊接、涂胶、装箱、码垛等系列工作，是现代智能制造系统核心装备。

3. 数控加工中心

数控加工中心主要由伺服电动机和检测反馈装置的伺服系统、数控装置、主传动系统、强电控制柜、机床本体和各类辅助装置组成。数控加工中心负责生产线工件加工，将生料变成成品。数控技术和数控机床系统是数控加工中心的核心。为适应现代加工系统的需求，智能制造系统控制若干数控机床和一台或多台工业机器人协同工作，实现柔性制造应用。

4. 智能制造控制系统维修核心技术

总控系统采用最新数据采集技术、智能诊断技术、工业互联网技术、大数据分析支撑设备实现智能监测与运维，核心技术有如下几点：

1）应用了 RFID、无线自动数据传输、工业无线传感器等先进数据采集传输技术，解决了工业现场恶劣环境布线、信息传输困难等问题。

2）采用全新在线监测装置技术，解决机电设备类别状态、精度及工艺过程数据采集问题，为后续业务处理方案提供决策依据。

3）应用机理模型、诊断模型等技术，开展数据智能分析、大数据分析，使设备状态数据自动形成状态结果，能有效预测设备状态，建立预测维修模式。

4）应用全生命周期分析技术，保障工业生产线智能制造关键设备全生命周期分析。某智能制造生产线全生命周期运维控制系统如图 6-8 所示。

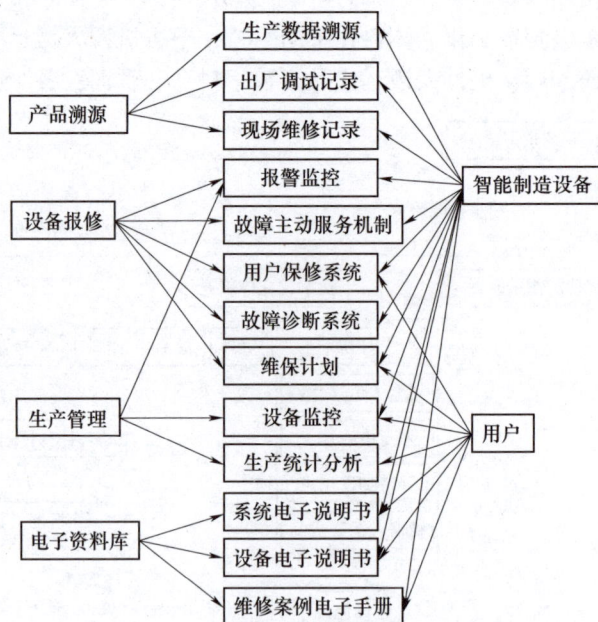

图 6-8 某智能制造生产线运维控制系统

5）应用云平台进行数据存储及分析，将多个业务系统进行整合，打破信息壁垒，实现制造生产线闭环控制，提高效率。

📖 知识测试

1. 智能制造生产线控制 PLC 离线故障检测与排除方法有哪些？
2. 机床离线故障检测与排除方法有哪些？

3. 如何开展智能工业检测监控工作？

4. 智能工业检测监控技术的发展方向是什么？

任务四　FANUC 智能制造综合生产线维护

🔍 任务分析

FANUC 智能制造综合生产线融合了自动化控制技术、物流管理技术、识别与传感技术、人机交互技术、智能生产及管理技术、PLC 控制技术、智能装配技术、智能检测等先进技术。FANUC 智能制造综合生产线系统集教、学、生产于一体，实现了智能制造技术的综合应用，而且通过典型零件的生产线加工、典型产业零配件加工生产线工艺流程，体现工业生产流程，实现集成控制，提供以太网及串口通信，模块化设计，支持多个模块扩展。智能制造生产线的运行应用了先进的维修与维护技术。

FANUC 智能制造综合生产线系统如图 6-9 所示，可提供 10 个典型故障诊断排除教学案例，如：物料已到生产单元，上下料接驳料架无法接驳物料；上下料接驳料架已有物料，但是机器人未收到生产信号；机床准备完成，机器人未开始上下料；机床夹具夹紧故障；外围电路元器件故障；端子接线接触不良；PLC 电源连接故障；PLC 输入输出故障；CPU 模块故障；程序下载故障。本任务通过智能制造生产线系统故障的典型设置与处理，熟悉智能制造生产线的运行监测与维护应用。

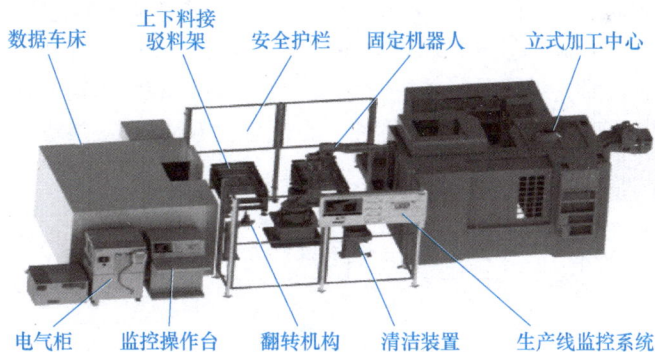

图 6-9　FANUC 智能制造综合生产线系统

🔍 知识储备

一、FANUC 智能制造生产线基础

1. 智能制造综合生产线功能实现

智能制造综合生产线功能系统如图 6-10 所示，包括：物料的料仓管理、AGV 智能物流运输、立体料仓、机器人上下料、数控车床加工、四轴联动加工功能。生产过程均能通过 MES 系统进行集中控制和管理，能用数字化仿真软件平台进行生产线仿真。生产线实现了混流加工（包括零件自动检测），并通过配置在机床上的夹具和刀具实现其他通用机械零件的加工。通过生产线配套的软件，生产线 MES 接收到下单信息后可进行自动生产，加工信

息能实时反馈到监控平台上，加工结束检测合格后可进行定制化打标（通过装配生产线上的激光打标机完成）。生产线中包括 53 个数据采集模块，便于对整个生产线进行监控和检修。两台工业机器人完成上下料工作，要求其中一台通过天轨实现两台机床上下料，另一台工业机器人完成另外两台机床的上下料，实现方式不限。AGV 小车实现原料和成品的输送，配合对接单元及工业机器人完成入库和出库工作。

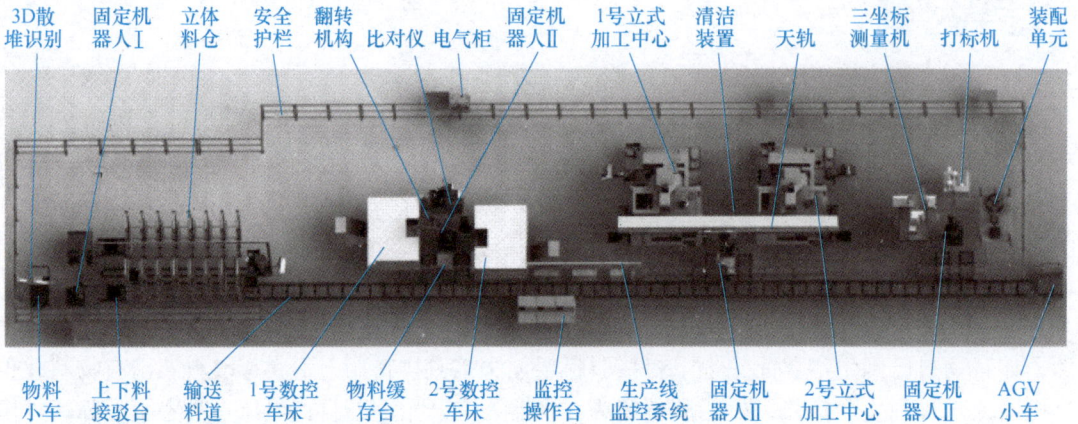

图 6-10　智能制造综合生产线功能系统

2. FANUC 智能制造微型军工产品装配生产线

智能制造微型军工产品装配线如图 6-11 所示，可完成以下形式的操作：零件传输、定位及其连接；用压装或由紧固螺钉、螺母使零件相互固定；装配尺寸保证零件连接或固定的质量；输送组装完毕的部件或产品，并进行包装，生产线组装的火箭总成由助推器、一级主体、二级主体、插接件组成，一共 14 个零件，在装配工位上完成自动化组装。装配主要流程如下：

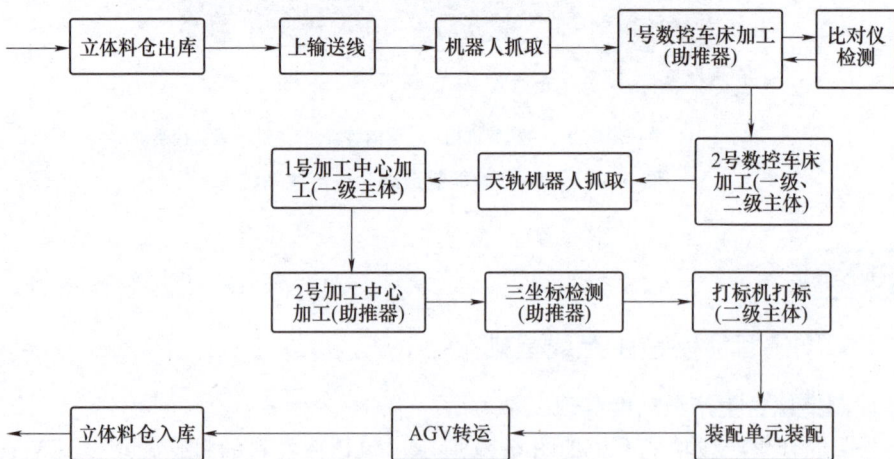

图 6-11　智能制造微型军工产品装配线

1）M20iA 机器人：从周转箱内，抓取一级主体放置在装配单元的装配工位上，抓取 1 个二级主体工件放置在打标机单元进行打标，然后再抓取 1 个助推器放置在三坐标工作台进行检测。

2）M20iA 机器人：抓取 1 个助推器放置到装配单元的装配工位上，然后将剩余 2 个助推器放置在装配单元的助推器缓存台上。

3）M20iA 机器人：拿取 1 件插接杆，然后将插接杆安装在一级主体一侧的 1 个安装孔内。

4）LR Mate200iD 装配机器人：拿取 1 件插接杆，将插接杆安装在助推器一侧的 1 个安装孔内。

5）LR Mate200iD 装配机器人：抓取助推器的组装体，将助推器组装体安装在一级主体有插接杆侧。

6）重复步骤 3）~5）的动作，将一级主体上另外相邻 3 侧的助推器进行安装，由夹紧装置进行相应的角度转动以调整方向。

7）M20iA 机器人：抓取打标机打标完成的二级主体，将二级主体与一级主体进行对接安装。

8）M20iA 机器人：抓取一级主体下侧，将装配后的火箭放置在周转箱内。

二、智能制造生产线信息化生产系统

1. 信息化系统

信息化系统的技术架构如图 6-12 所示，有计划层 SAP 系统，执行层 MES 系统，监控层 SCADA，设备层及控制层 CNC，机器人四个部分。SAP Business One（SAR B1）配有易于使用的软件界面，是全面的、多功能的业务管理解决方案，可以将其用作主要的企业资源规划（ERP）应用程序。MES 系统主要用于监测与控制设备的信息，能够实现生产计划排产、工单下达、加工程序管理和上传、智能检测、生产数据管理、报表管理，及与立体仓库的数据交互，能实现数据从订单下达到产品完成的整个生产过程管理。

智能制造生产线的 MES 系统与 SAP B1 的双向集成方案，可建立两个系统生产环节的流程管理闭环，考虑正常的顺向流程和异常的反向流程处理，模拟企业的实际生产环境，集成业务将覆盖 MES 与 SAP 并执行 6 个业务。

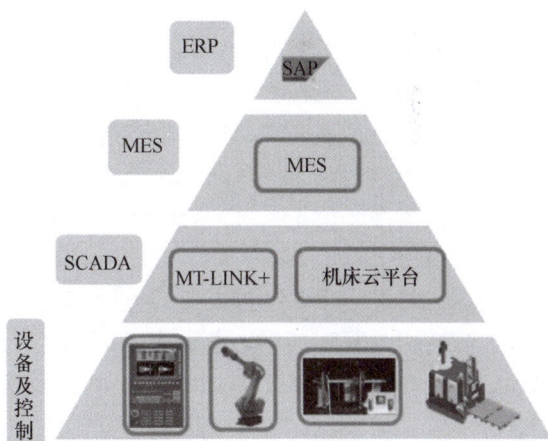

图 6-12　信息化生产系统

2. 监控平台

监控平台通过组态画面展示平台实现对整个智能生产单元的实时监控，主要负责生产单元的数据处理、控制计算，分析决策和信息交换，实现对制造过程中的原材料、车间设备、工艺状态、生产进度和质量等生产信息的实时管理，利用可视化技术将生产信息转化为图表、图像和表格等形式展示，便于管理者有效分析、控制和管理。

监控平台具备：可视化功能，生产线由整体布局到单元循环滚动模拟输出，实现生产线布局的动态展示，展示信息包含 AGV 小车轨迹、机器人轨迹、立体仓库出入库等；设备监控可查看显示机床当前的工作状态，包含运行、故障、待机、停机；报警详细信息包含设备编号、报警号、报警信息；设备直观数据包括总产量、当日产量、计划产量（手动输入）、完成度、在线设备、当前报警；设备详情可滚动显示设备的详细信息，包含设备编号、机床状态、加工时间、当前产量，同时能直观反映出设备所处车间地图位置；生产量可查看生产线上订单数量、加工进度信息，实时统计产量；人员访问统计可查看今日访问人数，MES、SAP 机床使用人数，以及运营时长、总人数等。

🔍 任务实施

FANUC 智能制造综合生产线故障诊断与维修

FANUC 智能制造生产线系统通过现场监控可追踪现场生产信息，实时下达生产指令；传递生产和运送指令，实现与系统管理的无缝对接；实现实时及历史数据的查询与管理监控，并通过远程诊断进行数据的维护诊断，通过现场智能信息化显示大屏实时监控生产过程数据及进行相关异常信息的显示，使得系统具备可视化及可追溯性。通过信息化系统的设计和布置，可以体现现代智能工厂的信息化应用。采用信息化的控制和操作，应用先进的智能信息化，通过信息化系统的数据采集、应用、通信实现智能制造设备数字化应用。

1. 故障维修管理

MES 制造执行系统用于监测与控制设备的信息，实现生产计划排产、工单下达、加工程序管理和上传、智能检测、生产数据管理、报表管理，可与立体仓库进行数据交互，以及数据从订单下达到产品完成的整个生产过程管理。工业人机界面（HMI）触摸屏作为人机交互接口，配备电气控制元件短路保险等安全机制，能与 MES 系统对接，保证 MES 系统获取主控系统相关参数，用于系统运行参数的集中监控。

2. 设备维护

设备基础维护：主要维护设备的类别、特征、标识、属性等。刀具台账的维护：基于刀具编码，实现刀具管理（增、删、改）。刀具使用预测管理：管理备用刀具或加工程序和加工数量，用于预测今后需要追加的刀具和到达刀具寿命的刀具，刀具寿命到达时发出报警信息。

3. 运行故障维修

故障代码维护，包括故障单查询、维护及故障保修单填报。实现对设备的各项指标考核，需要详细采集设备日常运行记录和故障维修信息、操作履历，将这些数据纳入数据库管理，统计故障频次，分析故障及核算维修费用，是性能分析的数据来源。

1）运行管理负责设备日常运行记录的管理，即计划运行时间、停机时间、实际运行时间、实际停机时间等，具体功能包括运行台时填写、运行台时修改/报废和运行台时查询。

2）设备异常管理：设备异常自动记录，触发处理流程，自动生成维修工单。

3）设备停机实时记录：根据设定条件，自动记录停机或运行时间，并且维护停机原因，做停机时间和停机原因分析，停机记录自动生成并推送维修工单。

4）故障维修管理并记录发生故障设备的数据，如设备编号、设备名称、故障发生时间、维修时间、故障描述、更换备件及维修人员等详细故障信息，调配相应备件进行维修。

5）通过智能终端接收工单，提交现场缺陷工单，现场拍摄图片、视频可直接关联工单。

6）通过智能终端，维修班组可进行即时通信，支持员工分组、历史记录、已阅回执等。

7）维修知识库管理：考虑到维修知识的继承性和积累性，将成功的维修案例记录到系统中，建立具有智能检索功能的维修知识库。当数控系统发生报警时，能在系统中根据报警情况同时显示对应系统诊断号及参数状态，关联显示对应报警检查及处理方案。

4. 设备事故记录

1）事故数据采集：MES 自动采集可识别的事故原始数据。

2）事故记录填报：根据原始数据，完善事故记录。

3）事故报警：当事故发生时，自动报警，并将信息推送给指定用户。

4）事故单查询：支持按设备、事故原因、发生时间等条件查询事故单。

5. 云平台

工业数据采集后利用网络上传云平台，用户通过访问云平台实现设备远程监控和管理。图 6-13 所示为 FANUC 智能制造综合生产线云平台运维控制系统，数据采集硬件（DTU）连接机床后，通过机床云平台开通账号，即可通过 PC、移动端浏览接入设备状态，实时掌握生产动态，提升设备管理水平以及实现故障快速处理。机床云平台主要功能包含设备状态查看、报警记录分析、状态记录统计分析、程序计数分析、设备计数分析、设备过程参数、设备利用率、设备效率趋势、状态用时记录分析、机床定位等。

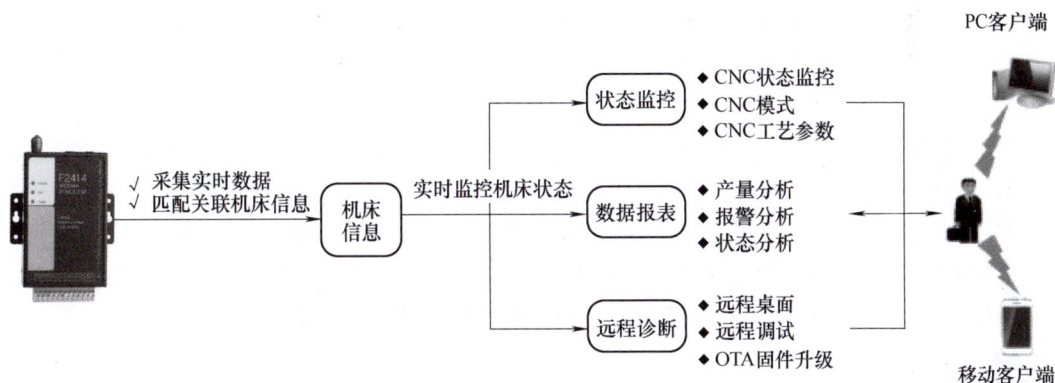

图 6-13　智能制造云平台运维控制系统

按照机床所在区域，实时了解各机床的状态。监控状态具体分为：①运行：加工状态下；②空闲：具备加工条件但未加工（MEM/DNC 模式，但未运行）；③设定：设备处于设定模式，如 EDIT 或其他输入模式；④停机：开机情况下不具备加工条件（设备报警）；⑤离线：关机状态。用不同颜色标识不同状态，例如：运行——绿色，空闲——黄色，设定——蓝色，停机——红色，离线——灰色。

机床状态记录、统计分析功能：通过时间段、日期范围查询设备组（单台设备）状态记录，其中包含运行、空闲、报警、离线等状态，以图表的形式直观显示出来。

6. 智能现场监控系统

生产线监控系统能实时对加工中心机床的工件加工情况、机床状态、动作和数据进行监控、统计等。对现场设备状态的实时监控，可进行现场布局整体显示，显示各个机床的运行状态，并显示机床和机器人的动画状态；同步显示 CNC 界面；远程高清动态摄像头能够实时显示工件的加工过程；显示屏显示工件加工情况、机床状态等。

系统接收卡的硬件设计和软件设计充分考虑用户要求、系统运行和维护时的场景，运行更稳定、维护更高效；根据采集的数据，对所有的设备进行监控，具备车间纵览功能。

1）快速识别机器的异常状态。

2）单击机器即可获得其详细信息。

3）根据异常状态迅速采取相应对策，缩短停机时间。

4）信号监控最多能实时监控三个信号，例如进给速率、主轴/伺服负载和温度、倍率等。

5）报警监控实时监控机器上发生的报警信息，快速识别报警原因。

6）查看运转效果：提供显示机器运转状态（例如运转、报警或停止）的图表；数据输出至 CSV 文件；检查机器利用率，检测闲置产能。

7）显示过去发生的报警的有关信息；数据输出至 CSV 文件；查看识别常见报警，分析报警原因及排除报警的记录。

7. 提供远程维护服务

该系统有故障诊断、设备维护以及软件升级优化等功能。PMC 远程诊断利用本地计算机对 CNC/PMC 进行内部运行状态确认，对 CNC 内部的程序进行下载、上传、编辑、修改。在远端的 PC 上进入 CNC Screen Display Function 界面，显示整个信息界面，观察运行状态、报警信息等。远程数据改写功能支持更正 PMC 程序、NC 程序、NC 参数等程序上传及远程操作。

PMC 远程诊断功能是一项利用互联网（或局域网）对 CNC/PMC 进行远距离故障诊断的技术。远程屏幕显示（CNC Screen Display）在机床 NC 终端上发送诊断请求并建立连接后，可以直接在远端的 PC 上打开 Diagnosis Client，选择 CNC Diagnosis 按钮，进入 CNC Screen Display Function 界面。在这个界面下，可以在远端的 PC 上看到机床 NC 的整个信息界面，从而能够观察运行状态、报警信息并可以完成远程数据改写等。

🔍 任务拓展

智能制造生产线企业远程监控运维应用系统

由于以智能制造为核心制造强国战略的快速推进，智能化已成为必然趋势，以万物互联、可感知、可诊断、可预测、可精准恢复、可自适应调整等为特征的设备远程运维应运而生，并成为生产设备智能制造转型升级的基础。

一、制造生产线维修应用实施典型案例

远程监控运维应用系统，根据运维各类信息的分析，生成动态自适应特定检修模型，能够自动匹配检索历史相近的运维项目，根据工单智能匹配人力模型，根据工单智能匹配相近

工具配置信息，实现工单管理与人事管理互联互融，根据信息智能推荐检修人员，区域资源实时联动，提升服务效率。在一定时间段内，编排年修生产模型报表，并智能匹配资源缺口预报警，向检修部门推送最优检修生产组织模式。

1. 智能制造加工生产线系统远程维护应用案例

某机床智能加工工厂的系统集成框架如图 6-14 所示。i5 智能数控系统将工业化和信息化结合，通过互联网把生产商、供应商和客户的数据紧紧联系在一起，构成智能制造的生态系统。通过大数据对生产线每一台终端机床进行实时监控，并可对机床进行全面诊断，实现可视化处理。使用者可以在诊断系统主界面清楚地看到故障的具体位置，根据故障区域选择对应的子菜单进行操作，进行针对性故障处理。

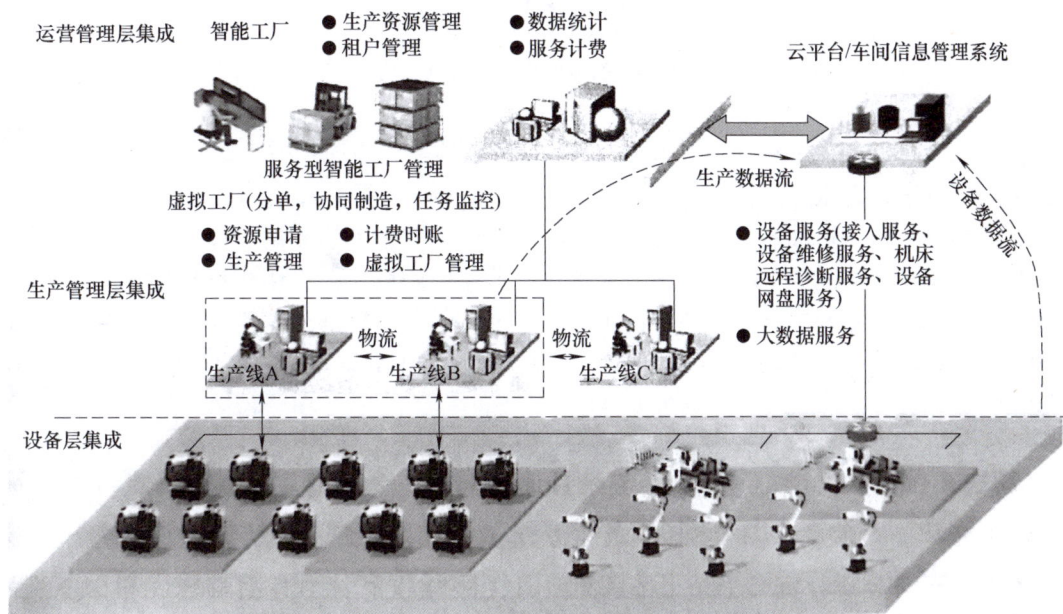

图 6-14　某机床智能加工工厂系统集成框架

通过这种 i5 智能制造模式，装备联网、远程控制，提供设备维护与保养服务，缩短设备停机时间，保障产品质量。这种以智能单元出发，逐步强化智能生产线、智能车间的智能加工运行模式，提升了加工的故障维护效率。

设备远程运维在智能制造中的实践，降低了点检人员的劳动强度。图 6-15 所示为远程维修应用实施过程。在设备远程运维中，数据采集任务由在线信号采集系统承担，点检人员仅需进行应急处置，降低了强度，提高了效率。当智能制造设备发生故障时，采集数据超过报警值后系统会自动报警，可以根据程序设定实现自动停机，减少故障损失。

同时系统记录故障发生前后的技术数据可以用于故障诊断，确定故障点，推断故障发生原因。设备状态预测和提前预知基于大数据分析，传统运维模式无法积累分析大量数据，不可能实现高级别功能。而远程智能运维平台通过建立分析模型、预警模型，分析数据，可实现设备状态预测和预知维修。

2. 热轧生产线设备在线监测诊断系统应用案例

围绕热轧生产线在线诊断系统的应用，建立从模型预判、专业诊断、综合诊断等多层次

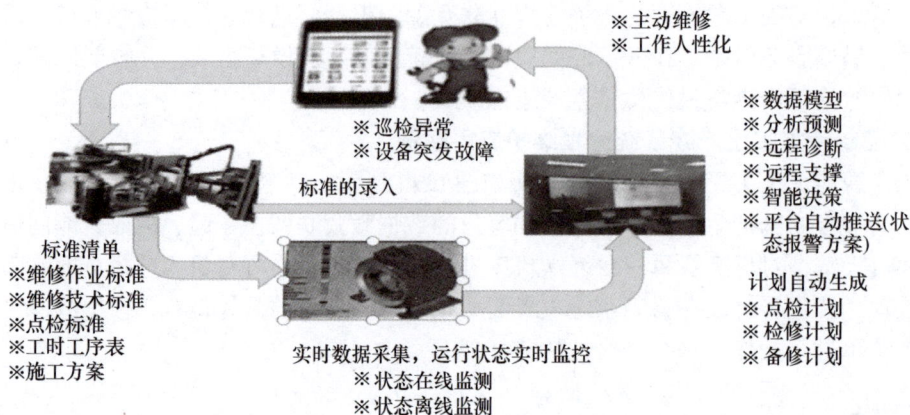

图 6-15 智能制造远程维修应用

状态决策的工作方式，完成设备状态管控相关展示、监控，为现场用户提供直接的状态判断结论和处理方案，并跟踪执行。

系统中旋转机械振动监测、转轴转矩监测、高压开关柜无线测温、液压系统状态监测、电气传动系统状态监测五个模块，归并辊道电机电流监测模块。采用分析软件，包括预警、诊断、分析工具、配置工具，实现设备状态、工艺、生产、质量、备件等大数据综合分析，形成从单台设备到生产线群设备状态综合监测诊断，实现智能决策，智能运行维护、维修模式。

3. 智能生产线国防军工产品制造应用与系统维护案例

"中国制造 2025""德国工业 4.0""美国先进制造合作伙伴计划"将智能制造技术作为带动产业发展，实现制造业变革的核心发展方向。作为国家安全保障和国家经济发展的支柱性产业并作为中国制造最高水平及代表，中国国防工业企业发展智能制造具有重要意义及引领作用。某弹药总装产业实现了从传统手工模式向智能制造模式的转变，实现了自动化生产线与信息化集成，自动化达到 80%，质量在线检测达到 100%，危险工位实现无人化，生产率提高 2 倍。

对过程监控及综合控制层完成过程监控软件平台及综合控制平台应用，实现对数据采集及纵向信息集成，对生产现场进行实时状态的监视，通过在线分析诊断技术，提供质量缺陷、设备故障、工艺参数修正等方面的预警和控制。生产线控制及维护系统如图 6-16 所示。

弹药智能总装生产线集产品装配、在线检测、多机协调控制及智能化管控维护于一体，实现全总装智能生产。它具有产品配套管理、生产信息管理、不合格信息记录、性能参数记录分析、产品运行自动维护的数字化生产管理功能，可实现智能生产过程监控实时显示及维护自动化。智能制造生产线的数字化多层模块化体系包含现场智能装备与物流装备的工序控制层、过程监控及综合控制层、制造执行系统管控层。现场装备层由专用智能工艺装备、智能检测设备、物流传输线等专用设备组成，各装备通过现场网络连接，实现工序级内部控制及信息的采集和双向传输。

该系统基于多机网络协调的弹药高可靠性安全控制技术体系模型，实现了复杂弹药生产线数据实时采集及制造过程安全协调控制。弹药等危险品生产行业对多机网络可靠性、协调

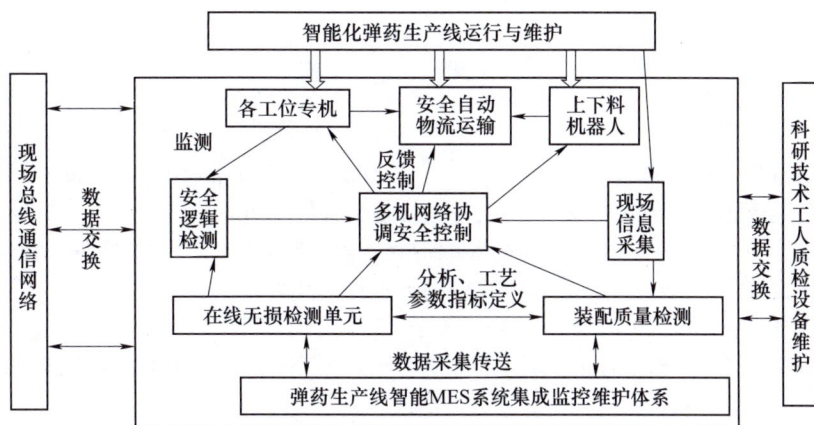

图 6-16　生产线控制及维护系统

性及安全策略方法有很高的要求。

二、智能制造运维系统提升工业监控系统及故障维修水平

1. 改变传统的设备状态人工点检模式

通过部署大量采集系统对关键状态量信息进行采集，在恶劣环境中丰富数据的来源，并提升数据的实用性和频度，为大数据分析做基础铺垫。

2. 降低点检人员的劳动强度

设备总控系统远程运维的数据采集任务由在线信号采集系统承担，点检人员仅需进行应急处置，降低了劳动强度，保证了人身安全。

3. 提高设备状态的总控系统把控能力

通过提高设备检测的时效性、准确性，实现自动报警保护，记录故障发生前后的技术数据，进行故障诊断，确定故障点，推断故障发生原因。

4. 改变传统维护计划及维修模式

通过建立分析模型、预警模型，收集数据，实现设备状态预测和预知维修，大幅度降低设备突发故障概率及备件库存。

知识测试

1. 如何强化设备在线实时监测？

2. 智能制造生产线轴承发生故障之后有哪些表征方法？

3. 传感器技术、智能运维关键技术与智能制造生产加工机床自感知功能、互联网通信技术相结合的运行方式是什么？

4. 设备安全信息化管理有哪些内容？

5. 智能制造生产线中 MES 主要实现目标有哪些？

参 考 文 献

[1] 刘怀兰，孙海亮. 智能制造生产线运营与维护 [M]. 北京：机械工业出版社，2020.

[2] 陈雪峰. 智能运维与健康管理 [M]. 北京：机械工业出版社，2018.

[3] 韩桂华，赵岩，宋殿学，等. 液压设备故障诊断与维修案例精选 [M]. 北京：机械工业出版社，2013.

[4] 王远达. 飞机结构与系统 [M]. 北京：航空工业出版社，2019.

[5] 段新华，丁谦. 航空机务保障 [M]. 北京：航空工业出版社，2020.

[6] 张利平. 液压元件与系统故障诊断排除典型案例 [M]. 北京：化学工业出版社，2019.